Typographie Hennuyer, rue Lemercier, 24. Batignolles.

DES
CONSTITUTIONS DE LA FRANCE

ET

DU SYSTÈME POLITIQUE

DE

L'EMPEREUR NAPOLÉON

PAR

EDMOND DE BEAUVERGER

« Quelques parcelles de tant de gloire parviendront-
« elles aux siècles à venir, ou le mensonge, la calomnie,
« le crime prévaudront-ils ? »

NAPOLÉON.

PARIS

A. FRANCK, LIBRAIRE-ÉDITEUR,

67, RUE DE RICHELIEU.

1852

AVERTISSEMENT.

———

Entrepris il y a cinq ans, sous l'inspiration des paroles qui lui ont servi d'épigraphe, ce travail était le commencement d'une tâche encore plus étendue. L'auteur, soutenu par l'ardeur qu'inspirent les causes abandonnées, sentait moins qu'aujourd'hui son insuffisance. Mais ce qui n'a pu qu'augmenter, par l'effet des événements imprévus, bizarres, prodigieux, qu'il a vus se succéder depuis lors, c'est sa confiance dans les principes qu'il avait voulu éclaircir.

L'histoire des institutions, des opinions et des idées,

avec les citations qu'elle exige, ne serait qu'une compilation, si une pensée systématique n'en avait tracé l'ordonnance : c'est par l'étude spéciale des premières créations du siècle, des œuvres de Napoléon, que nous avons été amené à présenter, dans ce volume, l'histoire constitutionnelle de la France depuis 1789, sans négliger de recourir, comme explication ou comparaison, aux origines antérieures.

Ce n'est point un panégyrique que nous avons prétendu faire; encore moins une apologie. Une apologie! à Dieu ne plaise que la France s'excuse de sa gloire! Et pourquoi un panégyrique? le temps historique est venu. La mémoire de Napoléon est demeurée, comme son cercueil, immobile au sein des tempêtes, inaltérable aux éléments. Chaque jour dissipe quelque nuage... Mais avancer, fût-ce d'une minute, le règne de la vérité; servir, au moins par la pensée, une cause juste et noble, que nos pères ont si bien servie par l'action; jeter une fleur, même éphémère, sur le tombeau d'un bienfaiteur public : ne sont-ce pas des jouissances permises à l'historien indépendant?

Quant à l'application nouvelle de telles ou telles théo-

ries, nous ne nous en sommes pas occupé, étant bien convaincu que chaque phase de la vie des peuples a sa forme
particulière, que les volontés humaines ne lui imposent
pas. L'exemple de Napoléon a confirmé cette vérité; ce
génie si fier, si rapide, s'est tenu à la suite des circonstances. Mais les grandes institutions sont comme les
chefs-d'œuvre des arts : qu'on songe ou non à les reproduire, il y a toujours avantage à se pénétrer de leur esprit.

Novembre 1851.

DES

CONSTITUTIONS DE LA FRANCE

ET

DU SYSTÈME POLITIQUE

DE

L'EMPEREUR NAPOLÉON.

CHAPITRE I.

Caractère politique de Napoléon.

Nous ne pouvons prétendre ici qu'à former de quelques traits saillants une sorte de frontispice à nos appréciations des lois et des faits. L'image complète d'un tel modèle attend et défie d'autres pinceaux.

S'il est un spectacle affligeant dans l'histoire de l'humanité, c'est le divorce si ordinaire des grands résultats et des bons principes : tel conquérant, tel peuple a rempli le monde de sa gloire, mais l'a en même temps effrayé du souvenir de ses excès ; telle grande puissance a eu pour base une trahison domestique; telle autre, des proscriptions... Réfutant, mieux que Frédéric, les théories de Machiavel, expression de ces faits déplorables, Napoléon a fait rentrer, si nous pouvons parler ainsi, l'honnêteté dans ses droits civiques ; il l'a respectée dans les formes comme dans les effets du pouvoir ; âme fière, volonté intrépide, «parcelle de rocher lancée dans l'es-pace »[1], il a laissé loin derrière lui ces ménagements falla-

---

[1] Expression de Napoléon lui-même, *Mémorial de Sainte-Hélène* (**V.** note finale A).

1

cieux qui, chez le vulgaire des hommes d'Etat, constituent l'habileté politique ; il a été franc, non despote ; à sa suscep- tibilité sur le point d'honneur national [1] il a égalé le senti- ment de ses obligations souveraines, qu'un jour il exprimait ainsi[2] : « Tel est le décret que je rends, et si l'on m'assurait « qu'il doit, dans la journée, porter le peuple de Paris à venir « en masse me massacrer aux Tuileries, je le rendrais encore ; « *car tel est mon devoir.* » Les anciens monarques disaient : « Car tel est notre bon plaisir. »

Par un des contrastes nombreux de cette organisation phé- noménale, la fermeté du caractère s'alliait chez Napoléon à une mobilité de génie toujours en mesure avec l'imprévu. Les formes tranchantes, décisives que la nouveauté de son pouvoir lui avait spécialement rendues nécessaires et habi- tuelles, n'excluaient point de ses rapports avec ceux qu'il devait conduire, la discussion patiente[3], et le vif désir de con-

---

[1] « Lorsque Mme de Staël, si cruellement et si obstinément exilée par lui » (c'est Benjamin Constant qui parle), « voyageait en Italie, quelqu'un de- « manda à Napoléon ce qu'il ferait si quelque prince de cette contrée faisait « arrêter cette illustre proscrite, à cause des opinions libérales qui lui atti- « raient la défaveur du gouvernement français. — « Si on arrêtait Mme de « Staël, hors de France, répondit-il, j'enverrais 20,000 hommes pour la dé- « livrer. » — Il y avait quelque grandeur à sentir que la qualité de Français « donnait un titre à la protection de la France, indépendamment de toutes « les opinions, et que le pouvoir même qui sévissait injustement contre un « ennemi, devait au moins avoir assez de noblesse pour ne pas permettre à « l'obséquiosité étrangère de servir ou d'exagérer son injustice.

« Ce sentiment dirigea Bonaparte dès l'entrée de sa carrière. On se rap- « pelle que l'une des premières conditions qu'il imposa à l'Autriche, lorsqu'il « n'était encore que général d'une armée, fut la délivrance de M. de La- « fayette et des autres prisonniers d'Olmütz. Il prescrivit cette clause à l'en « nemi vaincu, sans y avoir été autorisé par le Directoire, qui n'osa pas le « désavouer » (B. Constant, *Mémoires sur les Cent-Jours*).

[2] Au Conseil d'Etat, à propos de la dissolution du Corps législatif en 1813 (Thibaudeau, *Histoire du Consulat et de l'Empire*).

[3] « Je l'ai vu maintes fois, dans de vives et chaudes réclamations, ne pou- voir obtenir la dernière parole et prendre le parti de céder, en passant à

vaincre, même après avoir ordonné [1]. Ses résolutions spontanées étaient rapides et complètes [2]; mais si un premier mouvement l'avait, dans quelque acte de force, entraîné hors des
bornes de la justice, il regardait l'opposition comme un service, qu'il payait de tout le prix de son estime, témoin son
souvenir pour Larrey et la longue faveur de Duroc. Souvent,
par de feintes colères, par des emportements calculés, on l'a
vu avertir lui-même ceux qu'il hésitait à punir [3]; sa sévérité
si redoutée fut plus apparente que réelle : les prières, les
anciens souvenirs, une générosité facile arrêtèrent souvent son
bras levé sur les plus grands coupables. Prenons quelques
faits au hasard. Des complices du chouan Cadoudal, auteurs
de combinaisons de mort inouïes dans les annales du crime,
huit échappent au glaive de la loi : « Je puis pardonner, dit
le grand homme ; c'est à ma vie qu'on en voulait [4]. » Quand
Pichegru, conspirateur mercenaire après un si brillant passé,
attend, dans l'angoisse du remords, une déshonorante sentence, la porte de sa prison s'ouvre : on vient, de la part du
consul, lui proposer une vie nouvelle, une nouvelle gloire peut-
être... [5] Le malheureux refuse de croire à tant de magnani-

« d'autres personnes ou en changeant de sujet» (Le comte de Las Cases,
Mémorial).

[1] B. Constant, *Mémoires sur les Cent-Jours*. « Il m'avait semblé, dès cette
« première entrevue, que ce caractère tranchant dans les formes était, à
« quelques égards, flexible au fond et même irrésolu ; il se rendait au silence
« de la désapprobation, après avoir résisté à la contradiction directe... J'ai
« voulu montrer à quel point un mot suffisait pour frapper Bonaparte et lui
« faire considérer la question sous un nouveau jour, et combien, par consé-
« quent, on avait, en l'approchant, de moyens d'influer sur ses détermina-
« tions quand on lui parlait avec conviction, sans l'irriter ensuite par une
« dispute prolongée. »

[2] « *Point de demi-mesures* » (*Mémorial*).

[3] *Mémorial*, 1er juin 1816.

[4] Paroles du premier Consul à Mme de Polignac.

[5] M. Réal fut chargé de proposer à Pichegru la direction d'une grande entreprise de colonisation dans la Guyane. Le général accueillit cette espérance

mité. Quand l'épouse du félon Hatzfeld succombe aux preuves
de trahison tracées par son mari lui-même, une main amie,
providentielle, lui montre le foyer enflammé. Quand des
princes français ne rougissent pas de soudoyer d'affreuses em-
bûches avec les subsides de l'étranger, leur généreux rival
s'indigne à l'idée d'acheter leur vie et repousse comme une
souillure l'insinuation d'un tel forfait [1].

Cruelles méprises du sort! Parmi ces princes, il en est un,
jeune, brave, loyal, touché, dit-on, pour le vainqueur de
Marengo, d'une admiration secrète. Comme toute sa famille,
il reçoit les dons compromettants de l'Angleterre; il s'est
battu contre la France; mais son âme répugnerait à un odieux
assassinat. C'est lui cependant que tout accuse : les conjurés
attendent un chef, et le prince vit sur la frontière; ses absences paraissent s'accorder avec leurs conciliabules; suivant
des rapports erronés, il a auprès de lui un transfuge célèbre
(Dumouriez); selon l'exacte vérité, il attend du palais de
Saint-James des ordres et une destination. L'histoire a le
droit d'affirmer qu'une voix au moins dans le Conseil, une
voix aux fatales suggestions, fit ressortir ces circonstances[2] :
irrité des trames odieuses qui se renouvellent à chaque instant, de la part active et constante qu'y prend la famille
exilée, Bonaparte enfin se décide à mettre sa vie à couvert
par un acte d'énergie et de puissance : le duc d'Enghien est
enlevé.

Une commission s'assemble; c'était le droit commun d'a-
lors en affaires d'émigration (Loi du 19 fructidor an V). Elle

avec une émotion visible; mais, au bout de quelques jours, n'ayant pas revu
M. Réal qu'accablaient les soins de sa place, il crut avoir été trompé et se tua
(V. Thiers, *Histoire du Consulat et de l'Empire*, t. IV).

[1] *Mémorial*, 20 novembre 1816.

[2] « C'est Talleyrand qui a été l'instrument principal et la cause active de la
« mort du duc d'Enghien » (*Ibid.*, 13 avril 1816).

se compose d'officiers désignés par le seul effet de leurs grades
et de leur présence ; la peine est écrite dans la loi, dans les
réponses mêmes du jeune prince, empreintes d'une noble franchise. Mais Bonaparte fût-il moins généreux, à quoi servirait
le sang versé ? La simple condamnation ne suffit-elle pas à
l'exemple ? Le conseiller d'Etat Réal interrogera le prisonnier,
s'assurera de ses dispositions, servira d'intermédiaire à ses
communications avec le Consul... Par un déplorable hasard,
Réal est attardé de quelques heures... Le prisonnier n'existe
plus [1].

Quelle fatalité domina toute cette lugubre affaire, rendit les
précautions vaines et précipita la catastrophe ? L'Empereur,
dans son testament, par un sentiment qu'on s'explique [2],
prend la responsabilité des mesures qui lui appartiennent,
l'arrestation, le jugement... Loin de lui le dénoûment irré-
parable ! Ah ! s'il avait pu obtenir l'entrevue qu'il sollicitait,
le descendant du grand Condé eût fourni encore à l'histoire
un beau trait à enregistrer [3] !

----

[1] V. Montholon, *Mémoires de Napoléon*, II, 340 ; *Mémorial*, 20 nov. 1816 ;
Thiers, IV, *in fine* ; Rovigo, *Mémoires* ; *Pièces historiques*, 1824 ; Nougarède de
Fayet, *Procès du duc d'Enghien*.

[2] Dans le texte du testament, comme le remarque M. de Norvins, on devine
toute la pensée du souverain qui est loin de désavouer ses ordres, mais en
regrette le résultat ; qui désirerait s'expliquer, mais craint encore plus de
descendre à une justification : « J'ai fait arrêter et juger le duc d'Enghien,
« parce que cela était nécessaire à la sûreté, à l'intérêt et à l'honneur du
« peuple français, lorsque le comte d'Artois entretenait, de son aveu, soixante
« assassins à Paris. (Dans de semblables circonstances, j'agirais de même.) »

[3] M. de Meneval témoigne de la douloureuse surprise éprouvée par Napoléon à la nouvelle de la catastrophe (*Souvenirs, Lettre à M. Thiers*). Voici
encore, comme derniers éclaircissements, quelques lignes de M. de Las Cases :

« L'Empereur traitait souvent ce sujet, ce qui m'a servi à remarquer dans
« sa personne des nuances caractéristiques des plus prononcées. J'ai pu voir
« à cette occasion très-distinctement en lui et maintes fois l'homme privé
« se débattant avec l'homme public, et les sentiments naturels de son cœur
« aux prises avec ceux de sa fierté et de la dignité de sa position. Dans l'aban -

Nous nous sommes surtout étendu sur ce malheureux événement, parce qu'il est peut-être celui qui, aux yeux des contemporains, est resté le plus longtemps obscur et a le plus défiguré le vrai caractère de l'Empereur. Mais passerons-nous sous silence les souvenirs de 1815? La famille royale, dispersée, fuyant à l'approche du vainqueur ou succombant facilement dans quelques essais de résistance, est tombée presque tout entière dans la situation désespérée où, peu de jours auparavant, elle pensait amener son rival. Qu'eût-elle fait de lui? A cette question, l'historien ne peut répondre que par l'ordonnance du 6 mars [1]. Que fait Napoléon? Songe-t-il

« don de l'intimité, il ne se montrait pas indifférent au sort du malheureux
« prince; mais sitôt qu'il s'agissait du public, c'était tout autre chose. Un jour,
« après avoir parlé avec moi de la jeunesse et du sort de l'infortuné, il ter-
« mina en disant : « Et j'ai appris depuis, mon cher, qu'il m'était favorable !
« On m'a assuré qu'il ne parlait pas de moi sans quelque admiration, et voilà
« pourtant la justice distributive d'ici-bas !... » Et ces dernières paroles furent
« dites avec une telle expression, tous les traits de la figure se montraient
« en telle harmonie avec elles, que si celui que Napoléon plaignait eût été en
« ce moment en son pouvoir, je suis bien sûr que, quelles qu'eussent été ses
« intentions ou ses actes, il eût été pardonné avec ardeur » (*Mémorial*).

[1]　**ORDONNANCE DU ROI.**

6 mars 1815.

... « Enjoignons à tous de courir
« sus audit Bonaparte et de le traduire
« incontinent devant un conseil de
« guerre, qui, après avoir reconnu
« l'identité , prononcera contre lui
« l'application des peines portées par
« la loi. Il en sera de même pour tous
« ceux qui l'auront accompagné ou
« secondé. »

Déclaration de Vienne, 13 mars.

... « Les puissances déclarent que
« Napoléon Bonaparte s'est placé hors

**LETTRE DE L'EMPEREUR
AU GÉNÉRAL GROUCHY.**

11 avril 1815.

« Monsieur le comte Grouchy, l'ordre
« du roi en date du 6 mars, et la con-
« vention signée le 13 à Vienne par
« se ministres, pouvaient m'autoriser
« à traiter le duc d'Angoulême comme
« cette ordonnance et cette déclara-
« tion voulaient qu'on me traitât, moi
« et ma famille. Mais, constant dans
« les dispositions qui m'avaient porté
« à ordonner que les membres de la
« famille des Bourbons pussent sortir
« librement de France, mon intention
« est que vous donniez des ordres pour
« que le duc d'Angoulême soit conduit
« à Cette, où il sera embarqué, et que
« vous veilliez à sa sûreté et à écarter

à retenir seulement en otages ceux des membres de cette famille que le sort jette en son pouvoir? Ne veille-t-il pas à leur
sûreté avec une active inquiétude[1] et de nobles ménagements[2]? La duchesse, le duc d'Angoulême, en Vendée le duc
de Bourbon ne s'embarquent-ils pas sains et saufs? Le seul
volontaire sorti de Lyon pour escorter le comte d'Artois ne
reçoit-il pas une récompense des mains du souverain victo-

« les relations civiles et sociales et « que, comme ennemi et perturbateur « du repos du monde, il s'est livré à « la vindicte publique. »

« de lui tout mauvais traitement. Vous « aurez soin seulement de retirer les « fonds qui ont été enlevés aux caisses « publiques et de demander au duc « d'Angoulême qu'il s'oblige à la res- « titution des diamants de la cou- « ronne, qui sont une propriété de la « nation. »

[1] « Je ne pense plus à M. de Vitrolles, me dit-il; je ne sais pas si je le
« ferai juger; je n'en crois rien. Je pense au duc d'Angoulême. J'ai déjà
« donné des ordres pour qu'il ne coure aucun danger, mais je crains la fureur
« des paysans et celle des soldats. Ils ne veulent pas de la capitulation qu'on
« a faite. J'enverrai un courrier cette nuit encore; je n'ai point de haine,
« je n'ai nul besoin de vengeance » (B. Constant, *Mém. sur les Cent-Jours*).
Plus tard, il disait pareillement : « Qu'on explique cela comme on voudra ou
« comme on pourra ; mais je vous jure que je ne me sentais aucune haine di-
« recte et personnelle contre ceux que je venais renverser. C'était unique-
« ment pour moi de la querelle politique. Je m'en étonnais moi-même, tant
« je me trouvais le cœur libre, aisé, même bienveillant, je pourrais dire. Vous
« avez vu comme j'ai relâché le duc d'Angoulême : j'en eusse fait autant du
« roi, ou lui eusse accordé, à son gré, asile et sûreté. Le triomphe de la
« cause ne tenait nullement à sa personne, et je respectais son âge, ses mal-
« heurs. Peut-être aussi lui tenais-je compte de certains ménagements, que
« lui nominativement avait toujours observés à mon égard. Il est bien vrai
« qu'en ce moment il m'avait déclaré hors la loi et avait mis ma tête à prix,
« je crois; mais tout cela n'était à mes yeux que style de manifeste. Tous
« à Vienne en ont fait autant, sans m'ulcérer davantage » (*Mémorial*).

[2] On sait que le général Clauzel retarda son entrée dans Bordeaux pour ne
point humilier le malheur de la duchesse d'Angoulême (V. Vaulabelle, *Histoire des deux Restaurations*). Le *Moniteur* a conservé la lettre presque sup-
pliante par laquelle le colonel Noirot offrait des saufs-conduits au duc de
Bourbon. Le prince, par un sentiment qu'il est juste aussi de rappeler, ne
les accepta que pour sa suite, et s'embarqua sans être poursuivi.

rieux? Deux princesses au déclin de l'âge, lasses des agitations de l'exil, n'obtiennent-elles pas, à Paris, de la munificence impériale, un traitement proportionné à la dignité de
leur rang [1]? Enfin, vis-à-vis de tous les hommes qui l'ont
trahi et insulté; qui maintenant l'obsèdent de nouveau des
protestations de leur zèle, Napoléon ne s'impose-t-il pas la
loi du silence et de l'oubli? Les papiers laissés en désordre
par la fuite de Louis XVIII lui offraient pourtant une facile
et bien légitime vengeance : sa grande âme la dédaigna :
« Nous sommes si inconséquents, si faciles à enlever, qu'il
« ne me demeurait pas prouvé, après tout, que ces mêmes
« gens ne fussent pas revenus de bon cœur à moi, et j'allais
« peut-être les punir quand ils recommençaient à bien faire.
« Il valait mieux ne pas savoir, et je fis tout brûler [2]. »

On a quelquefois accolé le nom de Napoléon et celui de
Cromwell : la loyauté et l'hypocrisie; la confiance et le mépris des hommes; l'amour de la vraie gloire et celui de la
domination à tout prix. De pareils rapprochements sont des
offenses à la vérité et à la justice. S'il faut une comparaison,
qu'on prenne au moins quelque figure « au-dessus de la taille
des hommes [3] » : César, Alexandre, Charlemagne; qu'on
prenne un de ces rares génies vastes et variés comme le
monde, qu'ils étaient appelés à régir; qu'on les prenne tous
à la fois, moins les rudes emportements de la force antique
ou barbare : quelque chose manquera encore à l'exactitude
du parallèle avec le César, l'Alexandre et le Charlemagne de
nos jours.

Il est un trait de ce caractère spécialement approprié à la
grandeur unique des circonstances : Washington le rappelle-

---

[1] A la sollicitation de la reine Hortense, la duchesse douairière d'Orléans
reçut 400,000 fr. de rente, la duchesse de Bourbon, 200,000 fr.

[2] *Mémorial.*

[3] Chateaubriand.

rait, mais dans des proportions moins hautes; il faudrait s'é-
lever à l'idée d'un Washington universel [1]. Représentant,
dépositaire d'idées enfantées par la France au profit de l'univers entier, Napoléon s'est tout donné à sa mission providentielle; un sublime désintéressement commande à cette
âme puissante, dirige ces magiques facultés : il leur prescrit,
vingt ans durant, une lutte sans repos et elles combattent;
elles obéissent, quand la même voix ordonne l'inaction et
l'exil. Après sa seconde abdication, trahi, dépouillé, sans
asile, Napoléon semble presque indifférent; il garde seul un
front stoïque au milieu de toutes les passions qui frémissent
autour de lui; il s'éloigne comme Régulus. Mais, en chemin,
vient-il à apprendre que de honteuses conventions livrent à
l'ennemi étonné le sol et l'honneur de la France, une amère

---

[1] « Arrivé au pouvoir, on eût voulu que j'eusse été un Washington. Les
« mots ne coûtent rien, et sûrement ceux qui l'ont dit avec tant de facilité
« le faisaient sans connaissance des temps, des lieux, des hommes et des
« choses. Si j'eusse été en Amérique, volontiers j'eusse été aussi un Washin-
« gton, et j'y eusse eu peu de mérite, car je ne vois pas comment il eût été
« raisonnablement possible de faire autrement. Mais si lui s'était trouvé en
« France sous la dissolution du dedans et sous l'invasion du dehors, je l'eusse
« défié d'être lui-même, ou, s'il eût voulu l'être, il n'eût été qu'un niais et
« n'eût fait que continuer de grands malheurs. Pour moi, je ne pouvais être
« qu'un Washington couronné. Ce n'était que dans un congrès de rois, au
« milieu de rois vaincus ou maîtrisés que je pouvais le devenir. Alors et là
« seulement, je pouvais montrer avec fruit sa modération, son désintéres-
« sement, sa sagesse. Je n'y pouvais raisonnablement parvenir qu'au travers
« de la dictature universelle. Je l'ai prétendue. M'en ferait-on un crime ?
« Penserait-on qu'il fût au-dessus des forces humaines de s'en démettre ?
« Sylla, gorgé de crimes, a bien osé abdiquer, poursuivi par l'exécration pu-
« blique : quel motif eût pu m'arrêter, moi qui n'aurais eu que des béné-
« dictions à recueillir ? Il me fallait vaincre à Moscou ! Combien, avec le
« temps, regretteront mes désastres et ma chute ! Mais demander de moi,
« avant le temps, ce qui n'était pas de saison, eût été une bêtise vulgaire :
« moi l'annoncer, le prononcer, eût été pris pour du verbiage, du charla-
« tanisme; ce n'était point mon genre. Je le répète... il me fallait vaincre à
« Moscou » (*Mémoria*).

douleur le surmonte, des larmes coulent de ses yeux[1], et captif au milieu des mers, on l'entend s'écrier encore : « Non, mes véritables souffrances ne sont point ici[2]! »

Un jour, reportant sa pensée sur la prospérité, la gloire et les prodiges d'un autre temps ; sur ceux qui, au delà de l'Océan, avaient encore pour lui des vœux, des regrets et de la reconnaissance : « Ah! sans doute, le peuple français a beau-« coup fait pour moi, disait-il ; plus qu'on ne fit jamais pour « un homme ! Mais aussi, qui fit jamais autant pour lui?... « Qui jamais s'identifia de la sorte avec lui?...

« Qui sur la terre eut plus de trésors à sa disposition? J'ai « eu plusieurs centaines de millions dans mes caves; plusieurs « autres centaines composaient mon domaine de l'extraordi-« naire : tout cela était mon bien. Que sont-ils devenus? Ils « se sont fondus dans les besoins de la patrie[3]. Qu'on me « considère ici : je demeure nu sur mon roc. Ma fortune était « toute dans celle de la France. Dans la situation extraordi-« naire où le sort m'avait élevé, mes trésors étaient les siens, « je m'étais identifié sans réserve avec ses destinées. Quel « autre calcul eût pu m'atteindre si haut? M'a-t-on jamais « vu m'occuper de moi? Je ne me suis jamais connu d'autres « jouissances, d'autres richesses que celles du public. C'est « au point que quand Joséphine, qui avait le goût des arts, « venait à bout, à la faveur de mon nom, de s'emparer de

---

[1] Vaulabelle, *Histoire des deux Restaurations*, t. III.

[2] *Mémorial.*

[3] A la fin de 1813, les caves des Tuileries renfermaient 250 millions, stipulations de la victoire, seuls biens personnels de l'Empereur. Dès janvier 1814, les caisses publiques reçurent 100 millions; successivement des sommes considérables allèrent aider des hôpitaux, consoler des communes ravagées, gratifier des généraux, parfois à la veille d'une trahison. Les besoins de la guerre, l'improbité des vainqueurs absorbèrent le reste. L'Empereur avait, durant son règne, avancé aux services publics, sur les revenus de son domaine, plus de 240 millions (244,164,500 fr.). La dette fut, après sa chute, déclarée *éteinte par confusion.*

« quelques chefs-d'œuvre, bien qu'ils fussent dans mon pa-
« lais, sous mes yeux, dans mon ménage, je m'en trouvais
« comme blessé, je me croyais volé : *ils n'étaient pas au*
« *Muséum* [1]. »

— « Rien à mon fils que mon nom ! [2] » — Ce nom, hélas ! le fils
n'a pu le porter après son père. Mais il survit à tous les deux.
Ce nom sera éternellement le symbole de l'affranchissement
et de la civilisation des peuples, et le rôle que Napoléon joua
dans les destinées du monde, n'égale point encore l'influence
réservée à son souvenir.

Les fictions de l'épopée pâlissent devant le simple récit de ses
innombrables batailles ; l'imagination s'enflamme au tableau de
sa course invincible à travers les Alpes glacées, ou le sable
ardent des déserts ; les compagnons de ses exploits, *le nouveau
Roland, le brave des braves*, vivent déjà dans la légende,
comme les anciens paladins : mais la réflexion trouve-t-elle
un moins admirable spectacle dans ces assemblées pacifiques
où se sont posés les fondements de la société nouvelle, et que
Napoléon lui-même présidait d'un front si tranquille dans
l'intervalle de ses combats ? Au sein de son Conseil d'État, il
a soigneusement recueilli, après la tourmente politique, ce
qu'il a trouvé de plus profond dans la science du gouvernement, dans l'interprétation des lois, dans la pratique de la
vie nationale : le sage et vertueux Tronchet, le judicieux
Cambacérès, l'éloquent Portalis, Merlin, l'oracle du droit français, Regnaud, dont la parole facile seconde l'esprit souple et
délié ; Brune, Saint-Cyr, Caffarelli, bons au conseil comme
à la guerre ; les savants Fourcroy et Cuvier. A ces hommes,
honneur de la France, il a, comme de précieuses conquêtes,
ajouté l'élite des Etats successivement réunis [3] : on dirait

---

[1] *Mémorial*, 10 mars 1816.

[2] Fragments trouvés dans la chambre mortuaire de Longwood.

[3] « Chaque fois qu'une nouvelle province fut ajoutée à l'Empire, il lui de-

d'une de ces écoles où les philosophes antiques examinaient les hautes questions du destin de l'humanité; ici, ce destin se règle et se pèse. On discute nos lois civiles : que de projets, d'objections, de souvenirs! Au milieu de tant de matériaux, au sein de tant d'opinions qui se croisent ou se combattent, quel œil restera attaché, sans distraction et sans fatigue, sur le but de la discussion? Quelle sagesse, instruisant tous ces sages, balancera les résultats de leurs délibérations, en marquera le terme, en précisera la portée? Napoléon parle : tout est fixé.

Il parle, et chacun de ses mots est une flèche qui vole au but, un éclair qui perce les nuages, et chacune de ses pensées est un hommage à la morale, aux plus délicates convenances, aux justes droits, à la sage liberté. Il veut invariablement l'ordre et la paix dans la famille, la sécurité dans les biens, la sincérité dans les lois; il est sur sa chaise curule, comme il sera sur son rocher, l'interprète des succès acquis, le prophète des progrès promis au plus grand événement du monde depuis la venue du Rédempteur :

« La contre-révolution, même en la laissant aller, doit « inévitablement se noyer d'elle-même dans la Révolution. « Il suffit à présent de l'atmosphère des jeunes idées pour « étouffer les vieux féodalistes, car rien ne saurait désor- « mais détruire ou effacer les grands principes de notre « révolution. Ces grandes et belles vérités doivent demeurer « à jamais, tant nous les avons entrelacées de lustre, de mo-

« manda ce qu'elle avait de mieux, pour en enrichir son conseil. Gênes « fournit Corvetto, devenu, après la Restauration, ministre de Louis XVIII; « Florence envoya Corsini; Turin, Saint-Marsan; la Hollande, Appelius; « tous homme d'un mérite tellement distingué, que, rentrés chez eux après « la chute de l'Empire, ils furent nommés ministres par leurs souverains, « malgré les préventions que leurs services en France semblaient devoir faire « naître contre eux » (Pelet de la Lozère, *Opinions de Napoléon recueillies au Conseil d'Etat*).

« numents, de prodiges ; nous en avons lavé les premières
« souillures dans des flots de gloire ; elles seront désormais
« immortelles. Sorties de la tribune française, cimentées du
« sang des batailles, décorées des lauriers de la victoire, sa-
« luées des acclamations des peuples, sanctionnées par les
« traités, les alliances des souverains, devenues familières aux
« oreilles comme à la bouche des rois, elles ne sauraient plus
« rétrograder. Elles vivent dans la Grande-Bretagne, elles
« éclairent l'Amérique, elles sont nationalisées en France.
« Voilà le trépied d'où jaillira la lumière du monde. Elles le
« régiront, elles seront la foi, la religion, la morale de tous
« les peuples, et cette ère mémorable se rattachera, quoi qu'on
« en ait voulu dire, à ma personne, parce que, après tout, j'ai
« fait briller le flambeau, consacré les principes, et qu'au-
« jourd'hui la persécution achève de m'en rendre le Messie.
« Amis et ennemis, tous m'en diront le premier soldat, le
« grand représentant. Aussi, même quand je ne serai plus,
« je demeurerai encore pour les peuples l'étoile de leurs
« droits; mon nom sera le cri de guerre de leurs efforts, la
« devise de leurs espérances[1]. » Cet oracle est plus vrai chaque
jour.

[1] *Mémorial.*

CHAPITRE II.

Aperçu général des Constitutions de la France nouvelle.

Caractère général de la législation nouvelle.—Constitutions de 1791 ; — de 1793 ;
— de l'an III ; — de l'an VIII ; — sénatus-consulte organique du 28 floréal
an XII ;— Charte de 1814 ;— Acte additionnel ;— Charte de 1830 ; Constitution
posthume.

Les éléments de notre vieille histoire n'appartiennent point
à des systèmes préconçus : ce ne sont point des idées réalisées ;
ce sont des faits qui s'organisent. La féodalité existe, parce
que, trop grand pour sa base, l'empire récent de Charlemagne
en se renversant s'est brisé ; la royauté et les communes,
s'étant développées ensemble, font effort pour se dégager du
résultat féodal qui les enveloppe, et leurs intérêts, confondus
dans une commune antipathie, donnent gain de cause à la
royauté. L'époque actuelle, au contraire, présente la réalisation d'idées longtemps spéculatives, et par là seulement l'histoire peut comprendre comment, en si peu de temps, une
nation entière se trouva si complétement, si prodigieusement
transformée. Le nouvel édifice était préparé sous l'ancien ;
les institutions qui manquaient à la société officielle, vivaient
déjà, au moins en germe, dans les ouvrages de nos grands
publicistes : Montesquieu, Rousseau, Turgot, l'un par la savante
analyse des formes du gouvernement, l'autre par des thèses
hardies qui préparaient l'avénement de nouveaux principes,
le troisième par le développement assidu de certaines pensées

fécondes, posaient les bases essentielles d'une future organisation.

Arrive l'Assemblée constituante. Les idées, les doctrines
écrites, fortes déjà, mais inactives, passent tout d'un coup
dans la pratique, s'animent, se personnifient dans la dialectique de Sieyès, dans l'éloquence de Mirabeau. Qu'elle fut
noble et imposante, cette première révélation de la France
régénérée, cette manifestation soudaine, tout à la fois juvé-
nile et séculaire, d'un esprit de création, d'analyse et d'indépendance que nulle barrière ne pouvait plus contenir ! Que
de belles paroles et de grandes pensées ! que de pures intentions et de profonde science ! L'expérience seule manquait à
ces grands jours.

La législation politique de 1789-91 inaugura solennellement, avec la souveraineté du peuple, le règne de la liberté,
de l'égalité, de la loi, enveloppant dans une destruction commune le pouvoir arbitraire, les priviléges et les abus. Droits
seigneuriaux, vénalité d'offices, gênes du travail et de la conscience, toutes ces injustices disparurent ; un Code de lois civiles, un système national d'éducation s'annoncèrent ; les
ténèbres des jugements s'éclaircirent ; le jury se naturalisa ;
les gardes nationales s'établirent ; les contributions publiques
se réglèrent ; un gouvernement fut créé. Dans ce dernier et
immense travail devaient nécessairement échouer les théoriciens de la Constituante. Ayant à régler deux pouvoirs différents alors d'origine aussi bien que d'attributions ; instruits
de la nécessité de les séparer, mais incertains de leurs limites ;
encore effrayés, bien que vainqueurs, par ce qu'ils venaient
de détruire, ils composèrent largement, aux dépens de l'élément ancien, l'apanage nouveau de la représentation populaire. Providentiellement ils firent bien, car ce qui n'était
pas le peuple était la contre-révolution ; à leur point de vue
ils s'abusèrent ; car, en face d'une Assemblée indissoluble et

seule maîtresse de l'initiative des lois ; n'ayant pour contre-balancer l'influence d'un pareil corps, qu'une délégation incomplète de la puissance exécutive, avec un veto suspensif, la royauté eût eu peine à se maintenir à une époque de traditions et de calme ; aux premières secousses, la Révolution l'emporta. Elle emporta en même temps, cette mer désordonnée et terrible, les hommes justes et modérés dont l'imprévoyante sagesse avait cru fixer l'avenir. Mais aussi quelles institutions eussent résisté, dans cette période, au choc incessant des passions, à l'intervention étrangère, aux regrets d'un passé si proche et aux transports d'un triomphe si récent ?

Deux ans n'étaient pas écoulés, et déjà non-seulement la couronne brisée, l'inviolabilité royale démentie par un fait sanglant ; mais au sein même de l'Assemblée, de l'unique pouvoir subsistant, les proscriptions et l'anarchie, proclamaient la ruine complète des nouvelles institutions. Le Comité de Salut public et les clubs, le tribunal révolutionnaire et le régime des suspects, la Terreur, en un mot, voilà ce qui devint réellement la seule loi de cette époque ; époque étrange, époque néfaste et où les lois, en quelque sorte, étaient devenues superflues, en présence du crime tout-puissant.

Ce régime eut pourtant aussi sa Constitution écrite, simulacre impuissant qui, pompeusement exposé dans une arche, berceau et cercueil, y dormit depuis sa naissance ; monument d'ailleurs curieux des idées, du langage et de la situation politique d'alors : on y voit toutes les vertus solennellement convoquées pour la garde du nouveau pacte, à peu près de la même façon que l'existence de l'Être suprême et l'immortalité de l'âme étaient *mises à l'ordre du jour;* aux sincères illusions de l'Assemblée constituante rêvant l'ordre à l'intérieur et l'éternelle paix des frontières, sur la foi de ses théories et de ses nobles intentions, succède la phraséologie d'une tyrannie démagogique prodigue, au milieu des supplices, de bonheur et de liberté; un radicalisme sans frein joint ses impossibilités aux mensonges de l'arbitraire; une seule déclaration, au milieu de toutes ces hyperboles, a pris un caractère sublime par le courage de nos armées : c'est l'article 121 :

« Le peuple français ne fait point la paix avec un ennemi qui occupe son territoire. »

Le régime conventionnel, avec sa puissance collective, ses théories inapplicables, fut l'éclatante confirmation des principes de Montesquieu. On vit alors bien clairement à quelle effroyable anarchie mène la confusion des pouvoirs et à quels excès de tyrannie peut parvenir un genre d'autorité qui, établi par la nature des choses, n'a pas d'avance été prévu et organisé par la loi; on vit à quelles garanties oblige de recourir un gouvernement où l'équilibre des attributions ne prévient pas les abus de la puissance : l'insurrection en permanence, voilà ce que reconnaissait positivement et en propres termes la Constitution de 93, et voilà le moyen par lequel, au 31 mai comme au 10 août, l'Assemblée souveraine ne fut en réalité que l'esclave, que l'instrument d'une faction; voilà ce qui, en prairial, ensanglanta son enceinte même, ce qui troubla encore en vendémiaire les derniers jours de son pouvoir. Cette redoutable Convention investie, pendant quatre années, d'une souveraineté absolue, obéit elle-même, tout ce temps, aux clubs, aux sections, aux démagogues maîtres de cette puissance extra-légale. Ainsi chaque opinion à son tour se vit débordée et anéantie par une opinion plus fougueuse, tant qu'enfin la concentration toujours croissante du despotisme trouvât, dans la crainte générale et dans la rivalité des despotes, un terme malheureusement bien tardif.

Et chose fréquente en pareil cas! à peine la réaction commencée, la même série d'événements sembla prête à se reproduire en sens inverse. A Lyon, les bandes royalistes renouvelaient les massacres de septembre ; à Paris, 27,000 gardes nationaux, sur les 40,000 composant les sections armées, s'insurgeaient, au nom de l'ordre, contre l'autorité établie. La Convention trouva pour la défendre [1] un homme pur de tous ses excès, mais dévoué à la Révolution dans ce qu'elle avait de grand et de durable : au milieu de l'hésitation soulevée dans son âme vertueuse par les souvenirs du terrorisme, cet homme sentit que l'Assemblée, toute compromise qu'elle était, représentait encore seule la patrie et qu'il fallait assurer le règne des lois ; qu'en présence de garanties acceptées et non violées, l'insurrection ne pouvait être que la tentative d'un parti. Or, en vendémiaire an III, cette Constitution illusoire qui, en faisant elle-même appel à la force matérielle, avait reconnu son impuissance, cette Constitution n'existait plus. Dès le 5 fructidor (22 août 1795) un nouveau pacte social, œuvre d'anciens constituants, avait ramené le gouvernement à une organisation beaucoup plus conforme au point de départ de 89. De nombreuses précautions prises contre la pression populaire, contre les associations formées hors de la représentation nationale et, dans cette représentation elle-même, contre la concentration du pouvoir, enfin un désaveu formel des moyens révolutionnaires indiquaient dans le testament de l'orageuse Convention le sentiment du besoin universel, d'un besoin d'ordre et de légalité aussi impérieux qu'est le repos pour un corps brisé de lassitude : les expériences étaient faites quant à la démagogie et à la terreur.

---

[1] On sait avec quelle promptitude l'insurrection fut comprimée. Le combat, commencé le 13 vendémiaire à 4 heures et demie, se trouvait terminé à 6 heures. Dès qu'il vit le succès assuré, Bonaparte ne fit plus tirer qu'à poudre ; le 14, la tranquillité était rétablie. La Convention, tempérée à son déclin, usa avec modération du triomphe. Elle se contenta de destituer l'état-major de la garde nationale, d'en dissoudre les compagnies d'élite, d'ordonner des désarmements et d'instituer des commissions qui ne prononcèrent généralement que des jugements par contumace.

On en revint donc à l'existence d'une autorité spécialement, exclusivement exécutive, et seulement on la partagea :
au lieu d'un roi, cinq directeurs ; au lieu d'un magistrat
unique, permanent et héréditaire, cinq fonctionnaires pério-
diquement renouvelés, mais investis d'une puissance presque
égale à celle que le roi tenait de la Constitution de 91 ; comme
lui, ils sont chargés de veiller, avec des ministres responsables, à la sûreté de l'Etat ; comme lui, ils ont à présider,
sauf la sanction législative, à toutes les relations du dehors ;
ils nomment aussi les chefs d'armée, et dans l'administration
ils ont un avantage nouveau par suite de la création de commissaires de la puissance centrale auprès des administrations
électives ; si, pour le maniement des deniers, ils ont affaire,
autre changement, à une Commission indépendante, une
troisième innovation, tenant aux fondements du droit public,
vient, à cette époque, modifier, à l'avantage de l'action diri-
geante, l'organisation du gouvernement.

Au sein de l'Assemblée constituante, l'adoption du système
anglais de la division parlementaire fut proposée et soutenue
comme gage d'une délibération plus mûre, d'une pondération
plus parfaite ; mais l'exemple même de l'Angleterre, la part
faite par elle dans ce système, au pouvoir aristocratique,
excita la défiance d'un peuple à peine échappé du servage :
l'unité l'emporta alors. En l'an III, on avait passé par une
nouvelle tyrannie : celle d'une Assemblée toute-puissante
qu'envahissaient les factions. La division législative se repré-
senta et fut acceptée, dégagée dans ses éléments de toute apparence aristocratique : l'âge et les attributions distinguèrent
seuls les Conseils : l'initiative appartint à l'un ; à l'autre, l'a-
doption. Le Directoire eut, nous le disions, l'avantage résultant
toujours pour un troisième corps de l'Etat de la coexistence
des deux autres, mais sans veto, même suspensif. Sa position
dès le début fut critique et il ne l'améliora point. Les partis

s'agitaient : le jacobinisme survivait à Marat et à Robespierre ; le royalisme qui, pendant la Terreur, avait soulevé la Vendée et livré Toulon aux Anglais, devenant de jour en jour plus hardi, serpentait maintenant dans Paris et jusque dans les Conseils mêmes, exploitant les frayeurs, semant les promesses, prodiguant l'or de l'étranger. A une tension excessive avait succédé, dans l'ordre social, un excessif relâchement, et, par une fatalité déplorable, celui des cinq chefs électifs que la décision du sort maintint constamment au pouvoir, homme vénal et corrompu, exagérait, au lieu de la redresser, la tendance de la société, dans le maniement des affaires publiques : un pouvoir vacillant, sans système et sans dignité, cherchant dans des actes violents une apparence de force et n'y trouvant qu'un surcroît de faiblesse ; des finances délabrées ; des armées toujours héroïques mais négligées et manquant de tout ; des généraux indépendants ou intempestivement maltraités ; d'audacieuses spéculations organisées sur la misère générale ; de l'incurie, puis de l'emportement ; des bravades, puis des craintes ; des fautes de tout genre, puis des revers : tel fut le règne du Directoire. Grâce à tant d'anarchie, l'ennemi allait enfin triompher ; menacée au dedans, au dehors, la République allait expier, par une dure servitude, la gloire de ses premiers succès ; ses droits, naissant à peine encore et confondus avec ses malheurs, allaient être mis au néant, comme de funestes chimères...

L'homme de Toulon et de vendémiaire, le conquérant de l'Italie revint glorieux de l'Orient.

La France se jeta dans ses bras. Il fit la journée de brumaire, suivie de celle de Marengo. Avec l'acclamation publique et sans calamités privées, il accomplit en vingt-quatre heures une révolution nécessaire, le premier changement exempt de troubles qui se fût opéré depuis dix ans. Sûr, si jamais homme le fut, des intentions de sa patrie ; désigné

par tous, pressé par tous, il se garde bien de faire appel aux
passions de la multitude; il s'occupe d'abord d'éviter toute
collision, toute inquiétude, toute rigueur individuelle. Quand
le moment d'agir est venu, c'est à la représentation qu'il s'a-
dresse : décidé par son éloquence, le Conseil des anciens lui
prête un patriotique concours; ailleurs, ses dangers, non ses
ordres, appellent ses soldats à sa suite, et il sauve la paix
publique en dispersant, par un roulement de tambours, une
minorité turbulente. Son premier soin est alors de substituer
à une constitution impuissante et, pour bien dire, anéantie[1], de
nouvelles garanties douées d'un plus long avenir : « Citoyens,
disait aux Français l'acte de promulgation, la révolution est
fixée aux principes qui l'ont commencée. Elle est finie. » Il
disait vrai. L'expérience et la fortune avaient amené l'alliance
de ces principes libérateurs avec un pouvoir assez fort pour les
faire respecter et pour se maintenir lui-même contre les
obstacles de chaque jour. Nulle combinaison politique ne s'é-
tait recommandée encore au même point que celle de
Sieyès, par la profondeur et l'à-propos, et, loin de la dénaturer, Bonaparte l'avait, au contraire, rendue plus complète-
ment applicable dans ce qu'elle renfermait réellement d'original et de fécond.

La Constitution de l'an VIII posait très-largement le principe de la représentation nationale : suffrage universel d'une
part, et de l'autre, intervention du suffrage dans tous les genres de fonctions.

---

[1] « Vous n'en avez plus, disait Bonaparte à ceux qui prétendaient la dé-
« fendre, et c'est vous qui l'avez détruite. Vous l'avez violée au 18 fructidor
« quand le gouvernement a attenté à l'indépendance du Corps législatif; vous
« l'avez violée au 30 prairial, quand le Corps législatif a attenté à l'indépen-
« dance du gouvernement; vous l'avez violée au 22 floréal quand, par un dé-
« cret sacrilége, le gouvernement et le Corps législatif ont attenté à la souve-
« raineté du peuple, en cassant les élections faites par lui. »

L'autorité législative, plus partagée qu'on ne l'avait encore vue, appartenait à quatre corps : au Sénat, pour l'amélioration des dispositions constitutionnelles ; pour les lois ordinaires, au Conseil d'État qui les préparait, au Tribunat qui les contrôlait, au Corps législatif enfin qui les acceptait ou les rejetait, dans l'attitude d'un conciliateur et d'un juge.

Nous dirons par quelles circonstances le nombre des corps législatifs fut ensuite réduit de quatre à trois ; comment les listes d'élection s'organisèrent en colléges ; quels furent successivement les motifs et les résultats de ces changements. Les modifications subies avant la promulgation par les conceptions de Sieyès touchaient surtout à la composition de la puissance exécutive. Un magistrat suprême, sous le nom de grand électeur, représentant la République ; nommant, pour l'administrer et la défendre, deux consuls, chefs de la paix et de la guerre ; assistant plutôt que coopérant à la direction des affaires, sous la surveillance du Sénat, telle était la théorie primitive que le poids d'un grand publiciste ne put faire prévaloir contre d'heureuses réalités. On conserva l'union de trois consuls, sous la présidence de l'un d'eux, forme établie provisoirement le lendemain du 18 brumaire ; ils étaient nommés pour dix ans et indéfiniment rééligibles : deux ans après, le vœu national, exprimé par le vote universel et consigné dans un sénatus-consulte organique, institua les consuls à vie, en attribuant au premier la présentation de son successeur ; puis, le 28 floréal an XII (18 avril 1804), une nouvelle loi organique, sanctionnée par un nouveau suffrage, confia le gouvernement de la République à un empereur.

De la Convention aux cinq directeurs ; des cinq directeurs aux trois consuls, l'histoire aperçoit une tendance qui se manifeste tout à fait et devient de plus en plus explicable, quand

à deux reprises différentes et d'une voix presque unanime la
volonté nationale consacre, dans la personne d'un grand
homme, son retour à la monarchie, ou quand l'opinion, pour
mieux dire, instituant un pouvoir nouveau, cesse de mettre en
opposition les formes de la monarchie avec les institutions
républicaines. La cause de la révolution ne pouvait que gagner beaucoup à ce que son glorieux chef rappelât par les
pompes extérieures, comme par la puissance réelle, le souvenir de Charlemagne : simple citoyen, Bonaparte eût-il
mieux servi, par exemple, le dogme de l'égalité, qu'il ne l'a
fait roi plébéien, appelant au partage de son trône la fille des
antiques Césars? Couronné de ses seuls lauriers, eût-il plus
efficacement combattu les préjugés de la vieille Europe, que
le front ceint du diadème, et béni par le chef de l'Eglise [1] ? En
laissant la France aux essais d'une liberté orageuse, eût-il
garanti aussi bien le développement de ses institutions qu'en
conservant les grands principes sous des restrictions nécessaires, dans l'attente de progrès sûrs, indiqués par l'expérience et facilités par les mœurs?

La France, en 1814, entra dans un nouveau système ; une
représentation modelée sur le Parlement d'Angleterre rétablit
un principe banni depuis nos premières réformes, l'hérédité
des fonctions ; le droit public fut *octroyé* et se présenta sous
la forme d'une charte d'affranchissement. Tel est pourtant, et
jusqu'en politique, l'empire de l'imagination, que le changement de cette époque avait séduit beaucoup d'esprits, des
esprits même de bonne foi, parmi les classes éclairées. L'instinct du peuple ne se méprit point : le 20 mars en fit foi,
quand, après une année d'épreuves, ce peuple saluait, ivre
de joie, un nouveau retour merveilleux de celui dans lequel

____

[1] « En passant il a mûri le siècle. Lui-même au milieu des vieux empires,
« était une étonnante nouveauté » (Chateaubriand).

son bon sens continuait à voir, malgré tout, le seul et vrai
représentant de ses libertés menacées. En venant réparer les
fautes commises, prévenir les entreprises méditées, l'Empereur, comme nous l'expliquerons, pensa qu'il y avait néanmoins à pactiser avec les faits accomplis : la Charte passa en
partie dans l'acte dit *additionnel aux constitutions de l'Empire*,
ou plutôt l'acte additionnel fut rédigé, comme la Charte, sur
le modèle de la Constitution anglaise, apportant à l'une
comme à l'autre d'immenses améliorations[1]. Dans ce nouvel
essai de droit public, les garanties s'organisaient, les droits des
citoyens s'étendaient, en même temps que se restreignaient
les mesures exceptionnelles : mise en état de siége, exils, ju-
ridictions militaires... Hélas ! les passions politiques devaient
bientôt reprendre leur cours ! Lorsque Napoléon trahi commençait, sans retour cette fois, la solitaire agonie de Sainte-
Hélène, la France, envahie de nouveau, entrait avec la
seconde Restauration dans sa lutte de quinze années : elle
allait voir se développer les plans qu'elle avait pressentis et
s'éteindre les espérances des constitutionnels candides. Cha-

---

[1] « Je puis mériter quelque confiance, écrivait M. de Sismondi, lorsque
« je déclare solennellement que de toutes les constitutions libres que j'ai
« étudiées pendant tant d'années, il n'y en a pas une seule que je ne regarde
« comme inférieure à celle qui est présentée aujourd'hui à l'acceptation du
« peuple français. » Ainsi sur 67 articles composant l'acte additionnel, 21,
selon le même publiciste, exprimaient des conquêtes nouvelles garanties à la
liberté ; à chacune des sanctions attaquées comme défectueuses dans la Charte,
on substituait une sanction plus libérale, et l'on ne faisait point un seul pas
rétrograde (*Réflexions sur l'acte additionnel*).

　　« On ne peut disconvenir, a dit de même un ancien sénateur (le comte Lan-
« juinais, *Constitutions de la France*), que l'acte additionnel était préférable
« à la Constitution du Sénat[*] et à la Charte, qu'il apportait des améliorations
« très-sensibles et en général les plus conformes aux vœux de la nation. »

---

[*] C'est-à-dire au projet présenté par le Sénat en 1814 à l'acceptation de Louis XVIII,
qui le refusa.

que mesure désormais devait révoquer un engagement. Les lois, dont d'ardentes vengeances empruntaient l'apparence et l'autorité, les lois subissaient elles-mêmes un envahissement continu : tantôt un règlement électoral renforçait insidieusement le principe aristocratique ; tantôt la presse périodique tombait sous le joug de la censure. Les idées chères à la raison d'une génération tout entière, frappées de l'anathème du pouvoir, cédaient aux anciennes doctrines, de même que les nouveaux services, aux souvenirs de l'émigration et de la Vendée : il devenait de plus en plus sensible que les tuteurs de la France régénérée n'avaient *rien oublié et rien appris*. Dans cette situation, la Charte, tout imparfaite qu'elle fût, s'élevait cependant à la hauteur d'une sorte de palladium ; chaque jour s'engageaient, autour de ses articles menacés, de vives escarmouches de presse, de brillants combats de tribune. Mais rien n'éclairait un pouvoir décidé à l'avance à la reconstruction du passé [1] ; pouvoir usé, que le vrai souverain, se faisant tout à coup reconnaître, pulvérisa en quelques heures avec les pavés des carrefours.

Après le triomphe populaire, les membres présents à Paris d'une Chambre précédemment élue, se hâtèrent de remanier l'acte constitutionnel. La Charte s'ouvrit à de nouvelles promesses, à des réformes de toutes parts réclamées. Les progrès principaux furent ceux-ci :

Abaissement du cens ; suppression du double vote ; abolition de l'hérédité législative ; fixation pour la Chambre des pairs de certaines conditions de choix ; publicité de ses séances ; extension de l'initiative aux trois pouvoirs.

Dans les longues heures de Sainte-Hélène, l'Empereur, lui

---

[1] Voici les vœux que, par exemple, émettait, sur un point spécial, un organe du pur royalisme : restitution au clergé de ses biens, de l'instruction publique, des registres de l'état civil, du banc des évêques… (Chateaubriand, *Monarchie selon la Charte*).

aussi, corrigeait la Charte [1]. Il proclamait la souveraineté de
la nation; interdisait le double vote; étendait l'initiative;
rappelait les améliorations déjà apportées par l'acte additionnel
et en apportait de nouvelles, au système des élections. Le suffrage, au premier degré, appartenait à tout Français contribuant d'une manière quelconque aux charges pécuniaires de
l'Etat; tout électeur était de droit éligible; le titre de certaines
fonctions suppléait même, sous ce rapport, à toute condition
pécuniaire. Tout député pourvu de fonctions publiques subissait nécessairement, comme depuis 1830, l'épreuve de la
réélection; les pairs ne pouvaient être choisis que parmi les
candidats des colléges ou les personnes servant, depuis dix ans,
dans les hauts grades de l'Etat.

Le pays ne devait jamais rester plus de vingt jours avec une
représentation incomplète. L'arbitraire se poursuivait, aux
risques du plaignant, mais sans autorisation préalable, devant
les tribunaux ordinaires. Toute entreprise de publication périodique était libre sous caution, sans se trouver jamais ex-
posée à des charges exceptionnelles. Nul ne perdait sa liberté
que par une condamnation judiciaire, sous la seule exception
des cas de flagrant délit et de discipline militaire; la contrainte
par corps disparaissait en matière civile et de commerce; la
peine de mort était abolie pour tout autre crime que le meurtre; celle des travaux publics ne pouvait s'appliquer aux crimes politiques, etc.

Ce projet représentait-il, dans la pensée de son auteur, une
forme définitive de la société française? Pas plus que l'acte
additionnel. Quand la faculté et le droit de modifier, suivant
les temps, la législation politique, n'eussent point été reconnus
par tous les actes (deux exceptés) que nous venons de parcourir,
ils seraient inscrits dans l'histoire. La seule condition essen-

____

[1] *Histoire de la captivité de Sainte-Hélène*, par le général Montholon.

tielle de toute forme politique dans la société actuelle, est la garantie de certains principes : la souveraineté nationale ; la liberté et tout ce qui s'y rattache ; l'égalité devant la loi, voilà les dogmes assurés par la Révolution française ; voilà la véritable cause débattue depuis soixante ans. Pour apprécier en eux-mêmes les systèmes dont les destinées ont repassé devant nos yeux, ce sont ces thèses fondamentales qu'il importe d'examiner successivement et en détail.

CHAPITRE III.

De la souveraineté et du principe constitutif.

Ce que les publicistes entendent par souveraineté : deux écoles. — Des déclarations de droits. — Des formes de gouvernement; de leur ordre chronologique et de leurs différences essentielles. — Légitimité. — Révolutions; de celle de France. — Dogmes constitutionnels. — Caractère stable et progressif des institutions de l'Empire. — Eventualités. — La Démocratie et l'Empereur.

Les métaphysiciens qui ont inauguré dans l'âge moderne la philosophie politique, Hobbes, Spinosa, plus tard, Rousseau, ont, dans la notion de souveraineté, rassemblé toutes les puissances, toutes les volontés, tous les droits dont la société se compose, admettant l'aliénation absolue et définitive de l'individu à l'État. Dans cette manière de voir, les monarques avaient précédé les philosophes; les démagogues ne manquèrent pas, quand vint notre révolution, de reproduire la même doctrine, et l'imagination publique les en crut assez volontiers, sur la foi du *Contrat social.* « On semblait se dire, avec une sorte « de fierté patriotique, que si la souveraineté des grands rois « est si puissante, si terrible, la souveraineté d'un grand « peuple devait être bien autre chose encore. Et moi je dis, « reprenait Sieyès, qu'à mesure qu'on s'éclairera, qu'on s'é- « loignera des temps où l'on a cru savoir, quand on ne faisait « que vouloir, la notion de la souveraineté rentrera dans ses « justes limites, et bien des systèmes prônés, honorés, ne « paraîtront plus que des conceptions monacales, de mauvais

« plans de *ré-totale* plutôt que de *ré-publique*, également fu-
« nestes à la liberté et ruineux de la chose publique comme
« de la chose privée.

« La souveraineté du peuple n'est point illimitée. Lors-
« qu'une association politique se forme, on ne met point en
« commun tous les droits que chaque individu apporte dans
« la société, toute la puissance de la masse entière des indi-
« vidus. On ne met en commun, sous le nom de pouvoir pu-
« blic ou politique, que le moins possible et seulement ce qui
« est nécessaire pour maintenir chacun dans ses droits et ses
« devoirs [1]. »

Qu'il y ait des devoirs et des droits antérieurs aux Constitutions écrites, c'est ce qu'on ne saurait contester : ne fût-ce que
le droit de les écrire. Déjà, hors du lien social, personne n'a
le droit de nuire à autrui [2]; la société elle-même n'a le droit
de défendre que les actions portant un caractère nuisible [3].
Seulement, entre la loi positive et la conscience individüelle,
quel juge? La conscience publique, qui a dû accepter la loi
ou qui saura bien l'abroger.

C'est l'existence de ces droits, conséquences immédiates de
la nature des choses, qui a inspiré la pensée des déclarations
préalables. Un préambule philosophique paraissait chose indispensable et pouvait avoir son usage en 1789, alors que les
maximes du bon sens luttaient, dans la société, contre les
préjugés de la barbarie. Mais à peine la Constituante venait-
elle de s'accorder sur les définitions de principes, sur les règles
d'opinions à formuler pour l'avenir, qu'une autre Assemblée
bouleversait ces définitions et ces règles ; qu'elle y substituait

---

[1] Sieyès, *Exposé d'un plan de Constitution*, an III, *Moniteur*, n° 307.

[2] Id., *Exposition raisonnée des droits de l'homme et du citoyen*, *Journal d'Instruction sociale.*

[3] Déclaration de 1791.

en triomphe de nouvelles élucubrations, sauf, deux nouvelles
années après, à reléguer le prétendu chef-d'œuvre parmi les
plus mauvaises erreurs. La Constitution de l'an VIII supprima
le préambule, et fit bien. Car dès que le législateur pourvoit
aux besoins de son époque, il les définit par-là même, et on
ne doit rien lui demander de plus. Qu'il laisse à la spéculation
l'espoir de réaliser l'idéal : retenu dans les liens du possible, il risquerait trop de ne faire, voulant travailler pour
les siècles, que des *almanachs de l'année,* comme le disait
Mirabeau.

Les formes de gouvernement, d'organisation de la souveraineté ont successivement présenté l'expression d'états sociaux
aussi différents qu'elles-mêmes, et elles ont toutes été
bonnes là où elles étaient nécessaires. Au sein des forêts pri-
mitives, sous les tentes des peuples pasteurs, l'instinct de la
conservation ou les traditions de famille établissent le pouvoir
d'un seul, chef d'expédition ou patriarche. Bientôt, avec l'a-
griculture, naissent les lois et l'État se forme ; «Bientôt,
« laissons ici parler le savant et judicieux Cabanis[1], le chef,
« plus riche et plus oisif, tend à abuser de son pouvoir. Le
« peuple, si les circonstances sont favorables, ne tarde pas à
« se soulever contre lui ; les idées sont encore trop simples et
« trop justes pour que chacun ne sente point qu'ayant sa part
« de l'intérêt public, il a le droit de concourir à tous les actes
« de l'association : ici commence l'époque de la pure démo-
« cratie, genre de gouvernement impossible partout ailleurs
« que dans une très-petite cité, et qui, là même, ne peut pro-
« duire que désordres et bouleversements, à moins que les
« circonstances locales, y retenant le peuple dans un état

---

[1] *Considérations sur l'organisation sociale en général et particulièrement sur
la nouvelle Constitution,* frimaire an VIII. Cette brochure, assez peu connue,
est pleine d'aperçus ingénieux qu'il serait difficile de mieux rendre. Elle n'a
point été recueillie dans les œuvres de Cabanis.

« général de pauvreté, ne préviennent tout développement,
« soit des passions populaires, soit des intérêts sociaux. »

Parfois à ce pouvoir collectif succède le pouvoir individuel,
devenu beaucoup plus oppressif que dans l'enfance des sociétés ;
parfois la démocratie pure fait place à l'aristocratie simple,
au gouvernement des *meilleurs* : « Cette époque est celle où
« l'on commence à sentir fortement la nécessité de donner de
« la consistance aux institutions, de les environner d'un grand
« respect. C'est aussi pour lors ordinairement que les légis-
« lateurs et les magistrats appellent à leur secours les idées
« religieuses. C'est à cette époque remarquable qu'on a vu,
« chez quelques peuples, le principe de la souveraineté na-
« tionale transporté dans le ciel, et les magistrats ne se don-
« ner que pour les représentants de ces puissances invisibles,
« auxquelles ils rattachaient toutes les idées d'ordre et s'effor-
« çaient de soumettre toutes les pensées et toutes les volontés.
« Aussi cette même époque, qui souvent est marquée par les
« améliorations les plus importantes, est-elle quelquefois celle
« où se forgent les chaînes les plus pesantes du genre hu-
« main. Alors s'établissent ces distinctions antisociales, ces
« patriciats héréditaires plus redoutables cent fois que le
« despotisme le plus absolu d'un seul. Car, soit qu'il ait été
« l'ouvrage du machiavélisme des hommes plus éclairés que
« les besoins publics avaient placés à la tête du gouverne-
« ment, soit qu'il ait fait partie des conditions imposées au
« peuple, à la suite de quelque guerre funeste, par un autre
« peuple vainqueur, ce patriciat présente le système le plus
« désolant.

« Le retour à la monarchie fut, en général, chez les an-
« ciens, le seul remède à la tyrannie aristocratique, et, dans
« les temps modernes, quand les monarques ont bien en-
« tendu leurs intérêts, il se sont tournés du côté du peuple,
« pour attaquer avec plus de force tous les petits tyrans su-

« balternes, ennemis non moins dangereux de leur pouvoir
« que de sa liberté. »

Volonté individuelle, volonté de quelques-uns, volonté de
tous, voilà donc les seuls éléments de la souveraineté chez
tous les peuples, et on ne peut en concevoir d'autres, sous
quelques dénominations que l'on classe et que l'on subdivise
les résultats des événements. Il importe toutefois de distinguer entre la volonté directe et la représentation, admirable
système, dû au libre génie des races du Nord, qui a rendu
possible et bon, même pour les plus grands empires, le gouvernement en commun.

Le gouvernement est le fait ou le droit de vouloir pour
autrui ; il a son principe dans la force ou dans le consentement libre. La question ainsi posée, rien de moins difficile
que de dire où est la légitimité. Mais rarement le principe de
force satisfait ceux qu'il favorise, parce qu'il donne et ne
garantit pas. C'est ainsi que les oligarques, selon la remarque
de Cabanis, ont anciennement exploité le sacerdoce ; c'est ainsi
que, parmi les violences et les usurpations du moyen âge,
s'est formé ce dogme mystique qui, attribuant à une
famille la propriété de chaque nation, expliquant le pouvoir
absolu parce qu'il a, précisément, d'inexplicable[1], ramenant
l'obéissance au culte et la révolte au sacrilége, interdisant
même l'examen, assure seul, disent ses partisans, le respect·
de l'autorité, et, comme gage de stabilité, ne trouve point
d'équivalent qui puisse le remplacer sur la terre.

---

[1] « Comment seroit-il possible qu'un homme foible, nud, désarmé, peust
« commander à tant de milliers d'hommes, se faire craindre, suivre et obéir
« en toutes ses volontés, s'il n'y avoit quelque divinité et quelque parcelle
« de la puissance de Dieu meslée ? » (*Satire Ménippée*, harangue de d'Aubray.
C'est le *Contre-un* de la Boëtie avec une conclusion différente.) D'où il s'ensuivait que Henri III était, en sa qualité de roi, « une personne sacrée, ointe
« et chérie de Dieu, comme mitoyenne entre les anges et les hommes » (*Ibid.*).

Fondée sur l'usage collectif d'un *don divin*, du libre arbitre, une démocratie bien réglée invoquera, elle aussi, le Ciel, mais moins par calcul d'intérêt que par élan de reconnaissance [1]. Ce n'est point à l'ignorance des peuples qu'elle attachera l'espérance d'éloigner les révolutions : elle craindrait, au contraire, par là, de les amener plus terribles : elle s'efforcera de rendre les hommes plus éclairés et plus heureux ; elle tâchera de leur faire comprendre que, eussent-ils, individuellement et dans telle ou telle circonstance, à souffrir des choses existantes, une révolution est toujours « un des plus « grands maux dont le Ciel puisse affliger l'humanité. C'est « le fléau de la génération qui l'exécute ; tous les avantages « qu'elle procure ne sauraient égaler le trouble dont elle « remplit la vie de ses auteurs... Elle bouleverse tout ; « dans les premiers moments, elle fait le malheur de tous, « le bonheur de personne. Le vrai bonheur social est dans « l'usage paisible, dans l'harmonie des jouissances relatives de « chacun. Dans les temps réguliers et tranquilles, chacun a « son bonheur... Les révolutions les mieux fondées détruisent « tout à l'instant même et ne remplacent que dans l'ave— « nir [2]. Ainsi parlait Napoléon ; et quel témoignage frappant de la vérité de ces paroles, quelle manifestation aussi des dangers de l'immobilité, que la Révolution française ! Ailleurs, dans une société merveilleusement préparée, parmi des hommes rassemblés sous une destinée commune, fuyant une

---

[1] Mirabeau demandait que, dans le préambule des lois, on conservât l'ancienne formule *par la grâce de Dieu*, en y ajoutant seulement, comme le sceau du nouveau régime, *et par la loi constitutionnelle de l'Etat* : « Ces mots « (*par la grâce de Dieu*) sont un hommage à la religion, et cet hommage est « dû par tous les peuples du monde. C'est un plan religieux sans aucun danger, « et précieux à conserver comme point de ralliement parmi les hommes. « Que pourrait-on en conclure en faveur du despotisme ?... Si les rois sont « rois par la grâce de Dieu, les nations sont souveraines par la grâce de Dieu. »

[2] *Mémorial*, 2 septembre 1816.

même oppression ; sur un sol vierge, inépuisable, entre l'Océan et le désert, une fois l'indépendance conquise, la liberté a pu fleurir sans avoir été longuement arrosée de sang et de larmes : ici, elle poussait dans les ruines ; chaque progrès correspondait à une défaite, à une rancune, à un regret, à une douleur : défaite de l'antique monarchie, portée jusqu'au meurtre du roi ; défaite d'une aristocratie qui, associée au principe comme à l'exercice du pouvoir, combattait non pour quelques droits, mais pour son existence même ; défaite de l'Europe coalisée. Au sein de ces terribles efforts, quelle énergie ne devaient pas prendre les instincts longtemps comprimés, les griefs longtemps méprisés, les désirs soudainement émus de la classe la plus forte et la plus nombreuse ! Dans cette mêlée de pertes et de conquêtes, d'enthousiasme et de haine, de besoins et de défiances, de préjugés et de paradoxes, de vieux abus et de nouvelles erreurs, quelles funestes incertitudes, quelles exagérations, quel arbitraire ne devaient pas nécessairement présider aux jugements des hommes et dominer dans leurs actions !

Ainsi, après dix ans de combats, la France, épuisée et malheureuse, n'offrait qu'une image du chaos. Plus de religion, plus de morale, un étonnant dévergondage d'habitudes et d'opinions ; toute autorité avilie, toute obéissance désapprise, toute sûreté compromise. Un miracle seul était à attendre, et, bonheur unique, on l'obtint. En quelques mois, tout a changé de face : la religion a retrouvé des autels ; la morale, des honneurs ; le pouvoir, de la force et de la confiance ; l'étranger s'enfuit des frontières ; le brigandage qui souillait et désolait le territoire, en quelques semaines a disparu ; les discordes s'apaisent, et les proscriptions s'effacent ; l'administration s'organise ; l'ordre renaît dans les finances ; la prospérité dans le travail ; la sécurité dans la possession. Cette transformation est l'œuvre d'un seul : s'il y

à un droit divin, n'est-ce pas cela ? Le Ciel envoyait à la fois
à la France démocratique une force capable de la défendre
contre ses ennemis et contre elle-même; une pensée sympa-
thique à ses besoins; un caractère d'homme qui, suppléant
aux institutions positives, permettait que l'on s'appliquât,
avec tranquillité et patience, à la tâche presque surhumaine
qu'exprime le mot *constituer*. On y travaillait depuis dix ans
avec des théories philosophiques et les traditions de l'antiquité, avec les précédents de l'Amérique ou l'imitation de
l'Angleterre : on eût pu y travailler longtemps encore. Prétendre, du jour au lendemain, développer dans le royaume
de Louis XIV ce culte républicain de la loi, indépendant des
personnes qui l'appliquent, des signes extérieurs qui la représentent, c'était un rêve, on l'avait vu; attendre d'assemblées
souveraines, en des temps de fièvre et d'orage, la modération,
la prudence de certaines aristocraties célébrées par l'antiquité;
lâcher les rênes aux passions, aux passions révolutionnaires,
aux passions qu'engendre et qu'irrite une révolution sociale, c'était de la folie, du délire, c'était perdre la liberté.

Constituer est un attribut de la souveraineté générale,
celui qui peut le moins s'aliéner. Il peut se déléguer en partie,
soit à une assemblée, soit à un homme, si cet homme s'appelle Moïse, Lycurgue, Solon, Mahomet ou Bonaparte ; si, à
lui seul, il vaut autant que peut valoir une assemblée ; et s'il
vaut autant, il vaut mieux. Il faudra confier à cet homme, ou
à cette réunion d'hommes, une grande somme d'autorité;
les circonstances elles-mêmes la donnent, mais le respect des
principes exige que les effets en soient soumis à la sanction
nationale. On pourra alors affirmer, sans demander, comme
un publiciste [1], un vote spécial sur chaque article, que la nation a usé de son droit de constitution.

---

[1] **B. Constant,** *Mémoires sur les Cent-Jours*. On conçoit difficilement la pra-

Constituer n'indique jamais une œuvre irrévocablement et définitivement accomplie. Les constitutions sont des échelles pour s'élever progressivement et sans secousses à des états toujours meilleurs. On peut s'étonner également d'y voir la *révision* omise, ou l'*insurrection* mentionnée : dans un cas, le législateur laisse à penser qu'il n'a pas compris sa tâche ; dans l'autre, il semble confesser qu'il n'a pas eu le talent de la remplir. Sans doute, la ruse et la violence rendront vaines les lois les plus sages ; sans doute, l'esprit de résistance et de solidarité politique sera toujours le dernier rempart de la liberté des nations : le pacte social doit contenir toutes les garanties concevables contre la violation des lois, mais il ne doit point supposer la violation de ces garanties ; il doit traiter l'insurrection comme ces pouvoirs mystérieux de l'antique mythologie, dont le vague était plein d'horreur.

L'idée de révision, au contraire, ne saurait trop se manifester. C'est la reconnaissance du progrès, celle du droit inaliénable qui réside dans les nations. Que la Charte du bon plaisir fût immuable ou dérisoire ; que celle de 1830 tournât, par une loi éternelle, dans le même cercle vicieux : le point de départ l'exigeait. Mais regardons où aboutissent ces luttes avec la vérité ! Un jour arrive, et assez vite, où le vrai et le faux souverain se disputent à force ouverte l'insuffisante constitution ; le système entier s'est usé avec chacune de ses pièces ; la société lance en morceaux son moule étroit et sans issues ; à chaque époque climatérique, au lieu d'une révision paisible, vous avez une révolution. Ainsi n'en use pas l'Amérique [1] ; ainsi n'en use pas l'Angleterre, et une des premières

tique d'un pareil mode. Avec la sanction postérieure, la crainte du rejet absolu empêchera les mandataires de négliger l'opinion ; l'espoir de la révision et l'instinct de l'intérêt commun empêcheront les commettants de rejeter, pour quelques détails, un ensemble satisfaisant.

[1] « En Amérique, le Congrès peut proposer des amendements à la Consti-

études de la France démocratique fut celle des moyens de révision.

M. de Lally-Tollendal produisait l'idée séduisante d'une sorte de *jubilé national*, dans lequel la législation se purifierait, à époque fixe, des défauts de sa vétusté. Mais l'objection suit de près : Vaut-il mieux relever des ruines que de chercher à les prévenir par un entretien soutenu? La règle semble être celle-ci : Qu'il ne soit, à aucune époque, ni impossible ni facile de toucher au pacte social.

Un disciple de Mirabeau, dans un discours qui rappela, après la mort de ce grand homme, son influence et son souvenir [1], proposait la distinction de deux Assemblées réfor

tution fédérale, sur la demande des deux tiers des Chambres; il peut, sur celle des deux tiers des législatures particulières, convoquer une Convention. Les amendements admis, dans les deux cas, doivent être ratifiés par les législatures des trois quarts des Etats ou par les trois quarts des Conventions formées dans le sein de chacun d'eux, suivant que l'un ou l'autre mode de ratification aura été prescrit par le Congrès. Jamais les amendements ne peuvent avoir pour effet de priver un Etat, sans son consentement, de son droit de suffrage dans le Sénat.

L'Angleterre, qui ne connaît point de pouvoir constituant distinct, point de Constitution écrite, ou qui, du moins, ne distingue point les lois constitutionnelles des autres espèces de lois, l'Angleterre n'a pas besoin de formes de révision spéciales. La révision y est permanente, ainsi que l'établissement.

M. de Tocqueville, dans son tableau des institutions de l'Amérique, examinait, comme objet de comparaison, la Constitution française sous le régime naguère existant :

« L'ensemble de la Constitution française est immuable, parce qu'on n'a
« perçoit point de moyens légaux de la changer.

« De qui le roi tient-il ses pouvoirs? de la Constitution. De qui les pairs
« de la Constitution. De qui les députés? de la Constitution. Comment donc
« le roi, les pairs, les députés, en se réunissant, pourraient-ils changer quelque
« chose à une loi en vertu de laquelle seule ils gouvernent?

« Cela est bien plus visible encore dans les lois de 1830 que dans celles de
« 1814. En 1814, le pouvoir royal se plaçait, en quelque sorte, en dehors et
« au-dessus de la Constitution; mais, en 1830, il est, de son aveu, créé par
« elle et ne peut rien sans elle » (*Démocratie en Amérique*, t. I, note L).

[1] Séance du 31 août 1791.

matrices : les *Conventions nationales*, chargées seulement de
modifier ; les *Assemblées constituantes*, investies du pouvoir
de refaire en entier la Constitution. Pour appeler les unes ou
les autres, il fallait, selon M. Frochot, attendre le vœu itératif
de plusieurs législatures ordinaires. Barnave, par des raisons
relatives à la tranquillité publique, tenait à ce qu'en aucun
cas on ne déterminât à l'avance les époques précises où les
corps constituants seraient appelés.

L'auteur de belles combinaisons qui tiendront ici une grande
place [1], comparant, dans ses vœux d'avenir et dans sa confiance scientifique, la durée des constitutions non à celle des
individus, non pas même à celle des espèces, mais, dans la
mesure permise, à la perpétuité d'action des lois qui régissent
l'univers, voulait substituer au principe d'une reproduc-
tion périodique, une faculté de perfectionnement permanente
et indéfinie. Il découvrait cette faculté dans l'existence d'un
corps spécial, chargé de concentrer la lumière qu'apporte
successivement chaque jour, puis, tous les dix ans (la nation
préalablement consultée), de confier le fruit de son travail à
la législature ordinaire, investie, temporairement et quant
à la décision seule, du droit de Constitution.

Nous retrouvons dans toutes nos lois la consécration du
principe, d'après quelqu'une de ces idées. En 1791, il est
décidé qu'un vœu uniforme émis sur quelque article par trois
législatures consécutives, donnera lieu à révision ; la qua-
trième législature s'augmentera de deux cent quarante-neuf
membres pour la durée de ce travail spécial ; elle n'admettra
aucun des membres de la troisième législature qui auront
demandé le changement. — « Si dans la moitié des départements plus un, porte la Constitution de 1793, le dixième
des assemblées primaires de chacun d'eux, régulièrement

---

[1] Sieyès, Discours du 24 thermidor an III.

formées, demande la révision de l'acte constitutionnel ou le changement de quelques-uns de ses articles, le Corps législatif est tenu de convoquer toutes les assemblées primaires de la République, pour savoir s'il y a lieu à une Convention nationale. La Convention nationale est formée de la même manière que les législatures et en réunit les pouvoirs. Elle ne s'occupe, quant à la Constitution, que des objets qui ont motivé sa convocation... » (Art. 115, 116, 117).—La Constitution de l'an III exige, comme base du travail, une proposition des Anciens, ratifiée par les Cinq-Cents, renouvelée trois fois en neuf ans. Elle appelle, concurremment avec le Corps législatif, une assemblée spéciale, obligée de se dissoudre dès qu'elle sera en mesure de soumettre au vote des assemblées primaires le projet de révision (titre XIII).

Les intervalles, il est vrai, auxquels ces Constitutions se succédèrent, rendirent leurs prévisions peu utiles. Deux années ne s'écoulaient pas depuis la promulgation de l'une d'elles, sans qu'on entendît célébrer le bonheur de s'en affranchir [1]. Enfin parut celle de l'an VIII, revêtue d'une sanction plus imposante [2], accompagnée d'une approbation plus certaine, qu'aucun des essais antérieurs ; enfin la France salua l'alliance, si longtemps attendue, de la stabilité et du progrès. Une pensée d'amélioration calme, méthodique, graduelle, fit placer le droit de révision, fidéicommis de la nation motivé

---

[1] 1793, Hérault de Séchelles, sur la Constitution de 1791 : « Cette Constitution dont nous allons *enfin* nous affranchir... »

1795, Boissy-d'Anglas, sur la Constitution de 1793 : « Il est de notre devoir de vous déclarer que cette Constitution, méditée par des ambitieux, rédigée par des intrigants, dictée par la tyrannie et acceptée par la terreur... est l'organisation de l'anarchie. »

[2] La dernière (1795) avait obtenu, sur 1,057,390 votants, 1,007,413 suffrages ; le nombre des opposants, par conséquent, étant de 49,977.

Celle dont nous parlons réunit, sur 3,012,569 votants, 3,011,700 suffrages ; reste 1,562.

par les besoins de l'époque [1], sous la garde de ce corps spécial dont l'idée tenait aux premiers germes de la nouvelle
Constitution. Toutefois la volonté nationale devait toujours
intervenir dans les changements relatifs aux bases de l'organisation. Ainsi le Consulat à vie s'établit fondé et soutenu
par trois millions et demi de suffrages, contre huit mille ;
l'Empire, par quatre mille de plus, contre environ six mille
de moins [2]. Par ces modifications mêmes, le principe ne
changeait pas : il se fortifiait au contraire. Peut-être la Constitution, telle que Sieyès la proposait, eût-elle fini par laisser
prendre au corps principal de l'Etat un ascendant pernicieux :
avec un chef réel, les chances se modifiaient, l'équilibre s'é-
tablissait, de manière à faire arriver le moins violemment
possible les changements nécessités par les combinaisons de
l'avenir.

Si l'on suppose qu'après le grand homme, son esprit eût
cessé, suivant sa solennelle parole [3], d'être avec sa postérité;
si un successeur oublieux de l'origine de ses droits et de

---

[1] « Aucune Constitution n'est restée telle qu'elle a été faite. Sa marche est
« toujours subordonnée aux hommes et aux circonstances. Il faut éviter de
« se lier, dans l'institution d'un nouveau gouvernement, par des lois trop
« détaillées »(Paroles du premier Consul au Conseil d'Etat, Thibaudeau).
Cf. le préambule de l'acte additionnel de 1815 :
« Depuis que nous avons été appelé, il y a quinze années, par le vœu de
« la France, au gouvernement de l'Etat, nous avons cherché à perfectionner,
« à diverses époques, la forme constitutionnelle, suivant les besoins et les
« désirs de la nation et en profitant des leçons de l'expérience. Les Constitu-
« tions de l'Empire se sont ainsi formées d'une série d'actes qui ont été re-
« vêtus de l'acceptation du peuple, etc. »

[2] Consulat à vie, 3,577,259 suffrages ; 3,568,885 approbatifs; 8,374 négatifs.
   Empire   3,574,898   3,572,329   2,569
Ces résultats, observe M. Thiers (t. III, p. 523), paraîtront ce qu'ils étaient,
prodigieux, si de la population entière on commence par déduire les femmes,
les incapables de toute sorte et spécialement les illettrés, dont l'absence sur
les registres de vote ne constituait certainement pas un indice d'opposition.

[3] Réponse à l'adresse du Sénat.

l'objet de sa puissance, eût voulu garder la tutelle au delà de l'émancipation et la changer en tyrannie, alors, que serait-il arrivé? « Alors, dit M. Thiers [1], l'opposition, suite inévi-« table d'une longue soumission, aurait pris naissance dans « ce Sénat même, longtemps si docile, mais armé d'une puis-« sance immense. Il se serait probablement trouvé d'accord « avec les colléges électoraux, pour faire des choix conformes « à l'esprit nouveau ; il aurait brisé les liens de la presse ; il « aurait ouvert les portes et les fenêtres du palais du Corps « législatif, pour que sa tribune pût retentir au loin. C'eût « été la monarchie représentative tout comme aujourd'hui, « avec cette différence que la résistance serait venue d'en « haut, au lieu de venir d'en bas. Ce n'est pas une raison « pour qu'elle fût moins éclairée, moins constante, moins « courageuse. »

Que le Sénat, au contraire, enivré de ses attributions et de ses honneurs, eût rêvé le *livre d'or* de Venise et que, sup-position hardie, il eût mis dans ses intérêts les colléges élec-toraux ; qu'il eût tenté de concentrer l'exercice de la souve-raineté dans un cercle encore plus restreint que celui de la monarchie qu'avait sous les yeux M. Thiers : alors, entre un empereur inquiet et des citoyens irrités ; entre un monarque intéressé à la défense des droits du peuple, et un peuple ayant rassemblé toute sa confiance dans le monarque ; au milieu d'une double réaction, qui eût menacé de l'étouffer comme l'aristocratie romaine, le Sénat se fût vu contraint de racheter bientôt ses projets par des réparations et des sacrifices.

Suppose-t-on le monarque uni à tous les corps constitués, pour, en commun, opprimer le peuple? Toute puissance rentrait à sa source et le torrent sortait de son lit : c'était ce que nous avons vu ; on en arrivait où nous sommes, avec

---

[1] *Histoire du Consulat et de l'Empire*, t. V, p. 117.

deux révolutions de moins. Mais comment aussi supposer, avec une suffisante vraisemblance, une coalition de ce genre entre ces pouvoirs différents d'attributions et d'esprit, s'observant réciproquement et ne pouvant former de ligues partielles sans un antagonisme correspondant, surtout quand la marche du temps, l'habitude des fonctions, eussent accusé plus fortement les oppositions de nature ; quand l'absence d'une volonté exceptionnellement irrésistible eût laissé prendre aux passions plus de force et de développement?

Cabanis calculait ainsi, dans son remarquable opuscule, le jeu naturel et probable des pouvoirs nouvellement créés :

« Dans le cours ordinaire des choses, le Tribunat et le Sénat « conservateur sont destinés à s'appuyer mutuellement ; ils « doivent marcher au même but, quoique par des routes dif- « férentes, et comme le Pouvoir exécutif est doué de toute la « force nécessaire ; comme d'ailleurs le Tribunat n'a, pour « ainsi dire, qu'une puissance d'opinion, tandis que, de son « côté, le Sénat conservateur n'agit jamais de son propre « mouvement, ce concert ne peut avoir que des effets heu- « reux. Il protégera la liberté publique sans pouvoir jamais « troubler l'Etat.

« La coalition du gouvernement et du Corps législatif doit « avoir lieu très-difficilement : il faudrait pour cela que le « Tribunat fût devenu très-redoutable et que le Sénat conser- « vateur se refusât à le réprimer, en continuant de nommer « les tribuns factieux, ce qui ne peut raisonnablement se « supposer, tous les intérêts du Sénat conservateur étant de « prévenir ou d'arrêter les agitations. Ajoutez qu'entre le « Pouvoir exécutif et un corps nombreux qui ne discute ja- « mais et vote au scrutin secret, des communications fixes et « sûres sont assez difficiles à établir.

« Le pouvoir exécutif cherchera sans doute par tous les « moyens à s'emparer du Tribunat ; il y aura ses orateurs ; il

« tâchera de gagner ceux qui jouiront de la plus grande po-
« pularité. Si le corps entier se laissait entraîner dans cette
« direction, ce qu'on peut, à la vérité, regarder comme dé-
« pourvu de vraisemblance , il n'est pas douteux que la
« liberté courrait de grands périls ; l'immobilité du Corps
« législatif et du Sénat conservateur, même en les supposant
« le plus étroitement unis, serait bien faible pour résister
« au choc de deux pouvoirs, l'un très-fort et l'autre très-tur-
« bulent. Ici, comme dans plusieurs autres circonstances, la
« véritable ressource est dans l'appui de l'opinion , qui
« manque bien rarement de venir au secours de la force mo-
« rale qui résiste, contre la force physique et la violence qui
« veulent opprimer.

« Mais, la plus dangereuse de toutes les coalitions contre
« la liberté publique serait celle du Pouvoir exécutif et du
« Sénat conservateur. Non-seulement elle est, en quelque
« sorte, impossible : le Sénat ne peut se coaliser avec le Pou-
« voir exécutif qu'autant qu'il le verrait menacé par le Corps
« législatif et le Tribunat réunis. Or, dans ce cas, il ne ferait
« qu'obéir à son devoir. Mais rien n'est moins dans l'ordre
« des choses que l'accord de celui qui pousse et agit sans
« cesse, et de celui qui toujours arrête et contient ; de celui
« qui veut toujours empiéter, et de celui que ces empiéte-
« ments doivent bientôt anéantir.

« Aussi n'est-ce pas là, quant à présent, qu'il faut cher-
« cher des dangers véritables. Il serait surtout bien inutile
« d'en prévoir dans la possibilité de conspirations ourdies au
« sein du Sénat conservateur : car, comme ce Sénat périt
« infailliblement si le Pouvoir exécutif perd de sa force con-
« stitutionnelle, et qu'il périt également si l'esprit de liberté
« s'affaiblit dans le Tribunat et dans le Corps législatif, ses
« intérêts ne lui prescrivent pas moins que son devoir, de
« maintenir l'équilibre entre toutes les autorités.

« Quoi qu'il en soit, la Constitution est sans doute suscep-
« tible d'objections, mais il est impossible de ne pas recon-
« naître dans sa *pensée-mère* l'empreinte de la création et du
« génie. »

Nous aurons à juger bientôt quelle fut la conduite du
Sénat à l'égard du chef de l'Empire. Cabanis se trompa en
fait; il ne se trompait pas en logique. Supprimez même le
Tribunat; transportez une partie de son rôle aux membres
du Corps législatif, les combinaisons changeront peu : vous
aurez à la fois enlevé à la puissance exécutive des difficultés
d'action et des chances d'envahissement.

Tant que Napoléon eût vécu, son caractère valait, selon
nous, toute combinaison de garanties, et son génie eût pu
tenir lieu d'organisation politique. Nous venons de rappeler
le sort de l'aristocratie romaine. Dans les dictées de Sainte-
Hélène, en appréciant les circonstances où César prit le suprême pouvoir, Napoléon semblait tracer une page d'histoire
contemporaine : « Dans cet état, les Assemblées délibérantes
« ne pouvaient plus gouverner; la personne de César était
« donc la garantie de la suprématie de Rome sur l'univers
« et faisait la sécurité des citoyens de tous les partis : son
« autorité était donc légitime... En immolant César, Brutus
« céda à un préjugé d'éducation. Il ne voulut pas voir que
« l'autorité de César était légitime, parce qu'elle était néces-
« saire et protectrice, parce qu'elle conservait tous les intérêts
« de Rome, parce qu'elle était l'effet de l'opinion et de la
« volonté du peuple[1]. »

Mais, entre deux situations si fécondes en analogies, il
faut remarquer une différence, essentielle au point de vue
moral. C'est sur une pente de décadence et non sur un plan
de réforme que se fonda l'empire des Césars; c'est entre des

---

[1] *Précis des guerres de César,* publié par M. Marchand.

passions croissantes qu'expira le patriciat romain. Dans une vie toute consacrée à lutter contre les passions, Napoléon a protégé les éléments de la société civile, la sécurité des personnes, la propriété et le travail ; il a, dans la société politique, suspendu la lutte des partis, et travaillé à cette conciliation, ou, disons mieux, à cette fusion, condition essentielle de la paix sociale ; l'esprit de famille, l'esprit religieux, que, toute autre opinion à part, l'honnête homme doit considérer comme les fondements de toute durée, ne les a-t-il pas recueillis dans le naufrage universel ? La formation de cet esprit politique « qui consiste essentiellement à vouloir et à « savoir prendre sa part et jouer son rôle régulièrement, sans « emploi de la violence, dans les affaires de la société[1] », n'était-elle pas une conséquence de ses moyens de gouvernement ? Il a proclamé, affermi cette grande vérité du suffrage, pierre de touche et règle d'action des pouvoirs désintéressés ; il a su allier le respect des engagements et des principes avec l'indépendance du génie, la supériorité de la gloire. C'est ce que nous espérons bien rendre de plus en plus sensible dans des chapitres spéciaux. Nous ne clorons point celui-ci sans rappeler une belle parole, utile surtout à méditer pour les chefs de démocraties, et qui renferme tout le programme de la noble et grande politique que nous essayons de retracer.

« Il faut servir dignement le peuple et ne pas s'occuper de « lui plaire. La belle manière de le gagner, c'est de lui faire « du bien... [2] »

[1] M. Guizot, *Démocratie en France.*
[2] *Mémorial.*

CHAPITRE IV.

De la liberté.

⁂

DIVISION DU CHAPITRE.

Naissant de la civilisation ou, pour mieux dire, se con-
fondant avec elle ; remplaçant cette licence inique et cette
grossièreté brutale où la faiblesse est la proie de tous ; substituant à la crainte mutuelle, de réciproques concessions ; à la
servilité de la peur, la noblesse du sacrifice ; la liberté est
l'état de paix et d'activité régulière, cause finale de toute
société. Elle garantit à chacun la conservation de son être,
l'usage de ses facultés, la jouissance de ses biens acquis, biens
sans lesquels les facultés n'auraient qu'un emploi dérisoire ;
elle multiplie, grâce au concours et à l'accord des volontés,
les moyens dont chacun dispose ; elle protége non-seulement
l'existence, le mouvement physiques, mais encore les déve-
loppements du sentiment et de la pensée ; car, si la divine
équité a mis la liberté *morale* au-dessus de l'atteinte des
hommes [1], la liberté *intellectuelle* tombe, par ses manifestations, sous l'empire du monde extérieur, que, par là aussi,
elle gouverne. Nous allons donc passer en revue :

---

[1] « Le corps seul est au pouvoir des méchants ; l'âme règne partout : du fond
« des cachots même, elle peut s'élever jusqu'au ciel » (Napoléon, *Mémorial
de Sainte-Hélène*).

Le droit de vivre en sûreté et de disposer de sa personne ;

Le droit d'exercer, séparément ou en commun, ses facultés ;

Le droit de s'approprier les choses, d'en jouir et de les transmettre ;

Le droit de rendre un culte extérieur au Dieu que l'intelligence reconnaît et que la conscience peut servir, en dépit de toute tyrannie ;

Le droit d'énoncer ses idées par la parole ou l'écriture ;

Et nous croirons avoir ainsi, d'une manière à peu près complète, analysé la liberté.

SECTION I.

Liberté personnelle.

Distinction des droits politiques et des garanties individuelles. — Etat de la France antérieur à 1789. — Proclamation de la liberté. — Tyrannie révolutionnaire.— Doctrine du *salut public*.—Indépendance nationale, première condition de la liberté. — Conscription. — Décret de 1810, sur l'organisation des prisons d'Etat.— Exils.— Décrets de 1809 et 1811, sur les Français établis à l'étranger. — De l'appréciation des nécessités politiques.— Principes consacrés dans la Constitution de l'an III, en matière de liberté individuelle. — Code d'instruction criminelle. — Perfectionnements indiqués. — Commission sénatoriale de la liberté individuelle. — Guerre de l'Empereur à l'arbitraire : discussions-du Conseil d'Etat.

C'est par là qu'il faut commencer : « Que prétendra, dit « Mirabeau, que disputera celui qui n'a pas la sûreté per- « sonnelle ? Que lui importe toute autre propriété[1] ! » Pourtant, que de siècles écoulés, sans que l'histoire puisse nous montrer observé par les citoyens, défendu par l'autorité, d'une façon certaine et complète, le pacte du respect mutuel !

[1] *Des lettres de cachet.*

La jouissance des droits politiques n'est pas la liberté à elle seule ; témoin les anciennes républiques, chez lesquelles l'Etat absorbait, dans sa prédominance jalouse, dans sa surveillance minutieuse, l'existence des individus. Dans les démocraties modernes, ce contraste de souveraineté et de dépendance domestique pourrait aussi bien exister : « Il est facile à tous « les gouvernements, et plus facile aux gouvernements re- « présentatifs qu'aux autres, quand les droits individuels ne « sont pas garantis par des institutions fortes, de faire vou- « loir au souverain prétendu tout ce qui peut servir à l'op- « primer comme sujet, ou, en prenant la route opposée pour « arriver à un terme identique, de l'opprimer comme sujet « pour lui faire sanctionner son esclavage comme souve- « rain [1]. »

A ne consulter que nos annales et sans même y remonter bien loin, que d'outrages à l'humanité dans son droit le plus natu- rel ! Les seules affaires du jansénisme, au dire du duc de Saint- Simon, peuplèrent les donjons du royaume de près de cent mille prisonniers ; on connaît ces ordres occultes qui, il n'y a pas un siècle encore, arrachaient instantanément un citoyen à sa famille, pour l'enfouir vivant dans le tombeau ; on frémit en se les rappelant, sans qu'il soit besoin d'ajouter dans quelles circonstances, pour quelles causes, sous quelles sortes d'in- fluence se distribuaient les *lettres de cachet* : « Personne, di- « sait la Cour des Aides, par l'organe du vertueux Malesher- « bes, personne n'est assez grand pour être à l'abri de la « haine d'un ministre, ni assez petit pour n'être pas digne « de celle d'un commis des fermes. »

Aussi comprend-on facilement, par un jugement rétrospec- tif, l'admiration qu'inspirait aux Français du siècle dernier la Constitution britannique, avec son *Habeas corpus*. Depuis

---

[1] Vergniaud.

1679 [1], l'Angleterre possède une loi d'après laquelle nul prisonnier ne peut être plus de trois jours détenu sans motif juridique ; nul, envoyé abitrairement hors du territoire du royaume ; nul, transféré illégalement d'une autorité à une autre, et presque tous peuvent se faire mettre en liberté sous caution. Exclu du bénéfice commun, le prévenu de certains crimes doit du moins, s'il le demande à temps, obtenir jugement immédiat. Tout juge donne l'acte d'*Habeas* ; nul n'a le droit de le refuser ; nul ne peut y contrevenir sans encourir des peines sévères. Une Commission particulière (*gaol delivery*) veille à l'exécution de la loi.

Il est bien vrai que cette loi ne s'applique point aux causes civiles ; que la législation spéciale sur les étrangers (*alien bill*), sur les pauvres, sur la marine y apporte de rudes exceptions. Quoi de plus brutalement inique que la *presse* des matelots ? Il est encore très-exact, qu'en cas de dangers généraux, l'acte d'*Habeas*, suspendu, laisse le champ libre aux ordres des ministres... L'ancienne France vivait toujours ainsi.

Un jour pourtant la liberté apparut. Vingt-cinq millions d'hommes la saluèrent par des cris d'amour et d'ivresse ; d'une main elle renversait les tours, comblait les fossés de la Bastille ; de l'autre, elle déroulait aux yeux ce manifeste si connu :

ARTICLE 1er. Les hommes naissent et demeurent libres et égaux en droits [2].

---

[1] Le principe se trouvait dans la grande Charte (1215) : mais il avait été laissé à l'arbitraire des juges, à l'interprétation des légistes et étrangement violé sous les Tudors. Au st. 31 Charles II, il faut ajouter, comme complément, le st. 56 Georges III.

L'ancienne France avait bien aussi le principe que tout prisonnier devait être interrogé dans les 24 heures ou, tout au moins, dans les trois jours. Mais on ne le rappelait qu'en temps de Fronde (*Mém. de Retz*, I, 234).

[2] « Il n'est pas vrai en fait, dit **M. Dunoyer** (*Liberté du travail*), que les « hommes *naissent* libres : ils naissent avec l'aptitude à le devenir ; mais l'in-

Art. 4. La liberté consiste à pouvoir faire tout ce qui ne nuit pas à autrui.

Art. 5. Tout ce qui n'est pas défendu par la loi ne peut être empêché, et nul ne peut être contraint à faire ce qu'elle n'ordonne pas.

Art. 7. Nul homme ne peut être accusé, arrêté, ni détenu, que dans les cas déterminés par la loi et selon les formes qu'elle a prescrites.

Art. 10. Nul ne doit être inquiété pour ses opinions, même religieuses, pourvu que leur manifestation ne trouble pas l'ordre public établi par la loi.

Art. 17. La propriété étant un droit inviolable et sacré, nul ne peut en être privé, si ce n'est lorsque la nécessité publique légalement constatée, l'exige évidemment, et sous la condition d'une juste et préalable indemnité.

(*Déclaration des droits de l'homme et du citoyen*, 1791.)

Il n'y a plus ni jurandes, ni corporations de professions, arts et métiers.

(*Loi des 2-17 mars 1791.*)

Telles furent les bases principales d'une société nouvelle, posées avec enthousiasme et dans l'heureuse ignorance de l'avenir. Le temps toutefois n'était pas loin, où, sous le masque des nécessités politiques, la tyrannie devait rentrer dans l'administration de l'Etat.

Les nécessités politiques sont de deux sortes, permanentes

« stant de leur naissance est assurément celui où ils le sont le moins. S'ils ne « naissent point libres, on ne peut pas dire qu'ils *demeurent* tels ; mais on peut « dire qu'ils le deviennent, et ce qu'il faut dire, c'est qu'ils le deviennent d'au- « tant plus qu'ils apprennent à faire de leurs facultés un usage plus étendu, « plus moral et plus raisonnable. »

Philosophiquement parlant, M. Dunoyer a raison. Mais sa critique subsisterait-elle si la loi se fût contentée de dire : « La liberté civile est garantie aux Français dès leur naissance ? » C'est là, croyons-nous, le sens de l'article et il n'y aurait, à ce point de vue, qu'inexactitude de rédaction.

ou temporaires. Il faut bien à l'autorité, soit pour l'exécution des lois, soit pour la défense du territoire, des moyens constants d'action : de là, l'impôt, restriction à la liberté de posséder; de là, le service militaire, qui va plus loin et qui s'attaque à la liberté personnelle. La sagesse de la Constituante ne pouvait assurément négliger ces conditions inhérentes à l'existence des sociétés; elle pouvait même prévoir telles circonstances difficiles où des sacrifices inusités seraient demandés passagèrement au patriotisme et à la raison. Mais ce qu'elle ne prévoyait pas, en accomplissant ses justes réformes, c'était cette nécessité *aux mains de fer* [1], cette nécessité cruelle qu'invoquèrent les passions des mauvais jours. Ce que ne prévoyait pas sans doute et ce qu'eût maudit la Constituante, c'étaient les garnisons de surveillance mises dans les villes « aux frais des *riches* » [2]; l'emprunt forcé [3], qui nivelait en spoliant; le *maximum* [4] qui violentait les échanges jusque dans l'heure et le mode d'acquisition; la violation permanente du domicile [5]; cette loi *des suspects* [6], au nom de laquelle étaient amoncelés dans les prisons « tous ceux qui, soit par leur « conduite, soit par leurs relations, soit par leurs propos « ou leurs écrits, s'étaient montrés partisans de la ty-« rannie, du fédéralisme et ennemis de la liberté; les « ci-devant nobles; les maris, femmes, pères, mères, fils ou

---

Sœva necessitas
Clavos trabales et cuneos manu
Gestans ahenâ; nec severus
Uncus abest, liquidumve plumbum.   (Horace.)

La voilà bien, telle que l'allégorie peut la peindre, cette nécessité *qui suit la Fortune* et exécute ses mobiles décrets.

[2] **19 vendémiaire an II.**

[3] **1793, 1795, 1799.**

[4] **17, 27 septembre 1793.**

[5] **28 août 1792; 27 thermidor an VII.**

[6] **1er Complémentaire an II (17 septembre 93).**

« filles, frères ou sœurs et agents d'émigrés qui n'avaient pas
« constamment manifesté leur attachement à la Révolution,
« etc. »; c'était cette loi *des otages* [1] par laquelle les ci-devant nobles, les parents ou alliés d'émigrés, considérés comme
responsables des troubles commis dans leurs communes,
étaient renfermés ou déportés, en raison de leur qualité seule;
c'était enfin, plus atroce que toutes les autres, cette loi de
prairial an II, livrant à des juges implacables, qui n'admet-
taient point de défense, qui prononçaient sur toutes preuves,
soit matérielles, soit *morales*, leur livrant les *ennemis du
peuple*, c'est-à-dire « quiconque aurait calomnié le patrio-
« tisme, cherché à inspirer du découragement, répandu de
« fausses nouvelles, tenté d'empêcher l'instruction popu-
« laire. » La peine unique était la mort.

Ainsi le voulait, disait-on, la première loi, le *salut public*.
La première loi? Et que faites-vous de la règle éternelle et divine qui défend de sacrifier jamais la justice et l'humanité? Et
c'est au nom de la liberté qu'ont été commis tous ces crimes?
Ah! la liberté était loin! D'indignes fureurs prenaient son
nom, comme celui de la religion servait de prétexte aux
cruautés qui déshonoraient le seizième siècle; comme celui de
la monarchie invoqué plus tard en Espagne, excitait une vile
populace au massacre de nos soldats désarmés. La liberté ou
la raison (ce n'est qu'une seule et même voix) tient aux hommes un autre langage : elle ne voit point le *salut public* dans
l'extermination d'une partie du peuple : « Ménageons les personnes, dit-elle; respectons-les, car c'est pour les personnes
que les sociétés existent [2]. » Ses interprètes prêchent la justice : en dédaignant de se montrer justes, ses faux serviteurs
se conduisent comme ses ennemis déclarés. Nous devons l'a-
vouer cependant : les atrocités révolutionnaires nous causent

---

[1] 30 prairial an VII.

[2] Sieyès, *Projet d'un décret provisoire sur le clergé.*

encore moins d'horreur que les froides cruautés commises au Spielberg et à Sainte-Hélène ; moins d'indignation encore que certaines pratiques employées pour anéantir chez les peuples jusqu'à l'instinct de la liberté. Dans son admirable traité *de la servitude volontaire*, La Boëtie a raconté qu'un conquérant asiatique, vainqueur d'une nation révoltée, s'avisa de la dévouer tout entière à l'amour du vice : « Il se trouva si bien « de ceste garnison, qu'il ne luy falut jamais depuis tirer un « coup d'espée contre les Lydiens. Tous les tyrans n'ont pas « ainsi déclaré si expressément qu'ils voulussent efféminer « leurs hommes ; mais pour vray, ce que celui-là ordonna, et « en effect sous main ils l'ont pourchassé la pluspart. »

Malheur aux nations conquises ! Sans l'indépendance nationale, que peut être la liberté ? Quels sacrifices seront trop grands, pour sauver ce bien primordial ? Qui regrettera ces sacrifices ? Les compagnons de Léonidas ? L'équipage du *Vengeur ?* Les 3,000 conscrits vendéens enveloppés par 30,000 Russes dans les plaines de la Champagne ? Non, ceux-là mouraient sans se plaindre ; gravant leurs adieux dans le roc ; chantant jusqu'au-dessous des flots ; rejetant l'offre de la vie, au cri redoublé de *Vive l'Empereur !* Les mères mêmes ne pleuraient pas, dans la rigide Lacédémone ! Si le courage n'a pas moins de constance, la nature a plus de droits chez nous : disons-le donc, et, aussi bien, Napoléon le disait lui-même : « La conscription est la loi la plus affreuse et la plus détesta- « ble pour les familles. — Mais elle fait la sûreté de l'Etat [1]. « — La conscription est la racine éternelle d'une nation, « l'épuration de son moral, la véritable institution de toutes « ses habitudes ; la nation se trouve ainsi toute classée dans « ses véritables intérêts, pour sa défense au dehors et son re- « pos au dedans. Organisé, maçonné de la sorte, le peuple

---

[1] *Opinions de Napoléon recueillies au Conseil d'Etat*, par M. Pelet de la Lozère.

« français eût pu défier l'univers ; il eût pu, et avec plus de
« justesse, renouveler ce mot des fiers Gaulois : Si le ciel ve-
« nait à tomber, nous le soutiendrions de nos lances[1]. »

Pendant la plus grande partie des guerres de la Révolution, le système de la réquisition, appelant tous les citoyens
de l'âge de 18 à 25 ans, sans tirage et sans remplacement[2],
avait recruté nos armées. C'est de l'an IV (3 brumaire) que
date la réorganisation de l'inscription maritime ; la conscription fut établie le 19 fructidor an VI. Un assez grand nombre
de lois, d'arrêtés, de décrets s'y rattachent[3], la plupart mesures de rigueur, conséquences des dangers publics, des nécessités temporaires ; mais les mesures applicables aux déser-
teurs, aux réfractaires, ne tiennent point, en pareille matière,
à l'esprit même de la loi. Les provinces détachées de la France
à la suite de nos revers ont demandé, comme un bienfait, de
garder notre conscription ; elles y avaient en effet grand
avantage : en Allemagne, chaque seigneur désignait les
recrues de ses villages, sans considérer ni les droits ni les
convenances de chacun ; plus loin, en Pologne, en Russie,
où les paysans sont esclaves, on lève des hommes comme des
chevaux. La fière Angleterre elle-même ne recrute qu'à prix
d'argent, quand elle ne vide pas ses prisons dans les cadres

---

[1] *Mémorial*, 14 novembre 1816.

[2] « De ce moment et jusqu'au jour où les ennemis auront été chassés du
« territoire de la République, tous les Français sont en réquisition permanente
« pour le service des armées... Le Comité de salut public est chargé de tout
« créer, de tout organiser, de tout requérir, dans toute la République,
« hommes et choses, pour l'exécution de ces mesures... Les représentants du
« peuple, envoyés dans leurs arrondissements respectifs, sont investis de
« pouvoirs illimités pour cet objet » (Décret de la Convention, 23 août 1793).

[3] 23 fructidor an VI ; 28 nivôse an VII ; 17 ventôse an VIII ; 28 floréal
an X ; 6 floréal, 10 prairial an XI ; 19 vendémiaire an XII ; 8 vendémiaire an XIV ; 14 octobre, 23 novembre 1811 ; 2 février 1812. Tous les ans,
le contingent des levées était d'ailleurs déterminé par une disposition législative.

de son armée, quand elle n'équipe pas ses vaisseaux d'hommes du peuple enlevés par la force ; elle vend ses grades ;
enferme ses soldats dans une subordination perpétuelle et les
commande à coups de fouet[1]. Napoléon recrutait par le sort,
commandait par l'honneur et donnait à la France future la
plus sûre garantie de sa liberté : des cœurs forts. L'organisation martiale d'une nation tout entière fut-elle jamais le vœu
d'un tyran? La conscription de l'Empire semble-t-elle moins
nécessaire, plus dure que la réquisition? La nécessité reconnue et la loi faite égale pour tous, la rigueur dans l'application diffère-t-elle de la justice? Que demandent les individus ?
Des priviléges? « Ce seraient des crimes, répondait le souve-
« rain de tous. Comment charger sa conscience d'avoir fait
« tuer l'un au profit de l'autre? *Je ne sais pas si j'exempte-*
« *rai mon fils*[2]. »

C'est ici, c'est dans ce qui touche au grave sujet de ce
chapitre, que l'homme impartial, écartant les erreurs et la
calomnie, doit s'efforcer de voir par lui-même et ne pas juger
par tradition. C'est ici particulièrement que, pour apprécier
les actes, il faut consulter les circonstances et pénétrer dans
les intentions. Nous nous sommes imposé la tâche de prouver
que les lois de l'Empereur avaient toutes été libérales ; et si
d'abord nous l'avons cru, c'est que l'Empereur lui-même l'at-
testait, en face de l'histoire et de Dieu. L'examen le plus attentif n'a fait que fortifier cette croyance : toutes ces lois
étaient libérales, même celle de la conscription, même celle
sur les prisons d'Etat[3]. Aux yeux de lecteurs prévenus,
voilà un étrange paradoxe! Voyons les faits et écoutons celui
qui avait à en répondre au tribunal de l'avenir.

Au lendemain du mouvement de brumaire, à peine installé

---

[1] V. Montholon, t. I, p. 226 et suiv.

[2] Paroles de Napoléon au Conseil d'Etat : *Mémorial*, 14 novembre 1816.

[3] Note sur les *quatre Concordats* de l'abbé de Pradt. Montholon, t. I.

sur des ruines, le consul Bonaparte a déjà su faire disparaître les deux grandes iniquités directoriales, loi des otages, emprunt progressif. Bientôt la patrie va se rouvrir à cent quarante-cinq mille bannis [1] ; les prisons d'Etat renfermaient *neuf mille* captifs en l'an VIII [2] ; après les quinze années de l'Empire, elles n'en renfermeront pas *deux cent cinquante.*

En 1807, les Français qui venaient de prendre Dantzick visitaient le fort de Weichselmunde ; ils y découvrirent un vieillard inconnu, privé de mémoire, enfermé depuis cinquante ans ; on le délivra et son sort se perdit dans les faits de la guerre. Napoléon ne l'oublia pas. Napoléon, chez qui toute chose éveillait la méditation, trois ans après pensait encore à ce terrible abus de la puissance [3] ; il voulut le rendre impossible dans la monarchie qu'il fondait. Croirait-on que cette noble idée devait fournir à ses ennemis une de leurs armes les plus sûres ? Le décret de 1810 « portant organisation des prisons d'Etat » ne fut, selon les malveillants et pour la multitude légère, que le rétablissement des bastilles, et voici la réalité :

« Napoléon voulait la stricte exécution de la loi qui prescrit que, dans tous les cas ordinaires, les individus arrêtés soient remis, dans les vingt-quatre heures, entre les mains d'un magistrat ; il voulait que, dans les cas extraordinaires tenant à la nature des circonstances, il ne pût y avoir d'exception que pour un an et que la détention, dans ce cas, fût prononcée par un Conseil privé [4], sur le rapport du chef de la justice (articles 1 et 2 du décret).

[1] C'est le chiffre officiel du rapport du ministre de la police.

[2] Le régime révolutionnaire avait eu plus de 2,000 prisons, contenant 60,000 prisonniers (Montholon, I, 177).

[3] Le duc de Saint-Simon rapporte un fait absolument pareil : des recherches faites à la Bastille, après la mort de Louis XIV, y firent trouver un étranger, arrêté à son arrivée en France. Nul ne savait pour quel motif ; il ne le savait pas lui-même. Il y avait de cela 35 ans.

[4] Le Conseil privé se composait de l'Empereur ; des cinq grands digni-

« Sous le Directoire, la police, s'appuyant de la Constitution (art. 145 et 222) avait exercé légalement le plus déplorable arbitraire. On sentit la nécessité de rendre la surveillance des prisons aux tribunaux , d'autoriser les procureurs impériaux à les visiter (titre II, art. 15); dès ce moment, la liberté fut assurée en France. Les procureurs impériaux eurent la faculté d'examiner les écrous, même des prisonniers d'Etat, et de faire mettre en liberté tous ceux dont la détention n'aurait pas été ordonnée et prolongée par le Conseil privé.

En outre, « deux conseillers d'Etat parcouraient, chaque année, les prisons, examinaient chaque prisonnier, écoutaient ses réclamations, examinaient les rapports à charge et à décharge, mettaient immédiatement en liberté tout individu détenu sans les autorisations légales, et faisaient du reste leur rapport au grand-juge qui, au Conseil privé, en présence des deux conseillers d'Etat, proposait la mise en liberté ou la prolongation de la captivité pour l'année (9, 10, 11, 12, 13 et 14). Le Conseil privé votait en commençant par le suffrage du premier président du tribunal de cassation ; si un quart de ses membres se prononçait pour que le prisonnier fût relâché, la mise en liberté était aussitôt ordonnée. Chaque année, avant le 1er janvier, la décision concernant chaque prisonnier, expédiée par le ministre secrétaire d'Etat et certifiée par le grand-juge, devait être envoyée par lui au ministre de la police et au procureur général de la Cour d'appel du ressort ; le ministre de la police envoyait à son tour au commandant de chaque prison d'Etat une expédition de lui certifiée qui, transcrite sur un registre, était notifiée à chaque détenu (6, 7, 8).

Pour beaucoup des individus détenus dans les prisons d'Etat, la détention n'était au fond qu'une commutation de peine ou

taires; de deux ministres, outre celui de la police et le grand-juge ; de deux sénateurs ; de deux conseillers d'Etat ; du premier président et du procureur général de la Cour de cassation.

une sauvegarde contre la sévérité des lois politiques. Cette
mesure tenait à l'écart : « 1º des émigrés définitivement maintenus sur la liste, ayant porté les armes contre la nation, agents
de l'Angleterre ou d'autres puissances étrangères, qui avaient
violé leur ban ; traduits devant les tribunaux, ils eussent été
immédiatement condamnés à mort, rigueur que l'on ne voulait pas exercer ; 2º des chefs de chouans ou agents de la guerre
civile, condamnés à mort, mais qu'on retenait parce qu'ils
avaient fait des révélations et qu'on avait besoin de leurs con-
naissances, soit pour les confronter avec les nouveaux chouans
que l'on arrêtait, soit pour obtenir des renseignements sur
les localités et les événements passés qu'il était utile d'appro-
fondir ; 3º des émigrés amnistiés mais soumis à la surveillance,
qui avaient tramé des conspirations contre l'Etat et le gouvernement : si on les eût traduits aux tribunaux, ils eussent été
condamnés à mort ; 4º des hommes de basse classe couverts
de crimes prévôtaux, mais tenant à des bandes encore existantes, que les jurés n'avaient pas osé condamner, quoiqu'ils
fussent convaincus de leur culpabilité, dans la crainte de leurs
complices. Un procès-verbal, signé des juges du tribunal qui
avaient présidé aux débats, constatait ces faits ; un autre procès-verbal du préfet et du Conseil de préfecture était à l'appui
et demandait que ces personnes ne fussent pas mises en liberté,
ce qui eût été dangereux pour la tranquillité publique ; tels
étaient, en y comprenant cinquante-trois membres du clergé,
arrêtés temporairement en 1813, les gens qui composaient
le nombre des 243 détenus dans les six prisons d'Etat, pour
un empire de quarante millions de population, sortant d'une
terrible révolution qui avait ébranlé toutes les bases sociales,
empire longtemps agité par des désordres civils et encore soulevé par les guerres étrangères.

« Ces prisons eussent disparu avec les circonstances qui les
avaient créées ; avec cette race de brigands nourris dans la

guerre civile ; ces petits prêtres intrigants de la petite église [1] ; ces hommes qui, exaspérés par la Révolution , les pertes
qu'ils avaient faites, les préjugés, tramaient des assassinats ou
des complots pour renverser l'Etat. Il y avait en France deux
cent mille individus qui avaient émigré , ou avaient été déportés, ou avaient figuré dans la guerre civile et auxquels
Napoléon avait rendu leur patrie et leurs propriétés, mais avec
la clause d'être soumis à une surveillance spéciale : c'est de
cette classe d'hommes qu'étaient tirés les prisonniers d'Etat ;
c'est ce droit de surveillance qui avait été soustrait à l'arbitraire et légalisé par le décret de 1810 [2]. »

N'est-il pas beau de voir le grand martyr, extérieurement
insensible à tant d'outrages, à tant de travestissements de son
caractère privé, saisir la plume, dès qu'on l'accuse de droits
ravis à ses concitoyens? Comme il recherche alors les faits!
Comme il accumule les détails ! Comme il discute les documents qui peuvent expliquer sa pensée, rendre compte de ses
sentiments à l'égard de cette liberté

Ch'è si cara
Come'l sa chi per lei vita rifiuta [3] !

Les faits rappelés dans la précédente note n'ont certes rien
de plus anormal que les *bills d'attainder* ou des *peines et amendes*, lesquels ont lieu « quand il est impossible de convaincre
« le coupable en suivant les formes ordinaires et que son éva
« sion serait funeste à l'Etat, et donnent l'exemple de peines
« infligées à qui ne peut être convaincu d'un crime [4]. » Napoléon prit le pouvoir dans des circonstances plus critiques

---

[1] Celle qui s'était séparée, dans les démêlés avec le Saint-Siège, des maximes
du clergé français.

[2] Montholon, *loc. cit.*, note VI, *passim*.

[3] Dante, *Purgatorio*, c. I.

[4] L. John Russel, *Constitution anglaise*.

que celles qui, en Angleterre, ont jamais pu justifier la suspension de l'*Habeas*; aucune occasion de blâme ne lui a été épargnée par les partis qu'il maîtrisait : quelques femmes d'esprit éloignées des salons de la capitale lui ont peut-être fait plus de tort, qu'à d'autres le *carcere duro* ou les exils en Sibérie; on lui a violemment reproché, en les conservant toutefois, ses décrets de 1809 et 11[1], sur les Français établis à l'étranger. Que disaient ces décrets? Une chose juste : « Optez franchement, soyez tout Français ou tout Autrichien[2]; ne prétendez pas conserver, en vous armant contre la France, le bénéfice de ses lois et tirer même de son sein les moyens de conspirer contre elle. » Si l'on voulait bien tenir compte des sévérités prévenues par certains avertissements[3]; si l'on voulait mettre en balance avec certaines mesures d'exception, comme celle qui suivit le 3 nivôse,

---

[1] 6 avril et 26 août.

[2] Thibaudeau, *Histoire de l'Empire.* « Dans l'exécution, le gouvernement « ne se montrait pas sévère envers les individus que de simples intérêts ci- « vils appelaient dans les Etats ennemis. »

L'émigration est de droit naturel. Louis XIV l'avait prohibée (édit d'août 1669 et déclaration de juin 1683). La Constitution de 91, développée par la loi du 15 septembre même année, l'admit comme conséquence forcée de la liberté personnelle.

Mais la liberté n'est pas le droit de nuire à la société (*Déclaration 4*, 5), et l'émigration hostile est un crime de lèse-nation. Les représailles furent terribles, étrangement iniques parfois (*Loi de présuccession* du 9 floréal an III, *lois des suspects, des otages,* etc.). Mais il y avait loin de ces excès à la déchéance comminatoire venant après une amnistie. Le décret de 1809 n'était qu'une simple application du droit de légitime défense et une généralisation des actes de rappel en temps de guerre, usités partout et toujours. Le second, complément du premier, avait pour objet de distinguer « ceux des sujets de l'Empire que des motifs légitimes obligeaient de se faire naturaliser chez l'étranger, d'avec ceux dont la conduite prendrait le caractère de félonie » (Préambule).

[3] L'Empereur savait bien ce qu'on dirait, et peut-être même ces clameurs, dont l'écho se prolonge encore, entraient-elles alors dans ses plans : « Que si « vous me demandez à quoi ont pu me servir mes expressions et mes formes « sévères, je répondrai : à m'épargner de faire ce dont je menaçais » (*Mémorial*).

et les causes qui les amenaient et les antécédents des individus qu'elles atteignaient, sans se dissimuler, d'ailleurs, les inconvénients attachés à toute mesure de ce genre : pourrait-on du moins, de bonne foi, en faire des actes de tyrannie? C'est une appréciation délicate au suprême degré que celle des nécessités politiques. Celle dont le principe est le plus avant dans les intérêts généraux, forme souvent le premier grief de l'intérêt individuel contre l'autorité sociale. Dès 1804, Napoléon disait, en plein Conseil d'Etat [1], qu'on ferait sans doute quelque jour une révolution contre lui avec un drapeau sur lequel serait écrit : *Plus de Conscription! Plus de Droits-réunis! — Plus de Conscription! Plus de Droits-réunis!* C'est précisément la promesse que prodiguait sur son passage le comte d'Artois, dix ans après. A partir de ce moment, les Droits-réunis s'appelèrent *Contributions indirectes*, et la Conscription, *Recrutement.*

Si, du reste, les étrangers qui ramenaient le comte d'Artois et les princes de sa famille n'eussent enlevé à la France une richesse de trois milliards ; si la proportion des impôts ne se fût toujours accrue depuis lors, et si particulièrement les charges de l'organisation militaire n'eussent, dans ces dernières années, au milieu d'une paix continue, atteint un chiffre comparable à celui que nécessitaient la conquête de l'Allemagne et les luttes de la Péninsule [2]; qui eût pu s'étonner et se plaindre? Pour remplir les caisses du Trésor ainsi que les cadres de l'armée, les impôts de consommation, la désignation fortuite, égale et régulière des recrues, ne valent-ils pas d'autres moyens? Si la loi du 29 octobre 1815 et celle du 12 février 1817 n'avaient permis la détention,

---

[1] Pelet de la Lozère.

[2] « Sauf 1806, aucune année du règne de Napoléon, jusques et y compris 1810, ne surpassa la dépense accusée pour 1846 par la *situation provisoire* » (Michel Chevalier, *Lettres sur l'organisation du travail*).

sans nécessité de jugement, de tout individu prévenu de machinations politiques, et si, en vertu de la première, 1,768 personnes n'étaient, dans le cours d'une année, entrées dans les prisons ordinaires ; qui eût pu ne pas savoir gré à un gouvernement nouveau d'avoir, dès son avénement, supprimé les prisons d'Etat? Pour faire le compte de chacun, on serait forcé de rappeler aussi, à cette date de 1815, les bannissements de souvenir et les amnisties de vengeance, les catégories de proscription, et ces 85 prévôts distribués dans tout le royaume avec une mission de terreur. Un gouvernement a-t-il tort, en principe, de se maintenir? Non sans doute ; mais il doit savoir qu'en politique comme à la guerre, tout mal inutile devient crime [1]. Le mal inutile, à ce qu'on peut croire, c'est toute rigueur, toute restriction non indispensablement liée au maintien de l'autorité légitime, de l'autorité qu'a choisie, de l'autorité que veut soutenir la majorité libre et certaine de ceux *qui payent les fautes des rois.*

Napoléon posséda-t-il une autorité de ce genre ? Napoléon s'est-il borné aux restrictions indispensables? Telles étaient les deux questions que nous devions poser d'abord, dans le précédent chapitre et dans celui-ci. Il en reste une troisième : Napoléon a-t-il fait pour les principes tout ce qu'il pouvait faire d'après son pays et son temps?

La Constitution de l'an III, remplaçant le régime révolutionnaire, avait consacré à la fois les règles et les exceptions suivantes : 1° inviolabilité du domicile (359), absolue pendant la nuit, subordonnée dans le jour à la seule exécution d'une loi et d'un ordre spécial des autorités constituées ; 2° interdiction de toute arrestation arbitraire, c'est-à-dire faite autrement qu'en vertu d'un acte émané de l'autorité compétente [2], exprimant le motif et le principe légal de l'arrestation,

---

[1] Napoléon, *Mémorial.*

[2] Le pouvoir administratif, seulement en matière politique (145) ; les tri-

notifié et remis en copie à l'individu arrêté (222, 223, 231);
3° interdiction de toute détention arbitraire, c'est-à-dire
ayant lieu ailleurs que dans un endroit public, légalement
désigné, et autrement que par un acte légal, transcrit sur un
registre tenu à cet effet (227, 228, 231); 4° interdiction
de toute rigueur arbitraire (232); 5° délais pour l'examen
et pour l'incarcération, fixés, le premier à un jour ordinairement, à deux en matière politique; le second à trois jours
généralement (224, 145, 225); 6° élargissement sous caution dans les cas prévus (226); 7° représentation de la personne à toute réquisition de l'officier civil, excepté dans le
cas du secret (229, 230, 231).

Ces dispositions furent maintenues par la Constitution de
l'an VIII [1] (76-82); le Code d'instruction criminelle les organisa (91-112; 113-126; 604-614; 615-618) [2]. Le Code
pénal les sanctionna (114 et suiv., 341 et suiv.); la Constitution actuelle [3] s'y réfère (2, 3), aussi bien que celles qui
l'ont précédée (4, 1814 et 30).

De même, du reste, que la Constitution de l'an III déve-

bunaux dans tous les cas; le directeur du jury d'accusation pour les attentats
à la liberté ou à la sûreté individuelle, au droit des gens, à l'exécution des
ordres de l'autorité; le Corps législatif pour les faits relatifs aux membres des
Assemblées ou du Directoire.

[1] Le délai accordé au gouvernement pour la mise en jugement ou en liberté des prévenus politiques était seulement porté à dix jours (46).

[2] D'après ce Code, tout individu connaissant un acte de détention arbitraire
est tenu de le dénoncer; tout magistrat qui ne poursuivrait pas, sur avertissement ou d'office, serait considéré comme complice; il en serait de même
de tout gardien qui n'aurait pas représenté la personne ou l'ordre de secret,
ou qui aurait refusé au juge de paix l'exhibition de ses registres.

La liberté sous caution ne sera jamais accordée lorsque le titre de l'accusation emportera peine afflictive ou infamante; elle pourra l'être dans les
autres cas, sauf aux vagabonds, aux repris de justice, à quiconque aurait
déjà abusé du bénéfice de la loi.

V. note finale A.

[3] 1848.

loppait les principes posés par la déclaration de 91, le Code d'instruction criminelle a eu pour prototype la loi du 16 septembre même année [1]. L'inépuisable laboratoire des grandes réformes, l'Assemblée constituante ne pouvait laisser sans emploi, dans une matière si importante, les éléments que lui offraient l'esprit philosophique, l'expérience des temps passés, l'étude des institutions étrangères. Dès ce moment, notre législation s'était placée au-dessus de toutes les autres, quant à la liberté individuelle [2].

Nous ne prétendons pas dire par là qu'elle ait atteint, même aujourd'hui, toute la perfection désirable. Il n'y a pas de limites fixées à l'odieuse iniquité des longues détentions préventives; le magistrat, avec une grande latitude, inflige et prolonge le secret; le juge d'instruction, inhabile à rendre la liberté une fois ravie, lance cependant à son choix le mandat qui la laisse et celui qui l'enlève; aucune des formalités prescrites pour ce genre d'actes ne l'est à peine de nullité, et, selon la jurisprudence, toute résistance matérielle, même contre un acte illégal, devient fait de rébellion. L'arrestation ordonnée, un juge sur trois ou le ministère public décide, dans la Chambre du Conseil, la question de l'élargissement.

En un mot, l'arbitraire brutal est enchaîné par notre loi, mais elle n'a pas assez prévu la possibilité d'un autre mal, de l'arbitraire judiciaire; ce que l'histoire peut d'ailleurs expliquer.

La liberté et les passions représentent, dans l'ordre social, les deux principes qui se combattent dans l'ensemble de la nature; d'une part, l'ordre et le progrès, le bien; de l'autre, l'oppression et les crimes; c'est en vue de la liberté qu'il faut fortifier l'action de l'autorité légitime; plus les passions apparaîtront déchaînées, et plus, dans l'organisation des pou-

---

[1] Déjà calquée en grande partie par le Code de brumaire an IV.

[2] V. note finale B.

voirs, le législateur devra donner à la facilité de la surveillance, à l'efficacité des précautions.

Or, comme le disait Portalis, avec la dignité de son langage : On ne remue pas impunément la lie et le fond des Etats. Nous voyons avec étonnement, dans les monuments d'une époque encore bien rapprochée de nous, le récit des crimes affreux produits par la guerre civile et les bouleversements sociaux : des bandes de brigands organisées tantôt sous une apparence politique, comme les *chouans* et les *barbets ;* tantôt, comme les *chauffeurs* et les *garrotteurs*, sous des noms tirés de leurs forfaits mêmes ; ces odieuses associations signalant partout leur présence par le pillage, l'incendie, la mutilation et la mort ; des classes entières de citoyens, les fonctionnaires publics, les prêtres assermentés, les acquéreurs de biens nationaux, désignés aux poignards et à la torture ; les propriétés incertaines ; la fausse monnaie et la fausse écriture en permanence ; les grandes routes interceptées et les communications impossibles sans une sorte de garnison établie sur chaque véhicule ; enfin, et pour comble de maux, la terreur portée à ce point qu'elle engendrait l'impunité et que, chaque jour, des juges épouvantés acquittaient, contre l'évidence, les plus effrontés scélérats [1].

De là, la défaveur jetée sur l'institution du jury [2], que Napoléon protégea ; de là, l'impérieux besoin des prisons et des Cours spéciales, qui, seules, réussirent à purger cet abominable chaos ; de là, et s'en étonnera-t-on ? la conviction imprimée dans l'esprit des hommes de l'époque, que la sécurité publique réclamait des lois très-sévères, des lois telles qu'a-

---

[1] Discours de Portalis, Duveyrier, Riboud, etc., sur l'organisation des Cours spéciales.

[2] V. Locré, *Procès-verbaux du Conseil d'Etat*, 1,206, XXIV, 576,600. Le Tribunal de cassation était lui-même venu demander l'abolition de cette institution compromise.

vant tout, le crime ne pût pas échapper à la vigilance de la
police et à la vindicte de la société.

Ferons-nous un reproche à nos pères des améliorations sociales que nous devons à leur énergie? mieux eût valu en profiter. Nous venons d'indiquer le possible en fait d'abus judiciaires, et l'exactitude nous oblige à revenir même quelque
peu sur ce que nous disions concurremment, au sujet de l'arbitraire brutal. Il n'est pas un seul citoyen qui ne puisse,
sans motif réel, se voir, vingt-quatre heures durant, confondu
dans le même lieu avec la lie la plus impure de la population
d'une grande ville[1]; dans certains cas, peu importants si on
les regarde en eux-mêmes, mais qui touchent à la liberté,
comme dans la partie répressive des lois sur la garde nationale, on n'a pas craint de donner naissance aux plus capri-
cieuses vexations. A l'égard des faits judiciaires, le possible
est souvent le vrai : chaque année les comptes-rendus de notre
justice criminelle nous montrent des détentions prolongées
avant acquittement, sur l'ordre d'un juge instructeur, pour
délits politiques ou autres, plus longtemps qu'elles n'eussent
pu l'être, dans les prisons de 1810, sur une délibération des
seize plus hautes têtes de l'Empire. Qu'avons-nous donc fait,
libéraux, en faveur du premier de nos droits? Nous avons
reporté de charte en charte le principe, sans doute très-pré-
cieux, de la liberté individuelle; mais, dit Kent, parlant de

[1] Ce n'est pas la faute de l'Empereur si de telles choses ont si longtemps
duré. « Des plaintes nombreuses signalèrent un abus monstrueux existant au
« Dépôt de la Préfecture. Les plus honnêtes gens étaient exposés à passer la
« nuit dans ce Dépôt et quelquefois un peu plus longtemps, avant d'être re-
« connus et interrogés... Il annonça au Conseil d'Etat qu'il nommerait une
« Commission pour s'occuper de cet objet et qu'il mettrait sur sa responsa-
« bilité morale et sa conscience tous les abus qu'elle ne réprimerait pas.
« L'abus était tellement dans la nature de la police, qu'il résista à la bonne
« volonté de l'Empereur et qu'il lui a survécu, ainsi qu'à ses successeurs »
(Thibaudeau, *Histoire de l'Empire*). De nouvelles constructions vont enfin le
faire disparaître.

l'*Habeas* : « L'excellence de cet acte consiste dans le remède
« aisé, prompt et efficace qu'il procure contre tout emprison-
« nement illégal et en ce que la liberté personnelle ne de-
« meure pas abandonnée à de vagues et abstraites décla-
« rations [1]. »

Avons-nous seulement pensé à remplacer ou à regretter
les Commissions sénatoriales de la liberté individuelle et de la
liberté de la presse?

En vertu de l'article 60 de l'acte constitutionnel du 28 floréal an XII, une Commission de sept sénateurs, nommée par
le Sénat et renouvelée tous les quatre mois par la sortie d'un
de ses membres, recevait communication et prenait connaissance des arrestations effectuées conformément à l'article 46
de la Constitution de l'an VIII, lorsque les personnes arrêtées
n'avaient pas été, dans les dix jours, traduites devant les
tribunaux.

Toutes les personnes arrêtées et non mises en jugement
après les dix jours, portait l'article 61, peuvent recourir directement, par elles, leurs parents ou leurs représentants et
par voie de pétition, à la Commission sénatoriale de la liberté
individuelle.

62. Lorsque la Commission estime que la détention, prolongée au delà des dix jours de l'arrestation, n'est pas justifiée
par l'intérêt de l'État, elle invite le ministre qui a ordonné
l'arrestation, à faire mettre en liberté la personne détenue ou
à la renvoyer devant les tribunaux ordinaires.

63. Si, après trois invitations consécutives, renouvelées
dans l'espace d'un mois, la personne détenue n'est pas mise
en liberté ou renvoyée devant les tribunaux ordinaires, la

---

[1] « Its excellence consists in the easy, prompt and efficient remedy afforded
« for all unlawful imprisonment, and personal liberty is not left to rest for
« its security upon general and abstract declarations of right » (*Commentaires
de Kent sur la législation américaine*).

Commission demande une assemblée du Sénat, qui est convoqué par le Président et qui rend, s'il y a lieu, la déclaration suivante :

« *Il y a de fortes présomptions que N. est détenu arbitrai-*
« *rement.* »

La conséquence de cette déclaration était la poursuite du ministre [1].

Cette institution, établie à la même époque que l'Empire, était faite pour acquérir, et possédait dès l'origine une réelle efficacité. « Ce serait bien peu connaître les hommes, disait
« l'Empereur à Sainte-Hélène, que d'imaginer que les séna-
« teurs, qui n'avaient rien à attendre des ministres, et qui
« rivalisaient d'importance avec eux, n'eussent pas fait usage
« de leurs prérogatives pour les importuner ou leur rompre
« en visière vis-à-vis de moi, s'ils en eussent trouvé une oc-
« casion flagrante.

« De plus, j'avais donné la surveillance des prisonniers et
« la police des prisons aux tribunaux, ce qui paralysait dès
« l'instant tout l'arbitraire des autres branches de l'adminis-
« tration et de ses nombreux agents subalternes [2]. »

Partout enfin où se montrait la place de quelque garantie, une mission spéciale existait. A Paris, plusieurs délégués, choisis dans le corps des auditeurs, inspectaient le régime des prisons et, portant dans cette mission le zèle, la sensibilité, la sincérité de la jeunesse, apprenaient, en faisant le bien, à

---

[1] Et la peine, le bannissement (115 Cod. pén.). Tout autre fonctionnaire coupable d'attentat à la liberté individuelle encourt la dégradation civique, sans préjudice des dommages-intérêts, qui ne peuvent être moindres de 25 fr. pour chaque jour de détention illégale. Pourquoi cette différence ? Le fait de désobéissance aux injonctions du Sénat ne pouvait concerner que le ministre. « On avait, dans cette matière, disait l'orateur du gouvernement (le comte Berlier, 12 février 1810), cherché plutôt une peine efficace qu'une peine sévère. »

[2] *Mémorial,* 20 juillet 1816.

s'abstenir plus tard du mal dans le maniement du pouvoir.

Beaucoup des abus dont on se plaint auraient donc eu leur correctif dans le développement naturel des institutions de l'Empire. Nous ne parlons pas des projets que pouvait tenir en réserve un inépuisable génie, et cependant, il le disait, toutes les décisions adoptées sur les questions fondamentales étaient loin de son dernier mot [1]. Quelle carrière ouvrent aux regrets les vues, les sentiments épars dans les documents authentiques du Conseil d'État impérial !

Le 20 février 1808, on discutait, en présence de l'Empereur, le Code d'instruction criminelle. Une idée avant toutes les autres préoccupait Napoléon :

« C'est sur les lieux que doit être prononcée la mise en
« liberté ou la mise en jugement; c'est là aussi que l'acte
« d'accusation doit être dressé... C'est le moyen d'obliger la
« Cour à prononcer sans délai; autrement, elle pourrait laisser
« les prévenus dans les prisons pendant un temps considérable
« et excuser sa négligence sous divers prétextes : elle allé-
« guerait, par exemple, que la première instruction n'est
« pas complète. Peut-être même pourrait-on l'obliger d'en-
« voyer les accusés aux assises les plus prochaines; mais,
« pour juger si cette disposition est admissible, il est néces-
« saire de connaître, du moins par approximation, le nombre
« des prévenus sur lesquels la Cour aura à prononcer. »

L'archichancelier et le comte Merlin ayant produit des calculs favorables, l'Empereur désire que l'accusé soit traduit devant les assises les plus prochaines; il insiste sur la nécessité de faire juger promptement, surtout par les Cours impériales : « Les Cours auront une grande force; il faut donc
« empêcher qu'elles n'en abusent pour vexer un citoyen faible
« et sans appui. »

Trois fois dans la même séance Napoléon revient sur cette

[1] « Il est bizarre de se lier en posant des bases irrévocables, lorsqu'on ne

idée ; il avait sondé, d'un coup d'œil, l'abus des détentions préventives [1].

Il n'est pas de loi protectrice dont la négligence des hommes et leurs passions égoïstes ne puissent paralyser les effets; pas de principes qui ne se réduisent, sous ces influences corruptrices, à de dérisoires abstractions. *L'arbitraire* est l'ennemi social que l'Empereur combat sans relâche, qu'il cherche à surprendre, à prévenir. Il se plaint « qu'on ne le seconde « pas; qu'on l'oblige de surveiller et de réprimer directement « les abus d'autorité et les prévarications, de défendre lui- « même les citoyens contre l'administration et contre tout ce « qui a quelque puissance dans l'Empire... Il ne faut pas « moins, s'écrie-t-il dans l'espoir d'être entendu de loin, « il ne faut pas moins que mon caractère et le vif désir « que j'ai de rendre mes sujets heureux, pour empêcher le « désordre[2]. »

Une puissante administration, rappelant, dans chaque département, la grande unité nationale, était l'indispensable condition du rétablissement de l'ordre, du succès des premiers travaux. Mais il fallait une limite : « Ce serait, dit Napoléon, « une législation barbare que celle qui, dans chaque dépar- « tement, accorderait une autorité absolue à un seul homme :

« sait pas encore si elles pourront soutenir l'édifice qu'on veut construire » (*Procès-verbaux du Conseil d'Etat*).

[1] Locré, t. XXIV, *passim*. Le vœu de l'Empereur donna du moins naissance à deux dispositions ainsi conçues :

217. Le procureur général près la Cour impériale sera tenu de mettre l'affaire en état dans les cinq jours de la réception des pièces qui lui auront été transmises en exécution de l'article 133 ou de l'art. 135 (c'est-à-dire après la décision de la Chambre du conseil), et de faire son rapport dans les cinq jours suivants, au plus tard.

219. Le président (d'une section de la Cour impériale spécialement formée à cet effet) sera tenu de faire prononcer la section au plus tard dans les trois jours du rapport du procureur général.

[2] *Mémorial, loc. cit.*

« les préfets deviendraient des pachas. Le moyen de l'empê-
« cher est de donner plus d'autorité à l'ordre judiciaire. Avec
« un ordre judiciaire faible et mal conçu, on est bien obligé
« de tout ramener au centre, et l'on force le gouvernement à
« intervenir dans des affaires dont il devrait n'avoir point à
« se mêler[1]. »

Un membre du Conseil exprime la crainte qu'on n'affai-
blisse l'influence du gouvernement sur les tribunaux :

« S. M. se plaint au contraire qu'il y a trop d'influence cen-
« trale ; elle voudrait moins de force à Paris, et plus dans
« chaque localité. »

Une autre fois[2], la question est de savoir si l'accord du juge
instructeur et du procureur général suffira pour l'élargissement d'un prévenu :

« S. M. dit que dans les affaires communes et lorsque les
« prévenus sont des hommes sans crédit, il sera difficile de ne
« pas les regarder comme innocents, lorsque le procureur
« général et le juge instructeur seront d'accord pour les ren-
« voyer. Mais dans les affaires d'une plus haute importance,
« dans celles où des personnages considérables se trouveront
« impliqués, il est très-possible que ces deux officiers se lais-
« sent intimider et relâchent des coupables qu'ils craignent.
« C'est alors que l'autorité de la Cour impériale devient né-
« cessaire pour arrêter le désordre. Autrement, la police sera
« forcée d'intervenir et il y aura des arrestations arbitraires.
« Voilà le droit que S. M. entend repousser et que rendent né-
« cessaire ceux qui appréhendent d'augmenter le pouvoir des
« Cours. Si la liste des hommes détenus par ordres supérieurs
« leur était mise sous les yeux, il n'en est aucun qu'ils conseil-
« lassent de rendre à la liberté. Mais pourquoi faut-il que ce

[1] *Procès-verbaux.*
[2] *Ibid.*, 16 février 1808.

« soit la police qui réprime ces hommes? Pourquoi n'est-ce
« pas la justice? On ne peut affaiblir la justice sans consacrer
« le système des prisons d'Etat, sans l'étendre aux délits qui
« ne sont pas des crimes d'Etat. »

On traite des tribunaux spéciaux : « S. M. se plaint qu'on
« enlève trop d'affaires au jury. Il ne faut pas oublier que les
« tribunaux spéciaux ne doivent être opposés qu'aux crimes
« qui supposent une grande force dans les coupables. Que les
« vols et assassinats ne soient donc jugés par ces tribunaux
« que dans le cas où ils ont été commis par une bande orga-
« nisée. »

—« La Cour de cassation, dit encore l'Empereur, est prin-
« cipalement instituée pour juger de la violation des formes.
« Il faut prendre garde de ne pas lui donner des attributions
« qui, insensiblement, pourraient la conduire à connaître du
« fond des affaires. »

—« Il faut éviter le recours trop fréquent au Sénat, ce se-
« rait paralyser le Corps législatif. »

Ainsi Charlemagne autrefois portait la main, dit Montesquieu, à toutes les parties de son vaste empire.

SECTION II.

Liberté du travail et de l'association.

Esclavage et servage. — Régime des corporations. — Liberté. — Plans déma-
gogiques. — Règlements impériaux : Douanes; Professions réglementées;
Police de l'industrie, loi du 22 germinal an XI; Prud'hommes; Monopole des
tabacs. — Rapprochement avec l'Angleterre. — Association; de l'usage de ce
droit en Angleterre et en Amérique. — Association et communisme. — Associations sous l'Empire.

Les mots de liberté et de travail formaient, dans le monde
ancien, une véritable antonymie. L'abominable institution
de l'esclavage domestique y avait perverti les idées, au point
de faire considérer comme le lot de la servitude ce qui est la
gloire et la richesse des hommes libres de nos jours. Les sociétés antiques payèrent la faute, ou, pour mieux dire, le
crime de leur organisation : retranchant aux citoyens pauvres
la culture des terres d'autrui, et leur inspirant le dédain de
toute occupation propice à l'accumulation des capitaux, cette
organisation funeste les poussait nécessairement aux dettes,
à la vénalité, à la corruption stupide dans laquelle, sous les
empereurs, s'affaissa la puissance romaine. Si, dans les républiques anciennes, les vertus et la liberté ont toujours paru
se retirer devant les progrès du bien-être, c'est que ce bien-
être y était ou le don du climat ou le résultat de la victoire,
non le fruit du travail de tous.

Aux yeux des conquérants barbares, l'industrie, le négoce,
le travail n'avaient guère changé de nature, et le privilége
de la force était encore l'oisiveté. Mais derrière les remparts

des villes où les faibles se rassemblaient, le travail devait à son
tour devenir une force, se soustraire sinon aux dédains du
préjugé, au moins aux rapines de la violence, affranchir ceux
qui le cultivaient et préparer, quoique lentement, son affranchissement à lui-même.

Récemment, il portait encore l'empreinte et le poids des
entraves dans lesquelles il avait grandi. Divisée, comme l'Inde
et l'Egypte, en *castes* fatalement échelonnées, la société du
moyen âge avait, aussi bien que les talents du politique et
du guerrier, soumis l'adresse de l'artisan à ses classifications
arbitraires. L'exercice et le profit des arts, renfermés, comme
dans des forteresses, dans des communautés privilégiées; les
statuts de ces communautés ayant tous également pour but
de resserrer le nombre des maîtres, de rendre leur privilége
héréditaire, d'écarter du marché les ouvrages des *étrangers*
(c'est-à-dire des habitants de la ville voisine) et d'asservir
toutes les classes au monopole; les artisans dont le pécule ne
pouvait répondre aux longues épreuves et aux exactions de la
maîtrise, réduits à n'avoir éternellement qu'une subsistance
précaire ou à porter loin de leur patrie une industrie qu'ils
ne pouvaient utiliser à son profit; enfin, la confusion des
principes poussée jusqu'à cette théorie officielle [1] que le travail était un droit *régalien* ; que le prince pouvait le vendre
et que les sujets devaient l'acheter : tel était le tableau
trop fidèle de l'état de notre industrie à la fin du siècle
dernier [2].

Lorsque l'Assemblée constituante, reprenant la tâche que
Turgot s'était vainement proposée, eut, par sa puissante volonté, aboli les jurandes et les maîtrises et proclamé *la liberté
du travail* [3], les démagogues, à leur tour, ne tardèrent point

---

[1] Edit de Henri III, 1581.

[2] V. le préambule de l'édit de 1776.

[3] Loi des 2-17 mars 1791.

à se mettre à l'œuvre. Compromettre cette liberté en lui demandant la solution de problèmes qui ne la regardaient pas et la supprimer dès l'instant où ils disposaient du pouvoir, ce fut leur méthode constante : de là, à différentes époques, les théories de droit au travail, de maximum, de lois somptuaires, d'abolition de la concurrence, de distribution des tâches et des bénéfices par l'Etat ; mais rien n'a encore surpassé, en ce genre d'organisation, le manifeste de la conjuration Babouviste : formation d'une communauté par les cessions *volontaires*, le produit des confiscations et l'abolition de l'héritage ; ateliers nationaux dirigés par des chefs électifs ; dépôts publics et magistrats répartiteurs ; repas communs ; suppression de tout commerce ; la monnaie prohibée ; les dettes abolies ; l'administration chargée d'égaliser sur tout le territoire le produit des récoltes et de procurer les denrées exotiques au moyen d'échanges en nature. La communauté, disait le programme, garantit à ses membres *une médiocre et frugale aisance;* ceux qui n'en feront point partie, payeront seuls les contributions, lesquelles pourront s'élever à toute la somme du *superflu;* quiconque se livrera à l'*oisiveté* (c'est-à-dire vivra d'un revenu) pourra être *forcé* au travail ; quiconque aura donné, par le luxe, un exemple pernicieux à la société, encourra la relégation dans certaines îles *inaccessibles* [1]. On aurait honte de rappeler de si tristes extravagances, si elles ne s'étaient renouvelées. Pour secouer le poids de ces cauchemars, revenons aux projets de Turgot, aux décrets de la Constituante, aux règlements de Napoléon.

L'empire d'anciennes habitudes ; des malheurs qu'il eût été juste d'imputer à un changement brusque et à des circonstances difficiles ; des abus qui tenaient non point à la reconnaissance du principe, mais à la trop grande latitude et

---

[1] V. les pièces du procès, et Sudre, *Histoire du communisme.*

à la nouveauté de l'application [1], toutes ces influences, réunies après la révolution, ralliaient contre la liberté industrielle un parti d'opposition, représenté dans les Conseils de
l'Etat. Le premier Consul défendit les résultats de l'époque
nouvelle : en économie politique de même qu'en fait de gouvernement, il se proposa de concilier, sans sacrifier l'une à
l'autre, les bases d'une société régulière, la liberté et l'autorité. Il n'adoptait pas, tant s'en faut, la maxime des économistes sur la liberté absolue : le système des douanes, par
exemple, que les théoriciens blâmaient, était, selon lui, indispensable à la garantie des nations. Il fallait, à la vérité,
n'en pas faire une question de fisc ; la Hollande, sans productions, sans manufactures, n'ayant qu'un commerce d'entrepôt
et de commission, pouvait écarter toute entrave ; la France
devait se tenir en garde et contre l'avidité des commission-
naires, et contre l'égoïsme d'une rivale qui, elle, ne se faisait
faute de douanes et de prohibitions. Les économistes pourtant ne cessaient de vanter sa prospérité, et de la citer pour
modèle [2].

A l'intérieur également, n'est-il pas de toute convenance
que l'autorité intervienne pour la sûreté générale, pour le
bon ordre et la bonne foi ? A elle de régler les rapports des
diverses classes d'intérêts que le travail met en présence ; il
faut, qu'auxiliaire impartiale, elle sache se montrer à propos,
pour prévenir, autant que possible, les fraudes et les colli-
sions ; il faut que, sans reconnaître de droits en dehors du
service public, elle soulage les misères privées, qu'elle les
empêche surtout de naître, et qu'elle développe dans les
cœurs le sentiment de la bienfaisance, sans favoriser la paresse, sans nuire à la moralité.

[1] La Constituante avait bien réservé l'autorité des règlements de police,
mais ces règlements restaient à faire.

[2] *Mémorial*, 23 juin 1816.

C'est sur ces principes que reposent :

1° Les lois qui ont réglé et règlent encore, à peu de chose près, l'exercice des professions médicales (19 ventôse, 21 germinal an XI), et celui de tous les métiers qui touchent à l'hygiène publique ; l'organisation du notariat (25 ventôse, même année) ; les tarifs de la procédure, la discipline du barreau (22 ventôse an XII et 24 décembre 1810) ; les transactions de Bourse ou de commerce, opérées par le ministère des agents de change et des courtiers (ventôse an IX, prairial an X) ; enfin, le taux de l'intérêt (Code civ., 1907, loi du 3 septembre 1807), fixé non certes par une suite des préjugés religieux du moyen âge, mais comme une règle d'honnêteté, comme une proportion convenable entre le revenu des terres et le produit des capitaux[1].

2° La loi du 22 germinal an XI, cette autre *ordonnance du commerce* faite pour un état nouveau. Colbert, en créant nos fabriques (cette gloire lui appartient), avait imposé au travail la condition générale de tout ce qui naquit ou vécut sous la monarchie de Louis XIV. Des règlements pratiques et loyaux, mais minutieux et despotiques, déterminaient la substance, le poids, les dimensions de tout produit. Il fallait imiter toujours : l'emploi d'une matière nouvelle exposait à des peines sévères, inflexiblement appliquées, et dont la moindre était la perte de la marchandise fabriquée. A la vérité, la confiance devint si grande à l'étranger, que les étoffes, par exemple, sorties des ateliers de Lyon, s'y recevaient sans aucun contrôle[2]. Mais le progrès, mais le génie languissaient dans ces liens étroits. Turgot un instant les brisa. En les reformant (1779) on les relâcha de façon qu'il fut même permis de s'en affranchir, sous la condition de re-

---

[1] Pelet de la Lozère, *Opinions de Napoléon*, etc.

[2] Cette fabrication était soumise à un règlement spécial de 1744. V. les recherches publiées par le préfet du Rhône, en l'an X.

noncer à la garantie nationale. La Révolution supprima toute
condition et toute règle ; les abus de ce nouveau régime se
firent, comme nous le disions, promptement et vivement
sentir.

Au commencement du Consulat, des plaintes s'élevaient de
toutes parts dans les villes manufacturières : on y déplorait à
la fois la violation des contrats d'apprentissage et celle de tous
les engagements entre patrons et ouvriers; les infidélités de
ceux-ci quant aux matières à eux confiées ; les ventes faites
impunément sous des dénominations mensongères. On n'osait
plus ni entreprendre de former de nouveaux ouvriers, ni engager les anciens pour des travaux de quelque étendue; les
meilleures réputations se voyaient journellement compromises par des spéculations cupides, au détriment des ache-
teurs, et l'on ne s'apercevait que trop, dans les transactions
étrangères, de l'affaiblissement du crédit, de la perte des dé-
bouchés, suites inévitables de ce désordre [1].

Ne pas rendre la liberté responsable de la licence ; conserver aux Français un droit, et laisser aux conceptions de l'art
cette inspiration facile « qui doit être mobile comme la mode,
« variée comme le caprice, et pourtant sage comme le cal-
« cul[2] », tel était le programme arrêté de la législation
consulaire. Elle voulait régler sans contraindre, sanctionner
plutôt que prescrire ; éviter surtout les méprises, « mûrir ses
« décisions avec lenteur, les préparer par des recherches, les
« justifier d'avance par des essais[3]. » Elle débuta, dans cet
esprit, par créer des *chambres consultatives*[4], organes des

---

[1] V. le rapport du ministre de l'intérieur, du 13 ventôse an X.

[2] Regnaud de Saint-Jean-d'Angely, 1805.

[3] *Id.*, Exposé de la loi de germinal.

[4] 3 nivôse an XI; 22 germinal, titre Ier. Déjà précédemment et d'après la
même méthode, des Conseils d'agriculture, arts et commerce, centralisés au
ministère de l'intérieur, avaient été créés soit dans les chefs-lieux des départements, soit dans les villes de fabrique.

besoins nouveaux du commerce et de l'industrie, applications spéciales du système représentatif; leurs avis, particulièrement en ce qui touchait l'exportation, devaient produire des règlements, destinés, dans le délai de trois ans, à être convertis en lois. Jusque-là, ils se prêteraient, sous une forme moins solennelle, aux variations de l'expérience et à la réparation des erreurs.

La discussion, dans les conseils, de la loi de germinal an XI, ramena en question les idées de la marque facultative, du régime des communautés, ou au moins de l'inscription et du classement par quartiers, des individus exerçant des professions industrielles, soit que l'on imposât ces soins à la police générale, soit qu'on les remît à des syndics. Déjà l'Assemblée nationale, en établissant les *patentes*[1], y avait cherché non-seulement une facilité de perception, mais encore, subsidiairement, une mesure d'ordre et de police. Le premier Consul les regarda comme suffisant sous ce rapport. On se contenta, quant aux marques, de garantir à l'intérêt particulier la propriété de celles qu'un dépôt aurait expressément placées sous la protection de la loi (titre IV). L'apprentissage fut réglé (titre III), non pas d'après les souvenirs des anciennes corporations, mais selon les inspirations d'une vigilante équité : le contrat ne pouvait se rompre que par suite d'inexécution, mauvais traitements d'une part, inconduite de l'autre, lésion du côté de l'apprenti ; sous peine de forts dédommagements, le maître ne pouvait retenir au delà du temps convenu, ni priver d'un congé d'acquit, l'apprenti une fois libéré ; réciproquement l'apprenti ne pouvait, sans congé d'acquit, être employé chez aucun maître ; cette disposition, étendue à tout engagement de travail, reçut pour consécration l'obligation du *livret*; et, pour protéger le contractant en même temps

---

[1] 2-17 mars 1791.

qu'elle garantissait l'exécution du contrat, la loi statuait, qu'en l'absence de stipulations spéciales, nul ouvrier ne se lierait pour un plus long espace qu'un an.

La police des ateliers (titre II) prévenait tout essai d'oppression par des mesures appropriées à la position des coupables. Toute coalition de maîtres tendant à abaisser injustement les salaires, et suivie d'une tentative ou d'un commencement d'exécution, était passible d'une amende de cent francs à trois mille; et, s'il y avait lieu, d'un emprisonnement qui ne pouvait excéder un mois (6). Toute coalition d'ouvriers pour suspendre, empêcher, enchérir les travaux, était punie, dans les mêmes circonstances, d'un emprisonnement qui ne pouvait excéder trois mois (7); le tout sans préjudice des peines motivées par des faits plus graves. Ces dispositions, transportées et corroborées dans le Code pénal (414-416), y furent accompagnées d'autres précautions (419-422) contre le monopole et l'agiotage, contre toute entrave, en un mot, apportée à « la concurrence naturelle et « libre du commerce », promise par le législateur.

Les gardiens de la loi, dans ces cas, étaient les tribunaux ordinaires; pour affaires de simple police, le premier Consul avait tenu à investir l'autorité municipale d'une juridiction spéciale, plus prompte et moins dispendieuse (titre V)[1]. Cette pensée, ensuite rattachée aux anciennes traditions[2], et à un principe fécond de l'organisation moderne, produisit, en 1806[3], l'institution des *Prud'hommes*, jury industriel à la fois composé de fabricants et de chefs d'ateliers élus. Créée dans la ville de Lyon, mais pour être ensuite propagée, eu égard aux localités et aux genres de fabrication, cette magistrature domestique devait, à la juridiction établie par la loi

---

[1] V. Thibaudeau, *Mémoires sur le Consulat.*
[2] Fonctions des *juges-gardes.*
[3] Loi du 18 mars.

de l'an XI, joindre le droit de décider, sans appel et sans procédure, les petites contestations civiles, jusqu'à la somme de 60 francs, et de concilier, en général, les différends que chaque jour voit naître entre fabricants, ouvriers, chefs d'atelier et apprentis[1].

Toutes les libertés sont sœurs; toutes se lient par des ressemblances dans les procédés qu'elles emploient, dans les résultats qu'elles procurent; toutes s'appuient par les relations d'une étroite solidarité. Après le traité d'Amiens, qui restituait à la France ses anciennes possessions dans l'Inde, l'attention se trouva appelée, et par des exemples voisins et par des souvenirs nationaux, sur les grandes compagnies de commerce, leurs puissants effets et, peut-être, la convenance de les rétablir. Là encore se représentaient les traditions de Colbert, celles de la monarchie absolue : « Une semblable compa« gnie plaçait de très-grands avantages entre les mains de « quelques-uns, qui pouvaient faire très-bien leurs affaires « en négligeant celles de la masse ; aussi dégénérait-elle « bientôt en une oligarchie, toujours amie du pouvoir et prête « à lui donner secours, et, sous ce rapport, les compagnies « tenaient tout à fait du vieux temps et des anciens systèmes. « Le commerce libre, au contraire, tenait à toutes les classes, « agitait toutes les imaginations, remuait tout un peuple ; « il était tout à fait identique avec l'égalité, portait naturelle« ment à l'indépendance, et, sous ce rapport, tenait beaucoup « plus à notre système moderne[2]. » Le premier Consul se prononça pour la liberté du commerce et rejeta les compagnies.

---

[1] Les prud'hommes devaient encore, par une pensée d'indulgence, constater, sur les plaintes à eux portées, les infidélités d'atelier; ils délivraient aux chefs d'atelier les livres sur lesquels les négociants constataient les comptes de ceux-ci et qui devaient servir au besoin à prouver l'acquittement des anciens engagements sur les bénéfices des nouveaux. Ils visitaient les manufactures, conservaient les dessins et les marques, etc.

[2] *Mémorial*, 6 novembre 1805.

Mais la liberté du commerce n'exclut pas tous les monopoles ; il en est que l'intérêt public, que la sûreté de l'État réclament ; Napoléon n'était pas homme à faire céder ces motifs devant la symétrie des systèmes ou les antipathies issues du souvenir odieux des fermes, quand rien de tel n'existait plus. La fabrication des poudres[1], celle des monnaies[2], le service des postes[3], furent, dès le principe, réservés, avec une raison évidente, aux soins de l'administration. Les mêmes motifs n'existant pas en ce qui concernait la culture et la fabrication du tabac, précédemment monopolisées, un décret du 20 mars 1791 les avait déclarées entièrement libres; de là pourtant était résulté un préjudice considérable. Des compagnies réalisaient plus de 30 0/0 de bénéfices ; leurs actions étaient, en huit ans, montées de 10,000 francs à 150,000, et ces bénéfices constituaient un impôt de 18 millions dont le trésor touchait six à peine. « Si le peuple, disait l'Empereur, eût dû gagner au sacrifice, rien certes n'eût été à regretter » ; il en allait tout autrement : le consommateur payait cher, n'avait point de sûreté contre les sophistications, et les fabricants, peu nombreux, faisaient la loi à la culture : le monopole existait de fait. En le transportant à l'État, on se procurait les avantages énumérés dans le préambule du décret de 1810[4] : « Après de mûres discussions, nous avons jugé que toutes les « considérations, même les intérêts de l'agriculture, veulent « que la fabrication du tabac ait lieu par une régie au profit « du trésor ; que la culture sera suffisamment garantie et pro- « tégée, lorsque nous imposerons à la régie l'obligation de ne « fabriquer ses tabacs qu'avec les produits de la culture du « sol français ; que la consommation restant ainsi la même,

[1] Principalement réglée par la loi du 13 fructidor an V.
[2] Arrêté du 10 prairial an XI ; Constitution de 91, titre III, ch. IV, art. 2.
[3] Lois de 1790, 91, 93; ans IV, V, VII, IX.
[4] 29 décembre.

« l'agriculture ne pourra recevoir aucun dommage de l'éta-
« blissement de la régie, et qu'enfin, sans augmenter les
« charges de nos peuples, nous acquerrons une branche de reve-
« nus que l'on évalue à près de 80 millions, *ce qui nous permettra*
« *d'apporter une diminution de pareille somme au tarif des*
« *contributions personnelle et foncière*, et ce qui assurera au
« trésor de notre empire un revenu toujours en proportion
« avec les circonstances et avec les besoins. »

Si la liberté de travailler n'est pas plus le travail lui-même que
la liberté de posséder n'est effectivement la richesse ; si l'État
n'a évidemment d'autres moyens que ceux qu'il tire de l'activité individuelle ; s'il est donc de toute absurdité ou d'une
iniquité flagrante de lui demander d'entretenir, soit l'activité
générale autrement qu'avec ses produits, soit l'activité, disons mieux, la paresse de quelques-uns par la spoliation des
autres ; si ces points nous sont accordés, volontiers nous re-
connaîtrons que l'État a l'obligation d'indiquer aux efforts
de tous et même à la consommation, des directions produc-
tives ; de fournir, dans la proportion de ses ressources naturelles, aliment et secours au travail, et nous croyons même
fermement qu'en agissant de cette façon, un gouvernement
fait beaucoup pour la liberté politique. Il est tel pays près de
nous, renommé pour ses institutions, où des millions d'habitants n'ont de subsistance que l'aumône, de lois certaines
que les règles de surveillance exigées par un tel régime, de
véritables garanties que la prévoyance des excès d'une jalousie
exaspérée ; une taxe énorme et dévorante, née des abus d'un
temps barbare, y ronge la fortune publique, au profit de l'im-
moralité [1], tandis que, dans ce même pays, au dire d'un de
ses philanthropes [2], en défrichements, en canaux, en dessé-
chements, on trouverait assez de travail pour occuper, pen-

----

[1] V. Bulwer, l'*Angleterre et les Anglais*.
[2] Morton Eden, *Etat des pauvres*.

dant trois siècles, une population plus nombreuse. Quelle différence de ce spectacle au tableau de l'Empire français déroulé en 1813 devant le Corps législatif![1] Un milliard cinq millions de francs figuraient dans cet exposé pour le compte des travaux publics entrepris depuis dix années. En 1812, au lendemain d'un bouleversement général, au milieu de guerres acharnées, avec une population de 42 millions d'âmes, la France supportait 30,000 pauvres, moins d'un sur 1,000; le nombre des individus déchus de tout rang social était alors en Angleterre, dans le pays de Galles et l'Ecosse (nous ne parlons pas de l'Irlande) de 4,250,000 sur 12 millions : plus d'un sur 3[2]. Est-ce réellement une terre libre que celle où, les chiffres traduits, un tiers de la population appartient au reste par les nécessités de chaque jour?

Ailleurs, nous examinerons par quel enchaînement de moyens légitimes, rationnels, paisibles, l'homme qui, en moins de dix années, avait su naturaliser les productions du monde entier dans une partie de l'Europe, pouvait espérer d'établir la société économique sur les bases, pour nous fantastiques, d'une félicité générale et d'une laborieuse concorde. Le principe de fraternité agit, par nature, en dehors des prescriptions positives. La loi peut bien dire à chaque homme : Je te défends d'empiéter sur la liberté de ton semblable; elle peut dire à trente millions d'hommes : Vous serez tous égaux devant moi ; elle statue là sur des actes : les sentiments ne s'édictent pas. Méfions-nous du *compelle*, prêché parfois en politique au nom des opinions mêmes qui l'anathématisent ailleurs; il y a malheur dans l'idée d'une fraternité de par la loi. Si l'Angleterre n'avait que sa taxe, l'Angleterre serait perdue : si elle doit être préservée, ce sera,

---

[1] Rapport du comte Montalivet.

[2] De Montvéran, *Histoire critique et raisonnée de la situation de l'Angleterre au 1er janvier* 1816.

disait dernièrement un célèbre écrivain de France [1], par le droit d'*association*.

Pour un peuple, être collectif, l'association se confond avec le droit d'existence même. Nous verrons plus loin quels effets elle a comme garantie publique. Ici, l'unissant dans le même cadre à la liberté du travail, nous voulons montrer son pouvoir pour exercer et pour étendre, en quelque sorte, à l'infini, la force et le génie de l'homme ; pour féconder les résultats de la division industrielle et en atténuer les inconvénients ; pour diminuer par le *concours* les malheurs de la *concurrence ;* pour répandre à pleines mains le bien-être et généraliser ainsi, dans les démocraties modernes, ces loisirs intellectuels que les maîtres du monde ancien acquéraient, privilége impie, par l'esclavage de leurs semblables ; pour élever de prime abord une société nouvelle au plus haut degré de splendeur, en même temps qu'on la voit soutenir sur le penchant de sa ruine une trop vieille société.

C'est bien un fait de haute portée que le nombre prodigieux d'associations philanthropiques par lesquelles, depuis quelque temps, l'aristocratie britannique essaye de corriger les vices de la société qu'elle conduit. En Amérique, nous rapportent MM. de Beaumont et de Tocqueville, l'association répond à tout : « C'est l'association qui, au sein d'un pays où règne « l'égalité, parvient à créer d'énormes capitaux et, par eux, à « soutenir le plus grand mouvement commercial et industriel « qui existe ; c'est par l'association, qu'en politique les mi- « norités réussissent à repousser l'oppression du plus grand « nombre, à prendre pied peu à peu dans l'opinion publique « et à régner à leur tour. En Amérique, on s'unit dans des « buts de plaisir, de science, de religion. L'appui que l'as- « sociation prête à la faiblesse des individus est si bien connu,

---

[1] M. de Lamartine, *Conseiller du peuple* (octobre 1850).

« qu'un grand nombre d'hommes ont enfin conçu l'idée de
« s'associer pour combattre un ennemi tout intellectuel, une
« passion dont les effets aux Etats-Unis sont plus funestes que
« partout ailleurs, l'intempérance ; en ne comptant que les
« *Sociétés de tempérance* qui publient des comptes-rendus,
« on en trouve 2,200, composées de 270,000 individus. On
« pense que la totalité de ces associations peut bien s'élever
« à 3,000 [1]. »

Le communisme est justement le contraire de l'association.
C'est, de même que le despotisme, une juxtaposition de ca-
davres ; c'est, dans la langue économique, une addition de
zéros ; l'association veut des chiffres et elle en augmente la
valeur par les positions relatives ; en créant des personnes
morales, elle fortifie, loin de la détruire, l'individualité réelle.
Son principe est la liberté. Mais sa force pourrait servir l'im-
moralité et le crime, la révolte et la tyrannie, comme la
justice et la vertu : il faut donc qu'elle soit réglée ; et pourquoi s'étonnerait-on de trouver dans un Code pénal, surtout
daté de 1810, des dispositions qui soumettent toute formation de société à la surveillance publique (291-294); qui
punissent plus sévèrement les crimes publics ou privés commis par association, et qui poursuivent le seul fait d'affiliation
ou de connivence à des associations criminelles (96-100;
210-215)?

A côté de ces précautions, les lois civiles et commerciales
ne formulaient-elles pas des règles pour les sociétés d'intérêts? Le gouvernement épargnait-il les subsides et les récompenses aux associations formées par la bienfaisance
ou l'amour des arts : Académies, sociétés d'encourage-
ment; associations de secours mutuels, sociétés mater-
nelles, etc.? En joignant aux œuvres privées de la charité

---

[1] *Du système pénitentiaire aux Etats-Unis.*

collective, les créations de l'État en fait d'hôpitaux, monts-
de-piété, bureaux de bienfaisance, asiles pour la vieillesse
ou pour l'enfance, et les largesses du domaine extraordinaire,
jugeons-nous que la loi du travail fût aveuglément inflexible
ou humainement respectée [1]? En partant de cet axiome que
« le progrès des sciences et des arts est le véritable thermo-
mètre ainsi que le plus sûr garant de ceux de la liberté civile [2]», n'arrivons-nous pas à conclure, par une démonstration
de plus, en faveur du but libéral de l'époque que nous étudions?

SECTION III.

Propriété.

Propriété des Jacobins. — D'une opinion de M. de Tocqueville. — Résultats de
la Révolution quant au droit de propriété. — Définition du Code civil. — Successions. — Majorats. — Biens nationaux. — Confiscation. — Propriété littéraire. — Expropriation. — Mines. — Cadastre.

« Tu nous parles toujours de propriété, criait Marat à
Isnard ; — tu es donc bien riche? »

A côté (je dirai au-dessus, si l'on veut que l'hypocrisie
soit supérieure au cynisme), à côté de cet instinct grossier
d'envie, d'égoïsme et de pillage, les Robespierre et les Saint-

[1] Les dépôts de mendicité furent créés d'après ce principe, qu'avant de
punir le mendiant comme d'un délit, il fallait lui offrir le travail comme un
secours (Décret du 5 juillet 1808).

L'Empereur consacra 12 millions aux frais de premier établissement et
forma 80 dépôts, dont la presque totalité fut supprimée à la Restauration,
tandis que l'institution était généralement adoptée par les pays alors séparés
de nous (de Gérando, *Traité de la bienfaisance publique*).

[2] Cabanis, *Op. cit.*

Just avaient produit leurs théories d'intolérable despotisme, décoré du nom de liberté. Un éminent jurisconsulte[1] a parfaitement démontré comment, de la définition insidieuse proposée par le coryphée des Jacobins, découlaient tout naturellement les emprunts forcés sur les riches et la solde des sans-culottes; l'abolition du testament et même celle de l'héritage, en commençant, si l'on voulait, par l'héritage collatéral; mieux encore, l'impôt progressif; un droit vague, indéfinissable, à l'assistance ou au travail; moyens rapides et infaillibles d'amener les prétendus riches à envier la pauvreté; ces *riches*, d'ailleurs, rien n'empêchait qu'on les dépossédât à volonté ou que l'on fixât à l'avance la mesure de leur richesse : leur droit n'était qu'un usufruit. Au fond, les apostrophes de Marat et les phrases de Robespierre exprimaient la même pensée, et leurs écoles se confondirent dans la bande forcenée de Babœuf.

Heureusement, à aucune époque on ne vit inscrits dans la loi ces rêves des esprits pervers. Même après le 31 mai, la Convention asservie formula la définition d'une propriété véritable : le droit de jouir et de disposer, de ne rien céder qu'à la loi et que sous la condition d'une indemnité préalable. Mais les taxes proconsulaires, les réquisitions, les emprunts forcés, toute la série, en un mot, des mesures révolutionnaires, violèrent souvent le droit reconnu. En mettant fin à ce régime, notamment à l'iniquité de l'emprunt forcé progressif, Napoléon, conformément à l'esprit pratique de son règne et par une marche contraire à ce qui s'était fait jusqu'à lui, assura les bienfaits de ses lois avant d'en rédiger les textes.

Les esprits même les moins portés à saisir le sens libéral des institutions de l'Empire ne peuvent s'empêcher de re-

---

[1] M. Troplong, Mémoire lu à l'Institut en 1848.

connaître à quel point, dans le droit civil, cette époque
consacre et développe les traditions de quatre-vingt-neuf :
« Si la législation politique des Américains est plus démo-
« cratique que la nôtre, notre législation civile est infiniment
« plus démocratique que la leur », dit l'auteur d'un ouvrage
légitimement estimé [1] ; mais surpris d'un fait qui combat
des opinions préconçues, voici de quelle manière il l'explique :
« Tandis que le torrent démocratique déborderait sur les lois
« civiles, il (l'auteur de ces lois) espérait se tenir aisément
« à l'abri derrière les lois politiques. Cette vue était à la fois
« pleine d'habileté et d'égoïsme, etc. » D'autres diront qu'il
faut toujours, quand on veut juger cette époque, distinguer
deux genres d'éléments, le volontaire et l'obligé, le durable
et le transitoire, la part de l'intention et celle du sort ; que,
par suite, pour en bien saisir le caractère politique, ce sont,
et sans qu'on puisse avoir à s'en étonner le moins du monde,
les institutions civiles qu'on doit examiner d'abord, comme
celles où les faits, moins impérieux, laissaient plus de place
aux théories, et celles où se dévoile à nos yeux, dans une
perspective plus sereine, la voie tracée pour l'avenir.

La Révolution avait introduit dans l'organisation de la
propriété deux grandes réformes, l'une présentant un caractère éminemment moral, l'égalité de partage dans les familles ; l'autre offrant d'immenses avantages sous le rapport
économique, l'abolition des biens de mainmorte. Cette abolition, c'est-à-dire la mise en circulation des richesses im-
mobilières accumulées depuis plusieurs siècles dans les mains
des communautés ; d'autre part, la confiscation des propriétés
d'émigrés, ou de personnes présumées telles, actes différents de nature [2], mais identiques comme résultats, avaient

---

[1] *Démocratie en Amérique*, M. de Tocqueville.

[2] L'abolition des biens de mainmorte était une mesure régulière : « Tous
les gens de mainmorte, à la seule exception des communautés d'habitants,

formé la masse énorme des *domaines nationaux*, que la République aliénait et qu'elle assignait comme gage aux créanciers de l'Etat.

En proclamant l'égalité dans les relations civiles, la Révolution, il faut le dire, et l'on pouvait bien s'y attendre, ne s'était pas strictement tenue à ce qu'exigeaient l'équité et la concorde domestique. L'entraînement de son principe lui avait fait perdre de vue, dans les règlements adoptés en matière de succession, deux autres principes fondamentaux, la non-rétroactivité et la liberté elle-même. En restreignant, comme elle le faisait, à un sixième, à un dixième, suivant le titre des héritiers, la portion de biens disponible, la loi du 17 nivôse an II annulait, en quelque façon, le testament, ce complément de l'autorité paternelle, cette conséquence spiritualiste de l'entière appropriation.

« La propriété, dit le Code Napoléon, est le droit de jouir « et de disposer des choses, de la manière la plus absolue, « pourvu qu'on n'en fasse pas un usage prohibé par les lois « ou par les règlements. » Voilà la liberté complète, soumise à cette seule restriction qu'impose l'état social, à tous les droits individuels. L'affranchissement du droit de tester s'ensuivait naturellement, du moins en tant que le permettaient les obligations naturelles. Déjà la loi du 4 germinal an VIII, instamment réclamée par l'opinion, avait restauré le principe : elle donnait au père de famille le droit d'assimiler un étranger à ses enfants ou de laisser à un de ceux-ci une part double de celle des autres. Entre cette combinaison et le souvenir de la coutume de Paris, qui faisait une part égale au droit de propriété et au droit de famille, le Code prit un moyen terme, laissant varier le disponible, sui-

ont cela de commun qu'ils ne peuvent exister que par l'autorisation de la loi, et que la loi peut, quand il lui plaît, les anéantir en retirant l'autorisation qu'elle leur avait d'abord accordée » (Merlin, *Répertoire*).

vant le nombre des enfants, entre la moitié et le quart,

Les successions *ab intestat* se partagent entre les descendants d'une même famille soit par tête, soit par souche, mais
toujours par égales portions, sans distinction, dit l'art. 745,
de sexe ni de primogéniture. L'égalité demeurait ici principe général et absolu. Un siècle n'est point encore écoulé, et
déjà des économistes se demandent si bientôt le sol ne sera
pas réduit en atomes. Le politique, le moraliste, en se féli-
citant que le travail soit devenu la loi commune, regrettent
parfois que le flot du temps emporte si facilement ces vestiges
du passé, qui sont un gage d'espérance dans l'avenir. Il est
vrai que la statistique se charge de nous rassurer sur la pro-
gression du morcellement et sur ses effets immédiats ; il est
vrai que ce morcellement même assure à l'ordre matériel une
garantie dont de grandes épreuves sont venues proclamer
l'importance. Mais ne pouvait-on être tenté, avec la force et
le prestige que possédait Napoléon, d'introduire quelques
éléments de stabilité et de durée dans cette mobilité universelle? d'ajouter aux garanties matérielles certaines garanties
morales prises dans le culte des souvenirs ? Nous n'en dirons
pas davantage sur une idée qui appartient à d'autres considérations ; nous devons toutefois faire remarquer qu'en instituant des majorats, comme corollaire de sa noblesse ; en
permettant, par exception, la substitution de biens libres et
d'un revenu déterminé, l'Empereur avait eu soin de déclarer
(6, 14 août 1806) que les propriétés ainsi possédées n'auraient ou ne conféreraient absolument aucun droit, aucun
privilége. Son intention n'était point celle qui fit tenter,
après son règne, la restauration du droit d'aînesse, et reconnaître, en règle générale, les substitutions à deux degrés.

Les alarmes que répandirent, également après la chute du
gouvernement impérial, les bruits de recherche et de retour
sur les acquisitions de biens nationaux; la perturbation qu'eus-

sent jetée dans les transactions de vingt-cinq ans ces mesures rétroactives ; l'atteinte profonde qu'elles eussent portée au principe d'intérêt social qui demande, sous tous les régimes, que la possession soit stable et que le citoyen ait confiance dans ses traités avec l'Etat : tout cela explique facilement comment, dans le serment impérial, dans celui de la Légion-d'Honneur, dans la Constitution de l'an VIII (94) et dans l'acte additionnel de 1815, l'irrévocabilité de toute vente faite au nom et sous la foi de la nation était formellement garantie. Rendre aux émigrés, qu'il rappelait[1], ceux de leurs biens qui faisaient encore partie du domaine national (sauf les forêts, déclarées inaliénables par la loi du 2 nivôse an IV, les immeubles affectés à un service public, les droits de propriété ou prétendus tels sur les grands canaux de navigation et les créances sur le Trésor, dont l'extinction s'était opérée par confusion), c'était tout ce que pouvait faire, dans sa généreuse sagesse, le gouvernement consulaire. Restreindre la confiscation, comme punition des crimes commis contre la sûreté de l'Etat, à des cas bien déterminés et à des proportions fixes ; laisser surtout au souverain la faculté de restitution, en faveur soit des ascendants, soit de la veuve, soit des descendants, soit des autres parents du condamné[2] : c'était tout ce que les circonstances permettaient d'adoucissement à la législation pénale née de nos discordes civiles, et, à bien dire, renouvelée des discordes de tous les temps. Par l'usage que Napoléon fit de cette législation redoutable, n'est-il pas clair qu'il la regardait comme un moyen comminatoire destiné à lui épargner des voies de rigueur effectives ? N'était-ce pas une mesure de guerre, trop bien motivée par les faits ? « On veut, disait-il dans les Cent-Jours, à Benjamin Con-

---

[1] Loi d'amnistie du 6 floréal an X.

[2] Code pénal, 37, 38, 39.

« stant et à d'autres théoriciens de ses conseils, on veut que
« des hommes que j'ai comblés de biens s'en servent pour
« conspirer contre moi à l'étranger ? Cela ne peut être : cela
« ne sera pas. Chaque Français, chaque soldat, chaque pa-
« triote aurait droit de me demander compte des richesses lais-
« sées à ses ennemis. Quand la paix sera faite, nous verrons.
« A chaque jour, sa peine ; à chaque circonstance, sa loi [1]. »
La paix était faite et la Charte avait aboli à jamais la peine de
la confiscation. Cependant, dans la loi d'*amnistie* discutée en
1816, il fut question d'exiger des *indemnités* politiques. C'était
à ce titre, et, de plus, au nom de la patrie en danger, qu'en
1791 on avait demandé le séquestre [2], suivi de la confiscation. Ce ne sont pas tels ou tels mots qu'il faut craindre, mais
les suites des révolutions.

Celle qui changea tout en France a fait oublier ses malheurs par l'importance de ses conquêtes, et on laisserait une
grande lacune dans l'histoire de ses résultats en ce qui touche
la propriété, si l'on oubliait de mentionner un droit d'une
nature spéciale, la propriété littéraire, peut-être la première
de toutes ; car y a-t-il une chose au monde plus propre à
l'homme que sa pensée ? y a-t-il un mode d'acquisition plus
respectable que de créer [3] ? Et cependant, sous l'ancien régime, les restrictions mises au droit de produire étaient le
seul titre donné au producteur ; c'était dans l'autorisation
d'imprimer et de vendre l'ouvrage, qu'on réservait à telle
personne le droit de vendre comme d'imprimer. Entraînée
par cette apparence de concession accessoire dans la chute

[1] *Mémoires sur les Cent-Jours.*

[2] L'Assemblée constituante n'avait même décrété qu'une triple imposition
sur les revenus de 91.

[3] Au même ordre d'idées se rattache la législation sur les *brevets d'invention* (lois des 7 janvier et 25 mai 1791 (Code de la matière) ; arrêté du 5 vendémiaire an XI (Définition précise du droit) ; décret du 25 janvier 1807 (fixation précise du point de départ).

des priviléges, rétablie par la Constituante pour les ouvrages dramatiques, et enfin pleinement reconnue par la loi du 19 juillet 1793, « déclaration des droits du génie[1] », la propriété littéraire ne reçut sa complète sanction et sa forme définitive que par le décret impérial du 5 février 1810. Elle n'était alors que viagère et transmissible pour dix ans : devait-on la rendre perpétuelle ? D'anciens précédents y engageaient. L'Empereur fit triompher l'idée contraire. Divisé par le cours du temps et par l'enchaînement des successions entre une multitude d'héritiers, ce droit incorporel, à la fin, n'existerait plus pour personne, et les bons livres iraient se perdant; les gloses, les notes, les commentaires, n'auraient plus de texte où s'appuyer; on arrêterait le progrès des lumières[2]. Le bénéfice des enfants fut seulement porté à vingt ans, et la veuve entra en partage du droit viager de son époux.

Nous avons vu Napoléon faire reparaître, par son Code, la liberté dans la propriété. Voyons comment il comprenait, dans une autre relation, l'union de ces deux éléments de la personnalité humaine.

Le Code, comme la Constitution de 1791 et celles qui avaient suivi, en proclamant le droit de chacun, avait réservé, non-seulement quant à l'exercice, mais encore quant à l'assiette de ce droit, l'intérêt de tous bien constaté; il admettait, en d'autres termes, le principe d'expropriation pour cause d'utilité publique, moyennant le payement d'une juste et préalable indemnité (545). Or, on comprend que l'équité et la vérité de ce principe résident en réalité dans son organisation. Ce grand objet excitait vivement la sollicitude de l'Empereur. Deux fois déjà il s'était fait soumettre un projet de loi sur la matière; non encore satisfait, il écrit

[1] Expression du rapport de Lakanal.
[2] V. Locré, discussion du 2 septembre 1808.

de son quartier général, entre la bataille de Wagram et la
paix de Vienne :

« On doit d'abord définir quelles sont les formes qui con-
« statent l'utilité publique. Il faudrait que ce fût un sénatus-
« consulte, une loi ou un décret délibéré en Conseil d'Etat.
« S'il prend fantaisie à un préfet d'augmenter la préfecture,
« la prison ou l'hôpital, d'un jardin ou d'une aile, ce ne doit
« pas être une raison d'exproprier aucun citoyen, s'il n'y a
« d'ailleurs un décret qui dise que cela est utile, et qu'en
« conséquence les propriétaires sont tenus de faire la conces-
« sion de leurs propriétés, moyennant les formes voulues par
« les lois et usages. Ainsi, le Conseil seul aurait le droit
« de déclarer les travaux qui seraient dans le cas de jouir de
« ce privilége. »

« Cela une fois posé, le préfet ferait connaître au proprié-
« taire qu'il doit céder sa maison ou son champ. Celui-ci y
« consentirait ou n'y consentirait pas. »

Examen de la première hypothèse : il s'agit d'un acte à
l'amiable, justiciable des tribunaux ; mais les tribunaux ne
pouvant contraindre le fonctionnaire par corps ni dans ses
biens, il faudrait que l'affaire fût plaidée à l'audience ; que le
procureur impérial y fût interpellé de dire pourquoi le payement n'a pas été fait ; qu'on lui donnât deux ou trois jours
pour se concerter avec le préfet ; que, d'après sa réponse, le
tribunal pût en référer au grand-juge, et que le grand-juge
lui-même portât la plainte au chef du gouvernement.

Dans la seconde hypothèse, le propriétaire est en désaccord
avec l'administration, pour deux raisons différentes :

Ou il croit que ce n'est pas le cas d'utilité publique : sur
son refus, assignation devant le tribunal de première instance. Là, si le procureur impérial ne peut pas établir qu'il
y a décision du Conseil, le juge doit déclarer qu'il n'y a pas
lieu à l'expropriation du citoyen, et le préfet ne peut passer

outre. Dans le cas contraire, le tribunal ordonne l'expropriation.

La seconde raison de discordance peut être l'évaluation : alors, sentence.

« Voilà, poursuit l'Empereur, mes idées sur cette question,
« plus importante qu'on ne veut le croire, puisqu'en s'ac-
« coutumant à jouer avec la propriété on la viole, et qu'il en
« résulte des abus révoltants, qui mécontentent l'opinion pu-
« blique. Moyennant ces précautions, j'arrive à un premier
« principe, qui devrait être dans le Code de procédure s'il
« n'est pas dans le Code civil, c'est qu'aucun citoyen ne peut
« être exproprié que par un acte judiciaire. On acquiert la
« propriété par testament, par donation et par achat. Tous
« ces actes sont des actes judiciaires; on ne doit la perdre
« que par une vente ou une sentence, qui sont également des
« actes judiciaires.

« Enfin, il me semble que c'est une idée utile, dans le cas
« où les juges ne peuvent pas rendre justice, puisqu'ils ne
« peuvent pas faire saisir l'administration, de leur attribuer
« du moins le droit de recommander leurs justiciables à l'au-
« torité supérieure...

« Schœnbrünn, 27 septembre 1809. »

Cinq rédactions furent proposées, et la discussion qui eut lieu fait bien connaître quel progrès renfermaient les idées de l'Empereur; elles enlevaient aux ponts et chaussées, au génie et à l'artillerie, le droit de disposer, par des plans, de la propriété privée, droit fécond en inconvénients pour ceux-là mêmes qui avaient à l'exercer [1].

[1] « Sous le rapport de la propriété, il faut que le citoyen ne dépende que de
« ses magistrats. L'officier des ponts et chaussées n'est pas de ce nombre. On
« ne doit pas mettre les citoyens dans la position de le solliciter et de se le
« rendre favorable par des courtoisies, peut-être par des présents » (Paroles
de l'Empereur au Conseil d'Etat, discussion de la loi du 8 mars 1808. Locré, ix).

Sans doute des progrès nouveaux ont été le fruit de l'expérience. La loi de 1833 a heureusement appliqué au calcul des indemnités l'institution du jury. Mais qui a prononcé le premier le mot de *jury* en cette matière? On l'apprend en examinant les procès-verbaux de 1810 [1].

Une autre grande question, se rattachant aux mêmes principes, occupa, à la même époque, le Conseil d'Etat impérial.

C'était autrefois une doctrine reçue que la propriété des mines appartenait au souverain. De là des lois fiscales dont, avant la Révolution, l'avocat général de la liberté, Turgot, avait déjà attaqué le principe, ramenant cette partie de législation aux bases de l'équité naturelle, dans un mémoire développé et lucide, qu'il terminait par cette remarquable prophétie :

« On ose prédire que, sur quelque matière que ce soit, l'é-
« tude approfondie des vrais principes de la législation et de
« l'intérêt public bien entendu, conduira précisément au
« même résultat. »

L'illustre économiste n'alla pas cependant aussi loin que les auteurs du Code civil en faveur de la propriété ; ceux-ci, consacrant « le principe qu'en France les terres ne sont soumises à aucun droit régalien ou féodal [2] », attachaient (552) à la propriété de la surface celle du dessus et du dessous. Turgot laissait cette dernière offerte au premier occupant. La loi du 28 juillet 1791, dernière discussion de Mirabeau, s'était contentée de mettre les mines à la disposition de la nation, en accordant une préférence d'exploitation au propriétaire de la surface.

L'Empereur tient à faire appliquer le principe du Code ci-

---

[1] « Napoléon voudrait que le plan, arrêté en jury formé sur les lieux, dé-
« terminât l'application de l'expropriation, après avoir entendu les proprié-
« taires » (Locré, *ibid.*).

[2] Napoléon, 13 février 1810.

vil. On y ajoutera que la mine ne peut être exploitée qu'en
vertu d'un acte du souverain ; on substituera, dans les cas où
l'intérêt général l'exigera, une indemnité aux conséquences
du droit absolu de propriété, mais il faut que ce droit sub-
siste[1]. Et pourquoi?

« Il y a un très-grand intérêt à imprimer aux mines le ca-
« chet de la propriété. Si l'on n'en jouissait que par conces-
« sion, en donnant à ce mot son acception ordinaire, il ne
« faudrait que rapporter le décret qui concède, pour dépouil-
« ler les exploitants; au lieu que, si ce sont des propriétés,
« elles deviennent inviolables. Moi-même, avec les nombreu-
« ses armées qui sont à ma disposition, je ne pourrais néan-
« moins m'emparer d'un champ ; car violer la propriété dans
« un seul, c'est la violer dans tous. Le secret ici est donc de
« faire des mines de véritables propriétés, et de les rendre
« par là sacrées dans le droit et dans le fait[2].

... « Il est seulement des règles générales établies pour
« l'intérêt de la société, et qu'aucun propriétaire ne peut en-
« freindre. Par exemple, je ne souffrirais pas qu'un particu-
« lier frappât de stérilité vingt lieues de terres dans un dé-
« partement fromenteux pour s'en former un parc. Le droit
« d'abuser ne va pas jusqu'à priver le peuple de sa subsis-
« tance.

« L'abus de la propriété doit être réprimé toutes les fois
« qu'il nuit à la société. C'est ainsi qu'on empêche de
« scier les blés verts, d'arracher les vignes renommées.
« Qu'il en soit de même des mines, et que, comme à l'égard
« des autres propriétés, on ne réprime les abus que par
« voie d'exception et non par une application du droit
« commun.

[1] Des principes analogues réglaient la propriété des marais (loi du 16 septembre 1807).

[2] Séance du 18 novembre 1809.

« C'est un grand défaut dans un gouvernement que de
« vouloir être trop père ; à force de sollicitude, il ruine et la
« liberté et la propriété [1].

« Ce qui défend le mieux le droit du propriétaire, c'est
« l'intérêt individuel ; on peut s'en rapporter à son activité.
« Ainsi, on peut faire quelques règlements qui donnent un
« droit de surveillance à l'autorité publique, mais on ne doit
« pas en faire qui s'opposent directement à ce que deman-
« dent les propriétaires. La législation doit toujours être en
« faveur du propriétaire : il faut qu'il ait du bénéfice dans
« ses exploitations, parce que, sans cela, il abandonnera ses
« entreprises ; il faut lui laisser une grande liberté, parce
« que tout ce qui gêne l'usage de la propriété déplaît aux ci-
« toyens [2]. »

Ces passages réunis ne composent-ils pas une belle théorie du droit de propriété dans ses rapports avec la liberté publique et le gouvernement de l'État ? Liberté et propriété,
nous parlions de l'union de ces termes ; n'aurions-nous pas
mieux fait encore de parler de leur identité ? Liberté civile,
biens, femmes, enfants, temples et sépultures même, tout,
comme le dit Montesquieu, n'est-il pas propriété chez les hommes ? Et la propriété des biens n'est-elle pas un élément essentiel, inséparable, de la vraie liberté civile, comme le disait
Napoléon ? « Pourquoi, demandait ce grand homme, au dé-
« but de son gouvernement, dans ses vœux profonds et sin-
« cères de réformation et de progrès, pourquoi n'y a-t-il pas
« d'esprit public en France ? C'est qu'un propriétaire est
« obligé de faire sa cour à l'administration. Le jugement
« des réclamations est arbitraire. C'est ce qui fait que chez
« aucune autre nation on n'est aussi servilement attaché au

[1] Séance du 3 février 1810, *passim.*
[2] Séance du 18 novembre 1809.

« gouvernement qu'en France, parce que la propriété y est
« sous sa dépendance. En Lombardie, au contraire, un pro-
« priétaire vit dans sa terre, sans s'inquiéter qui gouverne.
« On n'a jamais rien fait en France pour la propriété. Celui
« qui fera une bonne loi sur le cadastre méritera une sta-
« tue[1]. »

Vouons donc au moins un souvenir aux efforts de Napoléon
et de son laborieux ministre, le duc de Gaëte, pour l'exécution de cette grande pensée, dont le germe, déposé comme
tant d'autres dans une des lois de la Constituante (23 septembre 1791), avait failli demeurer stérile au milieu de la
froideur publique. On se passionne pour des phrases, pour
des tentatives passagères, pour le geste d'un orateur, et l'on
oublie trop facilement ces travaux patients, silencieux, qui
fondent les droits des citoyens sur des bases inébranlables.
Souvent même l'ingratitude ne s'est point arrêtée à l'indifférence. Que n'a-t-on pas dit sous l'Empire, à plus forte raison
après, du système des droits-réunis, sans tenir compte du
dégrèvement de la propriété foncière, base de la richesse nationale et de la liberté dans les choses ? Faites plus ou moins
de cas des mots, des déclarations, des manifestes ; mais n'ac-
cusez point d'*égoïsme* celui qui vécut et mourut pour vous assurer, sur toute la terre et dans tous les rapports sociaux, ce
qui fait de la *liberté* autre chose qu'un texte impuissant, et
que Robespierre peut commenter, je veux dire l'*indépendance*.

[1] Thibaudeau, *Histoire du Consulat et de l'Empire*, an X.

SECTION IV.

Liberté religieuse.

Intolérance.— Législation de Louis XIV.— Proclamation de la liberté des cultes. — Constitution civile du clergé.—Persécutions révolutionnaires.—Rétablissement de la religion et de la paix : Concordat et lois organiques.— Principes généraux. — Catholicisme. — Protestantisme. — Régénération des Juifs. — Abolition de l'inquisition en Espagne. — Culte grec. — Croyances nouvelles. — Difficultés et récriminations. — Concordat de 1817.— Système religieux de la Restauration. — Amérique, Angleterre et Russie.

Au seul énoncé de ce droit, les martyrs du christianisme, les victimes de la croisade albigeoise, celles de la Saint-Barthélemy et des Dragonnades, obsédant notre souvenir, nous conduisent, à travers les ruines, les proscriptions et les massacres, jusqu'à la veille, pour ainsi dire, des temps meilleurs où nous vivons.

La législation de Louis XIV opprima les protestants de France pendant tout le siècle dernier. Ce prince les avait chassés; puis, craignant que leur émigration ne vînt à affaiblir son royaume, il avait eu recours aux galères pour les empêcher d'en sortir; en les obligeant d'y rester, il les déclarait incapables d'y occuper aucun emploi, d'y exercer même aucun droit; il déclarait leurs mariages nuls et leurs enfants illégitimes; l'édit de 1724 confirmait ces iniques rigueurs. A la vérité, l'opinion en avait relâché la pratique; mais ce fut seulement sous Louis XVI, en 1787, que la loi civile reconnut l'existence des protestants : l'exercice public de leur culte leur était encore interdit. Malgré les efforts de Turgot, le bon et pacifique monarque avait encore dû, à son sacre, promettre solennellement *l'extermination des hérétiques.*

La Révolution arriva. Dans les protestants, dans les juifs, dans les hommes de toute religion habitant le territoire français, la Constitution politique de la société nouvelle ne vit plus que des citoyens. Là ne s'arrêtèrent point les changements. Le clergé privilégié, le premier ordre du royaume, le plus riche propriétaire du sol, le clergé catholique, perdant à la fois sa prépondérance séculière, son patrimoine et son indépendance, reçut de l'Etat, qui l'absorbait, une organisation [1] à laquelle beaucoup de ses membres refusèrent de consentir. Cette querelle eut, comme on le sait, une grande part à la guerre civile, qui ramena les persécutions. L'Assemblée constituante s'était bornée à remplacer les prêtres réfractaires; sous l'Assemblée législative, il leur fut enjoint de quitter la France, à peine de dix ans de détention; la Convention les plaça entre la déportation et la mort. Bientôt, n'établissant plus de distinction, la démagogie triomphante poursuivit, avec tous les prêtres, toutes les idées religieuses. C'est alors qu'on vit le paganisme, parodié de l'antiquité, mêler ses scandales burlesques à la honte des abjurations; qu'on vit les églises dévastées, le culte indignement profané, les sépultures même violées et la cendre des morts jetée aux vents; du milieu de cette grossière orgie, on vit l'astucieux Robespierre tâcher d'élever, sous le couvert d'un

---

[1] *Constitution civile du clergé*, décrétée le 12 juillet 1790, promulguée le 24 août. Les principales dispositions étaient : la suppression des titres ecclésiastiques sans fonctions et celle des ordres religieux ; la fixation des salaires attachés aux fonctions sacerdotales ; une nouvelle circonscription qui attribuait un évêché ou archevêché à chaque département; l'élection des évêques et curés par le peuple, et la collation de l'institution canonique par l'évêque ou le métropolitain ; le pape ne devait plus intervenir dans l'institution des évêques que par l'avis qu'il en recevrait. Chaque titulaire était tenu de prêter serment aux nouvelles lois.

théisme métaphysique, des autels à son propre orgueil; à la fête de l'Être suprême succéda le ridicule essai de la théophilanthropie, et le Directoire continua à peupler les forêts de la Guyane des membres de l'ancien clergé, dont une partie, de son côté, continuait à s'associer activement aux projets des princes émigrés.

Le gouvernement consulaire rendit la paix aux consciences, la sécurité aux personnes, une véritable liberté aux opinions religieuses. Mais devait-il s'arrêter là? fallait-il suivre le système d'indifférence et d'abandon qui, précédemment, alternait avec les mesures violentes? fallait-il traiter la religion comme un de ces abus sur lesquels on consent à fermer les yeux [1]? A voir les désordres produits dans la moralité publique par le renversement des cultes; à voir, d'autre part, les vertus que le sentiment religieux, plus fort que la persécution, avait nourries dans certaines âmes; à considérer à quel point la France se fût trouvée déchue, si l'irréligion de ses tyrans eût profondément pénétré dans ses habitudes sociales : pouvait-on douter qu'il fût bon d'entretenir dans l'esprit des hommes l'idée de la Divinité? Au point de vue purement politique, était-il sage de négliger les moyens de surveillance et d'action que donne l'organisation légale des cultes? N'était-ce pas ce qu'avaient senti les fauteurs d'anarchie eux-mêmes et pouvait-on, dans l'ébranlement, dans la surexcitation des pensées, abandonner un ressort de cette nature à l'impulsion désordonnée du premier ambitieux ou du premier fou [2]?

---

[1] Exposé des motifs du Concordat, 14 germinal an X.

[2] « Nulle société ne peut exister sans morale : il n'y a pas de bonne mo-« rale sans religion : il n'y a donc que la religion qui donne à l'Etat un ap-« pui ferme et durable. Une société sans religion est comme un vaisseau sans « boussole; un vaisseau dans cet état ne peut ni s'assurer de sa route, ni es-« pérer d'entrer au port ; une société sans religion, toujours agitée, perpé-« tuellement ébranlée par le choc des passions les plus violentes, éprouve en

En fait d'institutions religieuses, la Révolution laissait, en quelque sorte, le champ libre. La Constitution civile n'existait plus, comme on le disait, que par les traces des dissensions dont elle avait été l'origine. Tout aussi bien que Mahomet et beaucoup mieux que La Réveillère, Bonaparte eût pu se croire appelé à fonder un culte nouveau : cette prétention ne lui vint pas; il ne délibéra même pas sur la question de savoir si parmi les religions existantes, il en pouvait choisir une autre que celle qui avait inspiré tous les prodiges du monde moderne et qui, dans son divin esprit, contenait « tout ce qui est juste, tout ce qui est saint, tout ce qui est aimable [1] », le christianisme, en un mot.

Mais dans les communions chrétiennes, il y avait encore à choisir, et le choix était moins facile. Plusieurs conseillers du Consul, rappelant de célèbres querelles, lui peignaient le catholicisme comme la consécration d'une domination étrangère, état plein de rivalité et d'insubordination; reprendre ce symbole, d'ailleurs, c'était raviver les erreurs, les abus, les iniquités d'un ordre de choses détruit par des représailles toutes récentes : le protestantisme n'offrait aucun de ces inconvénients. D'un autre côté, cependant, la religion catholique était encore reconnue par la très-grande majorité des Français; elle se liait bien plus étroitement aux souvenirs, aux affections, à toute la vie morale du peuple qu'à ses ressentiments politiques, et le clergé s'était relevé, par la dignité de ses souffrances, des fautes de sa prospérité. Argumenter des doctrines ultramontaines pour présenter cette religion comme liée aux intérêts despotiques, ce n'était guère plus juste, au fond, que si, des opinions anabaptistes, on eût tiré la

---

« elle-même toutes les fureurs d'une guerre intestine qui la précipite dans
« un abîme de maux et qui, tôt ou tard, entraîne infailliblement sa ruine
(*Discours du premier Consul aux curés de Milan*, 16 prairial an VIII).

[1] Exposé des motifs.

conclusion que le protestantisme, en général, était l'allié de
l'anarchie [1]. Au contraire, le catholicisme, pris dans son véritable esprit, était de toutes les religions « celle qui favorisait le plus le gouvernement démocratique, en établissait le
mieux les droits et en éclairait les principes d'une plus pure
lumière [2] »; la souveraineté spirituelle, d'après les saines
traditions, émanant du corps de l'Eglise, comme la souveraineté temporelle a son principe dans les nations.

Aux esprits que frappait surtout la crainte de la cour de
Rome, s'offrait comme moyen de transaction avec la religion
catholique, l'idée d'un pontife national. Mais ou l'autorité de ce
chef était réelle et séparée de celle du chef politique, ou elles
se confondaient ensemble : dans le premier cas, on ne faisait
que rapprocher l'antagonisme; dans le second, « pour rassurer la puissance, on menaçait la liberté. »

D'ailleurs, si un peuple insulaire pouvait, par ses institutions, maintenir ou augmenter l'isolement où l'avait placé
la nature, la France ne devait pas négliger, dans ses relations
politiques, un moyen de communication, de rapprochement
et d'influence tel que la conformité des idées religieuses. Sa
situation intérieure lui faisait encore une loi de recourir au
centre commun de la société spirituelle : comment espérer
autrement, si même on le pouvait ainsi, de terminer le
schisme introduit au sein de l'Eglise française, les anxiétés
des fidèles et les tristes débats des pasteurs?

Toutes ces questions résolues dans l'esprit du premier
Consul par l'habileté du politique, d'accord avec les senti-

---

[1] Exposé des motifs.

[2] Discours de Bonaparte aux curés de Milan, déjà cité. On trouve, dans le
même sens, une pièce intéressante analysée dans le traité *des garanties individuelles* de Daunou : *Omilia del cittadino cardinale Chiaramonti* (Pie VII)
(V. note finale C). La Révolution française, à ne considérer que sa devise,
aurait été, pour ainsi dire, la sécularisation du christianisme : il y avait eu
loin, il est vrai, de la formule à l'application.

ments de l'homme profondément moral et poétiquement religieux [1], le sage conseiller Portalis, tenant d'une main les
témoignages de l'esprit public de la France [2], de l'autre une
convention passée avec le Saint-Siége apostolique, le 26 messidor an XII (15 juillet 1801) parut, le 15 germinal suivant,
à la tribune législative.

Là, comme dans le Conseil d'Etat [3], il posa clairement
les principes qui devaient désormais régir la religion restaurée, assurer la paix de l'Etat, l'entière liberté des consciences
et, selon sa belle expression, réconcilier la Révolution avec
le Ciel. Tous les troubles étaient apaisés, toutes les incertitudes levées, tous les droits garantis et les lumières de la philosophie combinées avec l'expérience des siècles. Rarement
la raison humaine s'était élevée à une plus grande hauteur.

« Sans doute, disait Portalis, la liberté que nous avons
« conquise et la philosophie qui nous éclaire ne sauraient
« se concilier avec l'idée d'une religion dominante, et moins
« encore avec l'idée d'une religion exclusive.

« J'appelle religion exclusive, celle dont le culte public
« est autorisé privativement à tout autre culte. Telle était,

---

[1] « Depuis mon retour en Europe, dit, dans une note, M. de Las Cases, je
tiens de l'évêque Grégoire qu'au plus fort de la crise du Concordat, mandé
avant le jour à la Malmaison, quand il y arriva, le premier Consul se pro-
menait déjà dans une allée, discutant vivement avec le sénateur Volney :
« Oui, monsieur, lui disait-il, on dira ce qu'on voudra, mais il faut au peuple
« une religion et surtout de la croyance ; et, quand je dis le peuple, mon-
« sieur, je ne prétends pas encore dire assez ; car moi-même, — et il étendait
« en cet instant ses bras, avec une espèce d'inspiration enthousiaste, vers le
« soleil qui précisément apparaissait radieux à l'horizon, — moi-même, à la
« vue d'un tel spectacle, je me surprends à être ému, entraîné, convaincu »,
et se tournant vers l'abbé Grégoire, il lui dit : « Et vous, monsieur, qu'en
« dites-vous ? » A quoi celui-ci n'eut qu'à répondre, etc. (*Mémorial*,
8 juin 1816).

[2] Délibérations des Conseils généraux, rapports des préfets, etc.

[3] Rapport sur les articles organiques (*Moniteur*, 17 germinal an X).

« parmi nous, la religion catholique, dans le dernier siècle
« de la monarchie.

« J'appelle religion dominante, celle qui est plus intime-
« ment liée à l'Etat et qui jouit, dans l'ordre politique, de
« certains priviléges qui sont refusés à d'autres cultes, dont
« l'exercice public est pourtant autorisé.

« Mais on peut protéger une religion, sans la rendre ni
« exclusive ni dominante. Protéger une religion, c'est la
« placer sous l'égide des lois ; c'est empêcher qu'elle ne soit
« troublée ; c'est garantir à ceux qui la professent, la jouis-
« sance des biens spirituels qu'ils s'en promettent, comme
« on leur garantit la sûreté de leurs personnes et de leurs
« propriétés. Dans le simple système de protection, il n'y a
« rien d'exclusif ni de dominant ; car on peut protéger plu-
« sieurs religions ; on peut les protéger toutes. »

En déclarant que le catholicisme était la religion des consuls et de la grande majorité des Français, le Concordat se
réduisait donc à énoncer deux faits, sans que, par cette énon-
ciation, on entendît attribuer à un culte plutôt qu'à un autre
aucun des caractères politiques que le nouveau régime
excluait : « Le catholicisme est en France, dans le moment
« actuel, la religion des membres du 'gouvernement et non
« celle du gouvernement même ; il est la religion de la majo-
« rité du peuple français et non celle de l'Etat. Ce sont là
« des choses qu'il n'est pas permis de confondre et qui n'ont
« jamais été confondues. »

La loi organique du Concordat consacrait ces règles fameuses connues dans l'enseignement religieux sous le nom de
Libertés gallicanes, et qui, soumettant au contrôle de l'autorité nationale les actes et les injonctions du Pontificat
étranger, tenaient celui-ci dans les bornes de son ministère
et de ses droits. D'une autre part, l'ordre civil se posait lui-
même les limites qui doivent séparer la religion, « société de

l'homme avec Dieu », de l'Etat, « société des hommes entre eux » : de tout ce qui était du dogme, l'Etat n'avait point à se mêler, à moins qu'on ne voulût en tirer des conséquences subversives ; autrement de ce qui concernait la police extérieure de l'Eglise et même toutes ces matières mixtes tenant à l'administration des choses sacrées, sans être de l'essence de la religion : la prédication, la prière publique, l'institution des fêtes, la forme des décisions dogmatiques, la relation des sacrements et des cérémonies religieuses aux actes civils avec lesquels ils se confondaient autrefois et dont les séparait la loi nouvelle. Par le fait seul de ses malheurs, l'Eglise française avait subi une réforme ; elle se trouvait rapprochée de la simplicité primitive. Au pouvoir fort qui réparait des maux dont il n'était pas cause, on conseillait de compléter, par la simplification des rites, cette tendance des événements; on l'engageait concurremment à sanctionner un résultat des innovations précédentes, le mariage des prêtres : il répondit :

« Quand on admet ou que l'on conserve une religion, il « faut la régir d'après ses principes. » Quels avantages trouver d'ailleurs dans ces modifications? N'avait-on pas dû remarquer que la multiplicité des rites était pour beaucoup de catholiques un lien de plus avec la religion? Quant à la prohibition du mariage, indépendamment de son ancienneté et des hautes considérations auxquelles la théorie la rattache, l'expérience ne montrait-elle pas, dans le peu de temps écoulé depuis la Révolution, combien l'exception demandée pour les ecclésiastiques français eût pu les déconsidérer auprès des autres peuples catholiques et des Français mêmes? Individuellement, civilement, quelle était leur position? La prohibition canonique ne se trouvait point, selon l'Exposé, consacrée par la loi civile comme un *empêchement dirimant*; ainsi, le mariage d'un prêtre ne serait point nul aux yeux de cette loi; ses enfants seraient légitimes; « mais dans le

« for intérieur et dans l'ordre religieux, il s'exposerait aux
« peines spirituelles prononcées par les lois de l'Eglise. Il
« continuerait à jouir de ses droits de famille et de cité; mais
« il serait tenu de s'abstenir de l'exercice du sacerdoce. »
Quoi de plus juste, et comment se plaindre, quand la loi séculière, du reste, laissait et assurait à chacun une entière
liberté dans le choix de sa profession?

Des améliorations réelles, datant de la Révolution, avaient
été l'abolition des ordinations sans titre, des sinécures ecclésiastiques, la suppression des couvents. Non que, dans un
empire comme la France, disait plus tard Napoléon [1], on ne
pût, par condescendance pour les caprices mêmes de la liberté, supporter quelques hospices de fous appelés *Trappistes*;
non qu'on ne dût encourager et honorer de toutes manières
de pieuses associations vouées au soulagement du malheur,
comme celles de ces femmes sublimes fixées au chevet des
malades ou de ces solitaires héroïques veillant dans les
neiges du mont Cenis [2]. Mais en rappelant que la Constituante avait aboli pour l'avenir les associations religieuses
fondées sur des vœux perpétuels; en assujettissant toutes celles
qui pouvaient encore s'établir, au contrôle et à l'autorisation
de la puissance souveraine, le décret impérial du 3 messidor
an XII sanctionnait des principes développés dans le Rapport
de 1802 et depuis longtemps consacrés par la raison et
l'expérience.

---

[1] *Mémorial*, 31 juillet 1816.

[2] L'Empereur mit pour condition à la protection libérale accordée par lui
à ce couvent, le don d'une demi-bouteille de vin à chaque soldat passant
avec une feuille de route (*Mémoires de Bausset*). On sait de quelle munificence
usa le vainqueur de Marengo envers les religieux du Saint-Bernard. Les associations de charité furent spécialement rétablies par les arrêtés et décisions
des 1er nivôse an IX, 24 vendémiaire et 28 prairial an XI et 22 germinal an XII.
Sous l'Empire, les religieuses consacrées au service des pauvres eurent un
chapitre général, sous la présidence de Madame-Mère.

C'était pour les clercs séculiers une précieuse garantie que la nouvelle proclamation de cette liberté chrétienne « qui ne comportait dans leurs rapports qu'une autorité modérée et une obéissance raisonnable »; de cette égalité évangélique qui les assujettissait sans distinction à remplir leurs devoirs et à se soumettre aux lois de l'Etat. C'était, Portalis disait vrai, un prodige de politique que la terminaison du schisme et le remaniement complet des circonscriptions diocésaines, deux victoires gagnées d'un seul coup, au moyen de la dé-mission de presque tous les titulaires. Pour les nominations nouvelles, dans lesquelles devaient figurer des représentants des deux partis, on rétablissait l'ancien mode : nomination par le chef de l'Etat ; institution canonique par le Saint-Siége. On rendait des temples au culte ; aux ministres, les moyens de vivre d'une manière appropriée aux bienséances de leur état. On acquittait ainsi la dette de la nouvelle société envers l'ancienne et de toutes les sociétés envers les religions qu'elles protégent ; on trouvait de plus, dans cette justice, une garan-tie d'autorité [1].

On en avait cherché une autre encore dans l'attribution au Conseil d'Etat du jugement des cas d'abus, c'est-à-dire des atteintes portées par l'autorité ecclésiastique soit aux droits de l'Etat, soit à la liberté des consciences ou à l'honneur des citoyens [2] ; l'enseignement des séminaires, comme de tout autre établissement, était sous l'inspection du magistrat, con-séquences très-légitimes du système de protection, lequel ouvrait réciproquement le recours au Conseil d'Etat contre toute entreprise préjudiciable à l'exercice public du culte ou à la liberté sacerdotale.

---

[1] « Tout ecclésiastique pensionnaire de l'Etat sera privé de sa pension, s'il « refuse, sans cause légitime, les fonctions qui pourront lui être confiées » (articles organiques, 70).

[2] Code pénal, liv. III, ch. III, sect. 3.

Bien loin de prêter le serment d'exterminer les hérétiques, Napoléon, lors de son avénement à l'Empire, parlait ainsi aux protestants : « Je veux qu'on sache que c'est mon intention et « ma ferme volonté que la liberté des cultes soit maintenue... « Si quelque successeur issu de ma race, cédant aux inspira- « tions d'une conscience mal éclairée, devait jamais oublier ou « rompre le serment que je viens de prêter, je le voue d'a— « vance au blâme public et je vous autorise à lui donner le « nom de Néron. »

Remontons toujours aux mêmes sources, aux explications authentiques : « L'essentiel pour l'ordre public et pour les « mœurs, n'est pas que tous les hommes aient la même reli- « gion, mais que chaque homme soit attaché à la sienne... « La liberté de conscience n'est pas seulement un droit na- « turel ; elle est encore un bien politique. On a remarqué que « là où il existe diverses religions également autorisées, cha- « cune, dans son culte, se tient davantage sur ses gardes et « craint de faire des actions qui déshonoreraient son Eglise « et l'exposeraient au mépris ou aux censures du public [1]. »

Si le nombre des protestants en France était de beaucoup inférieur à celui des catholiques romains, il était encore assez grand, rappelait des croyances assez anciennes, des transac- tions assez solennelles, des persécutions assez injustes et avait, dans le nord de l'Europe, d'assez importantes relations, pour qu'on ne dût point s'étonner de voir la liberté religieuse accompagnée, à l'égard des communions luthérienne et cal- viniste, des mêmes actes de protection qu'envers la religion catholique : salaire sur les fonds de l'Etat, établissements d'instruction, etc. Les déclarations des pasteurs avaient d'ail- leurs été de nature à leur concilier la faveur et la confiance du pouvoir : « Ils professent unanimement, disait le rapport

----

[1] Exposé des motifs.

« fait sur eux, que l'Eglise est dans l'Etat ; que l'on est ci-
« toyen avant d'être ecclésiastique, et qu'en devenant ecclé-
« siastique on ne cesse pas d'être citoyen. Ils se félicitent de
« professer une religion qui commande partout l'amour de
« la patrie et l'obéissance à la puissance publique. Ils bénis-
« sent à l'envi le gouvernement français de la protection
« éclatante qu'il accorde à tous les cultes qui ont leur fonde-
« ment dans les grandes vérités que le christianisme a noti-
« fiées à tout l'univers. »

Etrangère au christianisme, mais lui ayant servi de berceau ; méprisée dans le moyen âge, mais se rattachant avec
honneur à la plus haute antiquité ; constituant non-seulement le culte, mais la loi d'une nation répandue dans tout
l'univers, la religion hébraïque, sans échapper, dès le principe, aux regards du nouveau Moïse, avait été laissée par lui
à ses traditions éternelles. Des circonstances, d'abord fâ-
cheuses, rappelèrent l'attention sur les juifs : l'Alsace et la
Lorraine gémissaient sous le poids de leurs créances usu-
raires ; il n'était question de rien de moins, dans les Conseils
impériaux, que de les chasser des provinces dont ils préparaient la ruine. L'Empereur intervint : « On ne peut rien me
« proposer de pis, dit-il, que de chasser un grand nombre
« d'individus qui sont hommes comme les autres. Il y aurait
« de la faiblesse à chasser les juifs ; il y aura de la force à
« les corriger[1] » ; et remédiant par des mesures d'administration vigoureuses aux inconvénients signalés[2], il convoqua
concurremment une assemblée de notables israélites, dont les
délibérations sages décidèrent un grand événement. Le 4 février 1807, pour la première fois depuis la dispersion du
peuple, le grand-sanhédrin reparut, et toutes les synagogues
d'Europe furent, au nom de Napoléon, invitées à envoyer des

[1] Pelet de la Lozère, *Opinions de Napoléon*, etc.
[2] Décret du 30 mars 1806.

députés dans la capitale de l'Empire. Le but du monarque réformateur était « de ne laisser aux juifs, comme juifs, que « des dogmes, et de les faire sortir de cet état où la religion « était la seule loi civile, ainsi que cela existait chez les mu- « sulmans et que cela avait toujours été dans l'enfance des « sociétés [1] »; c'était, tout en leur conservant leurs opinions religieuses, de les incorporer, pour leur bonheur, à la masse des citoyens et de les faire, en même temps, servir à la pro- pagation universelle des lois et de la civilisation françaises. Pour répondre à ces intentions, l'assemblée, qui se compo- sait de soixante-onze députés, docteurs de la loi ou notables, s'occupa de mettre en harmonie, par des décisions solennelles, les usages et les mœurs des juifs avec les nouvelles lois de la France et l'avenir qui s'ouvrait à eux; elle leur montra, de la part du souverain, des compatriotes et des frères où ils n'a- vaient si longtemps vu que des étrangers et des ennemis; elle recommanda l'agriculture et les professions libérales à leur activité, jusque-là circonscrite dans les occupations mercantiles et les habitudes fénératoires; elle leur défendit l'usure [2]. L'Eglise juive, depuis cette époque, fut payée sur les fonds de l'Etat et eut part à une protection équivalente, dans ce cas, à la régénération d'un peuple.

Ce fut aussi une grande mesure de régénération et d'avenir, une grande réparation philosophique, un acte qui, seul, pla- cerait Napoléon au premier rang des bienfaiteurs et des cham- pions de la liberté de conscience, que l'abolition, en Espagne, de l'exécrable Inquisition [3]. Seulement, pour ne point heurter l'esprit public de ce royaume, le statut constitutionnel du

[1] Thibaudeau, *Histoire du Consulat et de l'Empire.*

[2] Décisions du grand-sanhédrin, 2 mars 1807.

[3] Egalement, lors de la réunion des Etats Romains à l'Empire, Napoléon écri- vait au roi de Naples (Lettre citée par M. Thiers, t. XI) : « Une des premières « mesures de la consulte doit être de supprimer l'inquisition. »

6 juillet 1808 y laissait régner sans partage la religion catholique. Possesseur de la Dalmatie, l'Empereur y organisa l'exercice du culte grec, acceptant ainsi toute croyance qu'il trouvait déjà consacrée par l'ancienneté de sa date et le nombre de ses adhérents. A l'égard de croyances nouvelles, dans le système de la liberté régulière, qu'aurait à faire le magistrat? A s'informer, à surveiller ; à prohiber, si la morale ou le droit public l'exigeait, les manifestations extérieures. « La « philosophie même, disait le législateur de 1802 [1], n'a au- « cun droit de se formaliser de la croyance des hommes sur « des matières qui, renfermées dans les rapports impénétrables « qui peuvent exister entre Dieu et l'homme, sont étrangères « à toute philosophie humaine.—Mais, ajoutait-il sagement, « les gouvernements ont un si grand besoin de savoir à quoi « s'en tenir sur les doctrines religieuses, que, dans les com- « munions qui reconnaissent dans chaque individu le droit « d'expliquer les Ecritures, on se lie en corps par des profes- « sions publiques qui ne varient point ou qui ne peuvent va- « rier sans l'observation de certaines formes capables de ras- « surer les gouvernements contre toute innovation nuisible à « la société. »

Si l'histoire n'était si présente, croirait-on que le Concordat et les lois qui l'accompagnèrent ; ce Concordat si politique, ces lois si sages, si équitables, furent peut-être de tous les actes du gouvernement de Napoléon, ceux qui déchaînèrent contre lui le plus d'opposition et de plaintes? Et qui se plaignit? Non-seulement l'hostilité tribunitienne ; non-seulement la licence des camps ; non-seulement le philosophisme, milice d'une guerre terminée : mais encore, mais plus amèrement que les tribuns, les généraux et les incrédules du dernier siècle, les chefs du clergé catholique, restauré et prépondé-

---

[1] Exposé.

rant. On peut voir dans les relations de ces événements mémorables [1], quelles passions ennemies de la France s'agitaient, pleines d'amertume, autour d'un pontife vertueux ; quels regrets et quelles espérances se mêlaient à de pieux scrupules ; quelles longues négociations furent nécessaires et pour l'oubli du schisme et pour la garantie morale des acquéreurs de biens ecclésiastiques : le Concordat enfin se conclut. Mais les articles organiques, qui ne contenaient rien sur le dogme ; qui n'excédaient en rien les droits de l'autorité séculière reconnus par l'Eglise de France, devinrent, à quelque temps de là, le sujet de récriminations qu'on serait tenté de croire peu sincères. Nous n'avons rien à dire ici de longs et tristes démêlés où les intérêts temporels jouèrent le principal rôle et où, quelque opinion qu'on se forme sur les torts ou les droits de chacun, on ne peut nier que le réparateur des ruines du catholicisme n'ait peu profité de ses efforts.

Une des difficultés soulevées, relativement au Concordat, par les prétentions du Saint-Siége, avait été la reconnaissance de la religion catholique comme *religion de l'Etat*. Le premier Consul opposait les intérêts bien entendus du catholicisme lui-même, rappelant quelle réaction avait naguère été la suite de l'inégalité religieuse et de la part faite au clergé dans l'organisation politique [2]. L'ancienne dynastie restaurée ne se trouva point arrêtée par ces considérations : non-seule-

---

[1] V. particulièrement M. Thiers, t. III, liv. XII ; t. V, liv. XX.

[2] « On a vu par les événements de la Révolution, que le catholicisme a été « l'objet principal de tous les coups qui ont été portés aux établissements re- « ligieux, et cela n'étonne pas. La religion catholique avait toujours été do- « minante : elle était même devenue exclusive par la révocation de l'édit de « Nantes, et on croyait avoir à lui reprocher cette révocation, qui avait eu des « suites si funestes pour la France. Une religion que l'on a soupçonnée d'être « réprimante, est réprimée à son tour, quand les circonstances provoquent « cette espèce de réaction. Ajoutez à cette première circonstance, que le clergé « jouissait d'une existence politique liée à la monarchie que l'on renversait. « La violence dont on usa contre le catholicisme fut d'autant plus vive, qu'on

ment l'article 6 de la Charte de 1814 contenait la déclaration refusée en 1801, mais, par un nouveau Concordat, conclu en 1817 [1], on en revenait, comme règle, aux conventions jadis faites entre François Ier et Léon X : à la vérité, ce retour se conciliait, dans ses effets, avec les principaux changements survenus dans l'état des choses : il n'avait pas pour corollaire, du moins immédiatement, le rétablissement général des ordres religieux et des bénéfices (12); il n'abrogeait les articles organiques « qu'en ce qu'ils avaient de contraire à la doctrine et aux lois de l'Eglise (3). » Mais les tendances exclusives devaient se développer de jour en jour : qu'avait de contraire, aux lois de l'Eglise un sentiment de délicatesse à l'égard des minorités? pourquoi effacer cet article (45) qui, dans les villes où plusieurs cultes se trouvaient en présence les uns des autres, renfermait dans l'enceinte du temple les cérémonies religieuses? Pourquoi du repos dominical, proscrit par la Révolution, rétabli par le Consulat et prescrit aux *fonctionnaires* par un autre article organique (57), faire une obligation privée, escortée de sanctions pénales [2]? Chaque jour la *congrégation* n'exerçait-elle pas une action plus évidente, plus décisive sur la direction du pays, et pour qui considère maintenant les résultats de ces tentatives, la sagesse des lois consulaires ne brille-t-elle pas dans tout son jour?

La loi d'Amérique permet tout et, jusqu'ici, peut tout permettre, en fait de croyances publiques ; dans ce pays jeune, c'est la foi qui surveille la liberté [3]. En Angleterre, on sait ce

---

« se crut autorisé à le poursuivre moins comme une religion que comme une « tyrannie » (Exposé).

[1] 11 juin, 16 juillet.

[2] Loi du 18 novembre 1814. Afin de mieux sanctionner la proscription du dimanche, dont l'observation spontanée est au fond de nos habitudes, le régime directorial avait imposé le décadi. La loi du 17 thermidor an VI contenait des pénalités encore plus sévères que celle de 1814.

[3] V. note finale D.

qui existe. Il était bien ridicule, selon l'Empereur, « de voir tant de philosophes louer la tolérance des Anglais, lorsque leur gouvernement aimait mieux avoir une armée de soixante mille hommes en Irlande que de laisser cette île jouir des droits les plus légitimes [1] » ; et alors le serment du *test* était dans toute sa vigueur, et encore aujourd'hui les dissidents ont à subventionner chèrement le culte de la majorité outre le leur ; encore aujourd'hui, les israélites sont écartés du Parlement ; encore aujourd'hui, les lois renferment la menace d'un emprisonnement perpétuel contre qui aura mal parlé de la liturgie anglicane [2]. En Angleterre, c'est le prince qui préside à la religion : il en est de même en Russie, où les lumières ne corrigent pas ce principe de tyrannie ; où le despotisme s'exerce sur les âmes comme sur les corps [3] ; où la persécution s'attaque aux dogmes. Et il y a là pour l'Europe un sujet de réflexions graves ; il y a une explication de plus des plans politiques d'un grand homme : « La tiare grecque re-
« levée et triomphante depuis la Baltique jusqu'à la Méditer-
« ranée, on verrait, de nos jours, nos provinces attaquées
« par une nuée de fanatiques et de barbares, et si, dans cette
« lutte trop tardive, l'Europe civilisée venait à périr, notre
« coupable indifférence exciterait justement les plaintes de la
« postérité et serait un titre d'opprobre dans l'histoire [4]. »

[1] Thibaudeau, *Histoire de l'Empire*.

[2] Chassan, *Délits de la presse*.

[3] En Angleterre, sous Henri VIII, le bill des six articles prononçait amende et prison contre ceux qui ne communieraient pas au temps prescrit ; sous Elisabeth, une loi semblable menaçait ceux qui passeraient un mois sans s'être présentés au temple.

[4] Thibaudeau (Paroles de Napoléon).

SECTION V.

Liberté d'énonciation.

Puissance et indépendance de la pensée. — Moyens d'en restreindre l'expression. — De la liberté de la presse sous la Convention et le Directoire. — Arrêté consulaire sur la presse périodique. — Dispositions du Code pénal. — Décret du 5 février 1810. — De la liberté du théâtre. — Inconvénients de la censure sous l'Empire. — Motifs et opinions de l'Empereur. — Commission sénatoriale. — Décret du 15 octobre 1812. — La presse et la Restauration. — Régime de 1835. — Régime des Cent-Jours. — Synchronisme.

Dès l'origine de l'imprimerie, le pouvoir souverain, en France, s'était méfié et emparé de cette immense découverte. Pas un mot ne devait se publier sans l'approbation royale, et les lois tenaient en réserve de terribles pénalités : « Tous au-« teurs, imprimeurs, colporteurs de livres tendant à attaquer « la religion, à émouvoir les esprits, à porter atteinte à l'au-« torité du roi et à troubler la tranquillité de l'Etat, seront « punis de *mort* », disait une ordonnance du dernier siècle (1753). Se reporte-t-on aux faits contemporains? Quel bizarre rapprochement! Tout le public lettré sait Voltaire; Rousseau, dans le *Contrat social*, prédit la catastrophe prochaine, sans le moindre déguisement; l'œuvre encyclopédique rassemble, sous les regards du ministère, tout un peuple de travailleurs occupés à saper le trône : et le ministère, le clergé, la no-blesse, la magistrature rient de leur perte avec Beaumarchais.

Voilà la force insurmontable et merveilleuse de la pensée ; c'est qu'elle finit, comme les apôtres, par éblouir et captiver ses geôliers mêmes. Condamnée sous toutes les formes qu'elle peut prendre pour se produire, elle prend une forme nouvelle et de nouveau elle se produit. Discours, théâtres, livres, journaux, lettres, conversations, tableaux, allusions, apologues, emblèmes, tout lui est également bon. Qui la comprime, ne réussit qu'à la rendre plus ingénieuse ; elle agit ou elle se prépare ; elle fait son chemin en tous lieux [1].

La France, en proclamant ses droits, ne pouvait passer sous silence celui qui lui procurait les autres. La Constituante le rappela en ces termes :

« La libre communication des pensées et des opinions est « un des droits les plus précieux de l'homme : tout citoyen « peut donc parler, écrire, imprimer librement, sauf à ré- « pondre de l'abus de cette liberté, dans les cas déterminés « par la loi » (Décl. II).

Restriction nécessaire. Dans une société bien réglée, le droit de s'exprimer librement ne saurait entraîner celui de léser l'honneur des familles, la morale publique ou les intérêts nationaux. Mais de même que l'action, la manifestation orale produit un effet immédiat : on la punit, on ne l'arrête point ; l'écriture, au contraire, possède une existence conditionnelle, dont on peut suspendre l'effet.

Suspendra-t-on ? Faut-il attendre ? Faut-il prévenir ou réprimer ? Admettra-t-on, en d'autres termes, un droit de censure préalable ? Mais qui n'en connaît les dangers ? Sous le nom d'intérêts sociaux, toutes les passions, toutes les faiblesses, tous les préjugés du pouvoir vont espérer un règne facile ; sous le nom de licence et de révolte, ils opprimeront

---

[1] Où naquirent les journaux ? A *Venise.* Dans cette ville guerrière et marchande, des spéculateurs eurent l'idée, au commencement du dix-septième siècle, de donner des nouvelles du Levant par des bulletins périodiques ; on se procurait ces bulletins au moyen d'une pièce de monnaie du temps et du pays appelée *gazette* (V. Daru, *Histoire de Venise*).

la vérité; ils priveront la nation d'une de ses premières garanties; eux-mêmes, d'un frein nécessaire; ils étoufferont le génie; ils entraveront les progrès de la civilisation, sans empêcher, nous l'avons vu, la ruine d'un système endormi dans une tranquillité fatale et lentement miné dans l'ombre par la liberté de ses erreurs.

N'imaginons point, d'autre part, qu'une fois la censure écartée, la pensée nécessairement acquière l'émancipation. En Russie, sont complices d'un crime ceux qui l'auront facilité par leurs paroles ou leurs écrits, à l'appréciation du juge, et la peine portée par la loi s'aggrave toujours à leur égard; tout crime politique (attribué, en raison de cette qualité, au tribunal pénal suprême) peut être puni de la mort, et particulièrement toute offense contre les membres de la famille impériale, de vive voix ou par écrit. Or, tout le reste subsistant, un ukase ôterait la censure, quelle liberté donnerait-il? — En Angleterre, Sidney perdit la vie pour des papiers trouvés chez lui et qu'il n'avait pas publiés. Même aujourd'hui, la loi anglaise atteint l'envoi d'une lettre missive, une communication confidentielle[1]; même aujourd'hui, assure-t-on[2], la négation écrite des droits du trône pourrait être punie de la mort. Jusqu'aux efforts récents d'Erskine, jusqu'au *libell-bill*[3], le jury ne pouvait, en jugeant les paroles, entrer dans la question d'intention; hier encore (1825), la connaissance des délits de presse allait à des jurys spéciaux, salariés par le pouvoir et exposés à des poursuites (*attaint*) à raison de leur verdict. Si l'Angleterre n'eût possédé une opinion publique forte et mûre[4],

----

[1] V. note finale E.

[2] Chassan, *Traité des délits et contraventions de la parole, de l'écriture et de la presse.*

[3] Ou *Fox act*, 1792.

[4] Le *writ of attaint* était, par exemple, tombé en désuétude depuis le seizième siècle (V. Blackstone, B. III, ch. **xxv**).

pouvait-elle, en matière de presse, se prétendre beaucoup plus libre que ne l'était la France autrefois?

La Révolution de 89 donna, chez nous, à l'opinion ses deux voix les plus éclatantes, la tribune et le journalisme. Mirabeau, tonnant sans relâche contre le despotisme et les abus, ouvrit, d'une manière digne de la France, la carrière où allait se presser la race nouvelle des orateurs politiques, et dans l'instant même où, électrisée par son prodigieux tribun, la Constituante trouvait encore à applaudir, dans leur défaite, les Maury ou les Cazalès ; semblable à la Renommée antique, le *Moniteur* répandait par toute l'Europe le récit de ces homériques combats : inflexible dans sa docilité, irrévocablement rapide, le *Moniteur* est demeuré le narrateur le plus véridique, le témoin le plus sûr et le plus précieux de l'histoire contemporaine. Mais bientôt la scène change : l'éloquence de Mirabeau fait place à la rhétorique de Robespierre ; la plume devient un poignard dans les sales mains de Marat et d'Hébert ; bientôt on peut voir et sentir à quelle étendue de tyrannie se prête une liberté abstraite que ne garantit point un ordre solide, que ne protége point une forte opinion. Le sang du noble André Chénier, de l'ardent Desmoulins lui-même, montra, comme aux jours de Tibère [1], à quel prix il était permis de dévoiler alors le crime et de résister à l'oppression. L'acte constitutionnel du 24 juin 1793 proclamait, il est vrai, que « la Liberté avait pour principe la nature; pour règle, la justice ; pour sauvegarde, la loi » ; que « le droit de manifester sa pensée et ses opinions, soit par la voie de la presse, soit de toute autre manière, ne pouvait être interdit » ; mais le décret du 29 mars prononçait la peine de mort contre toute

---

[1] V. Tacite, *Annales*, lib. IV, §§ 34 et 35. Il y a là un admirable morceau sur la liberté de la pensée ; on serait presque tenté de dire sur la liberté de la presse, tant les grandes idées de l'historien s'appliquent bien à toutes les époques.

parole séditieuse, et nous savons quel tribunal était chargé de l'interpréter [1].

Cette législation draconienne prit-elle fin avec la Convention? Non : le Directoire la renouvela [2]. Seulement elle ne s'appliquait plus ; le couteau des exécuteurs ne tombait plus si facilement ; la déportation y suppléait, et quarante-deux journalistes la subirent en fructidor, sans qu'avec de pareilles rigueurs, ce gouvernement inhabile parvînt à éteindre la torche qui, éclairant aux yeux de tous ses dissensions et ses scandales, embrasait, en même temps, le pays.

« A quoi sert donc, lui écrivait d'Italie [3] le jeune et triom-
« phant Bonaparte, à quoi sert que nous remportions des vic-
« toires à chaque instant du jour? Les menées de l'intérieur
« annulent tout et rendent inutile le sang que nous versons
« pour la patrie. » L'arrêté consulaire du 27 nivôse an VIII substitua aux violences tardives un système de précautions. Il réduisait à treize, *pendant toute la durée de la guerre*, le nombre, immense alors, des journaux politiques de Paris ; il assujettissait à certaines garanties envers le public, les propriétaires de ces feuilles (justification de la qualité de citoyen, du domicile et de la signature, serment à la Constitution) ; il réservait à l'administration le droit de supprimer tous journaux qui méconnaîtraient le respect dû « au pacte social, à
« la souveraineté du peuple et à la gloire des armées, ou qui
« publieraient des invectives contre les gouvernements et les
« nations amis ou alliés de la République. »

---

[1] Par un autre décret du même jour, la Convention frappait de la même peine la provocation, suivie d'effet, au meurtre et à la violation des propriétés. Mais tandis que les gloires de la France s'éteignaient sur les échafauds, Marat acquitté pompeusement par le tribunal révolutionnaire, était ramené en triomphe à son banc de législateur.

[2] Loi du 27 germinal an IV.

[3] Passeriano, 27 messidor an V.

Ces mesures n'étonnèrent personne ¹. Une récente et triste expérience, le besoin général de l'ordre et la crainte de l'anarchie rendaient la nation prudente. Quant au pouvoir, avait-il tort de prévoir, dans un état de guerre, de dangereuses indiscrétions, ou, s'il s'offrait des chances de paix, de ne point les laisser compromettre par des diatribes intempestives ? Mais il alla plus loin, dit-on ; ses restrictions ne se bornèrent pas à la presse périodique ; elles atteignirent tous les écrits. A la suppression des journaux ² se joignit la censure des livres. *La censure !* Ce mot nous impose un examen approfondi ; car il ne faut pas s'habituer à laisser passer sans contrôle, même à la suite de l'admiration, même sous le sceau de la confiance, les instruments de politique qui peuvent nuire à la liberté.

Le Code pénal a compris dans la classification des crimes et délits de la presse et, à ce titre, il a menacé de peines plus ou moins sévères : 1° les écrits calomnieux ou injurieux (367 et suivants) ; 2° les ouvrages obscènes (287) ; 3° ceux qui seraient de nature à provoquer des attentats contre la personne du chef de l'Etat, l'existence du gouvernement ou l'union des citoyens (102) ; 4° les instructions pastorales par lesquelles un ministre du culte se serait ingéré de censurer les actes de l'autorité temporelle (204).

Cette législation n'offre rien que de purement répressif. Les dispositions préventives se trouvaient portées dans le décret du 5 février 1810, sous l'intitulé de *Police de l'Imprimerie et de la Librairie.*

Ces deux professions appartiennent à celles que beaucoup d'esprits sages jugent utile de réglementer. Turgot en faisait l'objet d'une réserve dans son édit d'affranchissement. Le dé-

---

¹ V. M. Thiers, t. I, p. 215 ; t. V, p. 108.

² Un décret de 1810 (3 août), généralisant l'arrêté du 27 nivôse an VIII, réduisait à un par département (autre que celui de la Seine) le nombre des journaux politiques. Il plaçait le journal conservé sous l'autorité du préfet.

cret de 1810 commençait par les confier à une direction spéciale et par tracer les principaux des règlements industriels auxquels elles devaient se conformer.

Venaient ensuite les dispositions de police :

Articles 12 à 20 : L'imprimeur adressera au directeur général et aux préfets la déclaration de l'intention d'imprimer. Ces fonctionnaires pourront[1] faire surseoir à l'impression. L'ouvrage sera examiné par un censeur, sur le rapport duquel le directeur général indiquera à l'auteur les changements jugés nécessaires pour permettre la publication. En cas de réclamation au ministre de l'intérieur, nouvel examen, nouveau censeur, et le directeur général, assisté du nombre de censeurs qu'il jugera à propos de s'adjoindre, décidera définitivement.

Si l'ouvrage qu'on se propose d'imprimer intéresse un service public, on avertira le ministre et on lui communiquera l'examen. En cas de diversité d'opinions, le gouvernement décidera sur le rapport du ministre de l'intérieur.

26-27. Tout livre dont l'auteur ou éditeur ne constatera pas l'examen, pourra être arrêté et confisqué en vertu d'une décision du ministre de la police, du directeur de l'imprimerie ou des préfets.

Toutes les fois, au contraire, qu'on représentera un procès-verbal de censure, la circulation de l'ouvrage ne pourra être suspendue et les exemplaires provisoirement mis sous séques-

---

[1] L'Empereur au Conseil d'Etat avait tenu, contre l'avis de MM. Molé, Pasquier et Portalis, à la censure facultative : « La censure forcée, disait-il, si « elle n'écartait pas les ouvrages qui, sans attaquer précisément l'Etat, bles- « saient cependant les maximes reçues, semblerait les sanctionner. » Il voulait que l'administration ne se mêlât pas des écrits contre les particuliers, pour lesquels le recours devait être ouvert devant les tribunaux; qu'on laissât une grande liberté aux écrits sur les matières religieuses, dans la crainte qu'on n'étouffât, sous prétexte d'offense à la religion, comme cela avait eu lieu autrefois, les vérités philosophiques; mais il était inexorable pour les écrits dirigés contre l'Etat (Thibaudeau, VIII).

tre, que par le ministre de la police, qui, dans les vingt-quatre heures, transmettra à la Commission du contentieux du Conseil d'Etat l'exposé des motifs et un exemplaire de l'ouvrage. Le Conseil prononcera.

41. Si un ouvrage se publie sans nom d'auteur ou d'imprimeur ; si l'imprimeur n'a pas enregistré et déclaré préalablement l'ouvrage ; s'il n'en a pas suspendu l'impression pendant l'examen ; s'il l'a publié malgré la défense ; si un livre imprimé à l'étranger a circulé à l'intérieur sans permission, il y aura lieu à amende et confiscation, sans préjudice des dispositions du Code pénal. La contrefaçon, en outre, donnera ouverture à des dommages-intérêts.

Les articles 283 à 290 du Code pénal, encore en vigueur à présent, considèrent comme complicité la publication ou distribution [1] d'imprimés provoquant au crime, si les distributeurs ou imprimeurs n'en font pas connaître la source. En général, toute publication immorale ou même clandestine entraîne un emprisonnement, plus long dans le premier cas que dans le second, et qui, par la révélation du nom de l'auteur, se réduit à des peines de simple police.

Le théâtre, langage vivant, parole et action à la fois, est, dans les lois de l'Angleterre, l'objet d'une censure spéciale [2]. Chez nous, il a presque constamment été placé sous la main de l'autorité. Le décret conventionnel du 13 août 1793 n'admettait la représentation « que de pièces républicaines » ; la loi, récemment en vigueur, du 9 septembre 1835 exigeait pour tout ouvrage nouveau une permission préalable, révocable toujours et sévèrement garantie. Luxe des sociétés polies, le théâtre n'est pas essentiel à l'émission, à l'échange des idées ; des philosophes législateurs l'ont banni de leurs républiques : un gouvernement qui l'admet peut-il le res-

[1] *It.*, lois des 10 décembre 1830 et 6 février 1834.
[2] 10 Georges III (1737).

treindre à son gré ? Si pour le délassement du peuple et le développement de son génie on accueille l'art dramatique [et l'on favorise spécialement certaines grandes scènes nationales, peut-on, au nom de la morale, au nom même de la politique, diriger un amusement qui est en même temps une école ? Au nom de la morale, *on le doit.* Seulement, on répond alors à la morale et au bon goût de tout ce qu'on laissera paraître ; on répond à la gloire des lettres, à l'amour-propre national, de tout ce qu'on aura empêché.

Rien au fond d'inconciliable entre la censure théâtrale et la liberté de la presse. La législation anglaise n'est point inconséquente en cela :

Segniùs irritant animos demissa per aurem
Quàm quæ sunt oculis subjecta fidelibus...

Mais ce qui impliquerait contradiction, ce serait la censure de la presse avec la liberté théâtrale. Le décret du 8 juin 1806, exigeant, comme la loi de 1835, une autorisation ministérielle, était le complément logique du système adopté sur d'autres points.

Les conséquences de ce système se trouvèrent plus d'une fois nuisibles ; souvent elles furent exagérées par un zèle inintelligent : l'Empereur convenait qu'à l'île d'Elbe, il lui arrivait de parcourir des livres interdits en son nom, sans parvenir à s'expliquer les susceptibilités de la police ; sous son règne, il avait fait rendre à des pièces classiques jouées devant lui, des vers maladroitement supprimés [1]. Dans sa lutte contre l'arbitraire, nul doute que la presse aux cent yeux, aux cent bouches retentissantes, ne l'eût prodigieusement servi, même en lui reprochant les abus dérobés à sa surveillance. D'après ces considérations, jointes à la faveur du principe, on serait fortement tenté de condamner le parti pris : mais il

---

[1] Notamment dans *Adélaïde Duguesclin ;* voyez à ce sujet le *Mémorial.*

faut maintenant consulter l'intention et les circonstances.

Là où la censure serait non le résultat passager d'un temps de commotions et d'orages, mais un calcul de despotisme, y aurait-il moyen de le reconnaître? Nous le croyons. Une rigueur excessive sur tout ce qui toucherait au pouvoir ou à la personne du monarque, de ses favoris, de ses ministres ; une beaucoup plus grande indulgence pour ce qui n'attaquerait que les mœurs : protection à Crébillon fils; punition cruelle à Rességuier [1] ; si le pouvoir jugeait utile de se parer d'hypocrisie, une guerre pleine d'acharnement, au nom des croyances établies, contre toute pensée nouvelle, contre tout progrès de l'esprit et de la civilisation : voilà quelle serait, quelle a été, quelle est encore en certains lieux, la censure de la tyrannie.

Etait-ce pour lui que devait craindre et que craignait Napoléon? Combien de mensonges, d'injures, de falsifications, de trahisons, d'ignobles marchés littéraires; combien de pamphlets, de libelles, de déclamations, de satires, de faussetés sous le nom d'histoire, d'efforts tentés, d'or et de fiel répandus, de Goldsmith jusqu'à Walter Scott, jusqu'à... Il nous coûterait trop de citer ici des noms français! Qu'est-il résulté de tout cela? « Je suis, disait tranquillement le grand « homme, destiné à être leur pâture ; mais je redoute peu « d'être leur victime : ils mordront sur du granit. Ma mé- « moire se compose toute de faits, et de simples paroles ne « sauraient les détruire. Pour me combattre avec succès, il « faudrait se présenter avec le poids et l'autorité de faits à « soi. Si le grand Frédéric ou tout autre de sa trempe se « mettait à écrire contre moi, ce serait autre chose; il serait

[1] Tout le monde connaît l'histoire du chevalier de Rességuier enfermé au Mont-Saint-Michel pour quelques vers contre Mme de Pompadour, et celle du gazetier de Hollande, mourant perclus dans une sorte de cage, pour avoir offensé Louis XIV.

« temps alors de commencer à m'émouvoir, peut-être; mais
« quant à tous les autres, quelque esprit qu'ils y mettent, ils
« ne tireront jamais qu'à poudre. Je survivrai... et quand
« ils voudront être beaux, ils me vanteront[1]. »

Nous, amis de la vérité, pour venger cette grande mémoire,
qu'avons-nous de mieux, en effet, qu'avons-nous d'aussi efficace que des citations perpétuelles et les faits dans leur nu-
dité ? Que pourrait trouver le talent même, de plus éloquent
et de plus fort ? « Ces *Moniteurs* si terribles, si à charge à
« tant de réputations, ne sont constamment utiles et favora-
« bles qu'à moi seul. C'est avec les pièces officielles que les
« gens sages, les vrais talents écriront l'histoire; or, ces piè-
« ces sont pleines de moi, et ce sont elles que je sollicite et
« que j'invoque... Il n'est pas, dans toute mon administration,
« un acte privé dont je ne pusse parler devant un tribunal,
« je ne dis pas sans embarras, mais même avec quelque avan-
« tage[2]. »

« Par nature, je serais, disait toujours l'Empereur sur le
« même sujet, pour la liberté illimitée »; et il n'émettait point
une vaine parole. Quand, au lendemain des saturnales de la
presse révolutionnaire ou conspiratrice, aucune voix ne réclamait pour une puissance déchue et décriée; quand la tutelle de l'opinion, comme de toute force publique, était
remise, par l'opinion elle-même, au dictateur « accepté de
tous »[3]; lui, s'effrayant déjà de l'idée qu'une pareille autorité pût outrepasser ses bornes morales, ne s'empressait-il pas
de placer dans la Constitution de l'Empire, parallèlement aux
garanties de la liberté individuelle, une *Commission sénatoriale de la liberté de la presse*, boulevard de ce droit précieux[4]?

---

[1] *Mémorial*, 21 octobre 1816.
[2] *Ibid.*
[3] Thiers, V.
[4] Sénatus-consulte organique du 28 floréal an XII : Art. 64. Une Commission

Cependant, en 1810, il le trouve encore trop livré à l'arbitraire de la police; il s'en plaint au Conseil d'Etat[1]. Le décret du 5 février n'offre-t-il pas dans l'intention, tout aussi bien que dans la date, un rapprochement avec celui qui réglementait les prisons d'Etat?

Ce décret du 5 février est le même que nous avons vu compléter l'organisation de la propriété littéraire. Un autre, daté de Moscou[2], veillait à l'interprétation des chefs-d'œuvre de l'art en France. Napoléon, *qui eût fait Corneille prince*[3], se préoccupait de mettre le peuple en communication avec Corneille[4] : il eût voulu devoir au génie, des citoyens et des héros. Exceptant avec attention des mesures que lui imposaient les circonstances politiques, tout ce qui avait trait « aux sciences, aux arts, à la littérature, à l'agriculture, au commerce[5] »; se faisant rendre compte par l'Institut de tous les progrès de la pensée; instituant les prix décennaux; traitant avec ma-

de sept membres nommés par le Sénat et choisis dans son sein, est chargée de veiller à la liberté de la presse.

Ne sont point compris dans son attribution les ouvrages qui s'impriment et se distribuent par abonnement et à des époques périodiques.

Art. 65. Les auteurs, imprimeurs ou libraires qui se croient fondés à se plaindre d'empêchements mis à l'impression ou à la circulation d'un ouvrage, peuvent recourir directement et par voie de pétition à la Commission sénatoriale de la liberté de la presse.

Le Sénat procédait ensuite comme dans le cas d'atteinte à la liberté individuelle.

[1] « La presse, qu'on prétend libre, est dans l'esclavage le plus absolu : la « police cartonne, supprime comme elle veut les ouvrages, et même ce n'est « pas le ministre qui juge, il est obligé de s'en rapporter à ses bureaux. Rien « de plus irrégulier, de plus arbitraire que ce régime. »

[2] Du 15 octobre 1812, sur l'organisation du Théâtre-Français.

[3] *Mémorial.*

[4] « Une chose que je voudrais par-dessus tout et avant tout, c'est que le « théâtre pût, le dimanche, réduire à 15 sous les places de parterre, afin que « le peuple pût en jouir » (Paroles de Napoléon au Conseil d'Etat).

[5] Arrêté du 27 nivôse an VIII et décret du 3 août 1810.

gnificence tout ce qui honorait le pays ; s'entourant de prédilection de tout ce qui cultivait le savoir et brillait par l'intelligence, Napoléon s'est pourtant vu accusé d'élever des autels à la force matérielle et de vouloir enchaîner l'esprit !

S'il n'eût pas fait ce qu'on lui reproche, que pouvait-il faire ? Cette question nécessite un coup d'œil rapide sur ce qui a été fait depuis.

« Les Français, portait l'article 8 de la Charte de 1814, les Français ont le droit de publier et de faire imprimer leurs opinions, en se conformant aux lois qui doivent réprimer les abus de cette liberté. »

C'était l'abolition de la censure ; du moins on le crut généralement. Combien d'éloges montèrent vers le monarque ! On concéda facilement aux nécessités temporaires et l'ordonnance du 10 juin maintenant les lois existantes et celle du 21 octobre qui les modifiait légèrement. Puis vinrent, après les Cent-Jours, les mesures du 8 août et du 11 novembre 1815, toujours transitoires, il est vrai : « De grandes passions s'agitent en-
« core... la juridiction prévôtale a en sa faveur l'expérience
« des temps passés et nous promet les heureux résultats qu'elle
« a produits sous les rois nos ancêtres. Mais tandis que notre
« Conseil prépare avec maturité les dispositions de la loi qui
« doit la rétablir, nous avons cru devoir chercher un remède
« momentané dans une législation provisoire » ; cette législation prononçait la peine de la déportation contre toute provocation *directe* ou *indirecte,* suivie ou non d'effet, au renversement de l'ordre établi. Puis vinrent successivement l'ordonnance du 28 février 1817, prorogeant la censure des écrits périodiques jusqu'au 1er janvier 1818 ; celle du 30 décembre, la prorogeant encore ; celles du 31 mars 1820, du 26 juillet 1821, du 15 août 1824, la prorogeant toujours ou la remettant en vigueur après de courtes interruptions. Une lutte était engagée et elle s'échauffait chaque jour. Impatient

des concessions qu'il avait été forcé de faire, et des embarras
qu'il éprouvait, le Pouvoir voyait dans la presse une ennemie
dont il avait hâte de se débarrasser complétement : « instru-
« ment, selon lui, de désordre et de sédition, sa destinée
« était de recommencer la révolution dont elle proclamait
« hautement les principes ; échappait-elle au joug de la cen-
« sure, elle ne ressaisissait sa liberté que pour reprendre son
« ouvrage interrompu [1]. » Les premières lois présentées
comme durables, celles de 1819, modérées dans la répression,
sages dans les exceptions, bornaient les mesures préventives
à un cautionnement exigé des publications périodiques ; en
1822, les peines s'aggravent, les cas punissables se multi-
plient. Toujours en butte aux premiers coups, les journaux ne
pourront paraître sans une autorisation ; ils rendront raison
non-seulement de leurs manifestations, mais de leurs *tendances;*
enfin, pour toute espèce d'écrits, le jury, qu'une disposition
libérale, logique, naturelle, rendait, en 1819, arbitre des
écarts de la presse, perdra, avec la connaissance des faits qualifiés délits, celle de toutes les offenses aux Chambres, aux
Cours, aux tribunaux, désormais, en ce qui les regarde, constitués juges et parties. Malgré ces dispositions, le gouvernement se voit encore en deçà du but qu'il veut atteindre ; il a
remarqué que « les mœurs judiciaires se prêtent difficilement
« à une répression efficace : la poursuite judiciaire se lasse ; la
« presse séditieuse ne se lasse jamais [2] » ; il se plaint de l'impunité ; il accuse même la justice de connivence [3]. On est à
la veille d'un coup d'Etat.

Un moment, une réconciliation semble cependant s'opérer.
En 1828, sous le ministère Martignac, l'autorisation préala-

Rapport au roi, du 25 juillet 1830.

[2] V. le même rapport, qui est une relation curieuse de cette guerre de
quinze ans.

[3] Préambule de l'Ordonnance du 15 août 1824.

ble est positivement écartée ; les cautionnements sont abaissés, supprimés même pour les journaux ne paraissant qu'une fois par mois ou s'occupant exclusivement de matières non politiques. Comme compensation à la somme dont sont réduits les cautionnements, la loi exige seulement une déclaration détaillée des conditions de l'entreprise et l'obligation de présenter un ou plusieurs gérants responsables avec un cautionnement spécial.

Mais bientôt la guerre recommence. La presse est appelée à répondre des symptômes alarmants qu'elle manifeste. Le flot de la démocratie monte ; les gouvernants, saisis de vertige, sentent « le sol trembler sous leurs pas » ; il leur semble « qu'un vaste réseau, étendu sur toute la France, enveloppe tous les fonctionnaires », et, dans une agressive terreur, cramponnés aux derniers créneaux du vieil édifice restauré, ils lancent les fameuses ordonnances, précédées d'un rapport au roi :

« Il n'est qu'un seul moyen, disait ce rapport, de satisfaire « aux vœux des gens de bien : *c'est de rentrer dans la Charte.* « Si les termes de l'article 8 sont ambigus, son esprit est « manifeste. Il est certain que la Charte n'a pas concédé la « liberté des journaux et des écrits périodiques. Le droit de « publier ses opinions personnelles n'implique sûrement pas « le droit de publier, par voie d'entreprise, les opinions « d'autrui. L'un est l'usage d'une faculté que la loi a pu « laisser libre ou soumettre à des restrictions ; l'autre est « une spéculation d'industrie, qui, comme les autres et « plus que les autres, suppose la surveillance de l'autorité « publique.

« Les intentions de la Charte à ce sujet sont exactement « expliquées dans la loi du 21 octobre, qui en est, en quel- « que sorte, l'appendice. On peut d'autant moins en douter, « que cette loi fut présentée aux Chambres le 5 juillet, c'est-

« à-dire un mois après la promulgation de la Charte. En 1819,
« à l'époque même où un système contraire prévalut dans
« les Chambres, il y fut hautement proclamé que la presse
« périodique n'était point régie par les dispositions de l'arti-
« cle 8. Cette vérité est d'ailleurs attestée par les lois
« mêmes qui ont imposé aux journaux la condition du cau-
« tionnement.

« Maintenant, sire, il ne reste plus qu'à se demander com-
« ment doit s'opérer ce retour à la Charte et à la loi du 21 oc-
« tobre 1814... »

On sait comment ce *retour* s'opéra.

La Charte de 1830 proclama formellement (7) que « la
« censure ne pourrait jamais être rétablie. »

Mais la Charte ne proscrivait pas le système *d'intimidation*.
Ce fut donc sans violer les textes que la loi du 9 septembre
1835 rassembla, comme en un faisceau, tous les moyens de
répression épars dans les dispositions antérieures, l'autorisation préalable s'appliquant seulement aux théâtres et aux
productions du burin. Toute provocation, disait cette loi,
directe ou indirecte, suivie ou non d'effet, à un crime contre
le souverain, sa famille, son autorité ; toute offense du même
genre, tout blâme, toute accusation portant atteinte à l'infail-
libilité royale ; toute attaque contre le principe ou la forme
du gouvernement établi par la Charte de 1830 ; tout acte
d'adhésion à un autre régime, sous forme de profession de
foi, de vœu, d'espoir ou de menace ; toute attaque contre la
propriété, le serment, le respect dû aux lois ; toute apologie
de faits qualifiés crimes et délits par la loi pénale ; toute provocation à la haine entre les diverses classes de la société ;
toute diffamation, etc., seront punis, suivant les cas, de
mort, de déportation, de détention, d'emprisonnement, de
privation de droits et d'amendes, garanties par des cautionnements de 100,000, 75,000, 50,000, 25,000, 7,500 fr.

versés en numéraire au Trésor, et dont chaque gérant responsable devra posséder le tiers en propre. Toute souscription
destinée à indemniser des amendes, frais et dommages-intérêts prononcés par des condamnations judiciaires, était interdite et punie d'un emprisonnement d'un mois à un an,
d'une amende de 500 à 5,000 fr. Dans certains cas, se référant aux lois antérieurement portées, les tribunaux pouvaient élever les peines jusqu'au double du maximum ; la
même latitude s'étendait à toutes les amendes encourues par
la presse périodique, lesquelles, au cas de récidive, pouvaient
être portées au quadruple. Les peines ne se confondaient
point.

Ce qu'il y avait de plus rigoureux et de tout à fait extraordinaire dans la loi de 1835, c'était la qualification *d'attentat* à la sûreté de l'Etat, donnée à certaines infractions de
presse, indépendamment de tout effet. Le crime, dans le Code
pénal, ne s'offrait jamais séparé d'un commencement d'exécution, et même d'après l'article 3, les *tentatives* de délits
ne constituaient le délit que dans les cas déterminés par une
disposition spéciale. Désormais toute provocation aux crimes
prévus par les articles 86 et 87 du même Code, toute offense
au roi ayant pour but d'exciter à la haine ou au mépris de sa
personne ou de son autorité constitutionnelle, toute attaque
contre le principe ou la forme du gouvernement devenaient,
comme attentats, justiciables d'un tribunal spécial, la Cour
des pairs, et encouraient, au même titre, la détention, peine
infamante, dont le minimum était de cinq ans, dont le
maximum montait à vingt [1]. Par l'application de cette nouvelle peine [2], et par « l'élévation du chiffre des amendes,
« qui peut, dans certains cas, atteindre, à l'égard de la presse

---

[1] Les conséquences judiciaires et pénales avaient un précédent dans la loi
du 11 novembre 1815, mais la définition était nouvelle.

[2] Elle avait été introduite dans le Code pénal lors de la révision de 1832.

« périodique, un minimum de 100,000 fr. et un maximum
« de 200,000, notre législation sur cette matière, disait un
« magistrat de l'époque[1], a pris un caractère de sévérité qui
« a donné lieu à des craintes exagérées. »

Exagérées, nous le voulons bien. Quoi qu'il en soit, après
avoir parcouru plusieurs phases de notre histoire, de ce point
de vue élevé où les personnes, les régimes même disparais-
sent, pour ne laisser apercevoir que la suite des lois et des
faits ; qu'il nous soit permis de demander si, après tant d'agitations et de changements de systèmes, la France se trouvait
arrivée où on peut penser que l'eût conduite, au bout de
trente ans d'éducation, le gouvernement impérial? Nous le
supposons, il est vrai, portant dans d'autres conjonctures, la
même franchise dont il usait dans l'application des rigueurs,
et qui lui faisait engager toute sa responsabilité dans des
mesures patentes, régulières, au lieu de suivre les voies obliques et de recourir aux expédients. Mais, indépendamment
du poids qu'auraient ici les vraisemblances, nous ne supposons
rien gratuitement : aux Cent-Jours, quand Napoléon pense
que l'opinion générale appelle irrésistiblement les institutions ajournées ; quand, rêvant lui-même un temps calme et
la fin de sa dictature, il espère désormais régner en roi constitutionnel[2]; le premier changement qu'il médite, le premier gage que sa droiture offre aux dispositions publiques,
n'est-ce pas la liberté complète de la parole et des écrits? Il
s'en explique avec conviction, sans regrets, sans arrière-
pensées : « La liberté de la presse est une de ces institutions

---

[1] M. Chassan, *Délits de la presse*, etc.

[2] « Aujourd'hui, s'accomplit le désir le plus pressant de mon cœur, je viens
« commencer la monarchie constitutionnelle » (Discours d'ouverture de la
session de 1815). « Je vieillis, on n'est plus à quarante-cinq ans ce qu'on était
« à trente ; le repos d'un roi constitutionnel peut me convenir ; il conviendra
« plus sûrement encore à mon fils» (*Mém. sur les Cent-Jours*, par B. Constant).

« sur lesquelles aujourd'hui on n'est plus appelé à décider si
« elles sont bonnes, mais s'il est possible de les refuser au
« torrent de l'opinion. Son interdiction dans le gouverne-
« ment représentatif est une véritable folie, un anachronisme
« choquant. » Et ses conseillers hésitant : « Messieurs, ajoute-
« t-il en souriant, c'est apparemment pour vous autres que
« vous voulez défendre ou gêner cette liberté; car pour moi,
« désormais, je demeure étranger à tout cela. La presse s'est
« épuisée sur moi en mon absence ; je la défie bien à présent
« de rien produire de neuf ou de piquant contre moi [1]. »

Six lignes de décrets ont suffi pour faire oublier toute
contrainte [2], tant les ennemis mêmes du pouvoir comptent au
fond sur sa loyauté ! Tout s'imprime plus que librement,
jusqu'aux provocations signées à l'assassinat du chef de
l'Etat ; jusqu'aux proclamations de Gand et aux manifestes
des étrangers ; tantôt un journal [3] qualifie d'illégale et de
provisoire la restauration impériale ; tantôt un royaliste [4]
inscrit, sur le registre ouvert pour les votes à la préfecture
de police, un vœu pour le retour des Bourbons ; un factieux [5] fait circuler une protestation incendiaire : la tolérance
est pratiquée *jusqu'à l'exagération* [6]. A la tribune législative,
c'est à qui bravera le plus haut une tyrannie qu'on sait trop
bien n'être à redouter pour personne...

Les vieux politiques du Conseil avaient-ils raison d'hésiter ?

Oui ; nous n'étions pas mûrs encore. Mais, du moins,
l'époque des Cent-Jours demeurera dans notre histoire comme

[1] *Mémorial.*
[2] 24 et 26 mars 1815.
[3] Le *Censeur européen.*
[4] M. de Kergorlay.
[5] M. Lainé.
[6] B. Constant, *Mémoires sur les Cent-Jours.* « On ne citera pas, durant le
« dernier règne de Bonaparte, un seul exemple d'un ouvrage supprimé, d'un
« libelliste arrêté pendant quatre jours. »

un témoignage positif, comme une preuve irrécusable en faveur de Napoléon. Elle attestera à la fois la nécessité de ses actes et la bonne foi de ses intentions.

Par un synchronisme fort simple, peut-être se demandera-t-on ce que faisait, en Angleterre, la dictature oligarchique ; comment elle savait concilier avec les difficultés de la guerre, les droits anciens et éprouvés de la nation qu'elle dirigeait ? Un historien du genre de ceux que nous aimons à invoquer, c'est-à-dire défavorable au gouvernement de l'Empire[1], explique ainsi le peu de secours que l'Angleterre offrait alors aux préparations de son travail :

« Dans l'état où se trouvaient les dernières classes de la « société, au milieu de leur insubordination générale et de la « misère qui souvent en était la cause, il était de la prudence « des classes supérieures de soutenir leur gouvernement en « n'en parlant jamais qu'avec respect. Depuis *mil huit cent* « *dix*, tout ouvrage qui n'était pas conçu dans de tels prin-« cipes était *saisi, confisqué* et l'auteur *puni. La vérité* non « relative mais absolue, *était devenue un libelle*, suivant l'ex-« pression du lord chef-justice de la Cour du banc du roi... »

Les Anglais sont un peuple sage, et ils ne font point cause commune avec les ennemis de leur pays.

---

[1] De Montvéran, *Histoire critique et raisonnée*, v. Préface.

CHAPITRE V.

De l'Egalité.

Corrélation des deux droits de liberté et d'égalité. — Situation, à ce point de vue, de l'Amérique et de l'Angleterre. — Système napoléonien. — Principal résultat social de 1789. — Du principe de l'égalité dans l'organisation politique de l'Empire : noblesse impériale ; Légion-d'Honneur ; — dans l'organisation civile ; — dans l'organisation militaire. — Statut relatif à l'état de la famille impériale. — Résultats de la Restauration avant et après les Cent-Jours. — Faits de 1815 et 1830.

Voici la passion dominante de notre nation dans tous les temps [1] ; la conquête chérie de notre époque. C'est un culte de chaque instant ; un besoin qui a sa racine dans le plus général et le plus impérieux de nos sentiments sociaux, l'amour-propre ; la liberté de chaque citoyen n'intéresse les autres que par réflexion : la supériorité d'un seul réagit immédiatement sur la personnalité de tous. Les deux droits néanmoins se tiennent par le lien, par la condition d'une étroite solidarité. La complète négation de la liberté, l'esclavage, offre la dernière expression de l'inégalité parmi les hommes ; la liberté est altérée dès que l'action de chaque individu ne souffre

[1] « On objectera que l'inégalité a bien duré quatorze siècles ; mais on n'a « qu'à consulter l'histoire depuis les Gaulois jusqu'à nos jours : dans tous les « mouvements, dans toutes les révolutions, le peuple a manifesté, à cet égard, « ses prétentions » (Paroles du premier Consul, Thibaudeau, *Mémoires sur le Consulat*).

plus uniquement les restrictions indispensables à l'action semblable des autres : ainsi, dans notre ancien régime, les distinctions féodales violaient la liberté du peuple dans son droit
de propriété ; les maîtrises, dans son travail ; la milice, dans
sa personne : la conscription, au contraire, milice sans priviléges, sacrifice général de la liberté naturelle, se concilie parfaitement avec la liberté civile qu'elle a pour objet de protéger.

Que l'Amérique et l'Angleterre ne vantent point trop leur
liberté ! L'Amérique, comme l'antiquité, a ses esclaves, ses
affranchis ; elle a, de plus que l'antiquité, une inégalité de races empreinte, non-seulement dans les cœurs, mais sur les
fronts mêmes des hommes; inégalité qui déjà menace son lien
fédéral et qui, peut-être, ébranlera les fondements de son
existence politique. L'esclavage, instrument maudit, porte
avec lui le châtiment de qui l'emploie.

L'Angleterre, dont l'Amérique a conservé les lois civiles,
joint aux priviléges de la fortune durement consacrés par ces
lois, les résultats particuliers de son organisation politique.
Sa liberté, à chaque pas, rencontre des difficultés, des contradictions bizarres, enfantées par la violation du principe de
l'égalité. Religion, propriété, représentation nationale, industrie, service militaire, tout porte un cachet de servage, et
tout accuse d'anachronisme l'engouement par trop prolongé
pour une société remplie de déceptions et de périls.

C'est que la liberté anglaise est née sous le régime féodal.
Il est logique, il est utile que l'égalité, dans l'histoire, puisse
précéder la liberté. L'une tient plus à l'état social et l'autre à
l'ordre politique. Or, c'est le temps seul qui crée les mœurs ;
les institutions positives, quand les mœurs les ont préparées,
s'établissent du jour au lendemain.

Voilà l'explication de la marche que Napoléon adopta et le
nœud de tout son système.

« Il faut, disait le premier Consul dans les débats de la
« Constitution, il faut consacrer le grand principe de la Ré-
« volution française, qui est l'égalité civile, c'est-à-dire la
« justice distributive en toutes choses, législation, tribunaux,
« administration, impôt, service militaire, distribution des em-
« plois, etc. Aujourd'hui, tout département est l'égal d'un
« autre département ; tout Français est l'égal d'un autre Fran-
« çais ; tout citoyen obéit à la même loi, comparaît devant le
« même juge, subit le même châtiment, reçoit la même ré-
« compense, paye le même impôt, fournit le même service
« militaire, arrive aux mêmes grades, quelle que soit sa nais-
« sance, sa religion ou son origine. Voilà le grand résultat
« social de la Révolution, pour lequel il valait la peine de
« souffrir ce qu'on a souffert, et qu'il faut maintenir invaria-
« blement. Après ce résultat, il en est un autre à maintenir
« avec une égale vigueur, c'est la grandeur de la France. Les
« cris de la presse, les éclats de la tribune, tout cela ne nous
« va plus ; tout cela nous ira peut-être dans d'autres temps.
« Maintenant il nous faut de l'ordre, du repos, de la prospé-
« rité, des affaires bien conduites et la conservation de notre
« grandeur extérieure [1]. »

Les grands principes, les grandes réformes que le premier
Consul rappelait, les larges bases sur lesquelles il s'appuyait,
étaient l'immortel titre de gloire de l'Assemblée constituante ;
la déclaration des droits et la Constitution de 91 avaient sanctionné solennellement les changements de la nuit du 4 août.
Mais il n'y a point d'événements, point de sacrifices, point de
lois qui changent la nature des choses : « Chez les peuples et
« dans les révolutions, l'aristocratie existe toujours. La dé-
« truisez-vous dans la noblesse, elle se place aussitôt dans les
« maisons riches et puissantes du tiers Etat ; la détruisez-vous

---

[1] Thiers, *Histoire du Consulat et de l'Empire*, t. III, p. 532 ; Thibaudeau,
Mémoires sur le Consulat, passim.

« dans celles-ci, elle surnage et se réfugie dans les chefs d'a-
« teliers et du peuple [1]. » Si les institutions sociales, quant
à la protection qu'elles accordent, peuvent proclamer l'égalité
absolue : en ce qui touche aux résultats des facultés individuelles, on sent ce qu'une telle égalité aurait d'absurde, de barbare, de contraire à la liberté. C'est là que tendent les lois
agraires et autres monstrueuses tyrannies, dont la Révolution
elle-même, parmi ses excès, s'effraya [2]. Le plus grand acte
d'équité de la Révolution sage fut de reconnaître franchement, dans ses conséquences logiques, le fait de l'inégalité
naturelle, c'est-à-dire le principe de la véritable égalité ; sa
force fut d'avoir, d'après ce principe, ouvert, entre trente
millions d'hommes, un concours d'efforts, de talents et de
vertus conservatrices : l'erreur de la Révolution folle, ou,
pour mieux dire, le crime de ses meneurs, fut, au contraire,
d'avoir cherché à réintégrer le privilége, à le réintégrer au
profit de l'oisiveté et du vice, instruments de leur ambition.

Comme combinaison politique, à notre point de vue actuel, il serait sans doute superflu d'expliquer ce qu'a d'ar-
riéré une aristocratie quelconque séparée du reste du peuple.
Mais quelle largeur, quelle équité dans une grande famille nationale régularisée et classée au moyen de corps intermédiaires « pour la première fois établis sur la base de
l'égalité [3] ! » Ce classement neuf et grandiose fut la tâche de
Napoléon. « L'Assemblée constituante, disait-il, en abolissant
« jusqu'à la noblesse purement titulaire, humilia beaucoup

---

[1] *Précis des guerres de César.*

[2] La Convention décréta la peine de mort contre quiconque proposerait la
loi agraire (*Moniteur*, 1793, n° 79). Il est vrai que Fouché, à Nevers, taxait les
riches à une grosse contribution, et cela pour établir, disait-il, des hospices
en faveur des mendiants (Rapport sur sa mission, an III). Pourquoi en effet le
mendiant ne vivait-il pas comme le *riche ?* C'était, dans les principes des
clubs, une choquante *inégalité.*

[3] Réponse du premier Consul à l'amiral Truguet (Thibaudeau).

« de monde ; moi je fais mieux, j'ennoblis tous les Français[1] »;
et cette pensée, qui se vérifiait d'une manière si absolue dans
nos relations extérieures, eut, en France, pour corollaire l'impartiale distribution de véritables *grades civils*, la création
d'une *noblesse démocratique*. La noblesse impériale, ridicu-
lement attaquée au nom des principes libéraux, formait le
complément organique de ce système d'égalité dont la noblesse ancienne était l'antipode. Comme la monarchie impériale, elle consacrait, aux yeux de l'Europe, les faits de la
Révolution ; elle neutralisait, ou même utilisait l'hostilité de
certains préjugés vivaces, et en proclamant franchement, en
établissant solidement la supériorité du mérite, elle prévenait pour l'avenir celle de la force, de la ruse ou du hasard,
car la place est toujours remplie.

Pour ne point mettre les choses au pis, supposons qu'elle
soit occupée, également au nom du mérite, par une aristocratie représentative. Qui ne sent combien le cercle est étroit, la
possession jalouse, l'émulation réduite et le principe déna-
turé par son organisation incomplète ; combien moins d'inconvénients offrirait pour la liberté une classification d'honneur, séparée de la puissance matérielle et par conséquent
éloignée de toute pensée d'usurpation ?

Dès le 14 floréal an X, le premier Consul développait,
comme inauguration des plans que devait compléter l'Empereur, le plus magnifique projet de rémunération nationale,
celui de la Légion-d'Honneur. C'était en même temps et déjà
un système d'organisation établi sur des bases nouvelles en
opposition au passé et en prévision de dangers que pouvait re-
céler l'avenir. Au sein de notre société telle que la Révolution
l'avait faite, les éléments n'avaient point de cohésion, les
positions, point de stabilité ; les existences et les services dis-

---

[1] *Mémorial*, 17 juin 1816.

paraissaient successivement dans la fluctuation des circonstances ; seule ralliée et classée, appuyée sur les besoins publics,
l'armée pouvait facilement aspirer à se placer en dehors et
au-dessus de la nation ; ou, du milieu de la nation, les anciens
souvenirs pouvaient un jour offrir à la contre-révolution ce
point d'appui et de ralliement que la Révolution ne trouvait
nulle part.

Un système de récompenses réunissant sous le même signe
tous les services, tous les talents, toutes les professions, toutes les origines ; les classant selon les mérites et n'exigeant
point d'autre titre ; présentant dans ses règlements [1], aussi
bien que dans son principe, la plus sensible expression de la
justice distributive ; imposant, sous le sceau du serment, l'o-
bligation de combattre toute tentative de retour vers le régime
féodal et de se dévouer au maintien de la liberté, de l'égalité, voilà ce qu'en 1802 présentait le premier Consul et ce
qu'au nom de l'égalité refusèrent presque d'accueillir les Assemblées délibérantes [2] ; tant l'impression du passé domine,
même chez les plus sages, les considérations d'avenir ! Les deux
tiers du Conseil d'Etat s'opposaient à l'institution, et pourtant
le Conseil d'Etat avait chaque jour directement la confidence
des idées, la preuve des penchants du Consul. Dans la catégo-
rie des actes qui règlent les rapports privés, où se rencontre-
t-il au monde, où s'est-il jamais rencontré un instrument d'é-
galité d'une puissance plus efficace que nos lois de succession ?
Nous les avons déjà rappelées : la division est infinie et le droit
individuel s'arrête devant les prescriptions combinées de la
nature et de la loi. L'Amérique elle-même, moins radicale [3],

---

[1] Art. 9 de la loi du 29 floréal : « La première organisation faite, nul ne pourra
parvenir à un grade supérieur qu'après avoir passé par le plus simple grade.»

[2] En réunissant toutes les voix du Conseil d'Etat, du Tribunat et du Corps
législatif, M. Thibaudeau relève seulement une majorité de 78 sur 394.

[3] V. la note finale A.

laisse plus de pouvoir aux testateurs ; chez nous, non-seulement on ne voit plus d'inégalités de famille, de droit de primogéniture, de faculté de substitution ; mais, sans les chances industrielles et la pratique de l'association, le temps ne serait pas bien loin où l'on cesserait de voir aussi de grandes propriétés foncières. La loi agraire existe, telle que la raison peut l'admettre et que la Providence l'a portée : l'enchaînement de la pauvreté, du travail, de l'économie et finalement de la richesse ; de la richesse, de l'oisiveté, de la dissipation rapide et finalement de la pauvreté, rappelle, dans un sens spécial, le cercle mystérieusement instructif de la langue hiéroglyphique.

Dans l'organisation de l'armée, à propos de la conscription, n'a-t-on pas entendu l'Empereur mettre en question et en doute un privilége pour son fils ? Deux jours avant la bataille d'Eylau, un aide de camp de l'empereur de Russie venait d'être fait prisonnier ; on l'amène au quartier-général : « Vo-
« tre maître, lui dit Napoléon, n'a donc pas assez de la guer-
« re ? Vos jeunes officiers de cour ne la trouvent pas assez
« longue, assez meurtrière ? Ils se flattent de nous vaincre ?
« Qu'ils se détrompent. L'armée française a d'autres mobiles
« que la vôtre pour assurer son triomphe. Tenez ! regardez
« ce jeune homme, tout couvert de boue, qui arrive à pied
« avec son régiment : c'est le cousin germain de l'impéra-
« trice Joséphine... Eh bien ! il n'a aucune faveur à espérer
« qu'il ne la mérite. Avec de tels éléments, l'armée fran-
« çaise est invincible [1]. »

Nous devons ici mentionner un décret de 1806 (30 mars) spécialement applicable à certaines situations que le préambule définissait :

« L'état des princes appelés à régner sur ce vaste empire

----

[1] *Mémoires de M{ᵉ} Cochelet*, lectrice de la reine Hortense.

« et à le fortifier par des alliances, ne saurait être absolu-
« ment le même que celui des autres Français.

« Trop souvent la conduite des princes a troublé le repos
« des peuples et produit des déchirements dans l'Etat. Nous
« devons armer les empereurs qui régneront après nous, de
« tout le pouvoir nécessaire pour prévenir ces malheurs dans
« leurs causes éloignées, pour les arrêter dans leurs progrès,
« pour les étouffer lorsqu'ils éclatent.

« Nous avons aussi pensé que les princes de l'Empire, titu-
« laires des grandes dignités, étant appelés par leurs émi-
« nentes prérogatives à servir d'exemple au reste de nos
« sujets, leur conduite devait, à plusieurs égards, être l'objet
« de notre particulière sollicitude. »

Aux termes suivants du décret, des fonctions de haute
police étaient confiées à un Conseil de famille où siégeaient,
avec l'Empereur, l'archichancelier de l'Empire, un prince du
sang, celui des princes grands dignitaires ayant le premier
rang d'ancienneté, le doyen des maréchaux, le chancelier
du Sénat, le premier président de la Cour de cassation ;
le grand-juge y était chargé des fonctions du ministère public, le secrétaire de l'Etat de la maison impériale y tenait
la plume. Ce Conseil, sur renvoi de l'Empereur, connaissait
des plaintes étrangères aux attributions de la Haute-Cour,
ainsi que des actions personnelles intéressant directement
les princes impériaux ; il était dispensé des formes ordinaires de la justice, mais devait cependant toujours entendre
les parties et motiver ses décisions. Lorsqu'il statuait sur des
plaintes et qu'il les regardait comme fondées, il se bornait
à déclarer la répréhensibilité et renvoyait pour le surplus à
l'Empereur. Si l'Empereur, disait l'article 40 du décret, ne
croit pas devoir user d'indulgence, il prononce l'une des
peines portées en l'article 31, et même, suivant la gravité du
fait, la peine de deux ans de réclusion dans une prison d'Etat.

L'article 31, déclaré applicable aux grands dignitaires et aux ducs, était ainsi conçu : « Si un membre de la maison impériale vient à se livrer à des déportements et oublier sa dignité et ses devoirs, l'Empereur pourra infliger, pour un temps déterminé et qui n'excédera point une année, les peines suivantes, savoir :

« Les arrêts ;

« L'éloignement de sa personne ;

« L'exil.

« L'Empereur peut ordonner aux membres de la maison impériale d'éloigner d'eux les personnes qui lui paraissent suspectes. »

C'étaient là, à ce qu'il nous semble, des obligations spéciales, bien plutôt que des priviléges [1]. Mais pour les esprits prévenus, en vain les plus vastes institutions et les faits les plus habituels témoignaient de la même pensée [2]. On n'allait

---

[1] Un historien (M. Thibaudeau) apprécie le décret en ces termes : « Par « leur position, les membres de la famille régnante étaient déjà hors de la « société. Il était tout simple que, dans l'intérêt dynastique, on les mît hors « de la loi commune ; qu'ils n'en joignissent pas les bénéfices aux avantages « de leur qualité de princes, et que le chef d'un empire où tout devait obéir à « son pouvoir, fût maître absolu dans sa famille. Cependant une disposition « du statut intéressait des tiers et blessait leurs droits : c'était celle qui attri- « buait à un Conseil impérial les actions purement personnelles intentées par « les princes et princesses ou contre eux. On ne doute pas que Napoléon ne « rende bonne justice ; mais si l'Empire dure, tous les empereurs ne lui res- « sembleront pas... Du reste, cette loi de famille était empreinte des grandes « idées de morale que l'Empereur voulait mettre en honneur. »

Nous croyons que l'on peut souscrire à la conclusion de M. Thibaudeau ; quant à la disposition qu'il critique, en venant à considérer qu'elle s'appliquait exclusivement aux princes du sang impérial, et que les actions *personnelles* dont il s'agit ne comprenaient point les délits, matière réservée à la Haute-Cour (sénatus-consulte de l'an XII, art. 101), nous serions porté à penser qu'elle n'offrait pas de grands périls ; que même, à moins de supposer une bien profonde dégradation dans les principaux de l'Etat, à commencer par le souverain, il y aurait eu là moins une crainte que, dans les affaires douteuses, unechance de succès pour les tiers.

[2] Donnant un jour un projet à rédiger à un de ses conseillers d'Etat, l'Em-

point au fond des choses ; on s'en tenait à des apparences ; on disait que ces apparences étaient le triomphe du passé, lorsque, grâce à un trait de génie, le passé suivait enchaîné le char de la Révolution triomphante. Et les esprits prévenus, il faut bien le dire, formaient une masse considérable : s'interposer entre toutes les passions, c'est n'en flatter aucune : Napoléon pour adversaires avait et les républicains, dont il consolidait la victoire, et la vieille aristocratie, dont il protégeait les débris, et beaucoup de ces hommes indécis, que de petits inérêts conseillent et qui ne savaient pas voir en lui le protecteur le plus solide de leurs intérêts les plus grands. Le peuple d'instinct le comprenait : tous les groupes d'hommes politiques n'aspiraient qu'à lui succéder.

Ils eurent chacun leur tour de règne, pour la gloire de la vérité. D'abord, le parti d'autrefois, et alors on put comparer les avantages honorifiques promis par le génie au mérite, avec des priviléges réels. Dès juillet 1814, une ordonnance, rétablissant l'Ecole royale militaire, replaçait l'armée sur la voie de 1781 [1] ; d'autres remettaient en usage d'inutiles emplois, de hauts appointements [2] ; puis vint le

pereur lui disait : « Surtout n'y gênez pas la liberté, et bien moins encore « l'égalité ; car pour la liberté, à toute rigueur serait-il possible de la frois- « ser, les circonstances le veulent et nous excuseront. Mais pour l'égalité, « à aucun prix. Dieu m'en garde ! Elle est la passion du siècle, et je suis, je « veux demeurer l'enfant du siècle. »

Dans une autre circonstance : « Je n'ai pas toujours régné, disait-il ; avant « d'avoir été souverain, je me souviens d'avoir été sujet, et je n'ai pas oublié « tout ce que ce sentiment de l'égalité a de fort sur l'imagination et de vif « dans le cœur » (*Mémorial*, 18 novembre 1816).

[1] On sait qu'une loi de cette année, ouvrage du comte de Saint-Germain, attribuait exclusivement tous les grades à la noblesse. Bien que le fait préexistât, le principe, dans le code Michau, n'était pas aussi général. — « Voulant, « disait l'ordonnance du 30 juillet, faire jouir *la noblesse* de notre royaume « des avantages qui lui ont été accordés par l'édit de notre aïeul du mois de « janvier 1751, relatif à la fondation de l'Ecole royale militaire, etc. »

[2] 27 septembre 1814, 4 septembre 1815, etc.

milliard d'indemnité; puis le projet de droit d'aînesse... et les destitutions, les choix, les distinctions, les récompenses traduisaient dans le langage des faits l'esprit de ces institutions.

Le 7 juillet 1815, veille de l'entrée des Prussiens, la Chambre des représentants préparait héroïquement une Constitution à l'instar des plus belles. L'article 1er proclamait l'égalité civile et politique; l'article 57 créait une pairie héréditaire dont chaque membre devait recevoir, s'il ne les possédait déjà, 30,000 francs de revenus en biens fonds inaliénables et ne pouvait être arrêté qu'avec la permission de ses collègues... C'est à cet article, malheureusement, que les nouveaux constituants furent obligés de s'interrompre.

Tout désireux qu'il se montrât de rendre la prééminence aux restes de l'ancienne caste nobiliaire, le gouvernement restauré jugea utile, en crainte du peuple, de s'appuyer concurremment sur la classe intermédiaire : c'est dans cette vue qu'il adopta, pour l'organisation du suffrage, le plan de 1817. Toutefois ses prédilections, de moins en moins dissimulées, concentrèrent le mécontentement sur les premiers privilégiés. Dans une commune résistance, la bourgeoisie et le peuple se réunirent : l'ancienne noblesse de nouveau succomba.

Nous comptons nous étendre ailleurs sur ces faits et ceux qui suivirent. Ici nous ne donnerons qu'un calcul [1] : Sous la monarchie de Juillet, le nombre des citoyens actifs fut élevé de 120,000 (chiffre de la Restauration) à 160,000 environ; — en 1789, Sieyès portait les privilégiés à 121,400; or, eu égard naturellement à l'accroissement de la population,

$$120{,}000 : 24{,}000{,}000 :: 160{,}000 : 32{,}000{,}000.$$

Rien de changé dans le rapport de la passivité et du privilége, et la Révolution avait quarante ans.

---

[1] Nous l'empruntons à un ouvrage de feu M. Ed. Alletz, sur la *Démocratie nouvelle*.

CHAPITRE VI.

De la représentation nationale.

IMPORTANCE DU PRINCIPE.

« ... Tout ce qu'il y a dans la nature de plus odieux, de
« plus subversif, de plus nuisible au peuple lui-même... la
« *démocratie*, prouvée par l'expérience le plus grand des
« fléaux dans les plus petits Etats mêmes, où le peuple peut
« se réunir, et qui, dans un grand Etat, joint aux autres
« dangers l'absurdité la plus complète, puisqu'il est évident
« que tout vœu personnel ou de section, n'étant pas éclairé
« par une délibération commune, n'est pas un véritable vœu.»
Qui parle ainsi en 1791, au sein de l'Assemblée constituante? Maury? Cazalès? Non, c'est Barnave. Mais Barnave ne
parle en ces termes que de l'*exercice immédiat* de la souveraineté populaire; Barnave parle comme Sieyès, comme Cabanis, comme Montesquieu [1]. En aucun temps, un corps de
peuple ne fut propre à la discussion : mais dans nos sociétés
modernes, là où vit un peuple nombreux et en même temps
homogène quant aux avantages sociaux [2]; là où l'esclavage ne

---

[1] « Le grand avantage des représentants, c'est qu'ils sont capables de dis-
« cuter les affaires. Le peuple n'y est point du tout propre, ce qui forme un
« des grands inconvénients de la démocratie » (*Esprit des lois*, liv. XI, ch. VI).

[2] Voyez à Genève, étroite cité, une des seules sociétés modernes qui pussent

fait point, comme dans les sociétés antiques, des loisirs à la liberté : là, force est bien de concentrer entre des représentants élus l'exercice de la souveraineté générale. La politique a son algèbre, qui remplace les nombres humains. Séparer le moins possible l'exercice et le droit; constater fréquemment celui-ci ; multiplier habilement les élections, les ratifications, les moyens de communication et de contrôle, ce sera le devoir de la science, et en même temps son triomphe. Ainsi la démocratie pourra devenir (complétons la pensée de Barnave)[1] « le gouvernement le plus parfait. »

SECTION I.

De l'élection.

Règlement de 1789 pour l'élection des Etats généraux. — Constituante : Mirabeau et Sieyès. — Convention : Condorcet. — Régime de l'an III. — Listes de l'an VIII. — Colléges de l'an X. — Harmonies politiques. — Principes de la Charte. — Partis de la Restauration. — Système de 1817. — Discussions de 1820.—Révolution de 1830 et ses suites.— Révolution de 1848.— De l'élection en général et de l'hérédité monarchique.

Lorsqu'il fut question, au siècle dernier, de convoquer les Etats généraux, le Parlement, qui les avait appelés, demanda que, pour l'élection, on s'en référât exclusivement aux formes de 1614; la nation voulait davantage, et la Cour saisit habilement cette occasion de remplacer, dans sa popularité éphé-

se régir à l'antique, une Constitution jalouse retrancher de la nation souveraine une partie de la population. Dans l'immense empire de Rome, l'arbitraire de la conquête présentait le même résultat sous des proportions gigantesques.

[1] Ibid. *Moniteur*, 31 août 1791.

mère, le Parlement discrédité ; elle accorda *le doublement du tiers*. Du reste, on suivit la marche tracée [1]. On admit comme circonscriptions les bailliages et sénéchaussées, c'est-à-dire tous les siéges auxquels la connaissance des *cas royaux* était attribuée, avec distinction de ceux qui avaient, en 1614, député directement ou conjointement. Les deux premiers ordres votaient non-seulement en raison de la qualité d'ecclésiastique ou de noble, mais par suite de la possession des bénéfices ou des fiefs ; en sorte que cette possession, répétée dans plusieurs bailliages, autorisait à voter dans chacun, et que les femmes, les mineurs jouissaient du droit de se faire représenter. Le troisième ordre, nouvellement appelé à se choisir autant de représentants que les deux autres réunis, dut former de premières assemblées où les titres d'admission étaient la qualité de Français, l'âge de vingt-cinq ans, le domicile, l'inscription au registre des impositions, et qui se fractionnaient, dans les grandes villes, suivant le nombre des corporations. A ces assemblées appartenait le droit de rédiger de premiers cahiers de doléances et de nommer des députés [2] pour porter ces cahiers aux assemblées générales dans les bailliages principaux. Là, les nobles de vingt-cinq ans en personne, ainsi que les ecclésiastiques à bénéfices, les mandataires des possesseurs de fiefs non présents, le reste du clergé et le tiers par leurs élus, devaient choisir les députés chargés de représenter aux Etats les trois ordres de chaque bailliage, en y portant des cahiers définitifs, spécialement rédigés par chacun.

---

[1] Règlement du 24 janvier 1789.

[2] Dans les villes, 1 député pour 100 électeurs incorporés, le double pour les corporations d'arts libéraux, de négociants et d'armateurs, ainsi que pour les habitants non incorporés ; dans les campagnes, 2 par 200 feux et 3 au-dessus de 200, etc. Ces nombres devaient être réduits, et les cahiers diminués dans d'autres assemblées préparatoires.

A côté de principes féodaux et de distinctions féodales, voilà pourtant *le suffrage universel*. Voilà une large reconnaissance de ce droit « qu'un citoyen ne peut jamais perdre sans que la liberté de la nation soit violée : le droit de participer à quelque titre à la représentation [1]. »

En 1789, ce qu'il y avait de grand et de juste dans la manifestation des vœux publics ; ce qu'il y avait d'imposant dans la réunion de douze cents hommes, élite de la nation entière, confidents de ses longues douleurs, organes de ses immenses travaux ; ce qu'il y avait d'irrésistible dans le mouvement des idées nouvelles, ne tarda pas à l'emporter sur les traditions du passé. Répondant à l'abbé Maury, « l'un des préopinants, « disait Mirabeau, a demandé comment, de simples députés « de bailliages, nous nous étions tout à coup transformés en « Assemblée nationale. Je répondrai nettement : Les députés « du peuple sont devenus Convention nationale le jour où, « trouvant le lieu de l'Assemblée des représentants du peuple « hérissé de baïonnettes, ils se sont rassemblés, ils ont juré « de périr plutôt que d'abandonner les intérêts du peuple ; ce « jour où l'on a voulu, par un acte de démence, les empêcher « de remplir leur mission sacrée, ils sont devenus Conven- « tion nationale pour renverser l'ordre de choses où la vio- « lence attaquait les droits de la nation... Quels que fussent

---

[1] Mirabeau. Nous verrons, du reste, que cet axiome n'excluait point, dans l'opinion de celui qui l'émettait, d'assez nombreuses garanties. « Il ne peut « y avoir dans aucun genre une liberté ou un droit sans limites », a dit un grand penseur et un chaud ami de la liberté ; « Dans tous les pays, la loi a « fixé des caractères certains sans lesquels on ne peut être ni électeur ni « éligible ; ainsi, par exemple, la loi doit déterminer un âge au-dessous du- « quel on sera inhabile à représenter ses concitoyens. Ainsi les femmes sont « partout, bien ou mal éloignées de ces sortes de fonctions. Il est certain « qu'un vagabond, un mendiant ne peuvent être chargés de la confiance po- « litique des peuples. Un domestique et tout ce qui est dans la dépendance « d'un maître, un étranger non naturalisé seraient-ils admis à figurer parmi « les représentants de la nation ? » (Sieyès.)

« alors nos pouvoirs, ils ont été changés ce jour-là ; s'ils
« avaient besoin d'extension, ils en ont acquis ce jour-là ;
« nos efforts, nos travaux les ont assurés ; nos succès les ont
« consacrés ; les adhésions, tant de fois répétées, de la na-
« tion, les ont sanctifiés. »

L'homme qui prononçait ces paroles ; celui qui, de son
éloquence, au jour fameux qu'il rappelait, avait étourdi, fou-
droyé le messager de la couronne ; celui qui, au nom de l'histoire, promettait le premier rang d'honneur, la première, la
seule puissance au peuple entier réintégré dans la souveraineté de lui-même, par les efforts de ses élus ; cet homme
brillait avec un autre, dans la lumineuse assemblée, d'une
incomparable splendeur ; et tandis que l'un dirigeait, par les
prodiges de sa parole, la révolution commencée, l'autre cherchait, dans sa pensée, les lois qui devaient la finir.

Dans un projet de Constitution rédigé par Turgot, ou du
moins sous ses yeux, système de représentation et d'administration tout ensemble, établi sur la base antique du mu-
nicipe, et gradué jusqu'à une suprême Assemblée municipale
du royaume, c'était à la propriété que le ministre économiste
rattachait les droits de citoyen. Il essaya en même temps, mais
non d'une manière absolue, d'effacer les distinctions que le
classement des personnes imprimait aux choses elles-mêmes,
et cet essai était beaucoup pour les difficultés d'un rôle que,
dès ses premières tentatives, une opposition implacable le con-
traignit d'abandonner. Prenant une partie des ses idées, M. de
Calonne voulut les renfermer dans les limites que traçait l'u-
nique classification des personnes. Le collègue de Mirabeau,
l'oracle intermittent de la Constituante, Sieyès, dès son premier manifeste [1], écartait toute transaction.

Il avait, lui aussi, son plan d'organisation générale, que

_____
[1] La brochure intitulée : *Qu'est-ce que le tiers ?*

la loi nouvelle adopta pour base de ses dispositions[1] : substitution des départements aux provinces ; subdivision en districts,
en vue de la hiérarchie administrative, et en cantons pour l'é-
lective ; ces deux hiérarchies représentant, l'une l'action politique descendante, l'autre l'action ascendante, et toutes les deux
complétant le mécanisme circulaire du système représentatif.

De même que tout ce mécanisme a pour destination *le peuple*, il a *la nation* pour point de départ ; l'élection dispose de
tout, sauf de la royauté préexistante. Tout le reste, législature,
justice, administration, armée, clergé, s'engendrera de ce
grand principe, organisé sur la triple évaluation du territoire,
de la population et de l'impôt.

Ainsi, de 745 députés devant composer à l'avenir, sans
aucune distinction d'origine, la représentation nationale, 247
répondront, d'après la Constitution de 1791, à l'élément ter-
ritorial, à raison de 3 par département[2] ; puis, le chiffre total
de la population active du royaume étant divisé par 249, chaque département ajoutera au nombre fixe précédent autant
de représentants qu'il possédera de deux-cent-quarante-neu-
vièmes ; de même pour la contribution.

Le titre simple de *citoyen* sera une propriété légale, indépendante de toute autre, acquise par le fait de la naissance ou
de la naturalisation, amissible par la renonciation déduite
de certains faits, ou par une dégradation judiciaire. Les droits
de *citoyen actif* dépendront de plusieurs conditions, telles que
l'âge de vingt-cinq ans, une résidence continuée, une inscription, un serment, une contribution directe égale à trois
journées de travail. Ces droits se trouveront suspendus par
l'état d'accusation, de domesticité, de faillite. Le choix de la

---

[1] Ce plan dès lors, à peu de chose près, était tel qu'on le vit en l'an VIII.
Les différences que l'on remarque viennent de l'adoption, par la Constituante,
d'idées étrangères à Sieyès, et, à son grand déplaisir, unies aux siennes.

[2] Un pour le département de Paris. Il y avait alors 83 départements.

législature se fera par des électeurs nommés eux-mêmes pour deux ans, et constituant, par cette permanence, non-seulement des assemblées, mais un corps.

Le péage presque insignifiant exigé à l'entrée de la carrière politique l'avait été comme un hommage à la justice et au travail [1]; un cens d'éligibilité pour les deux degrés de mandataires parut au Comité de Constitution une sorte de cautionnement utile : il le fixa, pour l'électeur, seulement à dix journées de travail, l'élevant, pour le député, à la valeur d'un *marc d'argent*. Amendements en sens divers : Cazalès voudrait substituer 1,200 livres de propriété foncière ; Barrère, 50 journées de travail ; un autre, 600 livres pesant de blé... Prieur proposait *la confiance*, et l'Assemblée, qui adopta, par imitation de l'Angleterre, la condition d'une propriété territoriale, entendit Mirabeau lui dire : « Vous venez de faire une mauvaise loi. » Bientôt le Comité lui-même, dans la discussion générale, reconnut sa règle fautive, et proposa de la réformer, en en bornant l'application au degré intermédiaire. Les corps électoraux, selon Barnave, devaient présenter trois garanties : lumières, intérêt, indépendance ; toutes les trois exigeaient une certaine fortune : « Du moment où « l'électeur n'aura pas une propriété assez considérable pour « se passer de travail pendant quelque temps, il arrivera de « ces trois choses l'une : ou que l'électeur s'abstiendra des « élections, ou qu'il sera payé par l'Etat, ou bien, enfin, qu'il « le sera par celui qui voudra acquérir son suffrage. L'extrême « pauvreté dans le corps électoral place l'opulence dans le « Corps législatif. » La première hypothèse venait d'être justifiée par des faits ; la seconde l'était par des demandes. La Constitution déclara [2] :

---

[1] Le maximum des journées était de 20 sous, inférieur au taux actuel, même au point de vue relatif.

[2] Titre III, ch. I, sect. II, art. 7.

Que nul ne pourrait être nommé électeur, si, aux conditions nécessaires pour être citoyen actif, il ne réunissait :

Dans les villes au-dessus de 6,000 âmes, celle d'être propriétaire ou usufruitier d'un bien évalué, sur les rôles de contribution, à un revenu égal à la valeur locale de 200 journées de travail, ou d'être locataire d'une habitation évaluée, sur les mêmes rôles, à un revenu égal à la valeur de 150 journées de travail. — Dans les villes au-dessous de 6,000 âmes, 150 journées d'une part, 100 de l'autre ; dans les campagnes, 150 et 100 étaient les évaluations adoptées.

Mirabeau, quant à lui, demandait que les fonctions électorales, rendues permanentes, fussent en même temps déclarées incompatibles avec toute autre fonction. Dans le mandat périodique donné, par la population active, à 40,000 citoyens, il voyait bien une simplification nécessaire sous une forme ou sous une autre, et l'allégement du seul impôt qu'aucun avantage ne compense, celui de la perte du travail ; mais ce qu'il continuait à chercher, et ce qu'il avait peine à découvrir, c'était le préservatif contre un mal dont nous lui emprunterons la peinture, en dernier souvenir de ces mémorables discussions :

« Comme le despotisme est la mort du gouvernement mo« narchique, les factions, les brigues, les cabales sont le poi« son du gouvernement représentatif. On intrigue d'abord
« parce que l'on croit servir la chose publique ; on finit par
« intriguer par corruption… Quand une influence quelconque
« s'exerce sur des suffrages, les choix populaires paraissent
« être libres, mais ils ne sont ni purs ni libres ; ils ne sont
« plus le fruit de ce premier mouvement de l'âme, qui ne se
« porte que sur le mérite et la vertu. Cette influence étran« gère, qui ravirait ainsi au peuple sa propre souveraineté,
« serait bien plus dangereuse pour celui dont les institutions
« n'ont point encore pu changer le caractère, et dont le ca-

« ractère, même sous le despotisme, c'est-à-dire dans un
« temps où la moitié de nos défauts était cachée, a toujours
« paru très-susceptible de cet esprit de parti qui se nourrit
« de petites intrigues, de cet esprit de rivalité qui inspire les
« cabales, de cet esprit de présomption ambitieuse qui porte
« à rechercher toutes les places sans les mériter. Partout où
« ce germe destructeur infecte et vicie les élections publiques,
« le peuple, dégoûté de ses propres choix, parce qu'ils ne sont
« plus son ouvrage, ou se décourage, ou méprise les lois.
« Alors naissent les factions, et les officiers publics ne sont
« plus que les hommes d'un parti ; alors s'introduit la plus
« dangereuse des aristocraties, celle des hommes avides con-
« tre les citoyens paisibles, et la carrière de l'administration
« n'est plus qu'une arène périlleuse ; alors le droit d'être flatté,
« de se laisser acheter et corrompre une fois chaque année est
« le seul fruit, le fruit perfide, que le peuple retire de sa li-
« berté. »

Les élections pour la Constituante s'étaient faites généralement avec beaucoup d'indépendance : les partis n'étaient
point organisés. Si le duc d'Orléans s'agitait dans l'intérêt de
son ambition personnelle, la cour ne considérait point la composition des *Etats* avec moins de sécurité que leur réunion.
Autre chose de la Convention. Le lendemain de l'assaut des
Tuileries, le 11 août 1792, de nouvelles conditions électorales en avaient préparé l'avénement. On admettait aux assemblées primaires tout Français de vingt-un ans, domicilié depuis une année, vivant ou de son revenu ou du produit de son
travail, n'étant point en état de domesticité. L'âge de vingt-
cinq ans rendait éligible; une indemnité de déplacement
remplaçait le cens électoral. Les préparatifs subsidiaires furent confiés au génie des clubs. Paris, souillé du sang de septembre, vota sous le commandement de sa terrible et abjecte
Commune, de cette dictature collective, « où les idées les plus

« incohérentes qui aient déshonoré le cerveau humain pas-
« saient pour un système de démocratie digne de la nation
« française [1]. » Cette incohérence se retrace dans les résultats
de l'élection : à côté d'un prince du sang, un boucher, un
comédien; confusion de rangs et de vices, à laquelle présidait
trop bien le triumvirat effroyable : Danton, Robespierre et
Marat.

Pour l'honneur de la France, alors si tristement compromis,
d'autres noms avaient trouvé place dans la représentation nationale. Un philosophe, favorable aux illusions de la République naissante, fut, avant de tomber victime d'une démagogie effrénée, l'organe, au sein de la Convention, de la
démocratie absolue. Dans son rapport sur le projet d'une
Constitution nouvelle, Condorcet exprimait ainsi les opinions
substituées, par la marche rapide des idées, aux théories de
1791 :

« Les uns ont regardé l'exercice des droits politiques comme
« une sorte de fonction publique pour laquelle on pouvait exi-
« ger des conditions appuyées sur l'utilité commune...;
« d'autres ont pensé, au contraire, que les droits politiques
« devaient appartenir à tous les individus. Jusqu'ici, tous les
« peuples libres ont suivi la première opinion ; la Constitution
« de 91 s'y était aussi conformée ; mais la seconde nous a
« paru plus conforme à la raison, à la justice, même à une
« politique vraiment éclairée. Nous avons cru que l'intérêt
« public, d'accord avec la justice, nous permettait, pour la
« première fois sur la terre, de conserver dans les institu-
« tions d'un grand peuple toute l'égalité de la nature.

« ...Sous l'ancienne Constitution, les corps départementaux
« devaient nécessairement devenir un appui pour le pouvoir
« royal et servir à le défendre contre l'Assemblée des repré-

---

[1] Sieyès.

« sentants du peuple ; d'un autre côté, les corps électoraux,
« choisis par les citoyens, devaient se regarder comme leurs
« représentants les plus immédiats, voir en quelque sorte leur
« ouvrage dans les députés qu'ils avaient choisis, chercher à
« devenir dans l'ordre politique quelque chose de plus que de
« simples électeurs ; mais ils devaient en même temps se réunir
« au parti populaire des assemblées nationales, et les aider à
« combattre les usurpations des autres pouvoirs. Sous ce point
« de vue, ils pouvaient paraître un contre-poids utile pour la
« liberté, quoique dangereux pour la paix, la tranquillité
« générale et pour la conservation de l'unité de l'empire.

« Mais puisque la république a remplacé le système inco-
« hérent et servile du royalisme limité, les corps électoraux
« ne pourraient plus exercer leur influence que contre l'As-
« semblée des représentants de la nation entière... Leur
« conservation menacerait sans cesse l'unité de la Répu-
« blique. »

L'élection directe fut donc proclamée. Toutefois, avec le
rôle du peuple dans la formation des pouvoirs, admettre ce
mode sans distinctions avait paru chose impossible à la Révolution elle-même : on conserva, pour les nominations administratives et judiciaires, des assemblées électorales, d'autant
que la mobilité était encore un des principes regardés comme
fondamentaux dans le droit politique d'alors. Pour le choix de
la législature, Condorcet proposait de substituer aux deux degrés de personnes, deux degrés d'opérations ; cette idée ne
fut point admise dans la Constitution, votée à la suite d'un
rapport nouveau de Hérault de Séchelles. Quant aux bases représentatives, « on sait, déclarait ce rapport, que la repré-
« sentation ne peut être fondée que sur la population : cette
« question ne peut plus être douteuse aujourd'hui que dans
« l'esprit des riches » ; et on accordait, en conséquence, une
nomination de député à chaque groupe de 40,000 individus

(art. 22), dans l'impossibilité absolue « de ne faire qu'un seul
« scrutin sur tout un peuple. »

La Commission post-thermidorienne, composée en grande
partie de survivants de la Constituante, rétablit, quant à l'élection et à l'éligibilité, les principes de 91, sauf quelques modifications de détail. Elle proposait néanmoins d'excepter de
ce rétablissement les corps électoraux, discrédités, comme nous
l'avons vu, par certaines nominations.

« Puisque le peuple, disait-elle par l'organe de Boissy
« d'Anglas, est forcé de substituer à sa volonté directe une
« volonté présumée, énoncée par ses représentants, il faut
« que nul, du moins, ne puisse interposer son influence entre
« le peuple qui choisit ceux qui doivent stipuler en son nom
« et ceux qui doivent stipuler pour le peuple. Le mode élec-
« toral adopté par la Constitution de 1791, d'après celui mis
« en usage dans les élections de 89, avait l'inconvénient vé-
« ritablement funeste de substituer au choix direct du peuple
« celui d'une assemblée nommée par lui... Les corps électo-
« raux éprouvent, comme toutes les assemblées, les dangers
« d'un entraînement trop rapide. Ce furent les crimes du 2
« septembre qui, en épouvantant le corps électoral, élevèrent
« Marat et Robespierre au rang auguste de législateurs. Ces
« inconvénients n'existeront plus lorsque les assemblées pri-
« maires nommeront seules, surtout si, au lieu de diviser la
« France, comme la Constitution de 93 le faisait, vous faites
« voter chaque citoyen pour tous ceux que son département
« doit élire, car alors vous neutralisez toutes les combinaisons
« de l'intrigue. »

Louvet soutint « la création du génie de la liberté naissante : »
« Si l'intrigue est dangereuse, répondait-il, c'est surtout
« dans les grandes communes, qui, dans l'autre système, au-
« raient seules les élections. » Et Jean Debry ajoutait dans
le même sens : « La Constitution la plus forte en principes

« philosophiques, qui demanderait, pour être exécutée, le
« temps que les travaux réclament, pécherait par la base et
« devrait être rejetée. » On rétablit les corps électoraux, avec
indemnité aux électeurs.

Une loi spéciale, du 25 fructidor, régla la matière du scrutin, dont la théorie, éclairée par un bon rapport de Daunou,
pourrait se résumer en ces termes :

Il y a deux genres de scrutins ; l'un de liste, l'autre individuel ; deux genres de majorités, l'une absolue et l'autre relative ; deux principes régulateurs : 1° viser à faire connaître
le canditat réellement préféré par la majorité absolue des votants ; 2° écarter la possibilité d'un résultat contraire au vœu
de cette même majorité. Le premier point est difficile : le
ballottage ne l'assure pas; le scrutin de liste double ou mul-
tiple, bonne précaution contre l'empire des considérations privées, violente en quelque façon la volonté des électeurs. Ce
qu'avait proposé Condorcet, c'étaient deux tours de scrutin,
l'un de liste simple et signée, l'autre secret et de liste multi-
ple; le premier destiné seulement à fixer les limites du second.
Les législateurs de l'an III présentaient un mode analogue,
bien que tout particulier sous certains rapports. A l'avance
devaient s'ouvrir, dans les municipalités, des registres de
candidature, où chaque citoyen aurait le droit d'inscrire tel
nom que bon lui semblerait, pour, ces noms, être publiés par
les administrations municipales ou départementales, suivant
les places à remplir. A l'ouverture des assemblées, si un premier tour de scrutin donnait une majorité absolue, l'élection
était terminée ; autrement, au moyen des noms qui avaient
obtenu la plus forte pluralité, on formait une liste décuple,
et on procédait à un second tour avec deux urnes, l'une de
nomination, l'autre de rejet. Les candidats portés en rejet par
la majorité absolue ne pouvaient concourir, et les autres étaient
nommés à la majorité relative.

Ce système, d'abord adopté, fut promptement abandonné, comme servant la malveillance et les ressentiments personnels. On en revint aux scrutins de liste avec majorité absolue ou ballottage, conformément à la première des Constitutions précédentes ; l'autre avait fini par admettre le scrutin individuel [1].

Si la Constitution de l'an III eut une durée un peu plus longue, elle ne fournit pas une carrière beaucoup plus tranquille que les autres ; il sembla seulement qu'effrayés d'un champ de bataille sans limites, les partis acceptaient alors une forme d'organisation politique comme une sorte de champ clos : les élections devinrent l'arène où révolutionnaires et royalistes se précipitèrent pleins de haine, après que ceux-ci eurent échoué dans la révolte à main armée, et la victoire de vendémiaire, qui conserva la République, ne put lui assurer la paix. En dépit de la loi du 3 brumaire [2], dès l'an V, les opérations électorales prirent une couleur prononcée de royalisme : l'agence de Lyon présentait un de ses chefs ; et tandis que les négociations de Léoben, fruit des victoires de Bonaparte, préparaient la paix extérieure, Pichegru, gagné par l'Angleterre, Pichegru, devenu le correspondant du prince de Condé et de Wickham, venait installer ses intrigues au sein du Corps législatif. De là, pour le gouvernement, une situation à laquelle il ne put trouver d'autre issue que l'emploi de la force armée , la proscription d'une partie des conseils, l'annulation des élections de quarante-huit départements, le coup d'Etat de fructidor en un mot, qui, d'une part, eut bien l'effet d'épouvanter les royalistes, mais qui exalta leurs adversaires : la modération et la justice manquaient également partout. On s'était promis, en l'an V, de demander aux candidats : « As-tu écrit

---

[1] Voy. loi du 22 décembre 1789 et instruction du 8 janvier 1790 ; Constitution de 1793, art. 24, 26, 27 ; L. du 27 pluviôse an VI.

[2] Excluant des fonctions publiques et notamment de l'élection les émigrés et leurs parents, jusqu'après la dixième année qui suivrait la paix générale.

ou as-tu fait quelque chose dans la révolution? » On entendait dire, en l'an VI, à la tribune des Cinq-Cents, « qu'afin
d'obtenir réellement une représentation républicaine, il fallait
faire concourir les républicains seuls à sa formation », axiome
bien digne de l'esprit politique qui naguère proposait d'ex-
clure des fonctions électorales tous les citoyens possédant plus
de trente mille livres de rente[1]. C'était avec grande raison
qu'un sage et vrai républicain, Baudin des Ardennes, s'indi-
gnait de ce genre nouveau de priviléges cherchant à s'élever
sur les ruines des priviléges abolis. Le Directoire ne se dissi-
mulait pas qu'en passant par-dessus les lois, il s'était rapproché des anarchistes, et que ceux-ci s'enorgueillissaient, non-
seulement de l'intimidation des contre-révolutionnaires, mais
encore, pour ainsi dire, de la complicité gouvernementale.
Bientôt, nouvelles complications : dès l'année précédente,
quelques assemblées électorales, travaillées par de violentes
dissensions, s'étaient divisées en deux camps ; les minorités
de l'an VI recoururent presque partout à des scissions que jus-
tifiaient les excès de leurs antagonistes, et dont leur opinion
se réjouissait comme d'un expédient tout trouvé pour contre-
balancer la force du nombre : presque partout, conséquemment,
les élections se présentèrent doubles. Que devaient faire les
Conseils? Combattre, à ce qu'il semble, un système qui promettait d'interminables discordes ; annuler les opérations en-
tachées d'illégalité, mais ne jamais faire prévaloir le choix
d'une minorité. Les passions l'emportèrent sur les principes.
Le 22 floréal vit prendre une résolution pleine de dangers :
celle de choisir arbitrairement dans les opérations des assemblées ; et c'est ainsi qu'à Paris, par exemple, le vœu de 228
électeurs fut préféré à celui de 600 autres. La réprobation de
cette mesure remplaça, à certains égards, une bonne décision :

[1] Discussion de la Constitution, proposition de Guyomard.

elle prévint le retour des scissions ; mais elle retomba lourdement sur le gouvernement, à l'égard duquel elle se traduisit en défiances, en choix prononcés par l'an VII. Création et expression de la majorité législative, bien que pris hors de la législature, le pouvoir exécutif partageait nécessairement les disgrâces d'opinion de cette majorité, en même temps qu'il subissait l'opposition de l'autre parti ; successivement renouvelé, il devait, suivant les fluctuations de l'esprit public, se composer d'éléments hétérogènes, dont transitoirement même la distribution venait du sort. Et c'était ce pouvoir malheureux qui, après avoir, à deux reprises, altéré la Constitution, demeurait investi, au milieu de difficultés toujours croissantes, du dépôt de la liberté !...

Baudin des Ardennes mourut de joie en apprenant le retour d'Egypte.

. La Constitution de l'an VIII pourvoyant au premier besoin, le rétablissement de la paix, enleva aux mains des partis l'arme dont ils faisaient, depuis cinq ans, un si pernicieux usage. Elle concentra l'élection dans un corps politique spécial, séparé de tout autre et engendré de lui-même ; les restrictions ainsi posées à la pratique du suffrage n'atteignant ni le droit de cité, ni le principe électoral. Quant au droit, « tout homme né et résidant en France, qui, âgé de vingt-un ans accomplis, se serait fait inscrire au registre civique de son arrondissement communal, et qui depuis aurait séjourné pendant un an sur le territoire de la République, devenait citoyen par cela seul (art. 2); nul cens d'éligibilité [1]; quant au principe, il était conservé dans les listes graduelles

____

[1] La précédente Constitution, élargissant un peu la première, n'avait subordonné le droit de cité qu'au payement d'une contribution directe indéterminée; elle en exemptait ceux qui avaient porté les armes pour l'établissement de la République, mais elle y ajoutait pour l'avenir la connaissance d'une profession mécanique. Un taux de contribution fixe et à peu de chose près semblable à celui de 1791, était la condition de l'électorat.

de confiance, renouvelées, sous certains rapports, de la république de Florence [1]; sous certains autres, d'une idée de Mirabeau, qui, disciplinant l'élection, voulait d'un premier grade civil faire la condition essentielle de l'admission à un suivant.

Voici le plan tracé, à cet égard, par la Constitution de l'an VIII.

« Les citoyens de chaque arrondissement communal désignent par leurs suffrages ceux d'entre eux qu'ils croient les plus propres à gérer les affaires publiques. Il en résulte une liste de confiance contenant un nombre de noms égal au dixième du nombre des citoyens ayant droit d'y coopérer. C'est dans cette première liste communale que doivent être pris les fonctionnaires de l'arrondissement.

« Les citoyens compris dans les listes communales d'un département désignent également un dixième d'entre eux. Il en résulte une seconde liste, dite départementale, dans laquelle doivent être pris les fonctionnaires publics du département.

« Les citoyens portés dans la liste départementale désignent pareillement un dixième d'entre eux ; il en résulte une troisième liste qui comprend les citoyens de ce département éligibles aux fonctions publiques nationales (art. 7, 8 et 9).

Tous les trois ans, les listes devaient être revisées, non-seulement à cause des vacances survenues, mais pour permettre le remplacement, à la majorité absolue des votants et sur chaque liste séparément, de ceux que l'opinion publique ne jugeait plus à propos d'y maintenir.

---

[1] Dans la réformation de 1328, on établit qu'une liste générale de tous les citoyens éligibles serait formée par le concours de cinq magistratures correspondant aux principaux intérêts de la république, avec l'assistance d'adjoints tirés de la masse du peuple. Celui que personne n'indiquait n'était jamais appelé aux magistratures.

Ce système, donnant environ 600,000 éligibles pour le premier ordre de fonctions[1], faisait intervenir le peuple entier dans le système entier des pouvoirs ; mais c'était, il faut le reconnaître, d'une manière très-indirecte et avec des inconvénients parfaitement mis en lumière dans la discussion de l'an X :

« Tous les pouvoirs sont en l'air, ils ne reposent sur rien ;
« il faut établir leurs rapports avec le peuple : c'est ce que la
« Constitution avait omis. Elle avait établi des listes de no-
« tabilité, mais elles n'ont point atteint le but. Il a été très-
« difficile d'organiser cette partie de la Constitution[2]. Si les
« listes étaient à vie, ce serait la plus épouvantable aristo-
« cratie qui ait jamais existé ; si elles étaient temporaires,
« elles mettraient toute la nation en mouvement pour un
« but illusoire ; car ce qui flatte le plus un peuple, ce qui
« caractérise sa souveraineté, c'est l'usage réel et sensible
« qu'il en fait. Dans le système des listes de notabilité, le
« peuple, qui présente en définitive cinq mille candidats pour
« les hautes fonctions, ne peut se flatter de concourir assez
« aux élections pour voir nommer ceux qui ont le plus sa
« confiance. Pour la stabilité du gouvernement, il faut donc
« que le peuple ait plus de part aux élections et qu'il soit
« réellement représenté. Alors il se ralliera aux institutions ;
« sans cela, il restera toujours étranger ou indifférent. »

Ainsi parlait le premier Consul[3]. Le sénatus-consulte or- ganique substitua au système des listes celui des colléges électoraux, développement d'une pensée déjà précédemment mise en œuvre.

« Les colléges électoraux rattachent les grandes autorités
« au peuple, et réciproquement. Ce sont des corps intermé-

---

[1] Extrait des *Mémoires* de Boulay de la Meurthe.
[2] Loi du 13 ventôse an IX.
  Thibaudeau, *Mémoires sur le Consulat.*

« diaires entre les pouvoirs et le peuple ; c'est une classifica-
« tion des citoyens, une organisation de la nation. Dans cette
« classification, il fallait *combiner les intérêts opposés des pro-*
« *priétaires et des prolétaires, éviter les excès également re-*
« *doutables des uns et des autres;* il fallait appeler dans les
« colléges les propriétaires, puisque la propriété est la base
« fondamentale de toute association politique; il fallait y
« appeler aussi des non-propriétaires, pour ne pas fermer la
« carrière aux talents et au génie. Il y avait à redouter que
« les colléges électoraux ne prissent tous les candidats dans
« leur sein. C'est pourquoi on leur a imposé l'obligation d'en
« prendre la moitié au dehors [1]. »

Les colléges électoraux devaient être nommés à vie par des
assemblées de canton composées de tous les citoyens domiciliés. La réduction aux deux tiers donnait seule lieu à de
nouvelles nominations. Un des opposants habituels du Conseil d'Etat, l'amiral Truguet, réclamant, au nom des principes libéraux, des nominations temporaires, fournit au
Consul l'occasion d'indiquer de nouveau les idées d'organisation sociale rattachées au plan proposé d'organisation politique, par son esprit généralisateur :

 « Le citoyen Truguet va contre le but qu'il se propose, car
« c'est aujourd'hui qu'on nommera plus d'hommes de la
« Révolution. Plus on attendra, moins on en aura. Il est
« temps cependant de songer à fixer les hommes et les choses.
« Tout ce qu'on a jusqu'à présent appelé Constitution en était
« tout le contraire. Que sont devenus les hommes de la Ré-
« volution? Une fois sortis de place, ils ont été entièrement
« oubliés, il ne leur est rien resté. Ils n'ont eu aucun appui,
« aucun refuge naturel : voyez le sort de Barras et de
« Rewbell, etc. Ce qui est arrivé arrivera tous les jours, si

[1] Paroles du premier Consul. Thibaudeau, *Mémoires sur le Consulat.*

« l'on ne prend pas des précautions. C'est par ce motif que
« j'ai fait la Légion-d'Honneur ; il faut nécessairement des
« corps intermédiaires entre le peuple et les pouvoirs, sans
« cela on n'aura rien fait. Chez tous les peuples, dans toutes
« les républiques, il y a eu des classes ; nous ne pouvons pas
« porter atteinte à l'égalité, il faut du moins que la pro-
« priété soit représentée. Il faut aussi ouvrir et fixer une
« carrière civile : il n'y a rien d'organisé dans l'Etat que
« l'armée. Les militaires ont pour eux l'éclat des faits d'armes ;
« les services civils sont moins positifs, moins brillants, plus
« contestables ; à l'exception de quelques hommes qui ont été
« sur un grand théâtre, dans de grandes occasions, qui ont
« concouru à un traité de paix , occasions qui deviendront
« chaque jour plus rares, tout le reste est dans l'isolement et
« dans l'obscurité. Voilà une lacune importante à remplir :
« *il faut que le camp cède à la cité.* Il est donc nécessaire
« d'organiser la cité... Si les colléges électoraux devaient se
« renouveler souvent, ils n'auraient aucune considération,
« aucune influence. »

Les colléges étaient de deux sortes : ceux d'arrondissement, formés, à raison de la population, d'un individu sur
cinq cents ; ceux de département, composés de même, dans la
proportion d'un à mille, mais exclusivement choisis, toujours
par l'assemblée de canton, sur une liste des six cents citoyens
les plus imposés du département. Le nombre des électeurs
départementaux ne pouvait toutefois dépasser trois cents, ni
rester au-dessous de deux ; cent vingt au moins, deux cents
au plus, formaient les limites des colléges d'arrondissement ;
règles générales dans les deux cas, d'où résultait une apparence de faveur pour les départements les moins peuplés ; ce
n'était que justice, en considérant le territoire et l'égalité des
colléges dans le droit de présentation aux places du gouvernement. Indépendamment de ces nombres, le premier Consul,

puis l'Empereur, jouissait d'une faculté d'adjonction principalement applicable, sous les restrictions légales, aux membres de la Légion-d'Honneur [1]. Une telle faculté, dira-t-on,
et on aura raison de le dire, sortait des règles ordinaires de
la représentation ; elle avantageait le pouvoir ; mais que re-
doutait-on alors plus que la continuation des scandales représentatifs du Directoire? Sous un autre régime peut-être, les
mêmes institutions, les mêmes facultés pouvaient devenir dangereuses : mais ce n'est point en 1815 qu'il faut juger 1802.

Dans le système consulaire, comme dans la conception
première de Sieyès, un lien politique unissait la représentation populaire avec l'administration. En substituant, pour
le grand bien de l'Etat, à des directoires électifs surveillés
par un commissaire (an III, 179), des fonctionnaires individuels assistés de conseils nommés par le pouvoir exécutif,
Bonaparte avait conservé, dans une série d'autres conseils
juxtaposés, le principe de la représentation locale. Le collége électoral qui, d'après l'organisation de l'an X, devait,
à chaque réunion, présenter au premier Consul deux candidats pour le Sénat ; deux au Sénat pour le Corps législatif,
c'est-à-dire le collége départemental ; ce même collége de-

[1] Le premier Consul peut ajouter aux colléges électoraux d'arrondissement
dix membres pris parmi les citoyens appartenant à la Légion-d'Honneur ou
ayant rendu des services. Il peut ajouter à chaque collége électoral de département vingt citoyens, dont dix pris parmi les trente plus imposés du département, et les dix autres soit parmi les membres de la Légion-d'Honneur,
soit parmi les citoyens qui ont rendu des services (sénatus-consulte de l'an X,
art. 27). D'après le sénatus-consulte de l'an XII (99), tout légionnaire, suivant
son grade, entrait de droit dans un des colléges. Par un autre acte du 22 février 1806, cette disposition fut interprétée en ce sens que les grands-officiers,
commandants et officiers de la légion, admis à ce titre aux colléges de département, n'y compteraient pas dans le nombre fixé, mais n'y pourraient excéder celui de vingt-cinq ; que les légionnaires appelés aux colléges d'arrondissement n'y pourraient dépasser le nombre de trente, et que les désignations
individuelles, indispensables dans ce système, seraient faites par l'Empereur

vait pourvoir au renouvellement quinquennal des Conseils généraux de département, par la présentation au chef de l'Etat de deux candidats pour chaque place vacante ; le collége d'arrondissement, qui présentait seul les tribuns, et qui concourait avec l'autre pour former le Corps législatif, renouvelait, par un mode semblable, le Conseil d'arrondissement. Les conseillers municipaux des communes de plus de cinq mille âmes étaient enfin, tous les dix ans, désignés par les assemblées cantonales parmi les cent plus imposés du canton [1].

Nés presque avec la liberté, ainsi que le rappelait Louvet, les colléges électoraux pouvaient la suivre pas à pas, durant une longue carrière. Dans le système des Cent-Jours (acte additionnel, titre II), « les colléges sont maintenus ; mais les assemblées de canton devront en remplir les vacances par des élections annuelles ; mais par eux-mêmes directement, les deux colléges nommeront les représentants qui leur appartiennent. Pourquoi, demandera-t-on peut-être, ne pas avoir, dès l'origine, attribué aux électeurs cette plénitude d'action ? Un calcul simple peut servir à éclairer cette recherche :

[1] « Les plus imposés, disait le premier Consul, portent plus d'économie dans les dépenses de la commune, ils n'abusent pas des centimes additionnels ; ils sont intéressés à créer d'autres ressources. » Toutefois, il avait consenti à un amendement de M. Réal, supprimant la condition de cens pour le quart des conseillers municipaux. Cet amendement fut écarté par la majorité du Conseil d'Etat. Le principe adopté, c'était avec raison que les art. 11 et 25 du sénatus-consulte de l'an X fixaient non pas des quotités, mais des proportions de contribution. « On avait senti que telle fortune, dans l'Ardèche ou dans les Basses-Alpes, avait la même considération et offrait la même garantie qu'une beaucoup plus élevée dans la Seine-Inférieure ou à Paris » (M. Benoist, Chambre de 1816).

La condition de domicile variait suivant la nature des intérêts représentés. Pour les Conseils municipaux, d'arrondissement, de département et pour le Corps législatif, le domicile dans le canton, l'arrondissement ou le département était toujours obligatoire ; autrement pour le Tribunat et le Sénat (an X, 28, 29, 30, 31, 32).

« Napoléon avait reconnu que sur 20,000 contribuables,
« 14,000 appartenaient directement, ou indirectement, aux
« anciens ordres privilégiés : c'est ce qui le détermina à ne
« point leur laisser, en dernier ressort, le choix des députés,
« mais à le confier au Sénat[1]. »

Dans le projet de constitution posthume qu'a publié M. de
Montholon, les colléges sont maintenus ; mais, réduits à une
seule classe, ils seront constitués en raison de la population
seule et dans la proportion d'un mandataire sur dix électeurs,
par l'assemblée de tous les citoyens contribuant d'une manière quelconque aux charges pécuniaires de l'Etat. Sous
cette forme, ils vaudront au moins des assemblées préparatoires formées sans règle, sans ensemble, dans tel ou tel
esprit de parti.

Pourvu qu'on se place au point de vue de l'état de la France
en l'an X, des dispositions de la nation, des intentions du législateur, des progrès préparés ou réalisés, nous avons la
persuasion qu'on jugera bien autrement que d'après certaines
phrases toutes faites et certains préjugés qui s'usent, un
système ainsi combiné pour les nécessités présentes et pour
les changements de l'avenir ; système conservant les principes,
n'excluant pas, en certains cas, l'expression pure et directe
de la volonté générale ; mais pourvoyant d'une manière calme,
ainsi qu'il le fallait alors, aux nécessités habituelles ; conciliant le droit imprescriptible de la qualité de citoyen avec
des influences utiles au raffermissement de la société ; constituant, non des priviléges, mais des classifications indéfiniment extensibles; concordant positivement, comme dans
sa direction morale, avec les institutions coexistantes : avec
la Légion-d'Honneur, avec la division du territoire, avec la
distribution des fonctions administratives et judiciaires, depuis

[1] Martin de Gray, Chambre des députés, 1817.

la justice de canton et l'administration d'arrondissement, jusqu'à ces grandes dignités civiles, ecclésiastiques et militaires, premières émanations de l'autorité souveraine [1]; portant enfin, dans ses détails, ainsi que dans ses rapports les plus élevés, l'empreinte du génie prévoyant qui l'employait à ses desseins d'organisation générale. Dans ce système préparatoire, la part du pouvoir était large, mais elle était faite à l'avance : rien d'occulte ne s'y mêlait, et la corruption n'entrait point sous le masque de la liberté dans les premières institutions de la société renaissante.

De même qu'une bonne loi d'élections doit, en principe, être un miroir de l'état de la société, en fait, c'est dans ce genre de lois que les révolutions sociales se signalent le plus vite et le mieux. La Charte de 1814, constituant l'éligibilité en privilége, la subordonnait au payement d'une contribution directe de 1,000 fr. (art. 38); privilége d'autant plus restreint que le domicile départemental continuait à être obligatoire pour la moitié au moins des députés [2]. Le germe d'un second privilége, attentatoire non plus seulement à la latitude d'exercice, mais à la reconnaissance même du droit de cité, s'enveloppait dans la rédaction équivoque de l'art. 40, ainsi conçu : « Les électeurs qui concourent à la nomination des députés ne peuvent avoir droit de suffrage, s'ils ne payent une contribution directe de 500 fr. », le mode d'élection restant d'ailleurs dans le domaine des lois à venir. Provisoirement,

---

[1] Il y avait un grand dignitaire particulièrement chargé de toutes les formalités concernant la représentation nationale dans ses rapports avec le chef de l'Etat (sénatus-consulte, an XII, 39) ; ce dignitaire était le grand-électeur, le premier de tous. De plus, lui et chacun des autres, ainsi que les grands-officiers, présidaient à vie un collége dans une des grandes villes de l'Empire, Bruxelles (le grand-électeur); Bordeaux (l'archichancelier); Lyon (l'architrésorier); Marseille (le grand-amiral); Turin (le connétable, etc.).

[2] Aussi l'art. 39 supposait-il le cas où le département ne renfermerait pas cinquante éligibles.

l'ordonnance du 13 juillet 1815 fixa à 402 le nombre des représentants, qui dans le Corps législatif était de 300, et que l'acte additionnel avait élevé à 629 ; sans rien changer aux conditions de cens, elle abaissa à 25 et 21 ans la condition de 40 et 30 ans d'âge posée par la Charte ; elle conserva les deux colléges, en prenant ceux d'arrondissement comme premier degré d'élection : au lieu d'élire conjointement, ces colléges devaient se borner à présenter des candidats dont une moitié seulement serait nécessairement choisie par les assemblées de département ; nulle mention des assemblées cantonales ; la désignation exécutive servira de mode de recrutement pour les colléges des deux classes, dont toutefois on commencera par retrancher généralement toutes les adjonctions des Cent-Jours [1].

Ce mélange de dispositions arbitrairement rassemblées n'eût pas encore pu produire le résultat qu'on en obtint, sans le concours de circonstances que Benjamin Constant rappelait, peu de temps après, à la tribune : invasion étrangère ; occupation de l'Est et du Nord par les Prussiens et les Anglais ; formation de compagnies secrètes, de comités occultes, auxiliaires de ces troupes ennemies ; menaces dans l'Ouest ; assassinats dans le Midi ; colléges dépeuplés par l'épouvante. Sous ces auspices naquit cette fameuse Chambre « qui semblait *introuvable*, disait le roi, et que la Providence s'était plu à former des éléments les plus purs. »

Un projet de loi électorale y fut, à la fin de l'année, apporté par M. de Vaublanc, ministre de l'intérieur. Ce projet, comme l'ordonnance, commençait par faire disparaître la base du système impérial, c'est-à-dire l'assemblée primaire. Deux colléges s'y trouvaient encore, formant deux degrés d'élection, dont le premier appartenait aux colléges dits de canton.

---

[1] Ordonnance du 21 juillet.

« Comment seront-ils composés? poursuivait le ministre.

— « D'une manière qui assure au gouvernement la stabilité,
« l'amour de l'ordre et de la paix : en réunissant les soixante
« plus imposés, les membres du Conseil d'arrondissement[1],
« les présidents des tribunaux de première instance et les
« procureurs du roi; les présidents des Chambres de com-
« merce, des commissions consultatives des arts et métiers et
« des Conseils de prud'hommes; les juges de paix, les maires
« des communes, les vicaires-généraux, les curés et desser-
« vants, les ministres des autres cultes, les recteurs de l'Uni-
« versité, les doyens des Facultés, les proviseurs des colléges
« royaux. »

Et les colléges de département?

— « Ils seront composés de droit des premiers ministres du
« culte; on y joindra les soixante plus imposés au rôle des
« contributions directes du département; les dix plus impo-
« sés parmi les négociants et manufacturiers, s'ils remplissent
« les conditions de l'article 40; les membres du Conseil gé-
« néral de département; les présidents des consistoires gé-
« néraux; les présidents des Cours royales, procureurs géné-
« raux et premiers avocats généraux; enfin les électeurs
« nommés par le collége de canton. Le nombre en sera réglé
« par le roi; il ne pourra excéder deux cent cinquante. »

Ainsi seront garantis « la sagesse des choix, l'attachement
« aux choses sacrées, aux choses nobles. »

L'âge de l'éligibilité sera abaissé à 25 ans : il faut se hâter
d'échapper à une génération pervertie; la Chambre se renou-
vellera chaque année par cinquième, et le ministre conçoit
l'espoir que, grâce à son projet, l'esprit qu'elle manifeste se
reproduira toujours le même; il exhorte ses auditeurs à se
préparer, en le votant, la gloire de dire un jour : « Nous fû-

---

[1] Nommés par le roi. Directement ou indirectement, les électeurs de choix
royal devaient composer tout le système.

« mes de ceux qui arrêtèrent dans sa course le char terrible de
« la révolution. »

L'intention était unanime ; mais chacun avait son projet.
M. Lainé aurait voulu, pour les villes les plus importantes,
une représentation spéciale prise dans le corps ecclésiastique,
dans la magistrature, dans le corps enseignant. M. de Bonald
proposait un seul collége en deux parties, l'une inamovible et
formée de l'élite des contribuables ; l'autre choisie temporairement par le préfet dans le reste des censitaires à 300 fr. Par
l'organe de M. de Villèle et sous la forme d'amendement, la
Commission introduisait un projet nouveau comprenant : des
assemblées de canton, avec les bases de vingt-cinq ans et
50 fr.; des colléges électoraux de 150 à 300 membres élus
par les assemblées de canton, conformément aux aptitudes de
la Charte; la conservation absolue des règles d'éligibilité,
contre-poids significatif que le principe de la députation gra-
tuite, adopté par acclamation, rendait plus significatif encore ; enfin le renouvellement intégral et quinquennal de la
Chambre.

Dans l'opinion triomphante, formée de plusieurs éléments,
de plusieurs classes d'intérêts, il était, dès ce moment, facile
de distinguer plusieurs partis. Les royalistes de position ne
l'étaient pas à la manière des royalistes de circonstance ; l'a-
ristocratie officielle de la nouvelle Constitution, imitant de
son mieux l'Angleterre, élevait des prétentions propres ; but
commun de toutes les ambitions, le ministère se recrutait de
représentants de toutes les nuances, qui y dominaient tour à
tour. L'aristocratie de naissance, gouvernée par des illusions
que le malheur n'avait pu détruire, rêvait, dans ses succès
présents, la reconstruction totale de l'ancienne société. Ou-
bliant que, sur les ruines faites par la Révolution, une société
nouvelle, celle de l'Empire, s'était élevée, et que, malgré l'interruption apportée à son développement, cette société si forte

avait désormais dans le pays des fondements indestructibles, les privilégiés d'autrefois se voyaient déjà rétablis dans la légitime possession d'une domination exclusive ; l'opposition qu'ils rencontraient était le dernier et vain accès d'une fièvre prête à s'éteindre ; ils acceptaient, plus ou moins patiemment, « dans la faiblesse actuelle des gouvernements », les formes représentatives « comme un moyen de contenir en la tempérant, de diriger en lui cédant, cette furieuse tendance aux institutions populaires [1] » ; ils ne redoutaient pas les majorités, car « les majorités en France ne pouvaient être que royalistes [2] » ; tout au plus se regardaient-ils comme pouvant avoir à combattre une minorité turbulente, enorgueillie par la richesse que donnent l'industrie et le commerce, pervertie par l'éducation et habituée, contre toute bonne doctrine, pendant le règne passager de l'anarchie, à se mêler des affaires de l'Etat : « Comme il n'y a dans le monde politique que deux « états nécessaires de société, la société domestique et la so- « ciété publique, il n'y a pour l'homme que deux états né- « cessaires dans l'acception rigoureuse et philosophique du « mot : l'état qui nourrit la famille ; l'état qui défend la so- « ciété dans les hautes fonctions de la magistrature et de « l'armée, et que, dans toute l'Europe, on a appelé noblesse [3]. »

On n'est pas embarrassé de dire à qui ces tendances, ces doctrines, ces déclarations ne devaient pas plaire, même parmi ceux à qui plaisait la restauration de Louis XVIII. Avoir si longtemps travaillé à détruire le grand édifice de la politique impériale, y avoir réussi et ne pas trouver de place ailleurs, eût été, il faut en convenir, une mystification intolérable pour ces hommes du tiers Etat que le royalisme avait enrôlés. Aussi se montraient-ils disposés à une vigoureuse résistance.

[1] M. de Bonald.
[2] M. Cornet d'Incourt.
[3] M. de Bonald.

Appuyés de services récents, de positions prises près du trône par la force des événements et dans la chaleur du combat, ils rattachaient leurs intérêts à ceux de la royauté même : ils la représentaient compromise, vis-à-vis de la nation, par une réaction sans mesure; menacée, d'un autre côté, dans l'étendue de sa puissance par l'établissement prochain d'une nouvelle féodalité, qui devait préalablement annuler l'aristocratie officielle de la première Chambre. Retranchés dans un dévouement que n'épargnait pas le sarcasme, mais qui défiait le soupçon; « plus royalistes que le roi », selon l'expression de leurs adversaires, mais se garantissant par là le droit d'être moins aristocrates que l'émigration ; à leur tour les hommes nouveaux raillaient celle-ci de son long sommeil, de sa persistante confiance dans la soumission populaire et les influences seigneuriales; ils tâchaient de lui faire entendre que « même dans le calme des campagnes, d'anciens vassaux « étaient des clients peu sûrs, et que, dans l'agitation des « grandes villes, Clodius en trouverait plus que Milon [1]. »

Toutefois ils n'étaient guère plus sages dans leurs propres combinaisons. Pas plus que les hommes d'autrefois, ils ne se souciaient désormais du nivellement, de l'éparpillement, du chaos révolutionnaire; ils avaient rejeté l'Empire et ses grandes classifications de droits, de vocations, de mérites, établies sur l'égalité ; classifications cependant auxquelles la plupart d'entre eux devaient la création, et tous la consolidation de leurs existences : que leur restait-il donc à eux pour principe d'organisation? Comme aux autres, le privilége ; l'aristocratie comme aux autres ; non l'aristocratie de race, mais l'aristocratie d'argent; la domination de la classe moyenne entre deux haines, dont l'une déjà se manifestait, dont l'autre ne devait pas tarder à naître; le gouvernement

[1] M. Lainé.

de la bourgeoisie, encore unie d'intérêts avec les masses, mais tôt ou tard séparée d'elles par l'usurpation de leurs droits; séparée des anciennes castes par les souvenirs, par les projets, mais fatalement unie à elles dans le même esprit d'imprévoyance, dans le même orgueil et les mêmes torts.

Dans la session de 1816, où la majorité de 1815 était devenue minorité, l'antagonisme se signala d'une façon tout à fait tranchée, entre les *ultrà*-monarchistes et les hommes de différentes nuances, pour lesquels allait se préciser l'épithète de *libéraux*. Substitué par la Chambre des députés à la proposition de M. de Vaublanc, le projet de M. de Villèle avait échoué à la Chambre des pairs. En s'effrayant du nombre de votants qu'eussent appelés les assemblées primaires, en l'évaluant, en le comparant, le rapporteur, M. de Lally, faisait remarquer que le nombre des électeurs de Londres (15,000) correspondait presque identiquement au chiffre des habitants de Paris compris dans l'art. 40 de la Charte. Or, cet article, quel en était le sens? Excluait-il l'élection à deux degrés? Par l'analyse grammaticale, les confidences des rédacteurs, les plans d'organisation proposés, on avait dû penser le contraire, jusqu'au jour où M. Lainé vint demander officiellement la formation d'un seul collége au chef-lieu de chaque département. Ce système se produisait sous l'inspiration d'un homme qui tenait aux anciens temps par sa naissance, aux choses nouvelles par sa carrière; qui, par son caractère, ne tenait à rien : « Dans son court ministère, M. de « Talleyrand (car c'était lui, et c'est M. Guizot qui le ra- « conte)[1], M. de Talleyrand sentit la nécessité d'arrêter les « bases du système électoral. Quelques hommes (j'étais du « nombre) furent invités à s'en occuper. Leurs conférences « eurent pour résultat l'adoption de deux principes, savoir :

---

[1] *Du gouvernement de la France de 1815 à 1820.*

« l'élection directe et l'appel, avec un droit égal, de tous les
« contribuables payant 300 francs. » Indignation et soulève-
ment de l'ancienne aristocratie. Avec une telle loi c'en est fait
de la légitimité et de la noblesse. M. de Bonald n'a pas assez
d'anathèmes contre un système qui, « ramenant tout à des
conditions matérielles, ne voit plus, dans la société, que des
bipèdes de trente ans, trouvant leur nourriture sur un sol de
quelques arpents d'étendue » ; de loin, M. de la Bourdonnaie
signale « d'immenses rassemblements d'électeurs, accourant
de tous les points des départements, à la manière des peuplades sauvages. » Comment organiser seulement le campement
de ces armées électorales ? A ce genre de difficulté, les cham-
pions du projet de loi n'ont pas beaucoup de peine à répondre ; ils n'en ont pas plus à se laver du reproche de démocratie [1]. En critiquant les lois de l'Empire, le savant, l'éloquent
Cuvier présente celle-ci comme la digue à opposer aux *prolétaires* : le mot parut large dès lors. Ces prolétaires mis en
suspicion formaient (on le prouvait par des chiffres) [2] les neuf
dixièmes de la population et possédaient les deux tiers du
territoire. A la vérité, dans le langage des amis de la loi proposée, si elle paraissait déshériter quatre millions de Français,
ce qu'elle leur ôtait n'était rien, et ce qu'elle donnait à cent
mille était un droit direct, réel, au lieu d'une simple illusion.
Non content même de repousser l'élection indirecte, comme

---

[1] « En effet, il serait assez extraordinaire qu'en restreignant le droit politique à cent mille citoyens sur vingt-cinq millions, nous fussions exposés à
tomber dans la démocratie » (M. Bourdeau, rapporteur de la Commission).
« Je ne sais pas, disait de même le rapporteur à la Chambre des pairs, M. de
Lally, « je ne sais pas où l'on trouvera des institutions plus imprégnées d'aristocratie, à moins de se précipiter dans une oligarchie absolue. »

[2] Dans les soixante-quinze départements sur lesquels on avait acquis des
renseignements positifs, les contribuables de 300 à 1,000 fr. possédaient un
cinquième de la propriété ; ceux de 1,000 et au-dessus un sixième ; entre eux
onze trentièmes ; les autres, dix-neuf.

une impossibilité, comme « une erreur d'où était venu le dogme fatal de la souveraineté du peuple », l'oracle d'une école naissante, M. Royer-Collard, niait absolument le droit d'élection : « L'élection, selon lui, appartenait aux institu-
« tions, était un fait introduit dans le gouvernement et par
« le gouvernement ; elle était déférée, non à tous, comme
« l'exercice d'un droit, mais à quelques-uns seulement comme
« une fonction ; et ainsi la sagesse des choix était opposée,
« dans la Charte, et préférée au droit démocratique d'élire. »

Ces efforts aboutirent enfin au triomphe du système direct et exclusif. « Au début, dit M. Guizot, la désapprobation
« parut générale. Le projet de loi ne fut d'abord compris que
« de ses ennemis. Leurs attaques en mirent bientôt au grand
« jour les principes et les tendances. Dès lors, l'opinion se
« forma. Ce qui avait paru étrange et douteux, tant qu'on
« n'avait regardé qu'aux théories, devint clair et populaire
« dès qu'on se fut tourné vers les circonstances. » La question se posa, non certes comme le présente l'auteur cité, entre l'égalité et le privilége, mais bien, comme il l'ajoute, entre la classe moyenne et l'ancienne aristocratie. L'antipathie pour celle-ci assura, dans l'esprit public, le succès de l'œuvre entreprise par les habiles chefs de l'autre. Sortie, non sans difficultés, non sans prédictions inquiétantes, mais enfin sortie tout entière de l'urne de la Chambre des pairs, la loi du 25 février 1817 fut reçue par la bourgeoisie comme une conquête, par l'opinion populaire comme une protestation, tandis que le parti aristocratique épiait avec impatience une occasion favorable de l'abolir ou de la modifier.

Bientôt une proposition partie de la Chambre des pairs [1], et les paroles du roi lui-même, dans la séance d'ouverture de la session de 1820, annoncèrent un projet nouveau, destiné,

---

[1] Celle du marquis Barthélemy.

avec plusieurs autres, à garantir la liberté. La liberté trembla de ces promesses. De toutes parts, des pétitions, réclamant le maintien de la Charte, vinrent, couvertes de signatures et bravant les ordres du jour, s'amonceler sous les yeux des Chambres : on en compta quatre-vingt mille... La réaction ne recula point ; un événement imprévu la fortifia même. Après le crime de Louvel, le ministère, poursuivi des reproches les moins ménagés, s'empressa d'offrir de sa foi à l'emportement royaliste un gage qui ne put le sauver. Le projet de loi électorale, élaboré par M. Decazes sous l'impression des élections précédentes [1], et présenté par lui à la Chambre, le 15 février 1820, reposait sur les bases suivantes : renouvellement intégral ; division des départements en arrondissements électoraux ; augmentation des députés ; distribution de l'ancien nombre entre les colléges d'arrondissement, composés de la généralité des censitaires ; attribution du complément à des colléges départementaux choisis par les autres dans les censitaires de 1,000 francs, et renouvelés avec la Chambre. Dans le cas, facile à prévoir, où le nombre des censitaires de 1,000 fr. n'excéderait pas au moins d'un quart celui auquel le second collége devrait s'élever, on ajouterait à la liste les plus imposés du département ; dans le cas où plusieurs arrondissements désigneraient simultanément un même électeur départemental, on l'attribuerait à l'arrondissement qui lui aurait donné le plus de suffrages, en le remplaçant, dans les autres, d'après les votes déjà émis. Payement de la moitié du cens en contributions foncières, et nécessité d'acquitter, dans le département qu'on représente, une contribution de 500 francs ; abo-

[1]. La nomination dans l'Isère de l'évêque constitutionnel et ex-conventionnel Grégoire, nomination à laquelle on prétendait que le parti ultra-royaliste n'était pas resté étranger, avait fourni un ample texte aux récriminations de ses membres : « Cette élection, disait un d'eux, est un scandale qui a outragé « à la fois la société dans la personne de son chef, les mœurs publiques et *la* « *nature elle-même.* »

lition du suffrage dans la constitution des bureaux, et vote public. A ce projet, ayant pour but, disait-on, de « faire disparaître une injustice sociale, destructive de la véritable égalité », le nouveau cabinet, avant l'ouverture de la discussion, substitua une combinaison encore plus complète dans le sens de sa formation. Conservant la Charte en un point sur lequel elle était formelle, le renouvellement partiel (art. 37), il demandait l'établissement de colléges départementaux, formés de droit des plus imposés, jusqu'à concurrence d'un cinquième du nombre entier des électeurs; de colléges d'arrondissement ne nommant plus que des candidats, ce que l'on appuyait toujours sur l'expression de *concourir*, et ce que justifiait cette fois, en qualité de rapporteur, le défenseur officiel de la loi de 1817 [1]. On adaptait au nouveau plan la disposition du premier qui, dans le cas de double élection, transformait, par voie de remplacement, en titre de nomination, le vote de la minorité. En somme, l'ensemble de la loi se ressentait suffisamment de cette « verve aristocratique [2] » capable d'inspirer alors, au sein de la Chambre des pairs, l'idée de majorats sans titres, véritables électorats héréditaires, et partout, beaucoup de choses étranges : « Vous dirai-je, « messieurs, s'écriait, dans la Chambre des députés, un com- « missaire dissident [3], qu'un membre a demandé sérieusement « que les électeurs les plus imposés votassent deux fois : la « première, dans les colléges d'arrondissement, pour se pré- « senter des candidats à eux-mêmes; la seconde, dans les « colléges de département, pour les choisir ? »

La discussion fut vive, brillante; l'éloquence du général

---

[1] « A considérer les choses sans prévention, on ne sait guère qui exerce le plus grand droit, ou du collége qui présente les candidats, ou du collége obligé de les choisir parmi eux » (M. Lainé).

[2] Expression du général Foy.

[3] *Idem*, 15 mai 1820.

Foy, le Mirabeau de la Restauration, de même qu'à certains égards Royer-Collard en fut le Sieyès, jetait sur les luttes de ce temps un reflet, souvent éclatant, des grandes journées parlementaires ; l'opposition joua un rôle bizarre, et, pour dire la vérité, elle n'en pouvait avoir un autre : « Que tout « soit perdu... parce que tous les électeurs ne nomment pas « immédiatement tous les députés, et cela, lorsque l'homme « qui ne paye que 299 francs ne peut pas se présenter, seule- « ment comme curieux, dans le même collége où son voisin « qui paye 300 francs siége comme membre du souverain ; « lorsque celui qui, avec des lumières et des vertus, ne paye « que 299 francs de contributions, se voit, pour 20 sous, pré- « férer un sot, si même il n'est pire ; lorsque 80,000 sur 28 « millions disposent de toute la législation du royaume : ce « sont, en vérité, des exagérations théâtrales qui ne devraient « pas retentir à la tribune législative. » Ainsi parlait M. de Bonald. Et que pouvait-on lui répliquer [1] ? Pris dans les lacs fins et serrés de sa propre dialectique, en vain le chef de la doctrine s'épuisait en frais de métaphysique : « La contribu- « tion n'agit que contre ceux qui ne la payent pas. Tout reste « égal entre les autres. *Plus imposés, moins imposés* au delà de « la capacité constitutionnelle, sont des mots vides de sens ; « il en est de même de la *grande* et de la *petite propriété*, en « supposant que, dans la répartition actuelle de la propriété, « il y ait lieu d'appeler l'une grande, l'autre petite ; ce n'est « ni celle-ci, ni celle-là, ni la propriété moyenne qui sont re- « présentées dans la Chambre ; c'est toute la propriété. » —

---

[1] « Quand le projet de loi restreint à moins de 20,000 électeurs le droit que la Charte conférait à 100,000, que deviennent les 80,000 dépossédés ? » (Géné- ral Foy.) Mais quand la loi de 1817 avait restreint à 100,000 électeurs la jouissance des droits politiques reconnus à 4,000,000 de citoyens par la Ré- publique et l'Empire, qu'étaient devenus les 3 millions et quelques cent mille dépossédés ?

Alors pourquoi ce taux arbitraire qui exclut tant de possesseurs? Est-ce comme garantie morale? Dès qu'on l'admet, en l'élevant la garantie sera plus complète. Pourquoi l'élection immédiate à la place des deux degrés reconnus utiles en tant de choses, dans la législation, dans la justice? Mais de fait, les deux degrés existent : « Le premier était un poste vacant : « les écrivains s'en sont emparés. Il s'agit de savoir qui, de « la propriété ou des journalistes, mérite le plus de con- « fiance[1]. » Enrôlant ainsi forcément contre le libéralisme en théorie, le libéralisme en action, le parti aristocratique se vengeait de son échec passé.

L'autre, repoussant le privilége et le soutenant à la fois; voulant s'étayer de la Charte et ayant lui-même contribué à en plier le texte équivoque à tout genre d'interprétation[2]; l'autre, d'avance, était vaincu dans les limites spéciales de la question à décider. Mais il retrouvait de la force lorsque Foy, tenant à la main les pages récentes d'un illustre écrivain, dénonçait le plan tout entier des hommes de l'ancien régime. Le changement de la loi d'élection n'était qu'un premier pas, devant avoir pour suite immédiate le changement des règles de l'avancement militaire; « après la modification de ces lois « capitales, avait déclaré, en propres termes, le vicomte de « Chateaubriand, les royalistes proposeraient les lois les plus « monarchiques sur l'organisation des communes et de la « garde nationale; rendraient aux Conseils généraux une « puissance salutaire; et, créant partout des agrégations d'in- « térêts, ils les substitueraient aux individualités; ils sollici-

---

[1] M. Chabron de Solilhac.

[2] Sur la question d'accroissement de nombre élevée à la fin du débat, on cita l'art. 36 qui portait : « Chaque département aura le même nombre de dé- putés qu'il a eu jusqu'à présent. » M. Beugnot l'interpréta : « *Jusqu'à présent*, c'est à savoir depuis 1789. » On avait ainsi à choisir entre 1080, 750, 300, 629, 402, et le nombre actuel 258.

« teraient les substitutions en faveur de la pairie et cherche-
« raient à arrêter, par tous les moyens légaux, la division
« des propriétés... En un mot, ils recomposeraient l'aristo-
« cratie, troisième pouvoir manquant à nos institutions[1]. »
L'opinion du dehors jugeait ; elle s'irritait de ces tendances ;
elle se passionnait de ces débats ; des rassemblements, que
la police paraissait elle-même animer, se formaient depuis
quelque temps; on les dispersait avec rudesse ; déjà du sang
avait coulé[2]. L'opposition sentait le besoin d'échapper le plus
tôt possible à une responsabilité qu'elle ne pouvait maîtriser.
Sous la forme d'amendement[3], une transaction fut proposée
et devint la base de la loi.

Cet amendement n'était pourtant qu'une suite de l'idée
singulière dont s'étonnait le général Foy, au début de la discussion. C'était précisément le contraire de cette précaution
d'équité qui, dans le système impérial, prévenait l'accaparement d'influence (an X, 33, § 2)[4]; c'était le *double vote*, en
un mot. En conservant à tous les censitaires, divisés par colléges d'arrondissement, la nomination directe du nombre actuel des députés, la loi du 29 juin réservait aux colléges de
département, formés du quart plus imposé, l'élection exclusive de 172 nouveaux membres. Ainsi, en outre de sa part
dans la représentation générale, la grande propriété jouissait d'une représentation spéciale égale à plus du tiers de l'autre. Au moyen de ce complément, l'article 40 de la Charte, tel que l'avait interprété la loi de 1817, donnait au parti
rétrograde l'espoir d'atteindre prochainement son but. Dans
un projet de loi concernant le rétablissement du droit d'aî-

---

[1] *Conservateur* du 30 novembre 1819.

[2] 3 juin.

[3] L'amendement Boin.

[4] Cette loi défendait d'être membre de deux colléges à la fois, et cependant
les deux colléges étaient également électifs.

nesse [1], projet lié avec celui de l'électorat héréditaire, on étendait au droit civil, par l'intermédiaire naturel, le chapitre des successions, la distinction politique des censitaires et prolétaires ; on ramenait, sous cette forme, les biens nobles et roturiers. Les majorats, au dire de M. de Peyronnet, n'offraient qu'un trop faible secours contre le danger de l'époque, l'excessif morcellement des héritages ; on ne pouvait non plus regarder comme une barrière assez forte le simulacre de substitutions qu'autorisaient nos lois civiles. En fait de remède efficace, le ministre n'apercevait qu'une obligation légale, l'institution d'un préciput de plein droit, et il en arrêtait le minimum à 300 fr. de revenu, limite du *pays légal*, terme où finissait, selon lui, l'intérêt politique de la société.

Ce projet ne réussit pas comme celui qu'il généralisait. Malgré l'organisation de 1820 ; malgré la loi réglementaire du 16 mai 1821, qui, créant des circonscriptions, employait ou neutralisait, à l'avantage du pouvoir, mille circonstances matérielles ; malgré la septennalité intégrale, substituée, en 1824, au renouvellement par cinquièmes; malgré tant de soins pris par elle, la contre-révolution rencontrait dans tout le pays une opposition toujours croissante. Ne voulant pas l'attribuer à la cause qu'énonçait Manuel, elle s'en prenait aux menées d'une faction, et c'est en conspirant elle-même qu'elle prétendait les déjouer. La corruption devenait ainsi un moyen de gouvernement, une nécessité presque avouée; des influences de toute nature, le secret du vote rendu illusoire, la falsification des listes poussée au point de motiver des précautions législatives [2], tel fut le système qui précéda le coup d'Etat de 1830. L'ordonnance du 25 juillet, achevant l'œuvre commencée, enlevait aux colléges d'arrondissement la nomination directe, les fractionnait en sections, rendait vaine la moitié de leurs

---

[1] Présenté le 5 février 1826.
[2] 2 mai 1827 et 2 juillet 1828.

choix... Le peuple de Paris soulevé triompha, au cri de *Vive la Charte!* de l'arbitraire qui s'en autorisait.

Ce n'était qu'un cri de ralliement : on ne pouvait point supposer que la France voulût confier l'avenir de sa liberté reconquise aux concessions de Louis XVIII. Mais c'est ici qu'il faut se donner le spectacle des choses humaines, dirons-nous avec Montesquieu. Ce haut et solennel principe de la souveraineté nationale, gloire de la Révolution et dédommagement de tous ses maux ; ce principe que Napoléon quatre fois avait consacré, inclinant son front victorieux et les œuvres de son génie devant la volonté publique, on le sacrifia, par surprise, à je ne sais quels dogmes bâtards : ni pour l'élection du souverain, ni pour la sanction à donner aux lois constitutionnelles, la nation ne se vit appelée ; et, pour nous en tenir au sujet que nous traitons en ce moment, ce fut, certes, un singulier fruit de la victoire populaire, que cette loi électorale d'avril 1831, abaissant de dix ans et de 500 fr. les conditions de l'éligibilité ; de cinq ans et de 100 fr., celles de l'électorat ; établissant seulement encore un rabais de cent autres francs en faveur de l'intelligence, représentée par l'Institut, et des services militaires appuyés de 1,200 fr. de pension. Avec le cens de 200 fr., le nombre total des électeurs , que la Commission de la Chambre évaluait à 200,000, n'allait pas, selon plusieurs calculs [1], à plus de 175,000, rappelant la proportion des privilégiés d'autrefois [2] ; dépassant peu sensiblement l'état officiel

---

[1] Berriat Saint-Prix, *Commentaire sur la Charte ;* Ed. Alletz, *Démocratie nouvelle* , etc. Toutefois M. Duvergier de Hauranne portait, en 1848, le nombre des électeurs à 241,000. Si l'on adopte cette donnée, le chiffre de la Commission paraîtra plus vraisemblable pour 1830 ; mais les rapprochements indiqués n'en auront pas moins leur valeur.

[2] Sieyès, dans le calcul que nous citions (chapitre précédent), portait le nombre des ecclésiastiques à 81,400, et celui des nobles à 40,000 ; Brion de la Tour (*Résultat de recherches sur la population de la France*) évaluait plus haut que Sieyès, savoir : noblesse, 110,000, clergé, 80,000; total : 190,000 (1790).

des émigrés auxquels l'amnistie de 1800 avait rouvert les portes de la France [1]. Avec le cens de 500 fr., le chiffre des éligibles s'élevait seulement de 18 à 42,000 ; ce qui, évalué en moyenne, ne donnait pas encore à chaque département le minimum de 50, établi par l'article 39 de l'ancienne Charte, ou le 33e de la nouvelle. Trente-deux colléges demeuraient au-dessous de 150 électeurs ; et, sur l'ensemble du pays, la répartition se trouvait telle que, dans vingt arrondissements, en moyenne, un député représentait 60,000 habitants ; dans vingt autres, 129,000.

L'organisation des Conseils offrait un progrès plus réel. Nonobstant deux plans d'élection, présentés à long intervalle [2], la Restauration avait de fait investi le gouvernement d'un pouvoir de nomination sans partage. Les lois des 21 mars 1831 et 22 juin 1833, en conservant au pouvoir exécutif la nomination des maires et adjoints, confiaient celle des Conseils à

[1] Cet état officiel portait 145,000.

[2] En 1821 et 1829. Voici les bases du premier : division des communes en urbaines et rurales. Nomination des maires et adjoints, dans les unes par le roi, dans les autres par le préfet. Élection pour six ans de Conseils municipaux plus ou moins nombreux, d'après la population, et nommés : dans les communes rurales par le Conseil en exercice réuni aux plus imposés, en nombre égal, avec un droit nouveau, le *vote par procuration* ; dans les communes urbaines, par la même réunion, augmentée d'un certain nombre de notables élus par corporations.

Nomination des Conseils généraux et d'arrondissement par le roi, sur une liste double de candidats présentés : pour les Conseils d'arrondissement, par un Conseil électoral de canton, présidé par le juge de paix, et formé 1o des députés des Conseils municipaux dans la proportion d'un pour 500 habitants ; 2o des plus imposés du canton, en nombre égal ; pour les Conseils généraux, moitié par des assemblées d'arrondissement, moitié par des assemblées de département, composées respectivement : 1o des membres du Conseil en exercice ; 2o des candidats présentés aux dernières élections ; 3o des plus imposés en nombre égal. Trouvant une garantie suffisante dans ces méthodes d'élection, le législateur n'exigeait, comme conditions d'éligibilité, que l'âge de 25 ans et l'inscription au rôle des contributions directes (Présenté par M. Siméon, 22 février).

des électeurs ainsi qualifiés : 1° pour les Conseils généraux, renouvelés par tiers, et pour les Conseils d'arrondissement, renouvelés par moitié tous les trois ans, les électeurs des députés, les citoyens portés sur la liste du jury, et, en cas de besoin, pour compléter le nombre de cinquante, les plus imposés après les premiers ; 2° pour les Conseils municipaux, renouvelés comme les Conseils d'arrondissement, les plus imposés, âgés de vingt-un ans, dans une proportion déterminée par la population de la commune [1] ; plus, dans un rang subordonné (art. 13), certaines notabilités judiciaires, administratives, scientifiques, militaires, et les officiers de la garde nationale. Le droit d'éligibilité résultait, d'après les mêmes lois : 1° pour les Conseils généraux, de l'âge de vingt-cinq ans, et du payement, depuis un an, dans la circonscription départementale, de 200 francs de contributions directes ; 2° pour les Conseils d'arrondissement, du même âge, et de 150 fr., dont un tiers dans l'arrondissement. Dans les deux cas, si le nombre des éligibles ne s'élevait pas au sextuple de celui des membres à élire, il était complété au moyen des plus imposés ; 3° pour les Conseils municipaux, il fallait l'âge de vingt-cinq ans et la qualité d'électeur, avec un nouvel avantage pour les électeurs censitaires (16) [2], et la condition de domicile, pour les trois quarts des membres élus.

Ainsi complet, le système ploutocratique appelait à l'élection des députés un deux-centième de la population ; un millième à l'éligibilité ; aux droits municipaux, un vingtième [3]. Relativement à son premier état, il présentait, dans l'ensemble, un progrès de nombre, et, dans une de ses parties, un progrès d'organisation. Mais étaient-ce des compensations pour tant

[1] Ce qui pouvait mettre en moyenne le cens à 25 fr.

[2] Les deux tiers des conseillers municipaux sont nécessairement choisis parmi les électeurs désignés au § 1er de l'art. 11, etc.

[3] M. Odilon Barrot. Discussion de 1831.

d'espérances trompées, pour un tel principe maintenu, ren-
forcé, régnant sans partage? Condamné par son origine, le
régime nouveau ne possédait plus qu'un moyen d'amélioration,
dont il usa quelquefois : l'inconséquence.

N'était-ce pas, au point de vue de la Charte, une véritable
anomalie que de rendre la pairie viagère? Au point de vue de
l'opinion publique, ce fut une nécessité. Il fallut remplacer
enfin un fait exotique, suranné, plein de chances inacceptables,
par un principe plus rationnel, et l'on détermina alors [1] des
règles de candidature, où l'exercice préalable de certaines
fonctions, conférées soit par le souverain lui-même, soit par
la voie des élections ; où le chiffre de la richesse, et enfin un
titre de science, circonscrivaient le choix royal. Or, tel était
le chaos législatif, que ce même titre, suffisant pour rendre
habile à la pairie, seul, ne rendait point électeur.

De plus grandes contradictions existaient entre les lois et
les faits. Dans le Parlement d'Angleterre, un statut du temps
de la reine Anne [2] soumet à la réélection tout membre nouvellement pourvu d'un office de la couronne ; on voulut même,
sous Georges II, prendre contre les *pensions* une précaution
analogue ; mais trois fois le roi, par les lords, fit repousser cet
infâme bill [3]. Deux fois, sous les Bourbons aînés, il avait été
proposé [4] de naturaliser le statut anglais : les ministres [5] l'a-
vaient repoussé comme « une idée attentatoire à la dignité de
la couronne et à celle du caractère français. » Ce fut, ainsi
que l'élection quinquennale, une des garanties données
par les lois de 1830 [6]. Quelques années après, plus de la

---

[1] Loi du 20 décembre 1831.

[2] St. 6. c. 7. Il contient une exception pour l'armée et pour la marine.

[3] Lettre de Georges II à L. Townshend.

[4] En 1817, par M. de Villèle ; en 1820, par M. Le Graverend.

[5] Par l'organe de M. de Serre, appuyé de M. Lainé et de M. Royer-
Collard.

[6] 12 septembre.

moitié de la Chambre était composée de fonctionnaires [1].

Preuve de l'extrême confiance, conséquence libre et sincère de la volonté du pays ? Mais le pays, de toutes parts, n'appelait-il pas une *réforme ?* Le pays ne protestait-il pas contre l'incohérence des lois, contre l'influence laissée à la corruption et à l'intrigue ? Se croyait-il représenté par ces colléges si restreints, si inégaux, si analogues aux bourgs vénaux de l'Angleterre ? Encore l'Angleterre comptait-elle, pour un tiers d'habitants de moins, quatre fois plus d'électeurs qu'on n'en reconnaissait à la France [2], et qu'on ne voulait continuer à lui en reconnaître, quelque peu qu'il en eût coûté pour calmer momentanément l'opinion exaspérée, pour faire du moins disparaître les plus choquantes contradictions : quatorze mille votants de plus, et l'on eût cessé de remarquer que les hommes jugés capables, par une instruction constatée, de prononcer sur la vie de leurs semblables [3], n'avaient pas le droit de prendre part à l'élection de leurs députés.

D'avance, la *doctrine* avait jeté dans un moule étroit, inflexible, son système de gouvernement [4]. Malheureusement, c'était de l'argile et non du bronze. Tout tomba de soi-même en deux jours.

Du 24 janvier 1789 au 24 février 1848, nous venons, à un an et à un mois près, de parcourir soixante années. Dans le cercle d'une étude spéciale, nous avons noté toutes les phases

[1] 250 sur 459 (Berriat Saint-Prix).

[2] Le nombre des électeurs des trois royaumes se montait en totalité à 813,936, dont 377,603 avaient voté en 1832. L'Angleterre à elle seule, pour 9 millions d'habitants, comptait, en 1817, 230,000 électeurs.

[3] Loi sur l'organisation du jury, du 2 mai 1827.

[4] « La Charte a jugé la société ; son jugement est souverain. M. de Villèle « s'étonne d'un système électoral inflexible : je m'étonne bien davantage, moi, « de ce que M. de Villèle a la hardiesse de comprendre un système électoral « flexible. Celui de l'Angleterre n'a pas encore fléchi depuis sept à huit « siècles » (M. Royer-Collard, discussion de 1816)... Celui de l'Angleterre luimême n'était pas bien loin de fléchir.

de notre longue révolution. Cette seule période historique a à peu près mis en relief tous les avantages, tous les abus, toutes les combinaisons de l'élection, dont les vicissitudes se lient par la plus intime connexion aux mouvements de l'esprit public, aux progrès de la science politique, aux fastes de l'éloquence parlementaire, et dont l'influence toujours croissante annonce le règne définitif. Comment en serait-il autrement? L'élection n'est-elle pas la conséquence naturelle de notre principe constitutif? N'a-t-elle pas dû devenir elle-même le principe générateur de toute notre organisation politique, du moment qu'il n'a plus été permis de croire que la France fût l'apanage d'un homme ou d'une famille[1]? Elle a pu, depuis ce moment, se modifier en raison des faits sociaux ou lutter contre des tendances ennemies; elle peut, elle devra toujours faire à une liberté sage, à la sincérité des institutions, non à un esprit rétrograde, les concessions, soit réelles, soit apparentes, qu'exigeront l'état des mœurs, la nature des fonctions et la règle philosophique qui condamne l'abus des meilleures choses; pour arriver plus sûrement à son but, elle pourra prendre des détours ; jusqu'à un certain point, elle pourra se déguiser dans les formes, pour se faire mieux reconnaître dans les résultats; l'essentiel est de poser la règle d'une manière large et franche et de savoir discerner, dans les exceptions, celles qui confirment et facilitent, de celles qui restreignent hostilement.

Point de doute qu'une nation souveraine n'ait le droit d'élire à toutes fonctions, la royauté même comprise, si c'est une nation monarchique. Certains usages toutefois dominent et ils ne sont point arbitraires. L'élection directe d'un juge, dans une société avancée, offre plus de difficultés et en même temps

---

[1] Napoléon-Louis Bonaparte (OEuvres, t. III). Le moment dont il est question n'est pas la déchéance de Louis XVI. La royauté avait changé de nature, lorsque la première Constitution avait dit (art. 3) : « Le principe de toute sou- « veraineté réside essentiellement dans la nation : nul corps, nul individu ne « peut exercer d'autorité qui n'en émane expressément. »

importe moins à la souveraineté générale, que celle d'un législateur. Quant à l'hérédité monarchique, beaucoup de nations l'ont admise, soit comme gage de paix et de suite, soit
parce qu'elles n'ont su faire autrement, et on ne peut
nier les avantages qu'elle a produits en certains cas. Le
grand politique Machiavel a supérieurement démontré ce que
l'hérédité avait fait, sous le système féodal, pour l'agrandisse-
ment de la France : la couronne s'était enrichie des possessions
des rois morts sans enfants ; les plus riches et les plus puissants
barons, alliés au sang royal et pouvant espérer le trône, avaient
intérêt à se maintenir avec le roi, leur suzerain, dans une
union qui augmentait la force réelle du prince et diminuait la
hardiesse des étrangers ; les règles de dévolution, le droit de primogéniture, généralisés chez les vassaux, donnaient le moyen
de recruter, parmi les puînés de la noblesse, une excellente
gendarmerie, etc. [1].

Quoi qu'il en soit, l'hérédité monarchique, généralement et
par elle-même, est-elle bien un gage de paix ? Non, disent les
esprits frappés et de la guerre des Deux-Roses, et de la con-
flagration européenne allumée par la succession d'Autriche,
et des déchirements de l'Espagne. Est-ce une garantie de
suite ? Trouve-t-on un réel avantage à ce que, comme l'a
exprimé l'auteur de *la Démocratie en Amérique*, il y ait toujours aux affaires « quelqu'un qui s'en occupe, bien ou mal ?»
Les inconvénients des régences, l'abâtardissement des races,
les vices de l'éducation princière ne balancent-ils pas ce qu'on
peut craindre des interrègnes, des mauvais choix ? Les vrais
grands hommes de sang royal, les Alfred, les Gustave Wasa,
les Henri IV, n'ont-ils pas surtout été grands parce que les
événements combattirent les effets de leur origine, parce qu'ils
eurent pour précepteurs le péril et l'adversité ? Admettra-t-on
le règne des femmes, et pourquoi ne l'admettrait-on pas, mieux

[1] *Ritratti di Francia.*

que celui d'un Charles VI, d'un Henri III ou d'un Louis XIII ? Ne faudra-t-il pas, quoi qu'on fasse, en revenir, en certains cas, au principe rationnel dont on s'efforce à si grand'peine d'éviter l'application ? La Suède n'en a-t-elle pas offert un exemple digne de remarque, bien que triste à rappeler pour nous ?

« L'hérédité dérive du droit civil ; elle suppose la propriété,
« elle est faite pour en assurer la transmission. Mais com-
« ment concilier l'hérédité de la *première magistrature* avec
« le principe de la souveraineté du peuple ? Comment persua-
« der que cette magistrature est une propriété ? Lorsque la
« couronne était héréditaire, il y avait un grand nombre de
« magistratures qui l'étaient aussi. Cette fiction était une loi
« presque générale : il n'y a plus rien de tout cela. »

Ainsi parlait le premier Consul dans les discussions de l'an X [1]. Au projet dès lors inspiré par une sage reconnais-sance, de prolonger, autant que sa vie, l'autorité d'un homme unique, le Conseil d'État ajoutait le corollaire que voici : Quand il le jugerait convenable, le premier Consul présenterait, en qualité de son successeur, tel citoyen qu'il lui plairait, et le Sé-nat ne pourrait plus de deux fois repousser les choix du Consul. Le successeur choisi, après avoir solennellement, en présence des grandes autorités nationales, prêté serment à la Répu-blique, prendrait place au Sénat, à la suite du troisième con-sul ; ou bien si le premier Consul préférait conserver secrète l'expression de sa volonté, il la déposerait aux archives, et, après sa mort seulement, mais dans le délai de vingt-quatre heures, le Sénat serait appelé à sanctionner soit cette présen-tation posthume, soit, à défaut, celle du second ou celle du troisième consul [2]. C'était l'adoption romaine ; c'était, comme le rappelle un historien [3], l'institution qui avait donné au

---

[1] Thibaudeau, *Mémoires sur le Consulat.*
[2] Sénatus-consulte de l'an X, titre IV.
[3] M. Thiers.

monde la bienfaisante succession des Antonins. Le premier
Consul néanmoins n'accueillit pas sans objections cette extension
de pouvoir : « Lorsque le plus grand homme, disait-il, celui qui
« a rendu le plus de services à son pays, vient à mourir, le pre-
« mier sentiment qu'on éprouve, c'est d'en être satisfait [1].
« C'est un poids dont on est déchargé. Cela met en mouve-
« ment toutes les ambitions. On le pleurera peut-être un an
« après, lorsque des troubles déchireront la patrie ; mais dans
« le premier moment, on ne le regrettera point ; on ne tiendra
« aucun compte de ses dernières volontés.

« Le successeur désigné sera nommé si le Sénat le veut...
« S'il forçait la main au Sénat, il serait obligé de tout ren-
« verser, tandis que ce qui importe au contraire le plus à la
« nation, c'est que, dans cette circonstance, il n'y ait point de
« déchirement et que toutes les autorités marchent d'accord. »

C'est là en effet le grand point. Mais si d'une part, à cette
époque, Bonaparte, soit conviction, soit appel fait à l'opinion,
proclamait l'hérédité impossible, l'adoption même, inutile ;
de l'autre, il convenait avec tous que, la mort venant à l'atteindre sans que rien eût été réglé et les autorités nationales
ne se montrant point animées d'un même esprit de conservation et de concorde, le peuple serait agité, l'Etat ébranlé,
tout perdu. Il ne se payait point de mots : en dépit du calendrier, il ne craignait point d'affirmer que la France n'avait
point encore réellement *la République* ; qu'il voyait encore un
problème dans la question de savoir si elle la posséderait un
jour [2].

---

[1] On voit clairement, par ce qui suit, que la remarque du Consul s'appliquait moins au peuple qu'aux hommes politiques. Sous ce rapport, elle ne
fut que trop justifiée.

[2] « Ce sont ces cinq ou six années qui en décideront. Si les autorités sont en
« harmonie, nous l'aurons ; sinon, nous irons pendant dix ou vingt ans, et en-
« suite les privilégiés l'emporteront. C'est la marche naturelle des choses »
(Réponse au Conseil d'Etat, 18 nivôse an X).

Bientôt une pensée générale, un vœu universellement exprimé vint changer ses opinions ou fixer ses incertitudes. Grande leçon et qui montre bien la justice de la Providence ! Ce furent les complots ourdis par la haine de l'Angleterre, par la jalousie des princes déchus, qui transformèrent décidément en monarchie héréditaire la puissance d'abord décennale, puis viagère et posthume de leur ennemi. La nation effrayée se préoccupa plus que jamais de l'existence de son chef, garantie de ses propres destinées : elle lui chercha une sauvegarde et n'en trouva pas de plus sûre que l'élévation de sa famille : chaque successeur devenait un bouclier. En conséquence, le sénatus-consulte du 28 floréal an XII[1], décorant du titre d'empereur le premier magistrat de la République, rendait sa dignité nouvelle héréditaire dans sa descendance masculine, par ordre de primogéniture, et, s'il n'avait pas de descendants, dans la personne et dans la descendance de deux de ses frères, désignés. Privé jusqu'alors d'héritiers directs, Napoléon recevait le droit d'adopter, à l'âge de la majorité impériale (dix-huit ans), un des enfants ou petits-enfants de ses frères, ceux-ci ne partageant point une faculté qui eût à jamais concentré le droit de la nation dans une famille. En cas d'extinction de leur lignée, un sénatus-consulte organique, proposé par les titulaires des grandes dignités de l'Empire et soumis à l'acceptation du peuple, nommait l'Empereur et réglait dans sa famille l'ordre de l'hérédité masculine. Durant l'interrègne, un Conseil de gouvernement, formé des ministres, dirigeait les affaires de l'Etat.

Le cas de régence était réglé[2]. La Charte, qui n'en parla

---

[1] Titres I, II, III.

[2] Titre IV. A défaut de désignation par l'empereur défunt et si aucun des princes français n'est âgé de plus de 25 ans, le Sénat élit le régent parmi les titulaires des grandes dignités de l'Empire. A défaut de la mère ou d'un prince désigné, il confie à un autre dignitaire la garde de l'Empereur mineur.

point, se référait-elle à ces règles? Ou, laissant exprès en dehors des concessions faites à l'esprit nouveau, ce qui tenait au mystère de la royauté, se rattachait-elle par là, aussi bien que par l'article 57, par son préambule et par sa date, aux temps de la légitimité incontestée et de la propriété monarchique? L'hérédité de 1804, comme jadis celle de Charlemagne[1], partait d'un tout autre principe et, en définitive, ne signifiait pas autre chose qu'une délégation prolongée, le sénatus-consulte organique ayant son couronnement et sa sanction dans un article ainsi conçu :

Titre XVI, 142 : « La proposition suivante sera présentée à l'acceptation du peuple :

« Le peuple veut l'hérédité de la dignité impériale dans la descendance directe, naturelle, légitime et adoptive de Napoléon Bonaparte, et dans la descendance directe, naturelle et légitime de Joseph Bonaparte et de Louis Bonaparte, ainsi qu'il est réglé par le sénatus-consulte organique du 28 floréal an XII. »

Ainsi fut fait. « Les votes, dit le président du Sénat, sont con-« tenus dans soixante mille registres[2], qui ont été vérifiés et « dépouillés avec scrupule. Il n'y a point de doutes sur l'état

---

[1] Charlemagne et Louis le Débonnaire, partageant leurs États entre leurs enfants, s'en remettaient expressément à l'acceptation populaire (V. note finale A). D'après un auteur estimé, M\u1d48\u1d49 de Lézardière (*Théorie des lois politiques de la monarchie française*), cette combinaison des ordres de succession et d'élection constituait un principe de droit public, même avant l'avénement de la seconde race. Quelques progrès qu'eussent faits, sous la troisième, les doctrines de l'absolutisme, à l'époque où un roi vieilli appelait ses bâtards adultérins à l'héritage de la couronne, on voit encore, avec plaisir, de saines et libérales traditions survivre à la pression des faits. M. de Saint-Simon établit, au sujet de cette successibilité des bâtards, une comparaison très-hardie entre « le crime de lèse-majesté au premier chef, qui consiste à at-« tenter à la vie d'un roi, et celui qui tend à détruire dans sa racine le droit « le plus saint, le plus important, le plus inhérent à la nation entière » (t. XXI, p. 20, Ed. Delloye).

[2] 61,968, ouverts aux mairies, aux greffes, chez les notaires.

« ni sur le nombre de ceux qui ont émis leur voix, ni sur le
« droit que chacun d'eux avait de la donner, ni sur le résultat
« de ce suffrage universel. » Trois millions cinq cent soixante-
douze mille trois cent vingt-neuf voix, contre deux mille cinq
cent soixante-neuf, confirmèrent le vœu de la nation pour l'é-
tablissement de la dynastie napoléonienne, « vœu tellement
« certain, dit M. Thiers, qu'il y avait quelque chose de puéril
« dans le soin qu'on prenait de le constater. » Mais quelle
fonction plus importante de la souveraineté populaire, que le
choix d'un premier représentant? Quel acte plus solennel et
plus digne des plus complètes garanties, de la plus surabon-
dante certitude, des plus sévères formalités? Quel attribut
plus essentiel des droits imprescriptibles de la nation? Aussi
dans le cas d'extinction, non de tout le sang impérial, comme
l'eût exigé le droit de famille, mais des successeurs désignés,
l'analogie majestueuse établie (art. 7) entre les titulaires des
grandes dignités de l'Empire français et les Électeurs de
l'empire d'Allemagne, demeurait-elle subordonnée à la majesté plus imposante du peuple souverain, librement et universellement consulté.

D'après ce que l'on vient de voir et ce qui résulte également-
ment de la considération des rapports internationaux, l'hérédité impériale a été le résultat des faits, non la conséquence
des principes; c'était un emprunt au passé, pour le développe-
pement de l'avenir. Mais le fils de Napoléon ne devait point
porter sa couronne; l'ancienne monarchie, restaurée, ne devait
pas durer plus de quinze ans; un autre sceptre héréditaire
s'est depuis brisé dans les mains mêmes auxquelles il avait
été remis, et le principe de l'élection a repris un si complet
empire, qu'à une dynastie de vieille souche a immédiatement
succédé, non une dynastie populaire, non une hérédité conditionnelle, non une autorité viagère, mais une fonction de
quelques mois. Là se fait déjà bien sentir l'abus possible du

système, sans même parler de l'anomalie des limites fixées au souverain quant à la liberté de ses choix. Un autre fait digne d'attention, c'est que le résultat du suffrage a précisément été le même que celui de l'hérédité : l'urne du vote à peine ouverte, dans une solennelle concorde et d'un mouvement spontané, toutes les provinces, toutes les villes et tous les hameaux de la France y ont déposé le même nom. C'était le jugement d'Egypte. Ce jour a pénétré mon âme d'une grande foi et d'une grande estime pour le suffrage universel.

SECTION II.

Des représentants.

Caractère et fonctions du représentant. — Division du pouvoir législatif. — Système des contre-poids. — Système de l'unité organisée : propositions de Sieyès. — Organisation napoléonienne. — Pouvoir dirigeant. — Sénat. — Conseil privé. — Législation. — Conseil d'Etat. — Tribunat. — Le gouvernement impérial jugé par l'Empereur. — Corps législatif. — Les institutions nationales. — Système anglais. — Royer-Collard. — Les doctrinaires et la légitimité. — Souveraineté parlementaire. — Système des Cent-Jours. — Triomphes posthumes.

Est-il vrai, comme l'a avancé le chef de l'école doctrinaire, que l'idée de représentation tienne au mandat impératif?

Ou, comme l'a dit J.-J. Rousseau, qu'une ratification spéciale soit, dans tous les cas, nécessaire aux actes que le peuple ne fait pas lui-même?

Sur les mandats impératifs, cette erreur des fédérations, la Hollande et la Suisse n'auraient que trop de choses à nous apprendre. L'Amérique s'en est garantie, et l'Amérique pense avoir une *représentation*. Mais il y avait des raisons, connues de M. Royer-Collard, pour que les députés français ne constituassent qu'un *pouvoir*.

J.-J. Rousseau obéissait à ses prédilections avouées, helvétiques et fédéralistes [1]. Sous la bannière de l'indivisibilité, la Convention nationale voulut suivre J.-J. Rousseau. Qu'inventa-t-elle? Deux sortes d'actes, lois et décrets, dont les seconds seuls pouvaient se passer de l'acceptation populaire. Mais comment la Convention put-elle ensuite concilier tant de déférence pour le peuple et pour le *Contrat social* avec son caractère et son rôle? Elle institua, *par décret*, le gouvernement révolutionnaire.

Il est des principes plus simples, et que nous croyons mieux fondés. Le représentant ne peut jamais changer les limites du pouvoir qui lui a été conféré : mais son essence est de *vouloir*, comme celle du simple fonctionnaire est d'*agir* pour la nation [2]. Ce que la nation peut vouloir, elle peut le laisser vouloir pour elle ; elle n'est obligée de ratifier que ce qui change l'état de choses où sa volonté s'est transmise, comme une nouvelle constitution, même faite, en vertu des principes, par des mandataires spéciaux.

Il est également conforme et aux principes et aux usages des gouvernements électifs [3], que des mandataires de ce genre

---

[1] « Tout bien examiné, je ne vois pas qu'il soit désormais possible au sou-« verain de conserver parmi nous l'exercice de ses droits, si la cité n'est « très-petite. Mais si elle est très-petite, elle sera subjuguée? Non. Je ferai « voir ci-après (l'auteur explique, dans une note, qu'il avait l'intention de « traiter le sujet des Confédérations) comment on peut réunir la puissance ex-« térieure d'un grand peuple, avec la police aisée et le bon ordre d'un petit « Etat » (*Contrat social*).

[2] Barnave.

[3] On sait que pour l'élection du président de l'Union américaine, chaque Etat nomme des électeurs spéciaux en même temps que les représentants ordinaires. Ces électeurs votent tous le même jour, sans s'être réunis, et le Sénat, chargé de choisir, à défaut de majorité, entre les trois candidats les plus proches, a fort rarement besoin de se prononcer (V. Tocqueville).

élisent le chef de l'Etat, si toutefois la nation ne préfère le nommer elle-même ; car toute règle, toute précaution n'a évidemment pour objet que d'appuyer ou de suppléer le vœu direct de la nation, lequel confirme ou supplée tout.

S'il y a des actes interdits, dans nos principes de souveraineté, aux représentants ordinaires, lesquels pourront-ils, au contraire, accomplir légitimement sans renouvellement de mandat ni ratification expresse ? Deux rôles, dont l'importance varie suivant les temps et les régimes, renferment leurs attributions.

Dans une monarchie de droit divin ou en face du droit de conquête, des représentants, s'il en existe, ne représenteront pas sans doute les forces, les facultés de la nation : ils représenteront ses misères ; ils apporteront ses doléances ; ils feront valoir, en son nom, quelques-uns de ces derniers droits que le despotisme ménage par la crainte du désespoir. Comme à nos Etats généraux, il leur sera permis de donner l'argent qu'on redoutera de prendre ; dans des circonstances difficiles, ils entreront aux Conseils de la couronne, et ils tâcheront de s'y maintenir ; ils viseront à la permanence ou à la périodicité ; au vote habituel de l'impôt ; ils arriveront peut-être enfin à reprendre une part du pouvoir dont l'exercice eût constitué, dans l'ordre naturel des choses, leur patrimoine incontesté.

Ainsi l'Angleterre a vu naître son système constitutionnel, ouvrage du temps, des faits, des intérêts que ces faits mettaient en présence ; édifice qui montre la date de son antique fondation, même quand on le prétend établi sur des raisons de tous les âges. Voyez ces droits indéfinis attribués au Parlement, cette inviolabilité si bizarrement étendue : tout cela ne tient-il pas plus aux exigences du privilége qu'aux besoins de la liberté ? Voyez les deux Chambres : sans doute il ne manque pas d'arguments pour, en thèse générale, appuyer l'idée de division dans le pouvoir législatif; les avantages de cette idée ne furent niés à aucune époque de notre révolution. « L'unité, la célérité, le mouvement, disait, en 1789, Lally-« Tollendal, sont de l'essence du pouvoir exécutif; la délibé-« ration, la lenteur, la stabilité doivent caractériser le pouvoir « législatif : une assemblée unique court perpétuellement le « danger d'être entraînée, séduite... Plus l'assemblée est « nombreuse, et plus ses dangers augmentent; plus son pou-« voir est étendu et moins sa prudence est avertie. Une « Chambre unique ne sera jamais liée par ses délibérations »; et il proposait un Sénat constitué viagèrement par le roi, sur la présentation des provinces. En 1793, Condorcet convenait que le contrôle, soit d'une seconde assemblée, soit d'une sec-tion sur une autre dans le même corps délibérant, diminuait les chances d'erreur sans menacer la liberté. « Qui mieux « que vous, demandait enfin Boissy-d'Anglas à ses collègues, « à la suite et sous l'impression de la dictature convention-« nelle, qui mieux que vous pourrait nous dire quelle peut « être, dans une seule assemblée, l'influence d'un individu? « Comment les passions qui peuvent s'y introduire, les divi-« sions qui peuvent y naître, l'intrigue de quelques factieux, « l'audace de quelques scélérats, l'éloquence de quelques ora-« teurs, cette fausse opinion publique dont il est si aisé de « l'investir, peuvent y exciter des mouvements que rien n'ar-« rête, occasionner une précipitation qui ne rencontre aucun « frein, et produire des décrets qui peuvent faire perdre au « peuple son bonheur et sa liberté si on les maintient, à la « représentation nationale sa force et sa considération, si on « les rapporte? » Et malgré tout, en 1789, après une dis-cussion orageuse, 499 voix contre moins de 100 avaient adopté le principe de l'unité; c'était en offrant de confondre dans un anathème réciproque la République et les deux Cham-bres, que, le 7 juillet 1792, Lamourette avait, pour une

heure, rapproché toutes les opinions, et même avec l'appui
des faits dont l'an III pouvait invoquer la récente et terrible
histoire, il fallait encore s'envelopper de précautions atten-
tives pour provoquer un changement : « Les jaloux amants
« de la liberté craignent que nous ne voulions naturaliser en
« France le plus monstrueux des systèmes... Une Chambre
« des pairs héréditaire est une production de l'orgueil féodal ;
« un Sénat à vie est une institution aristocratique non moins
« contraire aux principes sacrés qui ont préparé notre révo-
« lution, qu'à ceux de l'intérêt public [1]. » Ainsi parlait un
futur sénateur, un futur pair de France, mais, en attendant,
un acteur de la Révolution française, qui savait quelle défaveur le système anglais avait jetée sur tout ce qui pouvait paraître y ressembler, de près ou de loin.

Ne blâmons point trop ces ombrages, même dans leurs
exagérations. N'obéissait-elle pas, au fond, à la vraie loi de
sa nature, cette révolution qui ne fut, selon l'expression d'un
grand poëte [2], qu'*une convulsion vers l'unité?* Pour réaliser
dans le pays l'unité de territoire, de lois, de sentiments,
d'intérêts, de défense, la Constituante, la Convention ne se
sentaient-elles pas appelées à réaliser en elles-mêmes, d'une
manière plus ou moins complète, l'unité de direction? Malheureusement, cette unité, aux prises, sous la première Constitution, avec des éléments préexistants; en lutte, sous le
régime qui suivit, avec les rivalités de personnes qu'encou-
rageait, d'une façon si effrayante, le vague du gouvernement;
cette unité, tant que dura la période révolutionnaire, manqua
de tempéraments et de règle, n'eut point d'organisation. De
là les tiraillements, les combats, les proscriptions, les tyrannies, la mort de Louis XVI, celle des Girondins, toute cette
accumulation de crimes qui ternit le premier éclat de notre

[1] Discours de Boissy d'Anglas.
[2] Lamartine, *Histoire des Girondins*, liv. VI, 40.

régénération. Une question neuve était à résoudre, et un Archimède politique s'en occupait silencieusement dans le tumulte de la cité. *Organiser l'unité*, tel fut le rêve constant, telle fut la pensée tout entière de ce penseur original et profond, dont nous avons déjà rappelé, en plus d'une grande circonstance, l'initiative nette et hardie. Rebelle aux engouements de son époque, Sieyès ne se laissa pas plus séduire par l'imitation de l'Angleterre que par le culte de Rousseau. N'apercevant, il le disait, dans la Constitution britannique, « au lieu de la simplicité du bon ordre, qu'un échafaudage prodigieux de précautions contre le désordre », il se gardait de faire honneur à « cette ébauche de l'art social [1] », d'une liberté géographique; il y signalait nommément comme gothiques et ridicules les lois de la représentation, « car si les rois sont devenus héréditaires pour éviter les troubles civils, il n'y a rien de semblable à craindre à la nomination d'un simple lord. » Rousseau lui semblait avoir pris les *commencements* pour les *principes*, « comme un constructeur de vaisseaux qui, au lieu de chercher des règles dans les lois de la mécanique, se guiderait dans ses travaux sur les pirogues des sauvages [2]. » Il fallait donc, sans s'asservir à la parole d'aucun maître, à la renommée d'aucun Etat, interroger à nouveaux frais la nature même et le but de l'établissement politique, et voici où Sieyès arrivait :

Tout est représentation dans l'état social. Le système représentatif n'est pas plus incompatible avec la démocratie qu'un édifice avec sa base; il est même constant que se faire

---

[1] « Le triomphe de l'art social sera de produire les plus grands effets par « les moyens les plus simples... On voit bien que la nation anglaise est la « seule à qui il soit permis de n'avoir pas une armée de terre redoutable pour « la nation. C'est donc la seule qui puisse être libre sans une bonne Constitution » (*Qu'est-ce que le tiers?*).

[2] *Notice* sur lui-même.

représenter dans le plus de choses possible, c'est accroître sa liberté, comme c'est la diminuer que d'accumuler des représentations diverses sur la même personne : en fait de gouvernement et plus généralement en fait de Constitution politique, *unité* toute seule est despotisme; *division* toute seule est anarchie : *division avec unité* donne la garantie sociale, sans laquelle toute liberté n'est que précaire.

Or, on ne saurait concevoir que deux systèmes de division : le système de l'équilibre et celui du concours, ou, en termes à peu près semblables, le système des *contre-poids* et celui de l'*unité organisée.*

« Les uns croient que l'extrême habileté est de se donner
« deux ou trois représentants pour exercer la même fonction
« identique. Tous les actes par lesquels l'art social apprend
« à retirer de la masse des volontés individuelles le résultat
« d'une volonté commune pour faire loi, tous ces actes, ils
« les mettent en représentation dans le même corps... Alors,
« effrayés de l'immensité de pouvoir qu'ils viennent d'ac-
« corder, que font-ils?... Ils imaginent de donner à un se-
« cond corps de représentants la même masse de pouvoirs,
« ou bien ils attribuent à l'un sur l'autre le droit de *veto*,
« risquant ainsi de sacrifier les besoins de tous aux caprices
« de quelques-uns. Ils se vantent alors de n'être pas tombés
« dans l'inconvénient d'une *action unique*, qui, à la vérité,
« serait le despotisme tout pur : mais regardez partout où ce
« système s'est établi; examinez comment les affaires s'y font
« (car malgré les erreurs constitutionnelles, il faut que les
« affaires se fassent), vous verrez que la marche des affaires
« n'y est due qu'à ce que, dans la pratique, il n'y a plus
« réellement ni contre-poids ni équilibre, et qu'il s'y est
« établi, par abus et corruption du système, cette action uni-
« que contre laquelle on avait voulu se prémunir. En An-
« gleterre, par exemple, ce fameux parti de l'opposition, est-

« il autre chose *qu'une antichambre disgraciée du roi et occu-*
« *pée à clabauder contre l'antichambre de service,* afin de
« rentrer à son tour dans les profits de la maison?

« Le système de l'unité organisée (*unité d'action* et non
« *action unique*) confie à divers représentants des parties
« différentes, de manière que le résultat de tous les travaux
« produit avec certitude l'ensemble demandé. Il ne donne
« pas deux ou trois têtes au même corps, afin de corriger,
« par les défauts de l'une, le mauvais effet des défauts de
« l'autre; mais séparant avec soin dans une seule tête les
« différentes facultés qui concourent à déterminer la volonté
« avec sagesse, et leurs opérations respectives, il les accorde
« par les lois d'une organisation naturelle [1]. »

En 1789, « par une de ces idées saines qui font faire un
pas à la science, par une découverte due aux Français », la
loi avait déjà consacré la division du pouvoir constituant et
des pouvoirs constitués. Sieyès, rappelant, en l'an III, ce
premier succès de l'analyse politique, auquel il n'avait pas été
étranger, généralisait le procédé et y joignait l'application
d'une de ces analogies ingénieuses que son esprit scrutateur
savait découvrir. De même que nous l'avons vu établir sur la
division du territoire ses deux systèmes parallèles d'administration et d'élection, de même, mettant en regard, d'après
des rapports de nature [2], les fonctions du législateur et celles
du juge, il tirait de ce rapprochement, ainsi que de l'étude

---

[1] *Moniteur*, an III, n° 307.

[2] « Lorsque le législateur fait une loi générale, sa pensée a parcouru les
« cas particuliers qu'elle embrasse ; il ne saurait ce qu'il fait, il ne l'enten-
« drait pas, il ne pourrait pas généraliser son expression où il la générali-
« serait à faux, si les cas individuels classés par lui sous une même dénomi-
« nation, ne recevaient pas rapidement de son esprit ces mêmes jugements
« d'application que le juge n'aura ensuite qu'à répéter, en les distribuant en
« détail, suivant les besoins particuliers; c'est la même nature d'actes» (*Moniteur*, 326).

des faits offerts par la Révolution à sa méditation continue, l'organisation combinée de la *volonté constituante*, de la *volonté pétitionnaire*, de la *volonté chargée de l'exécution* et de la *volonté législative* proprement dite, c'est-à-dire un système complet de gouvernement représentatif.

1° Tout code supposant une magistrature, il devait y avoir, sous le nom de *jury constitutionnaire*, un corps spécialement chargé de contenir chaque action représentative dans les bornes de sa procuration spéciale, un tribunal de cassation politique, réunissant à cette fonction celle *d'atelier de proposition* pour le perfectionnement graduel de l'acte constitutionnel, et suppléant, en troisième lieu, par des décisions d'équité, rendues sur la demande expresse des tribunaux, aux vides de la législation positive.

2° En recueillant ce que pouvaient contenir de bon l'institution des sociétés populaires et le mouvement, souvent désordonné, des pétitionnaires admis à la barre; en unissant au sentiment des besoins la connaissance des moyens et en les faisant représenter par une ou plusieurs *tribunes de proposition*, on créait le *Tribunat* du peuple français.

3° Mais si les besoins du *gouvernement,* si les lois, les règlements généraux, les moyens qui lui sont nécessaires, sont aussi l'objet des devoirs du législateur, pourquoi ne pas les mettre aussi en représentation? Le gouvernement ne se confond pas avec le *pouvoir exécutif : procurateur d'exécution,* il nomme et gouverne ce pouvoir, qui, quant à lui, ne fait que veiller à l'exécution de la loi : en ayant soin de se conformer aux lois, les citoyens se gouvernent eux-mêmes. Voué par essence à la pensée, à la délibération, le *gouvernement* devait fonctionner comme *atelier de confection* pour les règlements, comme *atelier de proposition* pour la législation supérieure; il partageait avec le Tribunat l'initiative des projets : l'un était l'*intendant,* l'autre le *procureur* du peuple.

4° Après avoir mis en représentation, d'un côté la demande des besoins des gouvernés ; de l'autre, la demande des besoins des gouvernés et du gouvernement, il fallait établir un corps qui prononçât le *jugement national*. Tel était le rôle de la *législature*, véritable point central, régulateur suprême de toutes les parties de l'établissement public, et qui, semblable en cela à un tribunal judiciaire bien constitué, ne pouvait jamais rendre un décret de propre mouvement. C'était comparativement la représentation la plus nombreuse, et, disait l'auteur du système, « si l'on voulait instituer le mieux en ce « genre, on adopterait une combinaison propre à donner à « la législature un nombre à peu près égal d'hommes voués « aux trois grands travaux, aux trois grandes industries qui « composent le mouvement et la vie d'une société qui pros- « père, je parle de l'industrie rurale, de l'industrie citadine « et de celle dont le lieu est partout et qui a pour objet la « culture de l'homme. Un jour viendra où l'on s'apercevra « que ce sont là des questions importantes. » Idée d'origine florentine, ainsi que les listes d'éligibles, et destinée à reparaître, adoptée par Napoléon, dans le nouveau royaume d'Italie.

Selon le plan primitif de Sieyès, les proportions se trouvaient ainsi réglées : sept représentants pour le gouvernement ; pour le Tribunat, un nombre triple de celui des départements ; trois fois autant pour la législature ; pour le jury constitutionnaire, les trois-vingtièmes du nombre précédent.

Ce plan contenait de grandes solutions. Nous avons indiqué plus haut le rôle principal assigné à la représentation nationale dans le cas de coexistence avec un droit hétérogène : là, à titre de garantie, elle entretient légalement une sorte de guerre civile permanente, guerre qu'admet et qu'organise le système des contre-poids. Mais est-ce là le rôle naturel, logique, éminemment utile de la représentation ? Une attribution presque passive doit-elle absorber à elle seule la meilleure part des forces sociales? Ce que l'on use ainsi en résistance, ne saurait-on l'employer en action? L'*unité simple* tranche le nœud, en supprimant toute garantie; l'*unité organisée* résout la question. A l'antagonisme des pouvoirs, elle substitue la division des fonctions. Dès lors, le pouvoir exécutif prend une physionomie nouvelle : ce n'est plus, comme dans le système des contre-poids, « un bassin opposé, dans la balance législative, au bassin des représentants du peuple »; c'est une partie de la représentation; c'est « la continuation et le complément de la volonté sociale [1]. »

« Je vous prie d'observer, disait Mirabeau à ses collègues, « qu'en examinant si l'on doit attribuer un droit de la souve- « raineté à tel délégué de la nation plutôt qu'à tel autre, au « délégué qu'on appelle *Roi*, ou au délégué graduellement « épuré et renouvelé qui s'appellera *Corps législatif*, il faut « écarter toutes les idées vulgaires d'incompatibilité; qu'il « dépend de la nation de préférer, pour tel acte individuel « de sa volonté, tel délégué qu'il lui plaira. »

Mais c'est maintenant tout au plus si la notion du pouvoir exécutif s'est dégagée de l'appréhension du despotisme ; alliance d'idées non moins soutenue par l'empire des habitudes, que la synonymie d'opposition, d'affranchissement et de progrès. Au temps des propositions de Sieyès, le gouvernement collectif que nous venons de définir parut lui-même redoutable par son intervention active dans la formation de la loi [2] : on préféra, sous l'influence de ces préoccupations, la constitution directoriale, de toutes celles qu'on eût pu choisir la moins appropriée peut-être aux difficultés de l'époque. Deux Chambres, dont l'une ne représentait ni le fait aristocratique comme en Angleterre, ni le fait fédéral comme

[1] *Moniteur*, 307.
[2] Opinion de Thibaudeau.

en Amérique, ni l'expression d'un intérêt national, ni le jugement de deux intérêts contradictoires ou parallèles ; un gouvernement indivis entre cinq fonctionnaires égaux ; émanation des assemblées, n'ayant pour se fortifier contre la subordination de son origine ni initiative ni veto ; l'impulsion législative confinée dans le second corps, sous le contrôle du premier, sans l'intervention du troisième : voilà, en résumé général, tout ce que les auteurs de la Constitution de l'an III avaient trouvé de plus efficace pour finir la Révolution et en assurer les principes. A force de craindre une action dominante, ils avaient paralysé toute action légale ; ils avaient déchaîné l'arbitraire ; car, on ne saurait trop le répéter, quand le législateur n'a pas compté avec la nature des choses ou les exigences du temps, ce qui ne se fait point par la loi se fait sans elle ou malgré elle. Sieyès du reste put se consoler que son œuvre n'eût pas dès lors été mise à l'épreuve des faits : telle qu'il l'avait dû présenter, elle manquait, il le savait bien, de simplicité et de force ; elle ne méritait pas assez les craintes qu'elle avait inspirées : elle se conformait forcément au préjugé qui unissait, d'une manière indissoluble, les idées de *polyarchie* et de système républicain, tandis que, dans la pensée de Sieyès et pour emprunter la formule que cet esprit géométrique appliquait, dès 91 [1], aux combinaisons du pouvoir, le *triangle*, mieux que la *plateforme*, convenait au couronnement d'une société librement et régulièrement constituée. Aussi le vit-on, en l'an VIII, moins gêné dans l'expression de son opinion personnelle, revenir au point de départ qu'il semblait avoir oublié. Confiant à un *Conseil d'Etat* une partie des attributions de son corps gouvernemental, il concentrait et partageait entre les mains de ses deux *Consuls* l'autorité exécutive;

[1] Lettre à Thomas Payne.

il personnifiait enfin, dans son fameux *Grand-Electeur*, la conception métaphysique du gouvernement ne gouvernant point, et il se rapprochait ainsi de la Constitution anglaise, mais n'assurait point, lui non plus, à la France lasse d'agitations, ce qu'elle demandait avant tout, une *Providence politique*[1], et ce que brumaire lui donna.

Quand vint le tour de Napoléon d'essayer ce que, depuis dix ans, ni homme ni Assemblée n'avait pu faire, très-frappé de l'avilissement où le pouvoir exécutif était fatalement tombé par la position de Louis XVI; des espérances que l'étranger et la contre-révolution [2] fondaient sur cette cause de faiblesse; enfin des devoirs imposés à un gouvernement nouveau, Napoléon songea d'abord à centraliser, à accroître l'ascendant gouvernemental. En adoptant comme une formule propre au caractère, aux besoins de la Révolution française, l'ensemble des idées de Sieyès, il eut soin de laisser de côté et la superfétation du Grand-Electeur, et le dualisme consulaire; personnellement investi, par la confiance nationale, de l'intégrité du pouvoir; trois fois sacré, comme chef de la France moderne, par le suffrage universel, avant de l'être,

---

[1] Expression de Cambacérès, rapport sur les lois organiques de la Constitution de l'an III.

[2] « Si je montrais tous les projets de Constitution qui m'ont été remis pendant « plusieurs mois avant le sénatus-consulte (de l'an X), on verrait que ce sont « les ennemis de la révolution qui plaident le plus chaudement en faveur de « la liberté politique; ce sont des hommes comme Malouet et Talon. On ne « peut pas dire que ces hommes-là, Talon surtout, croient bonnement à l'ex- « cellence de leurs plans; ils ont trop d'esprit; c'était une conspiration per- « manente : ils auraient voulu me faire comme au roi en 1789, rétablir les « assemblées primaires et toutes les idées de ce temps-là. S'ils avaient pu me « faire faire un faux pas, tout était perdu. Ces messieurs veulent faire la « contre-révolution des hommes, certains qu'elle entraînerait celle des « choses. Je les ai laissés aller et dire, j'ai écouté tout le monde, j'ai reçu tous « leurs plans, et j'ai été mon train » (Paroles du premier Consul au Conseil d'Etat, Thibaudeau, *Histoire*, T. II).

aux yeux de la vieille Europe, par l'onction pontificale, il ne cessa jamais de rappeler ni de se rappeler à lui-même, qu'il était, de fait et de droit, le premier représentant de la nation. Qui eût pu lui disputer ce titre? Louis XVI n'avait qu'une concession, le Directoire, une commission, de la puissance législative; seul, au contraire, dans l'Etat le premier Consul ou l'Empereur s'étayait du vote immédiat de la masse des citoyens. Tout immense que puisse sembler, au point de vue d'où nous la jugeons, l'autorité qu'il exerça, il est parfaitement vrai de dire, ainsi que nous l'avons déjà fait, que rien ne l'aurait empêché de s'en réserver plus encore : « le peuple était derrière tout cela [1]. »

Dans le système napoléonien, de même qu'à l'extérieur certains royaumes provisoires tenaient en dépôt et en garde de grandes nationalités, à l'intérieur le *Sénat* apparaît en première ligne comme l'arche sainte des grands principes, le dépositaire collectif d'un pouvoir extraordinaire, issu de la nécessité. Parmi les combinaisons de Sieyès, le jury constitutionnaire avait présenté dès l'abord des caractères si évidents d'utilité et de sagesse, que la Convention fut tentée de l'accommoder pour lui-même aux institutions de l'an III. Il devait, dans cet arrangement, se composer de 108 membres, renouvelés chaque année par tiers, aux mêmes époques que les Conseils, et pris, par la

---

[1] Paroles de Napoléon, Thibaudeau, II. « Dans le sein du Conseil d'Etat, « il avait été proposé que les garanties instituées par le sénatus-consulte de « l'an XII fussent seulement mises en vigueur à la mort du premier Consul, « parce que, disait l'opinant, de lui on n'avait rien à craindre, et bien des « gens pensaient ainsi » (Pelet de la Lozère, *Opinions de Napoléon recueillies au Conseil d'Etat*).

Les adversaires mêmes de l'Empire ne disconvenaient pas, en 1816, des dispositions qu'avait rencontrées l'établissement de ce pouvoir : « Le grand « art de Buonaparte était de tromper. Cela lui fut d'autant plus facile, que « l'espoir d'arriver à un gouvernement régulier fascinait les yeux de la nation à un point tel qu'il eût pu, dans les commencements de son règne, oser « davantage » (Chambre des députés, M. Josse de Beauvoir).

majorité en exercice, parmi les législateurs sortants; sanctuaire de la Constitution, atelier de proposition pour la révision périodique, il devait fournir annuellement, comme *tribunal des droits de l'homme*, une Commission suppléant à l'absence du droit de grâce et à l'insuffisance des lois[1]. Voilà, à bien peu près, le Sénat; mais le Sénat ne se renouvelle que par la mort des sénateurs; là, comme dans un prytanée, viendront achever leur carrière les athlètes des luttes passées, les hommes de la Révolution; ils en représenteront la gloire, ils en perpétueront l'esprit, ils en défendront au besoin les résultats et les principes; dans ce que le pouvoir leur prodigue, honneurs, attributions, richesses, splendide dotation, assignée sur le territoire de la France et les faits de l'époque nouvelle[2]; sénatoreries viagères distribuées aux titulaires sur la présentation du corps[3]; rien qui n'ait pour but évident de resserrer encore les liens qui doivent enchaîner au pays et au succès de leur propre cause ces vétérans de la liberté; rien qui n'ait été calculé, dussent, quelque jour, tant d'éléments d'indépendance, d'autorité, faire obstacle au pouvoir lui-même, qui n'ait été calculé, dis-je, pour proportionner la fonction à la dignité de ses objets. N'est-ce pas en effet le Sénat qui, dans le système électoral, compose, en dernière analyse, deux des trois Corps législatifs? N'est-ce pas lui qui les dissout (an X, 55, 5°)? N'intervient-il pas

---

[1] Exposition de Sieyès, 26 thermidor an III.

[2] Quatre millions sur le revenu des forêts, un sur les domaines nationaux des départements réunis (sénatus-consulte du 14 nivôse an XI). Par le même acte, l'administration économique, la police intérieure et la comptabilité du Sénat furent confiées à deux préteurs, à un chancelier, et à un trésorier nommés par le premier Consul. Le chancelier avait d'ailleurs le visa et le sceau des actes.

[3] Les sénatoreries répondaient aux circonscriptions de Cours d'appel. A chacune étaient attachés un revenu de 20 à 25,000 fr., et une habitation que le titulaire devait occuper trois mois de l'année.

également dans le mode de formation du premier corps judiciaire? N'annule-t-il pas les jugements attentatoires à la sûreté de l'Etat? N'arrête-t-il pas l'action du jury (85, 55, 1° et 4°)? Là se borne, à la vérité, son intervention définitive dans l'administration de la justice : le droit de grâce rétabli (86) et l'article du Code civil (5) qui, pour protéger le principe de la séparation des pouvoirs [1], défend l'abstention aux juges, ont modifié l'idée de Sieyès; mais la protection permanente des premiers droits de la société reste l'attribut essentiel du corps puissant substitué au jury constitutionnaire (an XII, 60, 54) [2]. Ce corps est en tout le gardien de la Constitution, qu'il protége contre les actes, quels qu'ils soient, attentatoires à ses principes (an VIII, 21 ; an XII, 69, 70, 71, 74); il a, pour la mieux protéger, la faculté de la suspendre dans les lieux et les circonstances où elle ne serait plus respectée (an X, 55, 2°). Enfin, par les plus solennels des actes qu'il lui soit permis de rendre, il interprète et il complète les dispositions constitutionnelles (an X, 54). Ces actes exceptionnels, ces sénatus-consultes *organiques* ne doivent jamais être rendus dans le courant d'une régence ni pendant les trois ans qui suivent la majorité d'un Empereur; ils ne peuvent être votés qu'à la pluralité des deux tiers. Quant à leur préparation, ils se discutent, comme tous les actes qualifiés *sénatus-consultes* [3], dans un *Conseil privé*, où l'Empereur appelle auprès de lui deux ministres, deux sénateurs, deux conseillers d'Etat et deux grands-officiers de la Légion-d'Honneur ; conseil où ressortissent également de

---

[1] La même intention se manifeste dans l'article 29 de la Constitution.

[2] Commissions de la liberté de la presse et de la liberté individuelle.

[3] On appelait *sénatus-consultes* sans autre désignation, les décisions qui suspendaient la Constitution ou le jury, dissolvaient le Corps législatif ou le Tribunat, annulaient des jugements attentatoires. Les autres actes du Sénat portaient, suivant les cas, les noms d'*arrêtés*, de *délibérations* ou de *déclarations* (an X, 59, 60; an XII, 63, 67).

graves et délicates questions, une des perplexités de la Constituante.

Le droit de faire la guerre ou la paix, de conclure des traités d'alliance, est certainement un de ceux que, pour leur extrême importance, se réserverait la nation, si elle pouvait, en quelque cas, s'administrer directement[1]. A qui le déléguera-t-elle ? « Lorsqu'il s'agit de l'exécution, disait, en « substance, Mirabeau, ce qui doit être fait par plusieurs « personnes n'est jamais bien fait par aucune. Peut-on ôter « au roi les préparatifs de la guerre, le droit de résistance ? « Et qui connaîtra le moment de faire la paix, si ce n'est celui « qui tient le fil de toutes les relations politiques ? Faire déli-« bérer directement le Corps législatif sur la paix et sur la « guerre..., ce serait choisir, entre deux délégués de la nation, « celui qui est le moins propre, sur une telle matière, à « prendre des délibérations utiles. Donner au contraire au « pouvoir législatif le droit d'examen, d'improbation, de « réquisition de la paix, de poursuite contre un ministre « coupable, de refus de fonds, c'est le faire concourir à « l'exercice d'un droit national par les moyens qui sont « propres à la nature d'un tel corps[2]. » En acceptant de cette théorie, qui est celle de l'Angleterre, ce que la nature des pouvoirs forçait, en quelque sorte, à admettre, la Constituante avait pourtant réservé à l'autorité législative le droit formel de décréter la guerre, sur la proposition royale, et de ratifier les traités. La Constitution de l'an VIII, qui, par son article 50, assimilait de tout point à des lois ces actes de la puissance publique, et qui ne prévoyait pas même, comme la Constitution de l'an III, l'exécution provisoire de certaines

---

[1] En Angleterre le droit propre du prince ne s'étend pas jusqu'à ces intérêts : *With regard to foreign concerns, the king is the delegate or representative of his people* (Blackstone, B. I, ch. VII).

[2] 1790, *Moniteur*, 41.

conventions, la Constitution de l'an VIII ne tirait pas assez parti de l'avantage des circonstances : à quoi servait de posséder des pouvoirs de même origine, d'avoir Bonaparte pour chef, dès qu'on ne se hâtait pas au moins de garantir aux relations extérieures l'esprit d'unité et de suite, la promptitude et le secret? Si le premier Consul lui-même, trop confiant dans ses intentions, n'avait pas calculé les suites de cette erreur d'imitation, les faits ne tardèrent pas à l'instruire : une réforme s'ensuivit. En le chargeant de ratifier les traités, sauf, avant la promulgation, à les communiquer au Sénat, l'acte de l'an X institua, tant pour cette fonction que pour l'exercice du pouvoir vice-constituant et pour l'usage du droit de grâce, les Conseils extraordinaires que nous venons de mentionner[1].

L'appropriation de l'agent à la nature de l'action, la possibilité de choisir, comme le voulait Mirabeau, tel délégué pour telle fonction, sans autre considération que l'aptitude la plus grande ; cette condition rationnelle de toute forte exécution, de toute législation sage, quelle importance n'offrait-elle pas dans l'organisation de l'an VIII! Sans parler ici des périls et du désordre matériel où l'anarchie exécutive avait précipité la France ; en considérant le bien à faire après avoir réparé le mal, se figure-t-on cinq Codes de lois conçus, approfondis, coordonnés sous le régime des assemblées qui précédèrent le Consulat? Et si l'on songe aux maux qu'entraîne une législation civile irréfléchie, incohérente, qui de nous, encore aujourd'hui, n'aura quelques actions de grâces pour ce qui lui a assuré, à son foyer, dans sa famille, la sécurité et le repos? Le système de Napoléon rendait enfin les Assemblées à leur mode d'action naturel, l'élaboration des lois, et les y

---

[1] S'il s'agissait du droit de grâce, le premier Consul ou l'Empereur y appelait, au lieu de sénateurs et de dignitaires de la Légion-d'Honneur, le grand-juge et deux juges de cassation (an X, 86).

rendait tout entières : pourvu que le chef individuel, le dépositaire libre et fort de la puissance exécutive fût et restât de droit et de fait premier représentant de la nation, les Assemblées, débarrassées de ce contrôle minutieux qui, dans un système différent, les absorbe et les paralyse, pouvaient, en toute sûreté de conscience, écarter les distractions funestes à tout grand travail ; elles pouvaient servir la nation sans jamais entraver le Prince, qui lui, génie exceptionnel, propre à tout, supérieur en tout, usait d'une manière admirable de son droit d'initiative, pour activer et pour régler le jeu de l'organisme social ; « présentant, dit un historien [1], à la confiance publique, des lois très-générales et les complétant ensuite par des décrets, au fur et à mesure des expériences faites » ; faisant passer chaque projet au crible de cinq ou six examens ; substituant, comme par magie, au déchaînement des passions le travail calme et méthodique de la pensée ; maintenant tous les corps à leurs places, dans leurs rôles particuliers, et surveillant l'exécution de la tâche confiée à chacun : au Sénat, la législation politique ; aux autres, la législation civile et la législation administrative, distribuées ainsi que nous l'allons voir.

On doit se souvenir qu'à deux titres, comme *jury de proposition* pour la préparation des lois ; comme *jury d'exécution* pour la confection des règlements, le gouvernement de Sieyès était essentiellement appelé à des fonctions délibérantes ; or, la nature de ces fonctions entraînant l'idée d'assemblée, et l'expérience, d'autre part, demandant la concentration de l'action exécutive, cette antinomie apparente se résolvait dans le *Conseil d'État.* Ce corps eut ainsi, dès le principe, doubles droits, double caractère ; sous la direction des consuls, il rédigeait les projets de lois, en soutenait la discussion au sein

---

[1] M. Thiers, *Histoire du Consulat et de l'Empire*, t. VI, p. 521.

du Corps législatif (an VIII, 52, 53), et la loi une fois rendue, de la part qu'il y avait prise naissait pour lui l'obligation de l'interpréter par des *avis* (Règlement du 5 nivôse an VIII). Au point de vue administratif, il constituait tout ensemble un conseil et un tribunal, tribunal non-seulement civil, mais investi, sur certains points et vis-à-vis de certaines personnes, de la haute police de l'Etat[1]. En un mot, le Conseil d'Etat, aux termes mêmes d'un de ses avis[2], « était placé par la Constitution à côté du gouvernement considéré comme pouvoir exécutif; il en était l'instrument nécessaire en considérant le gouvernement comme ayant l'initiative et la proposition des lois et comme faisant, à cet égard, partie intégrante du pouvoir législatif. » Le Conseil d'Etat figurait, par la nature de ses fonctions, dans le système représentatif; aux termes de la Constitution (58) il était *élu*, comme les ministres, sur la liste nationale, et lorsque cette garantie eut succombé, dans la pratique, aux difficultés d'organisation, elle fut remplacée par une autre, celle d'inamovibilité (sénatus-consulte du 28 floréal an XII)[3]. On sent quelle importance dut prendre, à quelle hauteur dut s'élever l'Assemblée la plus constamment, la plus intimement associée aux conceptions d'un grand homme indéfiniment créateur. De même, dit le *Mémorial*, que l'Empereur avait coutume de livrer à des membres de l'Institut toute idée

---

[1] Décret du 11 juin 1806 ; articles organiques du 18 germinal an X.

[2] Du 14 germinal an VIII, *Bulletin*, n° 314.

[3] Art. 77 : « Lorsqu'un membre du Conseil d'Etat a été porté pendant cinq années sur la liste des membres du Conseil ordinaire, il reçoit un brevet de conseiller d'Etat à vie... Il ne perd son titre et ses droits que par un jugement de la Haute-Cour impériale, emportant peine afflictive ou infamante. »

Le Conseil d'Etat, dont le nombre avait été déterminé par les deux sénatus-consultes organiques, pouvait toutefois s'augmenter d'un *service extraordinaire* indéterminé et hors compte.

scientifique qui lui venait en tête : au Conseil d'Etat il livrait toutes ses idées politiques ; il employait presque à toutes choses les fonctionnaires de ce Conseil dans la mesure individuelle de leurs aptitudes et de leurs grades ; réunis, ils étaient, en quelque sorte, « sa pensée en délibération, de même que le ministère, sa pensée en exécution [1]. » Dans cette salle des Tuileries où le chef-d'œuvre de Gérard rendait perpétuellement présente la gloire guerrière d'Austerlitz, déjà nous avons évoqué, au milieu de son cortége civil, l'image non moins glorieuse de Napoléon législateur. Nous avons vu l'arbitre de l'Europe présider en père de famille [2] à ces discussions consciencieuses où l'on exposait simplement, où l'on débattait gravement, sans apprêts, sans joutes oratoires, ce qu'inspiraient le sujet même et la rencontre de tant d'hommes éminents en tout genre de savoir. Entouré de représentants des idées les plus opposées (lui-même l'avait ainsi voulu) [3], l'Empereur donnait son opinion, prêt à se soumettre le premier à la décision générale ; ne faisant sentir sa présence que par une lumière plus vive, par des prodiges d'activité [4]. Plus

[1] *Mémorial*, 1er novembre 1815.

[2] Deux témoins oculaires, MM. de Las Cases (*loc. cit.* et 17 juin 1816) et Thibaudeau, ont rapporté, à ce sujet, plusieurs anecdotes curieuses à rapprocher de certains portraits. « Dans le monde, dit M. de Las Cases, où l'on « ne se doutait même pas de ce qu'était le Conseil d'Etat, on était persuadé « que personne n'osait y prononcer une parole en sens différent de l'Empe- « reur, et je surprenais fort dans nos salons lorsque je racontais qu'un jour, « dans une discussion assez animée, interrompu trois fois dans son opinion « l'Empereur s'adressant à celui qui venait de lui couper assez impoliment la « parole, lui dit avec vivacité : « Monsieur, je n'ai point encore fini ; je vous « prie de me laisser continuer ; après tout, il me semble qu'ici chacun a bien « le droit de dire son opinion » ; sortie qui, malgré le lieu et le respect, fit « rire tout le monde et l'Empereur lui-même. »

[3] *Idées napoléoniennes*, p. 96.

[4] Les séances ordinaires, qui se répétaient deux fois par semaine, se prolongeaient fréquemment dix à onze heures (*Mémorial*). Lors des premières discussions, quelquefois le premier Consul, entré en conférence avec une

de soixante mille décisions rendues en moins de quinze années[1], portent témoignage des labeurs du Conseil d'Etat impérial, cette précieuse institution qui, ayant cessé d'exister, imposait encore son fantôme aux besoins administratifs des adversaires de l'Empire, et qui naguère se représentait comme une donnée fondamentale d'organisation politique, à des législateurs placés dans des circonstances toutes nouvelles et avides de changements.

L'initiative exclusive du gouvernement de l'an VIII[2], conséquence du besoin d'unité, modifiait le rôle du *Tribunat*, mais ne changeait point essentiellement la situation de ce corps, telle que Sieyès l'avait conçue. Gardant, à titre de contrôle, son droit de discussion contradictoire devant le juge législatif, le Tribunat devait commencer par se prononcer, quant à lui, sur les projets élaborés dans le sein du Conseil d'Etat; puis, comme le Conseil d'Etat, il désignait trois orateurs pour énoncer, et, en cas de divergence, pour soutenir les motifs de son opinion (Consti

section à dix heures du soir, n'en sortait qu'à cinq du matin. Il allait alors prendre un bain, puis se remettait au travail (Pelet de la Lozère).

[1] 61,139 en 14 ans et 5 mois (Montvéran, *Histoire critique et raisonnée de la situation de l'Angleterre.*

[2] La proposition d'une loi ou d'un règlement d'administration, portait l'arrêté du 5 nivôse, est provoquée par les ministres, chacun dans l'étendue de ses attributions.

Si les consuls adoptent leur opinion, ils renvoient le projet à la section compétente, pour rédiger la loi ou le règlement.

Aussitôt le travail achevé, le président de la section se transporte auprès des consuls pour les en informer. Le premier Consul convoque alors l'Assemblée générale du Conseil d'Etat.

Le projet y est discuté sur le rapport de la section qui l'a rédigé.

Le Conseil d'Etat transmet son avis motivé aux consuls.

Si les consuls approuvent la rédaction, ils arrêtent définitivement le règlement, ou s'il s'agit d'une loi, ils arrêtent qu'elle sera proposée au Corps législatif (8 et 9).

Le Corps législatif, préalablement à toute discussion, communiquait le projet au Tribunat.

tution, 28, et loi du 19 nivôse an VIII). Sans initiative proprement dite, il pouvait cependant émettre des vœux sur les
lois faites et à faire, sur les abus à corriger, sur les améliorations à entreprendre (art. 29) ; il partageait avec le gouvernement le droit de déférer au Sénat les actes inconstitution-
nels, exerçant, par cette fonction, sur le gouvernement lui-
même, un nouveau genre de surveillance (28). Ouvert, par la
Constitution (3) et par les choix sénatoriaux, à des hommes
jeunes ou prononcés parmi ce qui avait échappé, dans les dix
années précédentes, à la mort et à la déconsidération, le Tribunat contenait les éléments d'une discussion animée : grâce
à cette institution, Sieyès s'était flatté de convertir en simples
chocs d'opinions les chocs de partis : il se trompait. Dès les
premières réunions, sous les premiers prétextes, on vit se manifester avec violence une opposition systématique ; le premier
Consul s'en plaignit, signalant « la grande différence entre la
discussion dans un pays depuis longtemps constitué et l'opposition dans un pays qui ne l'est pas encore » ; cherchant à faire
comprendre à ceux qu'entraînaient seulement l'amour des
succès de tribune et la soif de la renommée, « qu'on parvient
moins sûrement à la considération par l'empressement à bien
dire, que par la constance à servir utilement, obscurément
même, ce public qui applaudit et juge [1]. » Etranger aux voies
de corruption usitées ailleurs ou depuis ; désireux pourtant de
ne point rompre, il engageait les opposants à venir, quand
ils le voudraient, lui proposer leurs objections et les défendre :
« Ce qu'il craignait, leur disait-il, c'était non la contradiction,
mais l'effet d'une lutte publique entre les pouvoirs de l'Etat [2]. »

---

[1] Paroles au Conseil d'Etat ; note au *Moniteur* du 18 nivôse an VIII.

[2] Thibaudeau, *Mémoires sur le Consulat*, p. 198. Il eut la même pensée en
1813 à l'égard de la Commission du Corps législatif, « qu'il fut plus d'une
fois sur le point de mander, afin de s'entretenir confidentiellement et à cœur
ouvert sur le véritable état des choses. Il craignit que des opiniâtretés mal-
veillantes ne fissent dégénérer l'affaire en polémique » (*Mémorial*).

La résistance des passions ne céda point à ces raisons d'utilité et de sagesse; elle gagnait le Corps législatif, elle arrêtait les grands travaux attendus impatiemment par la nation tout en-tière, qui certes eût soutenu le pouvoir en cas de rupture obligée; mais le pouvoir n'étant point armé du droit de disso-lution, une rupture ne se présentait que sous la forme d'un coup d'Etat, et c'est ce que, dans l'intérêt des institution nouvelles, voulait éviter le fondateur. Heureusement, une circonstance constitutionnellement réglée[1], fournit au Sénat le moyen de corriger ses premiers choix. Cette solution suffit, et les changements postérieurs furent moins les résultats du besoin que les fruits de l'expérience. C'est parce qu'on s'était aperçu que l'opération du contrôle n'exigeait pas plus de personnes que celle de la préparation ; parce qu'on s'était bien trouvé du règlement qui partageait entre des sections perma-nentes le travail du Conseil d'Etat; parce qu'on voyait avan-tage, sous le rapport législatif, à traduire et à compléter dans une organisation symétrique, l'analogie de position des deux ateliers de Sieyès : c'est par ces raisons, mieux encore que par l'hostilité passée, que peut s'expliquer, ce nous semble, la réduction du Tribunat et la distribution intérieure adoptée pour ce corps par le sénatus-consulte de l'an X. C'est parce que, dès ce moment, les conférences facultatives des sections cor-respondantes dans le Conseil d'Etat et le tribunat, avaient, comblant une grande lacune, substitué à l'alternative de l'a-doption ou du rejet absolu des projets de lois, un système d'amendement préférable non-seulement aux lenteurs et aux tiraillements du premier mode, mais peut-être à l'incohérence et à la précipitation reprochées au mode de nos jours ; c'est parce que le constant succès de ces communications *officieuses* réduisait, dans le travail des lois, les assemblées tribunitiennes

---

[1] Le renouvellement par élimination (art. 38). V. à ce sujet M. Thiers, t. III, p. 359.

à une simple formalité [1], que le sénatus-consulte de l'an XII put, sans faire plus qu'abréger, établir en relations directes le Corps législatif et chaque section [2]. C'est parce qu'en cet état de choses, les sections du Tribunat constituaient, de fait et de droit [3], des Commissions du Corps législatif; parce que, dans ce Corps législatif, où 300 hommes constamment muets eussent pu prêter au ridicule [4], on avait jugé à propos d'introduire la discussion, par les *Comités généraux* [5]; parce que le contrôle de la loi, sous le rapport constitutionnel, étant l'apanage naturel d'une autorité étrangère à la confection de cette loi, et spécialement consacrée aux choses de la Constitution, on avait déjà investi chaque sénateur de ce contrôle [6]; c'est, en un mot, parce qu'il était possible, sans laisser de vide dans l'Etat, d'en supprimer un des rouages et d'en simplifier le mécanisme, que le Tribunat disparut [7] ou que du

[1] Les projets étaient adoptés sans discussion dans les assemblées générales avec des minorités d'une seule voix (V. au hasard, séances du 4, du 7 pluviôse an XII), de trois (séance du 9), ou à l'unanimité (séance du 16).

[2] « Chaque section discute séparément et en assemblée de section les projets de loi qui lui sont transmis par le Corps législatif. Deux orateurs de chacune des trois sections portent au Corps législatif le vœu de leurs sections et en développent les motifs » (96). Le Tribunat continue d'ailleurs à se réunir en assemblée générale pour l'exercice de ses autres attributions (97).

[3] « Les sections du Tribunat constituent les seules Commissions du Corps législatif, qui ne peut en former d'autres que dans le cas énoncé art. 113, titre XIII, de la *Haute-Cour impériale* » (87).

[4] Paroles du premier Consul (Thibaudeau).

[5] V. au chapitre suivant (section i), pour l'explication de ce terme.

[6] An XII, 70.

[7] C'était si peu une décision de nécessité politique que, selon M. de Las Cases, l'idée de suppression, en l'an XII, se porta un moment sur le Corps législatif. Du moins le fidèle narrateur affirme-t-il, de science certaine, que la question, à cette époque, fut confiée à l'examen de trois membres du Conseil d'Etat. « La majorité fut pour l'approbation, un seul s'éleva contre avec force « et parla longtemps et fort bien. L'Empereur, qui avait présidé avec beaucoup « d'attention et de gravité, sans laisser échapper aucune parole ni indice « d'opinion, termina la séance en disant : « Une question aussi grave mérite

moins il vint se fondre, attributions et personnes, au sein du
Corps législatif.

« Il est certain que le Tribunat était absolument inutile et
« coûtait près d'un demi-million : je le supprimai, dit Napo-
« léon ; je savais bien qu'on crierait à la violation de la loi ;
« mais j'étais fort, j'avais la confiance entière du peuple, je
« me considérais comme réformateur. Ce qu'il y a de sûr,
« c'est que je le fis pour le bien. J'eusse dû le créer, au con-
« traire, si j'eusse été hypocrite ou malintentionné ; car qui
« doute qu'il n'eût adopté, sanctionné au besoin mes vues et
« mes intentions ? Mais c'est ce que je n'ai jamais recherché
« dans tout le cours de mon administration ; jamais on ne
« m'a vu acheter aucune voix ni aucun parti par des pro-
« messes, de l'argent ou des places ; non, jamais ! Si j'en ai
« donné à des ministres, à des conseillers d'Etat, à des légis-
« lateurs, c'est que ces choses étaient à donner et qu'il était
« naturel et même juste qu'elles fussent distribuées à ceux
« qui travaillaient près de moi.

« De mon temps, tous les corps constitués ont été purs,
« irréprochables, je le prononce ; ils agissaient par convic-
« tion ; la malveillance et la sottise pouvaient dire le con-
« traire : elles avaient tort. Et si on les a condamnés, c'est
« parce qu'on n'a pas su ou qu'on n'a pas voulu savoir ; et
« puis aussi à cause du mécontentement et de l'opposition du
« temps, et, par-dessus tout encore, à cause de cet esprit
« d'envie, de détraction et de moquerie qui nous est si parti-
« culièrement naturel.

« On a beaucoup accusé le Sénat ; on a beaucoup crié au
« *servilisme*, à la bassesse ; mais des déclamations ne sont
« pas des preuves. Qu'eût-on donc voulu du Sénat ? Qu'il
« eût refusé des conscrits ? que les Commissions de la li-
« bien qu'on y pense : nous y reviendrons. » Mais elle n'a jamais reparu
(*Mémorial*).

« berté individuelle et de la presse eussent fait esclandre
« contre le gouvernement? qu'il eût fait ce que plus tard,
« en 1813, a fait une Commission du Corps législatif? Mais
« voyez où celle-ci nous a menés ! Je doute qu'aujourd'hui
« les Français lui portent une grande reconnaissance. Le vrai
« est que toutes nos circonstances étaient forcées; les gens
« sages le sentaient et savaient s'y plier. Ce qu'on ignore,
« c'est que, dans presque toutes les grandes mesures, des sé-
« nateurs venaient, avant de voter, me produire à l'écart, et
« quelquefois très-chaudement, leurs objections ou même
« leurs refus, et qu'ils s'en retournaient convaincus, ou par
« mes raisonnements, ou par la force et l'imminence des choses.

« Si je ne faisais pas bruit de tout cela, c'est que je gou-
« vernais en conscience et que je dédaignais la charlatanerie
« ou tout ce qui pouvait être pris pour elle.

« Les votes du Sénat étaient à peu près constamment una-
« nimes, parce que la conviction y était universelle. On a essayé
« de rehausser beaucoup, dans le temps, une imperceptible mi-
« norité, que les louanges hypocrites de la malveillance, leur
« pure vanité ou tout autre travers de caractère poussaient à une
« opposition sans danger. Mais ceux qui la composaient ont-ils
« tous montré, dans nos dernières crises, une tête bien saine
« ou un cœur bien droit? Je le répète, la carrière du Sénat a été
« irréprochable; l'instant seul de sa chute a été honteux et
« coupable. Sans titre, sans pouvoir, et en violation de tous
« les principes, il a livré la patrie et consommé sa ruine. Il a
« été le jouet de hauts intrigants qui avaient besoin de dis-
« créditer, d'avilir, de perdre une des grandes bases du sy-
« stème moderne. Et il est vrai de dire qu'ils ont complète-
« ment réussi, car je ne sache pas de corps qui doive s'in-
« scrire dans l'histoire avec plus d'ignominie que le Sénat.
« Toutefois il est juste encore d'observer que cette tache n'est
« pas celle de la majorité, et que parmi les délinquants se

« sont trouvés une foule d'étrangers, au moins indifférents
« désormais à notre honneur et à nos intérêts [1]. » Admirable
patriotisme, prêt à se consoler de tout, s'il peut disculper le
nom français !

A l'avenir, portait le sénatus-consulte du 19 août 1807, la
discussion préalable des lois, qui est faite par les sections du
Tribunat, le sera, pendant la durée de chaque session, par
trois Commissions du Corps législatif : Commission de législation civile et criminelle; Commission d'administration intérieure; Commission des finances (art. 1er). Chacune de ces
Commissions sera composée de sept membres, nommés par le
Corps législatif au scrutin secret et à la majorité absolue. La
forme du scrutin sera dirigée de manière qu'il y ait, autant
qu'il sera possible, quatre jurisconsultes dans la Commission
de législation (art. 3). En cas de discordance d'opinions entre
la section du Conseil d'Etat qui aura rédigé le projet de loi et
la Commission compétente du Corps législatif, l'une et l'autre
se réuniront en conférence sous la présidence de l'archichancelier de l'Empire ou de l'architrésorier (1-4). Si l'on ne
parvient à s'entendre, tout membre de la Commission pourra,
en séance ordinaire, développer son sentiment devant l'Assemblée et le public (art. 6). C'était, au lieu du *Tribunat,*
une *tribune,* peu retentissante, il est vrai, mais sagement
appropriée au caractère des circonstances. Ce qui importe
pour bien comprendre l'organisation impériale, comme tout
autre point d'histoire, c'est de la juger en elle-même; c'est
de se garder d'attribuer à de simples rapports de noms l'effet
d'une identité de choses. Qui voudrait continuer à voir, dans
le Corps législatif de l'Empire, l'Assemblée de 1791, person-
nification du peuple en face de l'ancienne royauté; ou encore
le double Conseil de 1795, dépositaire et collateur de l'auto-

____
[1] *Mémorial,* 1er novembre 1815.

rité nationale ; celui-là ne verrait qu'un chaos, qu'un bouleversement de principes, dans un système très-conséquent.
L'habitude ou l'irréflexion entretenant dans beaucoup d'esprits ces illusions rétrospectives [1], une note officielle, publiée
à la fin de 1808 [2], eut pour objet de les dissiper. Elle posait
nettement la question selon le principe constitutif : « S'il y
avait, dans la Constitution, un corps représentant la nation,
ce corps serait souverain , les autres corps ne seraient rien, et
ses volontés seraient tout ; le président de ce corps suprême
disputerait le pas à l'Empereur. Etait-ce ce qu'on avait voulu
était-ce ce qu'on avait reconnu ? Chargé de prononcer sur la
loi sans en avoir l'initiative, formé par le choix du Sénat sur
les désignations locales des colléges électoraux, de quel droit
le Corps législatif marcherait-il avant l'élu de la nation
tout entière ; avant le Sénat, son créateur ; avant même le
Conseil d'Etat qui, antérieurement à lui, participait à l'exercice de la volonté nationale ? Le nom seul que portaient ses
membres, *députés des départements* [3], n'indiquant pas, comme
plus tard [4] (et tout le système en répondait), des projets de
provincialisme [5], rappelait du moins la distance de leur man-

---

[1] « Il est étonnant combien, à l'exception des gens de loi et des employés de
« l'administration, le reste parmi nous, et surtout ce qu'on appelle la société,
« était dans l'ignorance de notre propre législation politique, ou n'avait point
« du tout d'idées justes du Conseil d'Etat, du Corps législatif, du Sénat. C'était
« un adage reçu, par exemple, que le Corps législatif, réunion de muets,
« adoptait passivement, sans opposition, toutes les lois qu'on lui présentait :
« on attribuait à la complaisance et à la servilité ce qui ne tenait qu'à la na-
« ture et à la bonté de l'institution » (*Mémorial*, Réflexion de l'auteur).

[2] *Moniteur* du 15 décembre.

[3] D'après la Constitution (33), il devait toujours s'y trouver un citoyen au
moins de chaque département de la république ; disposition que l'acte de
l'an X changea avantageusement, en décidant (69) que chaque département
aurait dans le Corps législatif un nombre de membres proportionnel à l'étendue
de sa population.

[4] V. Charte de 1814 et opinions citées au chapitre précédent.

[5] Un des inconvénients que Sieyès faisait précisément remarquer dans les

dat particulier à celui du premier pouvoir de la hiérarchie re- présentative. Rien de nouveau dans tout cela. Si, sous le règne d'autres idées, le plan primitif de Sieyès présentait le Corps législatif comme le centre, en quelque façon, de tout le système politique; dès que Sieyès lui-même eut donné à la fonction législative du *gouvernement* mieux compris, une expression spéciale, et que Napoléon se montra, l'arbitre délibératif, dès ce moment, ne dut plus paraître que ce qu'il pouvait être avec fruit, un centre de législation, un régulateur partiel subordonné dans ses mouvements à la direction générale. La position du Corps législatif, définie dans la note du 15 décembre, datait du 22 frimaire an VIII; il n'en avait jamais eu d'autre, ou du moins, depuis cette époque, il n'avait fait que réunir à ses premières attributions la succession du Tribunat. Résumé central des colléges, gardien de la fortune publique [1], ce grand Conseil de la nation jouait un assez noble rôle, quand, dans sa session de quatre mois [2] et souvent en

---

systèmes électoraux de 1791 et de 1795, c'était de n'échapper au fédéralisme que par une supposition chimérique et fausse. Telle lui paraissait la doctrine d'un échange implicite de titres au moment de la réunion (1791, art. 7; an III, art. 52). C'est ce qui l'avait conduit à penser que pour le choix des fonctionnaires nationaux dans l'ordre législatif, une seule Assemblée électorale était préférable à un grand nombre d'assemblées sectionnaires, agissant les unes pour les autres sans mission réelle. Quoi qu'il en soit, on voit que son système, sur ce point comme sur tous les autres, était, en principe, l'antipode de la décentralisation.

[1] Constitution, 45 : « Le gouvernement dirige les recettes et les dépenses de l'État, conformément à la loi annuelle qui détermine le montant des unes et des autres. — 56 : L'un des ministres est spécialement chargé de l'administration du trésor public; il assure les recettes, ordonne les mouvements de fonds et les payements autorisés par la loi. Il ne peut rien faire payer qu'en vertu : 1º d'une loi et jusqu'à la concurrence des fonds qu'elle a déterminés pour un genre de dépense; 2º d'un arrêté du gouvernement ; 3º d'un mandat signé par un ministre. » An XII, 58: « Le serment de l'Empereur, est ainsi conçu : Je jure... de ne lever aucun impôt, de n'établir aucune taxe, qu'en vertu de la loi. »

[2] Constitution, 33.

moins de temps encore, il avait adopté un Code, décrété l'organisation de quelque institution éternelle, réglé les finances de l'Etat [1], autorisé de gigantesques travaux sur toute la surface de l'empire [2], reçu la communication des projets de Napoléon ou les trophées de ses victoires. Si l'Empereur ne reconnaissait à aucun des corps de l'Etat [3] le privilége de repré-

[1] Il avait originairement voté aussi les conscriptions. Mais à compter de 1805 (sénatus-consulte du 2 vendémiaire an XIV), cette attribution passa au Sénat, toujours assemblé. Etait-ce une mesure provisoire, fondée sur l'imprévu de la guerre? L'absence de transmission formelle et la coïncidence du fait avec les événements d'Allemagne autorisent cette supposition. En l'an XIV justement, à la date de l'acte cité, le Corps législatif vaquait et les inconvénients du retard motivaient le sénatus-consulte. La raison du calendrier, que rapporte M. Thibaudeau, n'eût point exigé, ce nous semble, l'intervention du Sénat.

[2] Exemple : session de l'an XI, ouverte le 2 ventôse, close le 8 prairial : adoption du livre I et des deux premiers titres du livre III du Code civil, avec des lois réglementaires de l'état des personnes et de l'acquisition des biens, pendant l'époque intermédiaire; loi sur les changements de noms ; fixation de l'âge des juges ; organisation de la médecine, de la pharmacie, du notariat, de la banque; règlement des manufactures, arts et métiers; des douanes, de la pêche, de la navigation fluviale , du droit d'usage dans les forêts ; police des bois particuliers et communaux ; répression de la contrebande et du crime de faux ; refonte des monnaies; discussion du premier budget complet, contenant les comptes de l'an X et le projet de finances de l'an XI ; remplacement par un octroi des contributions mobilière et somptuaire de la ville de Paris ; conscription ; traitements de réforme, soldes de retraite et secours aux familles de militaires; projet de camps de vétérans ; entretien des côtes ; décisions rendues en outre sur 429 objets d'intérêt local. A la fin d'une telle session, l'orateur du gouvernement n'avait-il aucune raison de promettre à ses auditeurs une part dans le respect de l'histoire, « lorsque le temps, qui détruit l'effet comme il emporte le souvenir des petites « passions et ne laisse subsister que les circonstances remarquables et les « grands événements; lorsque le temps aurait désarmé l'envie et fait taire « les détracteurs de la génération présente ; quand il aurait placé les faits à « leur véritable hauteur?» (Discours de clôture du Conseil d'Etat, Regnaud de Saint-Jean-d'Angely).

[3] Certaines prétentions du Sénat , lors de l'établissement de l'Empire, avaient motivé à son égard une déclaration analogue à la note de 1808 et de plus empreinte du caractère d'une juste sévérité. Les sénateurs, dans un mé-

enter particulièrement la nation ; s'il se montrait fier et jaloux du titre de prééminence dont il se savait investi, ce n'était pas pour épargner les marques de confiance et d'honneur à ce qui, sous lui, mais avec lui, participait de la volonté, de la majesté du grand peuple. Le ministre de l'intérieur, assisté de conseillers d'Etat, ouvrait, dans les premières années, les sessions législatives : par une disposition expresse[1], l'Empereur se réserva cette prérogative. Il l'exerça dix ans de suite, arrivant tantôt d'Austerlitz, tantôt de Friedland, tantôt de Wagram, et amenant, avec son cortége, des députations de rois[2]. Dans une des séances suivantes, le ministre apportait le tableau de la situation de l'Empire. Si les députés de cette époque s'occupaient plus de législation que de direction poli-

---

moire joint à leurs félicitations, avaient eu soin de demander (idée fixe remise en avant dans les stipulations de 1814), que leur dignité devînt héréditaire ; qu'ils ne fussent jugés que par leur corps ; qu'on leur accordât, en fait de lois, l'initiative ou le veto ; que le Conseil d'Etat ne pût interpréter les sénatus-consultes. Le premier Consul, dans le Conseil, témoigna un vif mécontentement : « Le Sénat voulait être législateur, électeur et juge ; une telle réunion de pouvoirs serait monstrueuse... *Quelque jour, il pactiserait avec les Bourbons aux dépens des libertés de la nation*... Le Sénat se trompait s'il croyait avoir un caractère national et représentatif : ce n'était qu'une autorité constituée qui émanait du gouvernement comme les autres (la note de 1808 indique suffisamment l'étendue qu'il faut donner à ces paroles). On lui avait attribué comme corps une certaine puissance ; mais ses membres individuellement n'étaient rien. Les prétentions du Sénat étaient des réminiscences de la Constitution anglaise » (Thibaudeau, IV).

[1] Sénatus-consulte du 28 frimaire an XII. La première séance impériale eut lieu le 6 nivôse an XIII (23 décembre 1804). La session de 1810 fut seule depuis ouverte selon l'ancien usage, parce que succédant, au bout d'une semaine (23 janvier-1er février) à la session de 1809, ouverte par l'Empereur le 3 décembre, elle ne pouvait réellement être considérée que comme une prorogation. L'année 1812, toute pleine d'événements de guerre et d'absences, se passa sans convocation.

[2] A l'ouverture de la session de 1809 assistaient les rois de Saxe et de Wurtemberg ; on y voyait, auprès de l'Impératrice, les reines de Hollande et de Westphalie.

tique; s'ils avaient de moins que leurs successeurs ce droit d'interpellation devant lequel la raison d'Etat s'est armée du droit
de silence, sans parler du fait de déception : l'intention du chef
de l'Etat n'était pas de les annuler, ni son désir, d'obtenir
d'eux une approbation servile. Ces facilités domestiques que la
guerre donne aux conquérants ; ces ressources extraordinaires
que créaient l'ordre et le génie, n'empêchaient pas qu'on
soumît exactement, consciencieusement au contrôle représentatif les premiers budgets réguliers qui eussent été dressés
en France. Ce que l'Empereur voulut toujours comme principal élément et comme règle générale pour former le Corps
législatif, c'étaient des hommes indépendants, « qui n'exi-
geassent rien de lui ; qui, après leur temps expiré, pussent
vivre de leur fortune sans qu'on leur donnât une place [1]; » des
hommes, en un mot, attachés non au gouvernement par des
faveurs, mais à la chose publique, par des liens de propriété,
de famille et de considération personnelle.

En examinant donc de près la pensée-mère de Sieyès, com-
plétée et réalisée par le génie pratique de Napoléon : cette
généralisation de la représentation nationale produisant l'u-
nité de direction, résumant véritablement dans le gouvernement de la France l'énergie de sa révolution et satifaisant à
la fois aux besoins de réparation, de régénération intérieure et
à ceux de défense au dehors ; en reconnaissant dans le système
de la monarchie impériale, le frein aussi bien que l'expression
de cet élan démocratique auquel nulle force contraire n'a depuis
lors su résister ; en remarquant la pondération non pas de
principes opposés, mais d'institutions homogènes, qui maintenait sur les trois bases du trône, du Sénat, des colléges,
l'ensemble constitutionnel ; en y voyant, dans la pratique,
s'établir et se cimenter, autour de la puissance centrale, cette

---

[1] Thibaudeau, *Histoire*, V.

harmonie si nécessaire de toutes les autorités, sans laquelle la société traîne une vie inquiète et précaire : malgré les arrêts de la fortune, ne nous affermirons-nous pas dans l'idée que, sans ébranlements, ce système pouvait répondre à bien des hypothèses d'avenir ? Comme celles de Rome et de l'Angleterre, les institutions de l'Empire eussent pu devenir *anciennes*, avantage toujours attaché à des circonstances nationales, jamais à l'imitation.

Pas plus qu'un arbre séculaire, une antique constitution ne donne les profits de sa vieillesse aux lieux où elle est transplantée; le danger d'une chute prochaine est tout ce qu'on en doit attendre : elle n'a point de racines dans les mœurs [1]. Telle chose ancienne en tel pays, ailleurs ne sera que surannée ; on prendra les vices du système, sans avoir le seul bénéfice qui, dans une certaine proportion, les compense ou les neutralise : l'habitude ; la sécurité de s'appuyer à un point fixe pour descendre le cours du temps ; et quelle force n'acquièrent pas ces observations générales, si c'est à deux pays divers autant que la France et l'Angleterre, qu'il s'agit de les appliquer ! Lors des remaniements de l'an X, comme antérieurement et depuis, la Constitution anglaise avait ses partisans en France et dans les Conseils de l'Etat. Avec sa logique ordinaire et sa profonde pénétration, le premier Consul leur montrait les difficultés radicales inhérentes à leur opinion : « Il y a, dans la Constitution anglaise, un corps de noblesse qui réunit la plus grande partie de la propriété et une ancienne illustration » ; un amalgame singulier « de fierté et d'humilité, d'indépendance et de soumission », dans le caractère de l'Anglais, l'a maintenu jusqu'à ce jour sous la suzeraineté de cette noblesse :

[1] « Une forme de gouvernement qui n'est pas le résultat d'une longue « série d'événements, de malheurs, d'efforts et d'entreprises d'un peuple, « ne peut jamais prendre racine » (Napoléon , allocution aux députés suisses).

« le Français aime l'égalité par-dessus tout ¹. » On le sait : si
le droit divin est parti avec les Stuarts, le droit féodal, le
droit de conquête n'a point bougé de Westminster ; les princi-
cipes féodaux président encore à la transmission d'un siége de
pair, comme à l'hérédité du trône ². Après avoir rendu justice
aux avantages de l'esprit de suite et du goût de conservation, à l'ingénieuse fécondité des déductions parlementaires,
comment ne pas reconnaître aussi que c'est, bien autant que
la sagesse, l'intérêt aristocratique qui entretient, en toutes
choses, les habitudes du passé? Hallam a franchement confessé
les embarras et les dangers que rencontre, à chaque pas,
l'Anglais dans le dédale de ses vieilles lois ³ : combien de périls plus grands encore, nés, pour tout le corps social, de ces
vieux abus d'élections, dont la lèpre s'étend sans cesse⁴ et
dont les lois qui les combattent numérotent seulement les
progrès ⁵; nés du paupérisme légal et de la misère industrielle ; nés enfin de cette vieille pratique d'un gouvernement
fallacieux qui remplace, depuis deux siècles, l'arbitraire par
la corruption ! « Comme toutes les choses humaines ont une
« fin, l'Etat dont nous parlons perdra sa liberté, il périra.
« Rome, Lacédémone et Carthage ont bien péri ! Il périra

¹ Thibaudeau; *Mémorial.*

² Blackstone, B. I, ch. III.

³ *We litterally walk amidst the snares and pittfalls of the law* (*Constitutional
history*). Le droit pénal, jusqu'en 1820, a maintenu la peine de mort contre
le délit d'abattre un arbre ou de se noircir le visage. Le 17 novembre 1817,
la preuve par combat judiciaire fut encore demandée et *ordonnée.*

⁴ Dans la séance des communes du 18 mai 1835, un membre, M. Ellice,
disait qu'il existait à Stafford un marché en règle pour l'achat des votes; que
non-seulement les *freemen* avaient été corrompus, mais que la nouvelle classe
d'électeurs créée par l'acte de réforme l'avait été également dans la proportion de 85 sur 167 (Jollivet, *Examen comparatif des systèmes électoraux anglais et français*).

⁵ En 1800, il y avait 75 bills contre la corruption : maintenant, il y en a au
moins 100 (*Id.*).

« lorsque la puissance législative sera plus corrompue que
« l'exécutrice [1]. » Et si toutes les deux par hasard étaient
également compromises? Alors ce n'est pas le despotisme, du
moins immédiatement, qui menacerait cet Etat : mais le
changement d'exécuteur ne changerait rien à la sentence.
Dans ce monument politique, œuvre des siècles, admiration
des philosophes ; dans cette majestueuse pyramide, de même
que dans celles d'Egypte, il y a un tombeau, et l'oligarchie
sait bien lequel [2].

« La Constitution anglaise est inapplicable à la France », avait
conclu le premier Consul : les faits de 1814 portèrent une
sentence opposée, qui ne détruit pas l'assertion dans sa vérité
théorique, et qui s'explique précisément par le caractère forcé
des situations d'alors. Si l'invasion eût réussi une quinzaine
d'années plus tôt, le moins qui menaçât nos pères était de
retomber, nul n'en doute [3], sous l'ancien régime monarchique, sans aucune stipulation ; après l'Empire, surpris eux-
mêmes et presque effrayés de leur triomphe, les rois alliés
se soucièrent peu de le commettre à de tels excès : les premiers ils tinrent donc en bride les souvenirs de leurs proté-
gés [4], et, contents de changer cette nation dont le mouvement

---

[1] Montesquieu, *Esprit des lois*, l. XI, ch. VI.

[2] N'était-ce pas un grave aveu et, en même temps, un sage conseil, que ces
paroles d'un lord à ses collègues, dans une importante discussion : « *If Par-*
« *liament did not reform itself in time from within, it would be reformed with*
« *vengeance from without.* »

[3] Si la Restauration avait eu lieu en 1796 ou en 1797, nous n'aurions pas eu
« la Charte, ou du moins elle eût été étouffée au milieu des passions émues »
(Chateaubriand, *Mélanges politiques*, 1830).

[4] *V.* les *Mémoires d'outre-tombe*, qui, à cet égard, ne sont point suspects :
« Alexandre s'en va, dit l'auteur, nous laissant la liberté déposée dans la
« Charte, liberté que nous dûmes autant à ses lumières qu'à son influence. »
Et ailleurs : « Pendant le séjour que Louis XVIII fit à Compiègne, Alexandre
« était venu le visiter. Louis XVIII le blessa par sa hauteur. Il résulta de
« cette entrevue la déclaration de Saint-Ouen. »

les entraînait, en satellite retardataire, ils introduisirent seulement, au sein de la société nouvelle, le droit mixte de l'Angleterre, comme une perpétuelle garnison.

La disposition des esprits favorisait ce stratagème ; des hommes habiles le glorifièrent, et tout tendit, dès ce moment, à assimiler de plus en plus les gouvernements de deux peuples qui présentaient si peu de rapports. Ainsi, dans les premiers arrangements, l'hérédité n'appartenait que comme un droit conditionnel à la Chambre supérieure (27), et tout en se rappelant que le roi s'était vu contraint d'y admettre, à la suite des noms monarchiques, beaucoup de révolutionnaires résipiscents, on ne peut nier qu'il n'y eût là plus qu'un moyen d'épuration : c'était, au profit du monarque, une différence essentielle entre les deux Constitutions. Dans le système d'assimilation, parfaitement d'accord, sur ce point, avec les vœux particuliers de la faction aristocratique, c'était une lacune à combler : on la fit disparaître en 1815, après avoir chassé de la Chambre au moins les relaps des Cent-Jours [1].

‹ « Qu'est-ce que la Chambre des pairs, si ce n'est l'inéga« lité reconnue, consolidée, érigée en pouvoir social, et par là
« rendue inviolable et immortelle? Artifice admirable, par
« lequel le privilége vaincu a été transféré, de la société qu'il
« opprimait, au sein du gouvernement qu'il affermit.

« Avant l'élection des députés, le roi et les pairs sont là :

---

[1] Ordonnance du 19 août. Le 31 juillet, le prince de Talleyrand adressait aux ministres des puissances alliées une note dans laquelle, priant LL. EE. « de faire connaître au ministère du roi s'ils jugeaient qu'il fallût ajouter « quelque chose à ces dispositions, et, dans ce cas, ce qu'ils croyaient néces- « saire d'y ajouter, » il leur soumettait, en ces termes, les améliorations « projetées : « La Chambre des pairs sera héréditaire; la Chambre des dé- « putés sera formée selon le seul principe qui la puisse mettre en harmonie « avec les deux autres branches de la législature, principe que l'on s'atta- « chera à réintroduire ou à renforcer dans l'institution civile » (Lucien Bo- naparte, *la Vérité sur les Cent-Jours*, pièces justificatives). C'est bien le plan qu'on a vu se développer.

« si donc la Chambre des députés représente encore la nation,
« c'est la nation en présence du trône et de l'aristocratie ; la
« nation dans cet état où elle a reçu la dénomination histo-
« rique de *communes.*

« La Révolution a consommé l'affranchissement des com-
« munes : les crimes n'étaient pas nécessaires. La Charte a
« consommé en ce sens la Révolution, en lui imposant la trans-
« action de la pairie héréditaire. La pairie seule exceptée,
« une société nouvelle est instituée sur la base de l'égalité. »

Ainsi parlait Royer-Collard [1]. Le Sieyès de la Restauration,
moins clair, moins précis, moins solide, non moins subtil
dialecticien que Sieyès lui-même, faisait pour l'école empirique, pour l'école des faits anglais, ce que son devancier
avait entrepris pour l'école logique et française des idées de
la Révolution. Les déductions sont parallèles et l'antagonisme
constant. Royer-Collard a reconnu l'axiome fondamental de
Sieyès ; dans son opinion aussi, « la Révolution n'est autre
chose que la représentation en action [2]. » Mais Sieyès est parti
de cette pensée pour chercher à organiser une représentation
vraie, efficace et rationnelle : Royer-Collard, se débattant
contre des conséquences forcées, voudrait ou nier le principe,
comme celui de l'élection, ou du moins ne le concéder qu'à
des conditions impossibles, ou enfin le dénaturer par une
application contraire aux nouvelles notions de souveraineté :
« Qu'il y ait ou non sur la terre des gouvernements véritable-
« ment représentatifs, c'est une question. La représentation
« étant admise ou supposée, si l'élection la constitue néces-
« sairement, de sorte que là où il y a eu élection, là il y ait
« représentation, c'est une autre question...

« Voici à quelles conditions la Chambre des députés serait
« représentative : en premier lieu, si chaque député était élu

---

[1] 29 mai 1820, *Moniteur*, 239.

[2] 1816.

« par la population entière de son département, ou du moins
« par la plus grande partie de cette population ; en second
« lieu, *si, sur chaque question qui se décide dans la Chambre,*
« *le vote de chaque député était déterminé par un mandat im-*
« *pératif.* En ce cas, nous aurions à la vérité un gouvernement
« à la fois républicain et fédératif, mais la majorité des votes
« serait l'expression fidèle du vœu de la nation ; la Chambre
« serait représentative [1]. »

Sophisme assez ingénieux. En plaçant sur la même ligne et
le suffrage universel et le mandat impératif ; en en faisant
deux conditions simultanées, indivisibles, on croyait ruiner
par sa base le principe démocratique. Mais, ainsi que toute
vérité, ce principe se fortifiait des attaques de ses ennemis, et,
succès assez singulier, l'habile idéologue eut à se défendre
d'avoir soutenu les doctrines contre lesquelles il combattait.

Son art ne lui fit point défaut. Les absolutistes voyaient,
et nous serions tentés , comme eux, de voir dans ses raisonnements la confession involontaire de la souveraineté du
peuple [2]. Par une tactique hardie, il leur renvoie l'affinité :
« Le privilége, le pouvoir absolu, la souveraineté du peuple,
« c'est, sous des formes diverses et plus ou moins malheu-
« reuses, l'empire de la force sur la terre... » Puis, par une
adroite théorie, essayant de tirer parti d'un principe assez
difficile, après tout, à faire disparaître : « Voulez-vous faire
« la société avec l'élément matériel ? La majorité des indivi-

---

[1] Montesquieu ne pensait pas ainsi : « Il n'est pas nécessaire que les re-
« présentants qui ont reçu, de ceux qui les ont choisis, une instruction géné-
« rale, en reçoivent une particulière sur chaque affaire, comme cela se pratique
« dans les diètes d'Allemagne. Il est vrai que, de cette manière, la parole des
« députés serait plus l'expression de la voix de la nation : mais cela jetterait
« dans des longueurs infinies, rendrait chaque député le maître de tous les
« autres, et, dans les occasions les plus pressantes, toute la force de la nation
« pourrait être arrêtée par un caprice » (*Esprit des lois*, l. XI, ch. VI).

[2] M. de Corbière, 23 mai 1820.

« dus, la majorité des volontés quelles qu'elles soient, est le
« souverain : voilà la souveraineté du peuple. Choisissez main-
« tenant votre souverain. C'est la force, si votre gouvernement
« représente les personnes; c'est la justice, s'il représente les
« droits et les intérêts. Ou vous restez dans la souveraineté
« du peuple, ou vous croyez que les droits et les intérêts sont
« seuls représentés dans votre gouvernement. Ce n'est même
« qu'à cette condition qu'il est parfaitement légitime. S'il
« avait la prétention de représenter les *personnes*, il serait
« grandement en défaut, puisque la très-grande majorité des
« personnes n'y concourant pas, ne serait pas représentée ;
« mais il n'est pas en défaut, si tous les *intérêts* le sont.

« Dans la *représentation des intérêts*, quand on va de la
« société au gouvernement, il faut dire : autant il y a de
« classes d'intérêts dans la société, autant il y aura de repré-
« sentations ou de pouvoirs dans le gouvernement. Quand on
« redescend du gouvernement à la société, il faut dire : autant
« il y a de pouvoirs dans le gouvernement, autant il y a de
« classes d'intérêts ou de conditions politiques dans la so-
« ciété ; pas une de plus, pas une de moins.

« *Ainsi donc, puisqu'il y a deux Chambres dans notre gou-*
« *vernement, il y a deux conditions dans notre nation :* nous
« sommes tous pairs ou peuple. Si quelqu'un prétend être
« autre chose, qu'il dise ce que c'est [1]. »

Espérait-on donc recréer, par la seule opération d'une
métaphysique arbitraire, ces distinctions d'intérêts désormais
effacées, fondues dans le grand intérêt national? De quel
droit et de quelle audace, en saluant l'égalité, en simulant
des attaques au privilége, prétendre le réinstaller à la tête
de la société? Admirable artifice, s'écriait-on ! transaction
préservatrice ! Et à quel propos une transaction? Guides éga-

-----

[1] 29 mai 1820.

rés ! eût-on pu dire aux alchimistes de l'école, vous succédez à un régime où chaque corps ne représentait pas une classe, un accident social, mais une fonction de gouvernement, un mode d'action particulier de la nation, tout entière souveraine ; et vous voulez que cette nation, docile aux arrangements de votre empirisme, n'entende plus dorénavant, par le mot de représentation, qu'un système de gouvernement tel qu'il vous plaira de le définir ! [1] Vous reconnaissez en dehors, au-dessus de la société nouvelle, une condition privilégiée ; et puis vous paraissez tout surpris, si à quelqu'un de vos *nobles pairs* il prend fantaisie de demander qu'à l'imitation de l'Angleterre, lui et ses collègues puissent, en France, faire des lois par procureurs ! Qui les empêcherait, au contraire, de demander le *liberum veto ?* Vous criez à l'esprit de faction quand, parmi ces représentants que vos conventions de langage appellent à ne rien représenter, quelque homme de l'ancien régime vient à égayer le public du tableau de vos variations et de votre rôle équivoque : mais vous, vous êtes plus que des factieux ! Révolutionnaires arriérés, révolutionnaires anglais, vous êtes des révolutionnaires ! Vous n'admettez pas (à Dieu ne plaise !) la *souveraineté nationale ;* mais vous ne professez pas plus le *droit royal* indépendant. Votre dogme à vous, c'est celui qui trône sur le sac de laine : comment s'y est-il installé ?

Lorsque Henri IV, de Lancastre, après l'abdication de Richard II, eut occupé le trône d'Angleterre ; pour suppléer, autant que possible, en faveur de sa descendance, aux règles

---

[1] « La dénomination de gouvernement représentatif, visiblement importée, « quand elle conviendrait plus ou moins ailleurs, est donc fausse et trompeuse chez nous, à moins qu'il ne soit bien convenu que, par là, on n'entend rien de plus qu'un système de gouvernement dans lequel la puissance « législative est divisée en trois branches, dont une élective » (Royer-Collard, 24 février 1816).

qu'il avait violées, il s'adressa au Parlement, et ce corps qui, antérieurement, avait formellement reconnu le droit héréditaire des Clarence, légalisa la mutation. Est-ce la preuve, comme le veut Blackstone[1], d'une autorité constituante dès lors fortement établie, ou l'exemple d'une soumission exploitée, faute d'autre titre, par les prétendants victorieux? En pareil cas, effectivement, Henri VII en usa de même, et le Parlement, de même aussi, pour éviter l'alternative ou de reconnaître un droit absent, ou de paraître le créer, procéda, dit un narrateur[2], *par la voie d'établissement*, accommodant le vague des termes à l'ambiguïté d'une mission dont le nouveau roi le tint quitte, à la suite de son mariage avec l'héritière d'York[3]. Tous les Tudors comprirent fort bien le parti à tirer de l'attribution légale et universelle des droits nationaux à un pouvoir confondu avec le leur. C'est ainsi que, sous Elisabeth, la loi positive s'ajoutant à l'influence des précédents, les poursuites de haute trahison menacèrent quiconque soutiendrait que « la royale majesté, avec et par l'autorité parle- « mentaire, ne possédait pas la plénitude de la puissance « législative et le droit de régler la transmission comme le « gouvernement du royaume. »

Les Stuarts profitèrent peu de la combinaison des Tudors. Elle tourna à l'avantage de l'aristocratie anglaise qui, ayant restauré d'abord, puis détrôné une dynastie, remanié le pacte social, usé, sans les rois et contre eux, de cette omnipotence légale à laquelle ils l'avaient appelée, et les y appelant à son tour, renouvela, dans son intérêt, sous la reine Anne, la sanction que cette doctrine avait reçue, sous Elisabeth, à l'intention de la royauté.

---

[1] B. I, ch. III.

[2] Bacon, *Vie et règne de Henri VII.*

[3] « *Whereupon the act made in his favour, was so much disregarded, that it never was printed in our statute books* (Blackstone, *ibid.*).

— « La différence de la souveraineté du peuple, ont dit les
« doctrinaires français, à la souveraineté constituée des gou-
« vernements libres, c'est que la société a passé tout entière
« dans son gouvernement. Là, et là seulement la souveraineté
« réside, parce que là, et là seulement les intérêts ont leurs
« organes, et les droits leur sauvegarde[1]. » C'était bien en
parlant ainsi qu'on pouvait se vanter « de corrompre la représentation démocratique à sa source[2]. » En Angleterre, où,
par l'absence de Constitution écrite, une délimitation exacte
eût toujours été difficile entre le pouvoir constituant et le
pouvoir législatif; où les faits que nous venons de rappeler
ont légalement établi et positivement sanctionné la *souveraineté parlementaire*, l'interprétation du moins s'est tenue dans
une certaine réserve[3], favorable à la thèse elle-même : hors
du principe de raison qui veut que le pouvoir antérieur à tout
gouvernement constitué intervienne toujours, comme d'abord,
dans toute Constitution nouvelle, que peut-il y avoir en logique, sinon le dogme du droit divin ?

Bien loin donc de nous conformer aux admirations de la
doctrine, nous ne saurions considérer que comme un malheur
de la guerre, l'intrusion dans notre patrie du gouvernement
étranger substitué au régime impérial. Mais une objection
nous attend : la fortune a de nouveau changé; l'Empereur
est remonté sur le trône. Reprend-il ses institutions? Non;
il sanctionne, il complète même l'adoption du système anglais.
Par là, ne condamne-t-il pas ses combinaisons antérieures ?
Les défendra-t-on contre lui ? C'est ici le lieu de donner les

---

[1] Royer-Collard, 1820.

[2] *Id.* 1816, 24 février.

[3] Locke soutient dans ses écrits qu'il y a toujours dans le peuple une sorte
de *droit de retour* l'autorisant à modifier, à destituer le pouvoir législatif,
lorsque les actes de ce pouvoir ne répondent pas à sa mission. Blackstone
combat Locke *en pratique*, mais sans oser l'attaquer en théorie.

explications annoncées dans l'exposition générale de nos nombreuses Constitutions.

L'Empereur, revenant de l'île d'Elbe, retrouvait bien encore debout, au milieu des ruines de sa chute, ses institutions civiles et son administration ; son armée désorganisée n'avait pas oublié sa voix. Mais où rechercher les éléments de l'organisation politique? On ne ressuscite point de la honte : le Sénat s'était affaissé dans l'impuissance et le mépris, le jour où, se rendant l'écho des calomnies de l'étranger, il avait vendu la patrie ; cette colonne manquait désormais. La base même de l'édifice, la nation, s'était modifiée sous une action dissolvante. Napoléon ne revoyait plus cette France compacte et homogène façonnée par sa main puissante pour résister à toute l'Europe : l'année qui venait de s'écouler avait repercuté soudainement l'activité déployée pendant douze ans dans les grandes luttes extérieures; un gouvernement faible, contraire aux intérêts nationaux, avait déjà fait contracter des habitudes de défiance et compromis l'autorité. Quel parti, en de telles circonstances, devait prendre Napoléon? Peutêtre le plus à la main : garder le pouvoir illimité dont venait de l'investir l'enthousiasme de la majorité des Français ; rester seul maître de la situation avec les cœurs qui l'avaient rappelé, avec les bras qui l'avaient rapporté du golfe Juan. Mais si, dans sa prospérité, le respect inné des formes légales, la crainte de l'arbitraire subalterne, la sollicitude de l'avenir l'avaient constamment détourné d'une dictature absolue ; exposé, depuis ses revers, aux attaques les plus passionnées; ayant vu ses plans travestis, ses intentions méconnues, ne conçoit-on pas qu'il revînt impatient de se justifier, pressé de donner à la France cette liberté politique qu'il avait voulu fortifier et qu'on l'accusait de haïr? Bien que, sur sa route triomphale, un seul cri se fût fait entendre, le cri de *Vive l'Empereur!* depuis qu'il était aux Tuileries, assiégé de théories, de propositions et d'instances pour la rédaction immédiate d'un acte constitutionnel ; il se demandait, en souverain, s'il n'avait pas, à cet égard, un vœu contenu de la nation à deviner et à satisfaire ; en philosophe, il se disait que la situation était neuve ; que le déclin simultané de sa fortune et de son âge devait le porter à se défier de ses précédentes habitudes et de ses seules inspirations [1].

Dès que l'Empereur n'embrassait pas le parti de la dictature ; dès qu'il ne pouvait rétablir sa première organisation constitutionnelle, en se bornant, comme, vainqueur, il comptait le faire [2], à en détendre les ressorts : il lui fallait, de trois choses l'une, ou laisser la démocratie à elle-même, ce qui, à ce moment encore, était l'exposer à sa perte ; ou improviser à découvert, sous le feu des pamphlets et des diatribes, toute une autre organisation ; ou s'accommoder plus ou moins du résultat des événements. Or, estimant que sa politique, posée sur le même piédestal, dépasserait, à première vue, les plus hautes promesses de cette Charte où l'anglomanie s'admirait ; témoin, du fond de sa retraite, des adorations, des serments prodigués à l'idole du jour, et désireux d'épargner, autant que possible, à la moralité publique les brusques changements de culte ; ne pouvant enfin présumer que la déloyauté des partis se ferait une arme contre lui des concessions qu'ils lui auraient demandées, l'Empereur résolut d'adopter, ne fût-ce qu'à titre

---

[1] Ce ne sont pas là des conjectures ; ce sont des idées empruntées à des relations authentiques, à des conversations de l'Empereur.

[2] « L'Angleterre pouvait opérer sur un fondement qui descendait dans les « entrailles de la terre : le sien à lui ne reposait que sur du sable. L'Angle-« terre régnait sur des choses établies : il avait la grande charge, l'immense « difficulté de les établir. Il épurait une révolution en dépit des factions di-« verses. Quand le temps serait venu pour lui de relâcher les rênes, on aurait « procédé à l'établissement de paix, aux institutions locales. Alors, la crise « ne les admettait pas. Si on les avait eues dès le principe, la France aurait « infailliblement succombé tout de suite. Et puis, il fallait le dire, elle n'était « pas mûre pour en faire un bon usage » (Paroles de Napoléon, *Mémorial*).

d'essai et comme transition obligée, l'imitation du type anglais. Par là, plus de prétexte plausible aux déclamations du dedans, aux manifestes du dehors. N'ayant pu, au prix de son sang, faire prévaloir ses idées, la France semblait se soumettre aux idées de ses adversaires ; elle paraissait abdiquer toute prétention d'initiative, et toutefois elle gardait son rôle, moyennant une seule condition.

Cette condition, ce talisman, c'était la fidélité à un principe. Napoléon ne tentait alors, dans la lutte des institutions, que ce qui l'avait souvent servi dans les combinaisons de la guerre, modifiant tout d'un coup ses plans d'après ceux de ses ennemis et saisissant la victoire entre leurs mains. De même qu'au blocus des mers il avait opposé celui du continent, à l'aristocratie anglaise il opposait la Constitution d'Angleterre démocratisée et purifiée. C'était en voyant la bonne foi présider aux transactions d'un gouvernement modelé sur celui de la Grande-Bretagne, que peu à peu le peuple anglais rougirait de la corruption introduite dans ses mœurs publiques et se dégoûterait des artifices par lesquels on le gouvernait; c'était en voyant la démocratie non plus sous une forme étrangère, mais sous un aspect familier, qu'il s'y apprivoiserait, en dépit des libelles, et qu'il se rallierait enfin à l'intérêt commun des nations. L'idée d'un acte *additionnel* se rapportant précisément à celle de la conservation du principe démocratique, doit-on s'étonner de l'importance que l'Empereur y attachait? « Vous m'ôtez mon passé, je veux le conserver, répétait-il aux « partisans de la table rase; j'y ai quelques droits, l'Europe « le sait. Il faut que la nouvelle Constitution se rattache à l'an-« cienne : elle aura la sanction de plusieurs années de gloire « et de succès [1]. »

Ces antécédents tout français, cette garantie permanente

---

[1] B. Constant, *Mémoires sur les Cent-Jours.*

de la souveraineté nationale, eussent certainement suffi, du moins à notre point de vue, pour rendre l'œuvre impériale bien préférable dans l'ensemble à la Charte de droit divin, et si, dans un cadre spécial, nous voulions en outre établir une comparaison directe avec le système britannique, quelle différence des *bourgs-pourris* aux colléges électoraux ; du cens de six ou de trois cents livres[1] à la liberté d'élection, etc. ! Malheureusement, certaines idées, certains faits d'organisation peu conformes à nos principes, se présentaient comme conséquences, à ce qu'on prétendait, nécessaires, du système d'imitation. La pairie anglaise est héréditaire. Une bonne raison à en donner, c'est qu'elle est la pairie anglaise. Les anglomanes disent encore que l'hérédité législative prévient, dans la balance des pouvoirs, l'influence disproportionnée de la couronne. Aux yeux du philosophe, peut-être, le remède semblera pire que le mal, et le politique demandera si la pairie illimitée ne fournit pas à la couronne un moyen de séduction tout aussi redoutable ? Limitez le nombre des pairs : alors vous fixez parmi eux, en la rendant plus importune [2],

---

[1] 600 pour les comtés, 300 pour les villes et bourgs, en propriétés territoriales. Les rapprochements d'ailleurs étaient nombreux. On en trouve le relevé dans une brochure de l'époque, *Vote d'un Dauphinois*, etc., par M. Duchesne, de Grenoble. Triple division du gouvernement ; pairie héréditaire et illimitée ; présidence de l'archichancelier et du chancelier de l'Echiquier ; nombre des membres de la seconde Chambre, 629, 658 ; âge, 25, 21 ans ; indemnité ; rééligibilité indéfinie ; nominations directes et approuvées du président de la Chambre élective et du *speaker* ; renouvellement intégral avec la différence de la quinquennalité en France et de la septennalité en Angleterre ; priviléges personnels ; incompatibilité des comptables, auxquels la loi française ajoute les premiers fonctionnaires locaux ; publicité des discussions ; prohibition des discours écrits ; droit de dissolution pour la couronne ; droit de consentement à l'impôt pour les Chambres ; prérogative de la Chambre des communes quant aux propositions d'impôts et d'emprunts ; accusation des ministres prévaricateurs par l'une des Chambres et jugement par l'autre.

[2] « L'arrogance perverse de l'aristocratie serait prodigieusement augmentée « dans les pairs par la conscience de leur pouvoir et par le sentiment d'im-

cette influence prépondérante qui se trouve toujours quelque part. Le système de l'unité qui la reconnaît où elle se trouve en vertu de la confiance publique et du pouvoir de faire le bien; qui n'exclut pas, dans ses détails, la variété des éléments ; mais qui, semblable à la nature, fait dériver d'une cause unique l'équilibre et le mouvement ; ce système de bonne foi avait adapté, sous l'Empire, à son principe et à son but, tout ce qu'ils pouvaient comporter d'alliance aristocratique. Dans le travail de l'acte additionnel, les mêmes considérations qui, douze ou treize ans auparavant, avaient frappé Napoléon, se représentaient à son esprit et se reproduisaient dans son langage avec la même vivacité de conviction, la même autorité de savoir, la même force de raisonnement : « La pairie est « en désharmonie avec l'état présent des esprits, disait-il à « ses conseillers : elle blessera l'orgueil de l'armée ; elle trom-« pera l'attente des partisans de l'égalité ; elle soulèvera contre « moi mille prétentions individuelles. Où voulez-vous que je « trouve les éléments d'aristocratie que la pairie exige? Les « anciennes fortunes sont ennemies ; plusieurs des nouvelles « sont honteuses. Cinq ou six noms illustres ne suffisent pas. « Sans souvenirs, sans éclat historique, sans grandes pro-« priétés, sur quoi ma pairie sera-t-elle fondée ? Celle d'An-« gleterre est tout autre chose : elle est au-dessus du peuple, « mais elle n'a pas été contre lui. Ce sont les nobles qui ont « donné la liberté à l'Angleterre : la grande Charte vient « d'eux ; ils ont grandi avec la Constitution et font un avec « elle ; mais d'ici à trente ans, mes *champignons de pairs* ne « seront que des soldats ou des chambellans; l'on ne verra « qu'un camp ou une antichambre [1]. »

« portance personnelle que chaque pair en tirerait, dès qu'on aurait limité « leur nombre ; il pourrait naître de là des prétentions très-choquantes pour « le peuple et une extension oppressive de priviléges suffisamment fâcheux « et arbitraires» (Addisson, *Le vieux Whig*).

[1] B. Constant, *Mémoires sur les Cent-Jours.*

L'écrivain qui a noté ces paroles ajoute : « Lorsque Bona-
« parte me consulta sur l'introduction de la pairie dans son
« acte additionnel, je ne fus frappé, je l'avoue, que des sou-
« venirs inoffensifs de la pairie de 1814, dont l'existence, à
« peine remarquée, n'avait ni excité l'envie ni provoqué l'ir-
« ritation. Je vis dans une magistrature héréditaire une bar-
« rière de plus contre l'autorité d'un homme, *et je cherchais*
« *partout des barrières.* Mon avis fut, en conséquence, favorable
« à l'institution qu'on discutait, et cet avis, j'eus lieu de le
« croire, eut sur l'esprit de Napoléon d'autant plus de pouvoir
« qu'aucun motif personnel ne me déterminait. Ce que je di-
« sais à Bonaparte avec impartialité et par conviction, d'au-
« tres le lui répétaient par intérêt... »

Les conseils qu'on n'épargnait pas à la seconde fortune du
grand homme ; cette modestie de son génie qui les lui faisait
rechercher et souvent suivre à contre-cœur, amenèrent donc
définitivement ce résultat hétéroclite et litigieux, la tentative
d'importation d'une représentation héréditaire, c'est-à-dire,
implicitement, d'une aristocratie à priviléges. Qu'une aristocratie vigoureuse, là où elle existe, présente au gouvernail
de l'Etat un point d'appui, un moyen de direction, c'est ce
dont convenait Napoléon, sans se mettre en opposition avec
ses appréciations précédentes [1]. Mais pourquoi l'avoir obligé
à changer de manœuvre et de parages ? Pourquoi avoir rompu
sa course, naguère entièrement confiée aux vents et aux étoiles
de la patrie ? On avait détruit le fruit de ses veilles, et maintenant on lui demandait de créer des choses nouvelles avec des

---

[1] « Une Constitution appuyée sur une aristocratie vigoureuse ressemble à un
« vaisseau ; une constitution sans aristocratie n'est qu'un ballon perdu dans
« les airs. On dirige un vaisseau, parce qu'il y a deux forces qui se balan-
« cent : le gouvernail trouve un point d'appui. Mais un ballon est le jouet
« d'une seule force ; le point d'appui lui manque, le vent l'emporte et la di-
« rection est impossible » (Paroles de l'Empereur à B. Constant, *Mémoires sur*
les Cent-Jours).

éléments qu'il n'avait pas ; on avait laissé humilier les destinées nationales, et on ne pensait qu'à affaiblir le seul bras qui pût les relever. Le système des contre-poids mis à la place des restrictions qui graduaient, pour ainsi dire, selon le niveau des mœurs publiques, l'application des principes du suffrage et de la représentation universels; le système des contrepoids substituant la lutte à l'action et la divergence à l'unité, comment pouvait-il bien convenir à ces moments de suprême danger, lors même qu'une égale droiture et un pareil patriotisme eussent enflammé toutes les âmes? Et il n'en était pas ainsi! Les partis, comme nous le disions, avaient à l'avance spéculé sur la bonne foi que l'Empereur ne manquerait pas d'apporter dans le nouvel exercice de sa puissance; sur les apparences avantageuses que pourraient donner à de basses manœuvres de faux rapports de positions. Sous un gouvernement établi, le rôle d'une opposition qui recherche et dénonce les abus, qui résiste légalement à une puissance supérieure pour en prévenir les excès; qui renonce (si elle y renonce) pour conserver son franc parler, aux faveurs ministérielles, ce rôle peut avoir quelques droits aux faveurs de l'opinion. Dans la France de 1815, on vit la liberté de la presse et la liberté de la tribune, les mots de courage civil, de vertu et d'indépendance, systématiquement employés à ébranler, au profit de l'étranger, l'autorité de l'élu du peuple, alors qu'il couvrait de son corps les frontières de la patrie. A peine s'était-il éloigné, qu'une déplorable sympathie d'étroits calculs, de petites faiblesses, unissent déjà contre lui ces patriciens improvisés et ces tribuns dupes faciles, auxquels on lui avait fait remettre les grands intérêts de la nation.

Toutefois, on ne peut le nier, pour peu qu'il eût été secondé, à côté de graves difficultés se trouvaient encore de belles chances, de puissants secours qu'il prévoyait. Quand le vaisseau qui portait sa défaite se présenta sur les côtes d'An gleterre, une multitude d'embarcations couvrit tout à coup l'Océan. Elles s'approchaient, nombreuses comme les vagues, à l'heure des promenades du captif. D'abord attentif et silencieux, chaque jour ce peuple spectateur exprimait par des signes plus vifs le respect, l'admiration, l'enthousiasme. On le tint rudement à distance et l'on se hâta de partir [1].

Le temps n'était pas loin, sans doute, où, écrasé sous le poids toujours croissant de sa dette et de ses misères, le peuple anglais se fût demandé pourquoi tant de sacrifices et de maux ? A qui pouvaient donc profiter la vente forcée de ses terres, le dépérissement de son commerce, la suspension de sa liberté ? Et non-seulement le peuple anglais, mais tous les peuples de l'Europe, revenus de fatales erreurs, eussent cherché quelle main ennemie les avait poussés depuis Pilnitz ; quel or avait payé leur sang ; quelle voix avait troublé leurs âmes ; quels calculs avaient inspiré les oligarques et les rois ? Pour les maîtres de l'Angleterre, la guerre, c'était la dictature et l'éloignement indéfini de réformes qu'ils redoutaient ; c'était le triomphe des grandes fortunes, l'anéantissement des autres, la concentration des biens et pour jamais celle du pouvoir [2] ; la guerre, c'étaient, il est vrai, des subsides et des emprunts, une détresse et un paupérisme à effrayer toute conscience : l'oligarchie ne s'effrayait pas. Elle comptait faire face à tout en ruinant le monde pour l'Angleterre, comme l'Angleterre à son profit. Il lui fallait une guerre à mort, et les princes du continent, rêvant aussi, dans leurs vieilles cours, des dominations éternelles, parvenaient, stipendiés par elle, à proportionner aux défaites le nombre des coalitions.

---

[1] Las Cases, Montholon.

[2] De la concentration sont venus la représentation unique de la grande propriété, etc. « La Constitution anglaise n'était plus qu'une aristocratie en « partie héréditaire et en partie élective » (De Montvéran, *Histoire critique et raisonnée de la situation de l'Angleterre*).

Un des plus étonnants succès de cette noire politique, fut l'odieux si longtemps jeté sur la démocratie française et sur son admirable chef. Entre les mains des démagogues, la Révolution, il est vrai, n'avait que trop donné prise sur elle ; mais Napoléon conservait, dégagé de tout alliage impur, l'élément du bonheur des peuples, produit de la Révolution ; cet *insatiable conquérant*, que l'on provoquait sans relâche, travaillait, sans relâche aussi, à la réconciliation universelle. Le jour de la justice fût venu ; il viendra, et, malgré nos revers, il a déjà commencé à luire. Qui sait si, elle-même, déjà, l'aristocratie britannique ne regrette pas sa victime ? Chaque secousse en deçà du détroit ne détache-t-elle pas au delà quelques matériaux gothiques, et pour n'être pas ensevelie sous les ruines de sa citadelle, l'orgueilleuse féodalité ne se voit-elle pas réduite à tendre la main au progrès ? Deux ans après 1830, n'a-t-elle pas dû consentir, plus ou moins consciencieusement, mais consentir à une réforme des bases de la société politique ? Dès le lendemain d'autres événements, n'a-t-elle pas formellement reconnu cette République française, qu'en 1792 elle faisait mettre au ban de l'Europe ? Autant de revanches de Waterloo ; autant de trophées démocratiques repris sur la Sainte-Alliance :

ÆNEAS HÆC DE DANAIS VICTORIBUS ARMA.

CHAPITRE VII.

Des garanties publiques.

CARACTÈRE DE L'AUTORITÉ DANS LE SYSTÈME
DE LA SOUVERAINETÉ NATIONALE.

Ici la clef de voûte. Nous avons étudié plus haut, avec les droits fondamentaux, les *garanties individuelles* : sous le nom de *garanties publiques*, nous considérerons ici l'organisation générale, en tant que suprême sanction de ces droits.

Nous venons de voir en présence deux systèmes de pouvoirs publics : d'une part, l'unité, le concours ; de l'autre, les droits hétérogènes, l'équilibre des contre-poids. Une mission prédominante de garantie, de surveillance, est attribuée, dans ce dernier cas, au corps où se trouve cantonée la représentation nationale : mission délicate à remplir. Pour s'en tenir aux faits étrangers, ne sait-on pas ce que veut dire, dans Blackstone, l'*influence persuasive* de la couronne? L'histoire n'a-t-elle pas dévoilé comment Charles II et son frère jouissaient, non-seulement au moyen de traites sur le trésor français, mais grâce à la bonne volonté des *parlements pensionnaires*, de revenus indépendants; comment les Walpole et les North entendaient l'art d'intéresser, par des spéculations, des places, de nouvelles créations de pairs, les argus de la chose publique aux abus du gouvernement [1]; comment ces abus survivaient aux promesses, aux plans de réforme[2], dénaturant singulièrement la théorie constitutionnelle de l'Angleterre[3], à moins qu'on ne veuille, au contraire, regarder cette influence corruptrice comme une partie sous-entendue de cette théorie tant vantée « comme pouvant seule « prévenir la conversion du Corps législatif en Convention « nationale indépendante et souveraine[4]? » Mais, alors, ne serait-ce pas beaucoup d'avoir à lutter à la fois contre la logique et la morale? Pour se tenir en équilibre entre des principes opposés sur le fil tendu des fictions, c'est déjà un grand sacrifice que la lente déperdition des forces administratives dans un frottement perpétuel; que l'emploi ha-

[1] « Walpole compta sur l'amour de l'aisance, la prudence et la timidité des « hommes... Sous lui, toutes les luttes politiques se réduisaient à une vile « querelle pour attraper des places. Le journal de L. Melcombe offre un ta- « bleau fidèle et vraiment dégoûtant de la manière dont ces petites factions « s'élevaient alternativement l'une sur l'autre, formant chaque jour de nou- « velles combinaisons et variant leurs alliances dans toutes les directions pos- « sibles, sans jamais rentrer dans une voie d'honnêteté publique. »

« Pendant l'administration de L. North, l'influence de la couronne agit de « la manière la plus effrénée, la plus honteuse, la plus dégradante. On ac- « cordait aux amis et aux favoris du ministre leur part sur l'emprunt, qu'ils « revendaient sur-le-champ avec un bénéfice de 10 0/0. Fox, dans ses dis- « cours, accuse plus d'une fois L. North d'avoir employé 900,000 l. st. d'un « emprunt à se procurer des votes » (Hallam, *Histoire constitutionnelle*).

[2] « On rédigea, en 1780, une résolution de réforme. Elle portait que l'in- fluence de la couronne avait augmenté, augmentait et devait être diminuée. Quelques semaines après, lorsqu'il fut question d'appliquer cette résolution abstraite, le parti qui l'avait fait passer se trouva en minorité.

« A son avénement au pouvoir, Pitt, qui s'était attiré la confiance en se rendant l'organe des vœux de réforme, supprima 200 places, et, en 1810, il en avait créé ou renouvelé 357 » (*Id. ibid.*).

[3] « Un parlement qui serait absolument à la disposition du souverain, soit par crainte, soit par corruption ou servilité, ne pourrait sans absurdité être considéré comme un pouvoir coordonné et comme un frein quelconque à sa volonté » (*Id. ibid.*).

[4] M. Cherbuliez, de Genève, *Théorie des garanties constitutionnelles.*

bituel du temps à des discussions politiques, trop souvent encore rabaissées à des querelles d'intérêts privés ; de là, indécision, faiblesse, instabilité, on l'avoue ; de là, ces changements brusques de système qui ne sont pas sans inconvénients pour le pays, n'eussent-ils que celui de compromettre sans cesse l'avenir des fonctionnaires subordonnés [1] ; de là cette crainte assez bizarre exprimée par un auteur anglais, qu'on ne vît un jour, dans son pays, un roi « capable, actif et populaire »; c'était sans doute par haute convenance qu'il ajoutait : « et ambitieux [2]. » Mais tout cela n'est rien encore au prix de ce génie de Bas-Empire qui place l'art de gouverner dans la fausse interprétation de la loi et la corruption du législateur. Loin de servir de garantie, la représentation nationale ne fait plus alors qu'ajouter une sorte d'esclavage moral à l'oppression matérielle : l'affectation de légalité, qui est au respect de la loi ce qu'est l'hypocrisie à la religion, couvre le mépris des principes. A l'ombre de ses apparences, les droits sommeillent, les peuples rêvent et les gouvernements se reposent — comme au pied du mancenilier.

Il y a une étroite connexion entre les principes constitutifs et la nature des garanties. Tout gouvernement fondé plus ou moins sur la soumission forcée engendre, dans les rapports mutuels des gouvernants et des sujets, l'antagonisme et la défiance. Voyez quelle accumulation de précautions oppressives dans cette république de Venise, type du despotisme aristocratique, où l'inquisition dominait, comme dans la monarchie de Philippe II, comme dans la démagogie jacobine, comme dans toutes les tyrannies, identiques par leurs procédés! Un historien compare fort bien la direction monacale et le gouvernement des Jacobins; l'une et l'autre ont eu pour pivots la surveillance, la délation ; seulement, « à la différence de

[1] M. Cherbuliez.
[2] Hallam. — V. note finale A.

« l'inquisition du moyen âge, qui, par mille moyens diffé-
« rents, pénétrait jusqu'au fond des âmes, l'inquisition révo-
« lutionnaire n'avait à sa disposition que des moyens exté-
« rieurs, des indices souvent incertains : de là une défiance
« excessive, maladive, un esprit d'autant plus soupçonneux
« qu'il avait moins de certitude d'atteindre le fond. Tout
« alarmait, tout inquiétait, tout paraissait *suspect* [1]. » On
peut se rappeler par quel trait de génie un de ces hommes
avait simplifié le système des garanties réciproques : un boulet
et un couperet ; un dictateur forçat et bourreau : il n'en fallait
pas davantage dans la formule de Marat.

« La politique ancienne, écrivait, avant la Révolution, un
« spirituel philosophe, Galiani [2], l'administration de nos
« pères, la police, fille aînée de la politique, roulaient entiè-
« rement sur la défiance réciproque du peuple et du souverain.
« Si la confiance prend sa place, ajoutait-il, il faut changer
« toute la machine, *Novus rerum mihi nascitur ordo.* »
C'était voir juste et clair. Le principe de la souveraineté
nationale, qui a pour conséquence naturelle le développement
de la confiance, facilite prodigieusement, quoi qu'en puissent
dire ses détracteurs, la tâche gouvernementale. C'est par la
jouissance de ses droits qu'on apprend à respecter ceux d'autrui ; c'est par le sentiment tranquille de son pouvoir individuel, qu'on se soumet facilement à la volonté générale, seule
garantie d'ordre et de paix. Que les chefs d'une nation soient
les élus de sa volonté, les dépositaires de ses intérêts, et non
plus les représentants d'intérêts séparés ou même contraires :
elle ne tardera pas à sentir combien de précautions onéreuses
il lui sera permis de s'épargner.

A mesure que la civilisation atteint une perfection plus
haute, les éléments immatériels interviennent d'une manière

---

[1] M. Michelet, *Histoire de la Révolution française.*

[2] *Dialogues sur le commerce des grains.*

plus large dans le mécanisme social. Au développement du *crédit* dans les relations économiques, correspondent, en politique, les progrès de la *confiance;* et comment s'imaginerait-on qu'il est plus aisé à un homme ou à quelques hommes, si l'on veut, de porter un fardeau énorme que de manier le bout d'un levier?

Nous supposons, bien entendu, l'adoption sincère du principe. Nous n'admettons pas qu'on le pratique à la façon des Jacobins, ni qu'on cherche à y substituer de prétendus équivalents, à fausser le droit d'élection, qui est la base de tout le système [1], à resserrer la vie politique dans tel ou tel cercle fictif. Quand la loi électorale de 1831, continuant celle de 1817, scindait, d'une manière inégale, les intérêts de la nation, pour en rattacher une partie à l'existence du pouvoir et pour l'opposer à la masse, dont ce pouvoir n'émanait point : n'était-il pas aisé de prévoir à quelles falsifications de mots, à quelles déviations de principes, à quel ruineux emploi des forces publiques mènerait le maintien impossible de cet antagonisme permanent? Le danger des révolutions nous paraît surtout attaché aux institutions incomplètes : les forces de la liberté tendent d'elles-mêmes à s'équilibrer. Ainsi, les excès de la presse sont naturellement combattus par le nombre de ses organes; les abus du suffrage, par le droit d'association [2]. Ce n'est pas à dire que le pouvoir doive uniquement laisser faire; qu'il faille pour aucun acte social négliger volontairement les bienfaits d'une organisation méditée; que certaines circonstances n'exigent une intervention fort active : ces thèses ne sont la conséquence ni des principes déjà émis, ni de ceux que nous allons développer.

[1] Montesquieu.

[2] Voyez l'Amérique. — Hume observe, dans ses *Essais,* que si le peuple anglais était vraiment représenté, les pairs cesseraient de former un contrepoids suffisant; mais il ajoute que ce contre-poids se retrouverait dans un Sénat de propriétaires électifs et à vie.

SECTION I.

Organisation de l'autorité en vue de la liberté publique.

Du principe de la division des pouvoirs et des règles qui le maintiennent. — Nature diverse et action réciproque des pouvoirs législatif et exécutif.—Contrôle financier; sanction et veto; dissolution des Assemblées. — Des ministres. — Du cumul individuel. — Garanties de nombre et de règlement des Assemblées législatives. — De l'autorité judiciaire. —Inamovibilité. — Application du principe de la responsabilité. — Jugement politique : Haute-Cour. — De la garantie mutuelle des pouvoirs. — De l'association et de la presse considérées comme garanties. — De la publicité. — Du droit de pétition. — De la résistance.— De la garde nationale.

Armer des classes rivales de prérogatives hostiles; multiplier les titulaires d'une même fonction ou superposer les contrôles sans coordonner les actions dans une mutuelle dépendance [1] : c'était tout ce que savaient faire les Constitutions antiques, dans l'intention de prévenir la corruption du pouvoir. L'analyse des fonctions dont, en tout temps et en tout lieu, le gouvernement se compose; la distinction des trois actes législatif, exécutif et judiciaire, constitue, dans l'Europe moderne, une règle fondamentale d'organisation dont il ne reste rien à dire depuis que Montesquieu en a parlé.

La division des pouvoirs serait peu de chose cependant si, par des garanties spéciales, on ne défendait chacun d'eux contre les empiétements des autres. Ces garanties d'autorité relatives à chaque pouvoir, ou, pour mieux dire, à chaque

---

[1] *Sed quis custodiet ipsos Custodes?*

fonction, à chaque procuration nationale, forment, à l'égard des citoyens, des garanties de liberté. Nous verrons ici, à chaque pas, combien intime et nécessaire est la corrélation de ces deux principes, dans l'ordre de choses rationnel.

Une fausse prévention en faveur de la fonction législative était née, dans notre pays, des circonstances au sein desquelles commença la Révolution. Combattue, comme nous l'avons vu, par le système de l'unité, cette prévention s'est reformée ou plutôt s'est entretenue sous l'empire du système contraire. « Quand, après un long despotisme, une nation s'éveille et « se reconstitue, disait Thouret[1], son principal ennemi est « alors le pouvoir exécutif, parce que c'est lui qui est cor— « rompu, c'est lui qui a opprimé et que c'est contre lui que « la nation reprend l'exercice de ses droits. Mais quand la « révolution est finie; quand, après avoir tout détruit, il faut « rétablir ; quand il faut faire un gouvernement qui donne « le mouvement et la vie au corps politique, nous avons pensé « que c'était une erreur profonde que de traiter encore en « ennemi de la chose publique le pouvoir exécutif. Est-ce « que le pouvoir exécutif n'est pas institué aussi par la na- « tion, et n'est-il pas, comme le pouvoir législatif, une éma- « nation de la nation? Est-ce qu'il ne faut pas, pour l'inté- « rêt même de la nation, qu'il agisse avec toute l'énergie « dont il est susceptible? Sans cette énergie du pouvoir exé- « cutif, qu'est-ce qui garantirait la paix publique et qu'est-ce « qui défendrait la chose publique contre les entreprises du « Corps législatif? En un mot, le pouvoir exécutif est aussi « nécessaire à la liberté que le pouvoir législatif[2]. »

La puissance de l'opinion l'emporta sur ces sages princi- pes. Pouvait-il en être autrement? L'origine de la royauté ne leur opposait-elle point un obstacle alors invincible? Le temps

[1] 13 août 1791.
[2] V. note finale B.

n'était pas arrivé où les besoins nationaux devaient seuls régler et maintenir des rôles qui n'ont rien d'arbitraire : que le pouvoir législatif rompe l'équilibre et domine ; qu'il néglige sa propre mission, pour gêner et pour absorber une mission étrangère : qu'arrivera-t-il nécessairement? Au sein même des assemblées s'organiseront, par l'intrigue, des dominations collectives réunissant les priviléges des deux espèces d'autorités, aux dépens de la sûreté publique ou décrétant une dictature sous la loi de la nécessité. Ces assemblées augmenteront de tous les effets de leurs craintes et de leur précipitation la force de l'autorité qu'elles auront voulu restreindre et qui, constituant comme elles un élément de la vie sociale, se sera imposée de nouveau.

La nature des deux fonctions, législative, exécutive, entraîne dans l'organisation des différences radicales. La *pluralité* et l'*unité* paraissent, au point de vue de l'expérience comme de la spéculation, des attributs inséparables de la délibération et de l'action. A l'action est attachée l'idée de *responsabilité* : l'action a une règle fixe ; la volonté n'en admet point, et le mandat impératif, bien loin de tenir au principe de la représentation, ramènerait le représentant au rôle d'*agent*, de *fonctionnaire*.

Ce sera donc uniquement par le retrait de sa confiance que la nation punira ses représentants mal inspirés [1]. On remarquera que des lois prohibant la réélection, en ce sens, seraient justement le contraire d'une garantie. Elles préviendraient, a-t-on dit, une sorte d'accaparement politique : par un de ces

---

[1] Sous ce rapport et dans ce cas, le vote public sera utile ; mais, d'autre part, ce serait à tort que l'on se figurerait assurer toujours, par ce moyen, la dignité des actes et la pureté des motifs : le vote public a tué Louis XVI ; le vote public, en Angleterre, est le gage du riche *landlord* vis-à-vis de son malheureux *tenant :* à un tel degré de corruption, la crainte de la mauvaise foi peut devenir un frein salutaire ; dans une violente anarchie, le secret offre une garantie contre les emportements de la peur.

atermoiements qui tirent les assemblées d'embarras, la Constituante, en principe, ne permit la réélection que pour deux législatures consécutives; par un sentiment généreux, que l'intrigue sut exploiter, elle l'interdit à ses membres après leur mandat biennal, et l'expérience prouva bientôt qu'il n'y avait qu'inconvénient à ne pas s'en remettre entièrement à la liberté du suffrage. Néanmoins (tant avait de force toute idée qui s'était produite sous l'égide de l'égalité!) ce ne fut pas avant l'an XII (sénatus-consulte, 78), que les législateurs sortants purent rentrer sans intervalle. Voulant concilier l'esprit de suite avec la crainte de l'esprit de corps, la Constitution de l'an VIII ordonnait le remplacement annuel du cinquième de chaque assemblée.

Eu égard aux moyens d'action de la puissance exécutive, on a sagement consacré, dans les Constitutions libres, *l'inviolabilité* du législateur. Dès le temps d'Édouard le Confesseur, les lois anglaises en font mention, et cependant jusqu'en 1604 l'indépendance de la parole a été tenue en suspens. Ainsi comprimé d'un côté, le *privilége du Parlement* s'étendait dans un autre sens avec l'agrément de la couronne, mais d'une manière peu conforme aux principes de l'équité. Pendant le règne d'Henri VIII, un membre de la Chambre des communes étant emprisonné pour dettes, la Chambre non-seulement le fit relâcher, mais mit ses créanciers à sa place. Le roi approuva fort cette conduite : « J'ai appris, dit-il aux com-« munes, que non-seulement vous, mais encore vos cuisiniers « et vos palefreniers, vous jouissiez du même privilége », et, comme chef du Parlement, il le réclama à son tour pour tous les serviteurs de la couronne[1]. Depuis le règne de Georges III[2], le privilége parlementaire n'a plus d'autre effet que d'assurer la liberté de la personne, perpétuellement pour les pairs, et

[1] L. J. Russel.
[2] St. 10, c. 50.

de fait, pour la seconde Chambre, tant que dure le Parlement.
Même dans ses limites actuelles, Mirabeau le trouvait trop
large : Laissons, disait l'homme de génie[1], laissons à une na-
« tion voisine cette loi injuste, reste honteux de la féodalité,
« qui met à l'abri de toutes poursuites pour dettes les citoyens
« que la nation appelle à la représenter dans son Parlement.
« Profitons de l'exemple des Anglais, mais sachons éviter
« leurs erreurs. »

Si le premier fonctionnaire exécutif est en même temps
représentant de la nation ; s'il a une part dans l'exercice de la
volonté nationale ; comment séparer en sa personne la responsabilité de l'action de l'irresponsabilité de la volonté ? Aussi le
logicien Sieyès mettait-il son Grand-Electeur en dehors de toute
action. Eût-il été aussi facile de le tenir que de le placer dans
cette ataraxie officielle ? N'avait-on pas eu à prévoir la nécessité de *l'absorption*[2] ? Ne valait-il pas mieux franchement,
comme le fit Napoléon, réunir dans une seule main tout ce
qui dépendait d'une seule tête ? La Constitution de l'an VIII
avait formellement reconnu l'irresponsabilité des consuls et
celle des conseillers d'Etat, de même que celle des sénateurs,
des législateurs et des tribuns (69). Tous exerçaient effectivement des fonctions représentatives, et l'équilibre politique
demandait que ces fonctions fussent également garanties. Un
chef élu temporairement pourrait, tout en restant soumis à

---

[1] C'était encore Mirabeau qui, de l'inscription au tableau civique, voulait
tirer l'établissement d'une sorte de censure pour la jeunesse. Le Mirabeau de
la tribune n'avait plus ni vices ni dettes : il oubliait sa vie privée dans le sentiment de sa grandeur.

[2] L'autorité du Grand-Electeur devait toujours nécessairement s'absorber :
ou dans le Sénat s'il agissait et échouait ; ou dans une autre autorité s'il
agissait et réussissait ; ou, s'il demeurait immobile, dans l'action de ses subordonnés : « entre un pouvoir républicain non responsable et un ministère
« responsable, le second serait tout et le premier ne tarderait pas à être re-
« connu pour inutile » (B. Constant, *Cours de politique constitutionnelle*).

une responsabilité future, être déclaré inviolable pendant la durée de ses fonctions ; dans le dépositaire d'un pouvoir viager ou héréditaire[1], l'irresponsabilité se mêle avec l'inviolabilité. Mais il faut bien le reconnaître : pour toute espèce de pouvoir, ces garanties ne sont guère utiles qu'à condition de n'être point nécessaires. Le droit divin protégeait Charles Ier; l'irresponsabilité absolue et l'inviolabilité des représentants étaient inscrites dans deux articles (43 et 44) de la Constitution de 93 ; Louis XVI et Charles X enfin ont bien prouvé, comme l'écrivait M. Rœderer[2], que si ce sont les ministres qui sont responsables des rois devant le Corps législatif, ce sont les rois qui sont responsables des ministres devant le corps de la nation.

Afin de maintenir l'équilibre qui, même sous la loi de l'unité, est la garantie nécessaire de la division des fonctions, on

---

[1] A moins qu'il ne fût question d'une succession conditionnelle, d'une *hérédité élective*, comme dans l'empire de Charlemagne. L'hérédité créerait alors une sanction dont l'application appartiendrait au *souverain* véritable, au corps entier de la nation. La fiction de la royauté inactive et irresponsable sert, dit-on (M. Cherbuliez), « à mettre la souveraineté en dehors du gouverne-« ment. » Laissez la souveraineté à sa place ; vous aurez naturellement la distinction que vous cherchez, et vous ne diminuerez pas, tout en croyant la garantir, la dignité du commandement. Napoléon avait voulu (ce que la Charte n'imita point et ce que rappela 1830), consacrer dans la loi sa responsabilité morale envers Dieu, envers la France, envers lui-même : il était dit que, dans les deux ans qui suivraient son avénement, l'Empereur, entouré de toute la pompe des grandes dignités de l'Empire, en présence de tous les grands Corps, prêterait, la main sur l'Evangile, un serment au peuple français. Ce serment était ainsi conçu (52, an XII) :

« Je jure de maintenir l'intégrité du territoire de la République, de res-« pecter et de faire respecter les lois du Concordat et la liberté des cultes ; « de respecter et faire respecter l'égalité des droits, la liberté politique et « civile, l'irrévocabilité des ventes des biens nationaux ; de ne lever aucun « impôt, de n'établir aucune taxe qu'en vertu de la loi ; de maintenir l'insti-« tution de la Légion-d'Honneur, de gouverner dans la seule vue de l'inté-« rêt, du bonheur et de la gloire du peuple français. »

[2] *Adresse d'un constitutionnel*, 1835.

est amené à déroger à cette division primordiale ; à faire intervenir tantôt l'autorité législative dans l'administration de
l'Etat, tantôt le pouvoir d'exécution dans les actes législatifs. Ainsi, non-seulement le vote, mais encore, comme
conséquence, la distribution et le contrôle des deniers, sont
un des droits fondamentaux des assemblées représentatives [1],
droit qui balance en importance la direction de la force
armée, essentiellement inhérente à la mission de l'autre
pouvoir. Les droits d'interpellation [2], d'enquête, même d'accusation à l'égard des agents supérieurs du gouvernement,
s'expliquent d'une façon analogue, bien que le premier ne
soit souvent qu'une simple occasion de discours et de tracasseries parlementaires [3]. Le second, plus sérieux, est la conséquence du troisième, dont nous reparlerons bientôt.

[1] 1791, titre III, ch. II, sect. IV, art. 7 ; ch. III, sect. I, art. 1; titre V,
art. 1, 3. — An III, 162, 302, 308, 309 et suiv., 318, 319, 323, 325.— An VIII,
45, 56, 57. — Charte de 1814, titre III, 48 : « Aucun impôt ne peut être établi
et perçu s'il n'a été consenti par les deux Chambres et sanctionné par le roi.»
Acte additionnel, titre III, 35 : « Aucun impôt direct ou indirect en argent ou
en nature ne peut être perçu ; aucun emprunt ne peut avoir lieu, aucune inscription de créance au grand-livre de la dette publique ne peut être faite,
aucun domaine ne peut être aliéné ni échangé, aucune levée d'hommes pour
l'armée ne peut être ordonnée, aucune portion du territoire ne peut être
échangée qu'en vertu d'une loi. » — Charte de 1830, 40. — Loi du 27 janvier 1831.

[2] 1791, titre III, ch. III, sect. IV, art. 10 ;— an III, 161 ;— an XII, 62, 66;
— Acte add. 19.

[3] Aussi pourrait-on ne l'attribuer qu'à l'Assemblée en corps, comme le
demandait, en 1815, le comte Regnaud de Saint-Jean-d'Angely : «... Je ne
« crois pas que l'on puisse entendre que les ministres doivent répondre à l'in-
« terpellation d'un seul membre qui n'aurait pas l'assentiment de la Chambre...
« (L'orateur est interrompu.) Je répète que si des éclaircissements parais-
« sent nécessaires, chaque membre a bien le droit de les demander, mais non
« en son nom propre et personnel; c'est la Chambre qui doit délibérer que
« les renseignements sont de nature à être demandés... (Nouvelle interruption.)
« Je prie l'Assemblée de considérer que je parle dans l'intérêt même des
« éclaircissements qui pourraient être demandés et dans ceux de la Chambre
« elle-même, puisque, si elle les demande, le ministre doit lui répondre ; mais

Le pouvoir exécutif intervient, par la force même des choses, dans la fonction législative : il est des règles relatives à l'exécution des lois qui ne sauraient être établies, sans retard , sans incertitude, sans une perpétuelle confusion des circonstances et des principes, que par le pouvoir directeur. Ce n'est pas tout, et Mirabeau avait sans doute reconnu dans le mélange des deux fonctions une grande garantie de liberté, lorsqu'il s'écriait que, sans le *veto*, il lui importait peu de vivre en France ou à Constantinople. « Oui, poursuivait-il, je le dé- « clare, je ne connaîtrais rien de plus terrible que l'aristo- « cratie souveraine de six cents personnes qui demain pour- « raient se rendre inamovibles, après-demain héréditaires, et « finiraient, comme les aristocrates de tous les pays du monde, « par tout envahir ! » Le *veto* ou, en d'autres termes, la sanction facultative attribuée au chef de l'Etat, se présente sous deux aspects : il peut n'être que *suspensif*, ainsi que l'avait constitué le régime de 91 (ch. III, sect. III, art. 21) : « Lorsque les deux « législatures qui suivront celle qui aura présenté le décret, « auront successivement représenté le même décret dans les « mêmes termes, le roi sera censé avoir donné la sanction »; il peut être *absolu*, ainsi que le voulait Mirabeau : « Le mépris « des opinions revient à la personne et le dépositaire de toutes « les forces de l'Empire français ne peut pas être méprisé sans « les plus grands dangers. » La Constitution de l'an III, qui partageait entre ses deux Assemblées les attributs corrélatifs du *veto* et de l'initiative, laissait à l'une la faculté de proposer, à l'autre le pouvoir de rejeter indéfiniment une même loi; toutefois, comme règle de convenance, le projet rejeté aux Anciens ne pouvait être, dans sa forme, représenté par les Cinq-Cents qu'après une année révolue (99-100 [1].) La Con-

---

« que si le ministre ne recevait qu'une interpellation personnelle, il pourrait
« garder le silence » (*Moniteur*, séance du 19 juin).

[1] Une disposition analogue était contenue dans les articles 21 et 17 des

stitution de l'an VIII réservait, comme nous l'avons vu, l'initiative au gouvernement, donnant seulement au Tribunat la faculté d'émettre des vœux sur les lois faites ou à faire. C'était précisément le contraire de ce qui avait été réglé en 1791 (ch. III, sect. 1re, art. 1er, § 1, [1]) et ce contraste exprimait bien la prodigieuse différence d'une conciliation impossible à une indispensable délégation.

L'autorité exécutive est permanente de sa nature, comme les nécessités sociales auxquelles elle est chargée de pourvoir : l'autorité législative, une fois la règle tracée, peut se reposer sans préjudice et quelquefois à l'avantage de sa destination spéciale ; c'est dans un but de surveillance et d'équilibre politique que la première Constitution assimilait, sous ce rapport, les deux espèces d'autorités [2]. Les Constitutions consulaires, plus conformes aux précédents du régime représentatif, attribuaient au gouvernement le droit de convoquer, d'ajourner, de proroger le Corps législatif (an X, 75) [3]. Le gouvernement convoquait aussi et, dans le cas d'opérations ou de prolongation illégale, pouvait dissoudre les colléges électoraux (36). Le Sénat et le Tribunat avaient des fonctions permanentes. Si le dernier corps s'ajournait, il laissait à une Commission de dix ou quinze de ses membres, le soin de le rappeler, le cas échéant (an VIII, 30) ; le Sénat, que son président, aux termes de l'acte de l'an XII (59) réunissait à toute

deux Chartes. L'absence de terme fixe pour la sanction tournait alors, sans la résoudre, la difficulté du *veto.* Cependant, d'après le règlement du 13 août 1814, le refus de sanction devait légalement se manifester par une déclaration aux Chambres et l'emploi de la formule anglaise : *Le roi veut en délibérer.* « *If the king refuses his assent, it is in the gentle language :* « Le roi s'avisera » : *The king will advise upon it* (Blackstone, I, c. 11).

[1] *Item,* an III, 163.

[2] Titre III, ch. I, art. 1, 4, 5. *Item,* an III, 59, 27, 36, 105 et suiv.

[3] Constitution de l'an VIII, art. 33 : La session du Corps législatif commence chaque année le 1er frimaire et ne dure que quatre mois. Il peut être extraordinairement convoqué, durant les huit autres, par le gouvernement.

époque, ou sur un ordre de l'Empereur ou sur la demande des Commissions de la liberté de la presse et de la liberté individuelle, ou sur la dénonciation d'un sénateur en cas de violations constitutionnelles, ou, pour affaires intérieures, sur l'avis d'un de ses officiers ; le Sénat, par un de ces actes que proposait le gouvernement et que discutait le Conseil privé, c'est-à-dire par un sénatus-consulte, dissolvait, en tant que de besoin, le Corps législatif et le Tribunat (an X, 55-5°; 56, 57). Cette faculté de dissolution est très-conséquente au principe de la souveraineté nationale : elle termine les conflits entre les pouvoirs délégués par un appel au grand pouvoir dont ils ne sont que les expressions diverses et les garanties réciproques dans le système de l'unité. Elle est elle-même une garantie, car il faut que les conflits se terminent, et elle protége les Assemblées tout autant que la paix de l'Etat ou le pouvoir exécutif [1]. Complétant ce point de droit public, l'Acte additionnel ajoutait que, sous une forme nouvelle, celle d'une proclamation de l'Empereur, l'ordonnance de dissolution convoquerait les colléges électoraux et fixerait, dans le délai de six mois, l'ouverture de la session (21).

Pour l'exercice de ces droits qui, dans un but de garantie, entremêlent l'action des pouvoirs ; pour l'engrenage, en quelque sorte, des rouages gouvernementaux, il est nécessaire d'établir, entre les principaux de ces rouages, un contact intime et constant. De là le rôle politique que l'Angleterre a réuni, dans la personne des ministres, aux fonctions administratives et que, chez nous, malgré les scrupules d'un grand nombre

---

[1] La dissolution des Assemblées représentatives n'est point, comme on l'a « dit, un outrage aux droits du peuple : c'est, au contraire, quand les élec- « tions sont libres, un appel fait à ses droits en faveur de ses intérêts... La « force vient toujours à l'appui de la nécessité : sans la faculté de dissoudre « les Assemblées représentatives, leur inviolabilité sera toujours une chimère » (B. Constant, *Cours de politique constitutionnelle*).

de constituants, le sens pratique de Mirabeau le portait à naturaliser : « Les premiers agents du pouvoir exécutif sont né« cessaires dans toute assemblée législative ; ils composent une « partie des organes de son intelligence ; les lois discutées « avec eux deviendront plus faciles ; leur sanction sera plus « assurée et leur exécution plus active. Leur présence prévien« dra les incidents [1], assurera notre marche, mettra plus de « concert entre les deux pouvoirs auxquels le sort de l'Empire « est confié. » Ayant à combattre, d'une part, l'exagération du principe de la division des pouvoirs ; de l'autre, les appréhensions nées des positions respectives de la couronne et de l'Assemblée au moment de la convocation des Etats [2], Mirabeau, dans cette discussion, allia, d'une manière mémorable, la dialectique et l'ironie, la défense de ses opinions et celle de son caractère, l'art oratoire et la science politique. A une motion de Lanjuinais, qui demandait, si l'on accordait voix consultative aux ministres, que du moins aucun représentant ne pût occuper le ministère, ni durant le temps de ses fonctions ni dans les trois ans qui suivraient : « Je ne puis croire, ré« pondait le grand orateur, que l'auteur de la motion veuille « sérieusement faire décider que l'élite de la nation ne peut « pas renfermer un bon ministre ; — que la confiance accor« dée par la nation à un citoyen doit être un titre d'exclusion « à la confiance du monarque ;—que le roi qui, dans ces mo« ments difficiles, est venu demander des conseils aux repré« sentants de la grande famille, ne puisse prendre le conseil « de tel de ces représentants qu'il voudra choisir ;—qu'en dé« clarant que tous les citoyens ont une égale aptitude à tous « les emplois, sans autre distinction que celle des vertus et

---

[1] Les incidents d'action. Quant à ceux de discussion, ils naîtront souvent, nous le disions, du droit d'interpellation, droit à peu près inséparable de la présence des ministres. Ils sont moins sérieux, il est vrai.

[2] Plusieurs cahiers défendaient aux élus d'opiner devant les ministres.

« des talents, il faille excepter de cette aptitude et de cette
« égalité de droits les 1,200 députés honorés du suffrage
« d'un grand peuple ; — que l'Assemblée nationale et le mi-
« nistère doivent être tellement divisés, tellement opposés
« l'un à l'autre, qu'il faille écarter tous les moyens qui pour-
« raient établir plus d'intimité, plus de confiance, plus d'u-
« nité dans les desseins et dans les démarches. » Evidemment,
selon Mirabeau, la motion ne pouvait tendre qu'à un but individuel ; elle ne pouvait avoir pour cause qu'une modestie em-
barrassée ou certaines rumeurs populaires ; elle ne pouvait
s'appliquer qu'à deux membres de l'Assemblée, l'opinant ou le
contradicteur, et c'était à celui-là seul qu'on devait, par amendement, la restreindre.

Malgré cette adroite raillerie, la motion, comme moyen terme,
fut admise et même étendue à certaines autres fonctions [1]. On

---

[1] Elle fut alors ajournée, mais reprise, deux ans plus tard, dans la discussion générale. L'*incorruptible* Robespierre enchérit sur la question de temps;
une émulation sincère fit demander plusieurs additions; finalement l'art. 2,
sect. iv, ch. ii, de la Constitution de 91 fut rédigé de cette manière :

« Les membres de l'Assemblée nationale actuelle et des législatures suivantes, les membres du Tribunal de cassation et ceux qui serviront dans le
haut jury ne pourront être promus au ministère ni recevoir aucune place,
don, pension, traitement ou commission du pouvoir exécutif ou de ses agents
pendant la durée de leurs fonctions ni pendant deux ans après en avoir cessé
l'exercice. Il en sera de même de ceux qui seront seulement inscrits sur la
liste du haut jury, pendant tout le temps que durera leur inscription. »

Ch. iii, sect. iv, art. 10 : « Les ministres du roi auront entrée dans l'Assemblée nationale législative ; ils y auront une place marquée.

« Ils seront entendus toutes les fois qu'ils le demanderont, sur les objets
relatifs à leur administration, ou lorsqu'ils seront requis de donner des éclaircissements.

« Ils seront également entendus sur les objets étrangers à leur administration, quand l'Assemblée nationale leur accordera la parole. »

En 1793, Bourdon (de l'Oise) demanda la suppression des ministres, « ces
dix *gants aristocratiques* qui arrêtaient encore le *feu électrique* de la révolution. » Robespierre s'y opposa. Aux termes de la Constitution, les agents en
chef de l'administration générale, séparés, sans rapports immédiats entre eux,

ne saurait se dissimuler que si l'isolement des pouvoirs est, comme le sentait Mirabeau, une imperfection des plus graves, l'antagonisme d'ambition perpétuellement excité par le système de l'Angleterre, n'offre aussi ses inconvénients. « J'ai, « disait un ancien ministre, consumé plus de temps pour me « maintenir dans ma place, que je n'en ai employé à la rem- « plir »; beaucoup en pourraient dire autant : facilement le rôle politique absorbera l'administration ; la guerre se fera aux dépens des consciences et du Trésor, sans même que la stabilité suive de pareils sacrifices ; là où l'esprit oligarchique ne corrigera pas un peu, par la permanence des idées, la fréquence des changements de personnes, l'application et la suite manqueront totalement à l'Etat. Dans le système impérial, membres-nés du Conseil d'Etat et associés, à ce titre, à la préparation des lois [1], les ministres ne paraissaient au sein des autres Assemblées que dans de rares et solennelles occasions ; les projets de loi, comme on l'a vu, étaient présentés et soutenus par d'autres membres du Conseil ; il y avait là certainement une grande économie de temps au profit de l'administration, et c'est ce que ne comprenaient pas ou ce que feignaient de ne pas comprendre les hommes qui, en 1815, contestaient la mission donnée aux ministres sans portefeuille, par la nouvelle Constitution [2].

n'exerçaient aucune autorité personnelle ; ce n'étaient que les secrétaires du Conseil exécutif qui les choisissait.

Dans la Constitution de l'an III, les ministres, nommés par le Directoire, ne pouvaient être pris ni parmi les législateurs en exercice, ni parmi ceux qui auraient cessé leurs fonctions depuis moins d'un an ; ils ne formaient point un Conseil ; ils n'avaient point de rôle politique. Le Corps législatif correspondait directement, mais seulement par écrit et par l'intermédiaire des messagers d'Etat, avec le Directoire (160, 161, 170).

[1] An X, 68 : « Les ministres ont rang, séance et voix délibérative au Conseil d'Etat. » Réciproquement, les présidents de sections avaient rang de ministres d'Etat.

[2] Voyez (séance du 16 juin) les excellentes explications des minis-

Le nombre et la division des départements ministériels donnent lieu à d'importantes questions ; mais ce ne sont pas précisément des questions constitutionnelles : il en est autrement de la réunion en conseil. Dans le système de monarchie où le roi *règne sans gouverner*, cette réunion représente la pensée gouvernementale, qui même s'y personnifie dans un ministre président. « En Angleterre, disait naguère lord Brougham, le roi est étranger aux débats de ses ministres » ;— «Il faut en venir là en France », répondait un de nos hommes publics [1], et l'on sait quelles discussions provoquaient, sous le régime d'alors, les tentations ou les craintes de *gouvernement personnel* [2]. Ces craintes sont inévitables, aussi bien que ces tentations. Dans le projet hypothétique esquissé par Napoléon à Sainte-Hélène, le titre de *premier ministre* (106) évidemment n'exprime pas l'idée sur laquelle Saint-Simon s'étendait avec une indignation si éloquente, du temps de l'ancienne monarchie [3] : s'il s'agissait, à cette époque, d'une sorte d'abdication, amenée par la nature même d'un pouvoir héréditaire et absolu ; en langue moderne, il n'est question que d'un mode d'application de la responsabilité. Mais le

tres d'Etat, Boulay [de la Meurthe et Regnaud de Saint-Jean-d'Angely.
L'acte additionnel portait :

« Art. 18. L'Empereur envoie dans les Chambres des ministres d'Etat et des conseillers d'Etat qui y siégent et prennent part aux discussions, mais qui n'ont voix délibérative que dans les cas où ils sont membres de la Chambre comme pairs ou élus du peuple.

«19. Les ministres qui sont membres de la Chambre des pairs ou de celle des représentants ou qui siégent par mission du gouvernement, donnent aux Chambres les éclaircissements qui sont jugés nécessaires quand leur publicité ne compromet pas l'intérêt de l'Etat. »

[1] M. Dupin.

[2] Voy. dans le sens de ce gouvernement, un opuscule déjà cité et qui fit scandale chez ceux auxquels on l'avait dédié : *L'adresse d'un Constitutionnel aux Constitutionnels*, par le comte Rœderer.

[3] Note finale C.

droit de nomination, la faculté de destitution, n'impliquent-
ils pas toujours au moins responsabilité morale de la part du
chef de l'Etat? Comment resterait-il étranger à ce qu'il est
chargé d'apprécier, et comment n'influerait-il pas, dès le
seul instant qu'il surveille, quelque part qu'on fasse aux fictions ?

La division des fonctions entre divers corps politiques
empêche-t-elle qu'un individu ne puisse à la fois faire partie
de plusieurs de ces corps, et cumuler, par conséquent, en sa
personne , plusieurs de ces fonctions métaphysiquement
distinctes? Dans le système de l'unité, la question capitale
n'est pas, comme dans celui des contre-poids, de protéger la
nation contre le pouvoir qui la gouverne, d'opposer les actions entre elles, dût-on même les affaiblir : tout dans ce
système, au contraire, se meut d'une impulsion commune
autour d'un centre et vers un but. Posé d'une manière absolue par la Constitution de l'an III (47) ; restreint, en l'an VIII,
au Sénat, le principe qui met à l'écart les fonctions législatives, qui les déclare incompatibles avec d'autres emplois publics, ce principe céda, sous l'Empire, à l'avantage, alors
majeur, de multiplier les services, de coordonner les travaux;
la position de comptable demeura seule inconciliable , dans
les idées de l'Empereur [1], avec le mandat de député. Plus
tard, après 1830, s'introduisit (nous avons vu avec quelle
efficacité) le moyen terme d'Angleterre, le statut de la
réelection. Ce qu'on ne vit jamais sous l'Empire, ce furent
des assemblées politiques converties en cours de justice ; le
temple de la loi livré au commerce des consciences [2] et le

----

[1] Thibaudeau, *Empire*, II; Acte additionnel, 17.

[2] L'idée de garantie s'allie ou quelquefois se substitue à l'intention démocratique dans la question de la rémunération des fonctions législatives, qui
n'est pas sans connexité avec la question du cumul.

Le principe en fut adopté dans toute la révolution. La Constitution de

cumul des sinécures substitué, dans des vues privées, à la réunion utile de quelques laborieuses fonctions.

Avant de faire intervenir dans cette analyse générale, la nature et les relations de la fonction judiciaire, n'oublions pas de mentionner les garanties attribuées aux Corps législatifs *vis-à-vis d'eux-mêmes*, et sous cette rubrique nous rangerons la fixation de nombre, l'organisation intérieure, les règlements de travail. Nous y joindrions volontiers une considération moins grave, mais en apparence seulement, s'il faut en croire Boissy-d'Anglas : « Peut-être jamais, di-« sait-il, l'enceinte de cette assemblée n'eût été forcée par les « brigands, si chaque représentant du peuple eût été tenu « de n'y paraître qu'avec le costume de ses fonctions[1] », et peut-être ajouterait-on avec une probabilité encore plus grande que les séances gagneraient, en calme ainsi qu'en dignité, à cette circonstance extérieure : « La langue des « signes, dit Mirabeau, est la langue des législateurs. »

L'œil se trouble et l'esprit s'étonne déjà quand le Canalet nous représente les patriciens de Venise siégeant, à perte de vue, sous les fresques de leur palais ; les nobles guerriers polonais à cheval dans leurs vastes plaines ; le peuple athénien sur l'Agora, dépassent et confondent toute idée d'ordre, d'unité, de sagesse, et ce n'est pas un des moindres prodiges de notre révolution que d'avoir produit un système d'organisation sociale, à mille quatre-vingts personnes : il est vrai que le dix-huitième siècle avait été l'école commune de ces réformateurs politiques, qui n'eussent pas fait les Codes

---

l'an VIII attribuait aux sénateurs un traitement égal au vingtième de celui du premier Consul, c'est-à-dire 25,000 fr. ; les conseillers d'Etat touchaient une somme égale, parfois plus forte (pour les présidents de section); les tribuns, 15,000 fr.; les législateurs, 10,000 fr. Cette question est une de celles dont l'appréciation dépend presque entièrement des circonstances.

[1] *Moniteur*, 1795 (prairial, an III). — Constitution de l'an III, art. 369.

civils. Nous avons déjà indiqué une partie des dispositions et des changements relatifs à la graduation de nombre et d'âge dans les différentes assemblées formant le gouvernement impérial. D'après la Constitution, quatre-vingts membres, âgés au moins de 40 ans, composaient le Sénat ; trois cents, de 30, le Corps législatif; cent, de 25, le Tribunat. Le sénatus-consulte par lequel le Tribunat fut supprimé, et la discussion transportée au sein du Corps législatif, reculait en même temps de dix ans la condition d'âge pour ce corps. Le droit de nommer des sénateurs, attribué au chef de l'Etat par les actes de l'an X et de l'an XII, portait, d'après l'un, à cent vingt, et, d'après l'autre, laissait indéfini le chiffre légal du Sénat, qui toutefois, en 1813, ne comptait que cent quarante membres; l'extension de l'Empire à la même époque avait élevé à trois cent quatre-vingts le nombre des législateurs, et l'addition du service extraordinaire avait augmenté de sept membres le Conseil d'Etat, constitué par les deux sénatus-consultes dans les limites obligatoires de vingt-cinq au moins, cinquante au plus. Suivant l'art. 90 de la Constitution de l'an VIII, un corps n'était autorisé à prendre une délibération que quand se trouveraient présents les deux tiers au moins de ses membres, et l'art. 75 de l'acte du 28 floréal avait appliqué spécialement cette garantie générale des proportions législatives, au service ordinaire du Conseil d'Etat délibérant sur les projets de loi ou les règlements d'administration.

Le premier besoin des assemblées est de se former un bureau, de se reconnaître un président, argument pour les partisans de la direction monarchique. Comme la nomination des ministres, le choix du président se rattache au jeu et à l'harmonie des pouvoirs. La Constitution de l'an VIII ne statuant rien à cet égard, la question fut réglée d'urgence[1],

---

[1] Loi du 5 nivôse an VIII. Première séance du Sénat, 4 nivôse.

conformément aux précédents, c'est-à-dire dans tous les corps, au moyen de l'élection directe. En créant le consulat à vie, le sénatus-consulte du 16 thermidor an X donnait au citoyen revêtu de cette première magistrature, non plus une retraite, mais une place dans le premier corps de l'Etat : dès lors, incontestablement la présidence lui appartenait (art. 39). Cette attribution, ainsi jointe à la puissance exécutive, fut, par suite d'un nouveau changement, déléguée, en l'an XII, à un président annuel nommé par l'Empereur, et nécessairement choisi dans le Sénat (58). L'Empereur continua seulement à présider le Conseil d'Etat, où, dès le principe[1], il avait, pour ainsi dire, établi le quartier général de ses opérations civiles. Conformément au mode d'élection alors généralement pratiqué, le Corps législatif et le Tribunat durent, l'un à chaque session, l'autre tous les deux ans, présenter à la désignation impériale des listes de candidature correspondant en nombre aux séries du premier de ces corps, aux sections du second et formées, dans l'un comme dans l'autre, à la majorité absolue (24 frimaire, 24 floréal)[2]. Par le sénatus-consulte organique du 16 novembre 1813, ce mode changea encore, et il fut statué qu'à l'avenir l'Empereur nommerait à son gré le président du Corps législatif. Il est à propos de se rappeler les circonstances du moment, et le choix de la Commission des

---

[1] Régl. 5 nivôse an VIII.

[2] Quatre vice-présidents, autant de secrétaires, élus directement chaque mois, complétaient le bureau du Corps législatif. Le président du Tribunat désignait annuellement, sur une liste de candidature triple, le président de chaque section. Plus tard, l'Empereur nomma lui-même (19 août 1807) les présidents des Commissions législatives. Les fonctions administratives confiées dans le Sénat, au chancelier, au trésorier et aux préteurs, l'étaient, dans le Corps législatif et le Tribunat, à des questeurs nommés sur présentation triple, au nombre de quatre ou de deux, et successivement renouvelés (24 frimaire, titre III, 24 floréal, 92). Les sénatus-consultes et les lois ne paraissaient jamais que signés par le président et les secrétaires des Corps législatifs.

Cinq. Le système le moins pratique fut celui de l'Acte additionnel : nomination par l'Assemblée pour tout le temps de sa durée, sous la réserve seulement de l'approbation du monarque. Les chocs étaient prévus et non ménagés.

C'est une méthode enseignée par la seule nécessité à la démocratie de Suisse, comme aux anciennes peuplades germaniques, que la séparation en deux parts, dans une législature nombreuse, de la préparation et du vote des lois. Appropriant à leurs opérations la théorie économique de la division du travail, nos Assemblées modernes se partagent en comités ou en bureaux : elles se donnent des règlements dont l'utilité est prouvée par la tentation de les enfreindre. Elles assujettissent spécialement à un système de précautions, l'exercice de certains droits, notamment de l'initiative qui absorberait facilement toutes leurs heures et leurs pensées[1]. Elles tâchent de se garantir, en multipliant les épreuves, des décisions précipitées ; mais les déclarations d'urgence emportent souvent ces obstacles, pareils à de faibles réseaux qui n'arrêtent qu'un léger essor.

La division des pouvoirs introduira dans l'action de tous une maturité plus complète et une plus grande modération. Mais ces qualités formeront, selon toute probabilité, l'apanage spécial, naturel, d'une autorité constituée pour n'agir jamais de propre mouvement : de là le rôle capital de l'autorité judiciaire, chargée d'établir l'équilibre entre les intérêts de chacun et le poids de la puissance publique[2]. C'est ce que,

---

[1] Merlin, le profond jurisconsulte, rappelait, en preuve de cet abus, les 30 ou 40,000 lois portées, en quatre ou cinq ans, dans des Assemblées « où chaque membre avait le droit d'initiative, et où tel homme se serait cru deshonoré s'il n'avait eu, à la fin de la session, au moins cinq ou six lois de sa façon à présenter pour certificats de ses talents ou de son influence. »

[2] «Comme, en définitive, toute l'action d'un gouvernement aboutit toujours « à faire comparaître devant le juge l'homme qui a violé les lois, il s'ensuit

dans la discussion d'une matière de droit civil, saisissait
admirablement l'équité de Napoléon. Il s'agissait de l'adoption ; la solennité de ce contrat avait d'abord donné l'idée d'en
confier la consécration à la puissance législative. Une objection s'étant élevée : « Je suis frappé, s'écria le premier Consul,
« de l'observation du citoyen Regnaud : quoique de détail,
« elle se rattache aux considérations générales sur la compé-
« tence des corps politiques et la division des pouvoirs. L'in-
« convénient si immense de faire intervenir le Corps légis-
« latif dans les intérêts des tiers pourrait tout bouleverser. Un
« particulier ne peut lutter contre un gouvernement ; les
« tribunaux sont ses juges naturels ; les grands corps de
« l'Etat, dans les affaires privées, n'offrent point de sécurité
« aux citoyens. Je ne vois là ni voiles ni rames pour arriver
« à une garantie... Il n'y a rien de plus barbare que les rois
« de France jugeant sous un arbre. *Les corps politiques ne
« peuvent juger*[1]. » Préoccupée des abus parlementaires,
l'Assemblée constituante avait affaibli l'ordre judiciaire.
L'Empereur voulut « le mettre en état de défendre l'ordre
« public et la liberté civile contre l'administration, contre le
« militaire, contre les hommes puissants. S'il abusait un jour
« de ce pouvoir, l'Empereur et son Conseil sauraient bien
« l'arrêter, car on ne devait jamais voir reparaître les scènes
« ridicules des Parlements ; mais il était indispensable de
« commencer par le lui donner[2]. » La création de grands
corps réunissant dans l'étendue de leurs fonctions la juridiction civile et la juridiction criminelle ; l'établissement
d'une hiérarchie destinée à garantir à la fois la justice et la
discipline ; la restauration du droit de grâce, conciliant le

« que le juge est appelé à prononcer entre le gouvernement et le sujet »
(Chambre des députés, 30 novembre 1815, M. de Barante).

   [1] Thibaudeau, *Mémoires sur le Consulat.*

   [2] Locré, *Procès-verbaux du Conseil d'Etat*, t. XXIV, p. 595, 675.

respect inflexible, la stricte exécution de la loi avec les exigences morales de l'équité et de la clémence ; le maintien constant du jury contre des faits défavorables ; le rôle préparé pour l'avenir à cette grande institution [1] : voilà des services rendus, sous le règne de Napoléon, non-seulement à la justice, mais encore à la liberté.

« Dans son essence, a dit Sieyès, la juridiction porte le « caractère d'une législation de détail : aussi a-t-on été con« duit à des rapprochements fondés en nature, lorsqu'on a « considéré les applicateurs judiciaires de la loi comme des « représentants irresponsables, et qu'on a introduit dans cette « représentation le principe de la division des pouvoirs, en « séparant les fonctions des jurés et celles des juges. » Les effets de cette subdivision fournissent une preuve de plus en faveur de la division principale : ainsi, particulièrement dans toute question qui se rattache à un intérêt de pouvoir, le jury offre une garantie, universellement reconnue, de mansuétude et d'impartialité [2] ; les tribunaux exceptionnels, au contraire, dérogation au principe fondamental, donnent pour résultats les jugements révolutionnaires et les proscriptions prévôtales de la seconde Restauration [3].

[1] V. plus haut ce que nous avons dit de l'application du jury aux questions de propriété. On s'était occupé aussi d'établir des jurys de famille (Locré, XXVIII).

[2] C'était, dans l'acte additionnel, une disposition très-libérale et, depuis, souvent redemandée, que l'attribution au jury de tous les délits de la presse, quand même il n'y aurait eu lieu qu'à l'application d'une peine correctionnelle (64). L'*opinion* que le jury représente, quand il est bien constitué, n'est-elle pas en effet le juge le plus naturel *des opinions ?*

[3] L'Empire avait créé deux genres de tribunaux extraordinaires : les uns institués dès le principe (loi du 18 pluviôse an IX), pour cesser de plein droit après leur mission accomplie et qui devinrent promptement inutiles : ce furent ceux qui purgèrent nos routes des brigands qui les infestaient ; les autres, mesure de guerre et conséquence du blocus continental, institués jusqu'à la paix (décret du 18 octobre 1810), sous le nom de Cours prévôtales des douanes. Ni les uns ni les autres n'avaient de caractère politique.

Tout juge, du reste, est juré pour une partie de ses fonctions, et ce n'est même qu'à ce titre qu'il peut se dire irresponsable ; dans l'application de la loi aux cas reconnus ou évidents, il a une règle positive, dont l'infraction le soumet aux peines de la *forfaiture* ; il est alors un simple agent. Par ce rapport métaphysique, comme par son mode habituel de formation, l'autorité judiciaire est une branche de l'exécutive [1] ; mais la distinction pratique de ces deux genres d'autorités trouve sa garantie nécessaire dans l'*inamovibilité*, ancien et précieux attribut de la magistrature française, « principe qui consacre la Charte, disait M. Royer-Collard [2], « bien plus que la Charte ne le consacre, parce qu'il est antérieur et supérieur à toutes les formes et à toutes les règles « de gouvernement, qu'il surpasse en importance » ; nous donnons l'éloge tel qu'il est. Dès 1467 (22 octobre), un édit de Louis XI, rendu sur les remontrances du Parlement de Paris, déclarait positivement que, nonobstant la clause d'installation (*pour en jouir tant qu'il nous plaira*), « nul estat ne vacquerait que par mort, résignation ou forfaiture » et, rapprochement assez bizarre, la détestable institution des offices vénaux sous François Ier produisit l'excellent effet de consacrer définitivement l'incommutable possession de ces mêmes offices. La France nouvelle, dans ses premiers essais, respecta le caractère du juge, en changeant de tous points son état : d'une position devenue, en quelque sorte, héréditaire, elle fit un mandat électif et limité dans sa durée à six, à cinq ou à un an [3], termes qui, à la vérité, réduisaient singulièrement l'efficacité du principe. La Constitution de l'an VIII rétablit

---

[1] Locke (*Du gouvernement civil*) ne divisait les pouvoirs intérieurs qu'en *législatif* et *exécutif*, y ajoutant spécialement, en vue des relations internationales, un troisième pouvoir, qu'il nommait *confédératif*.

[2] 30 novembre 1815.

[3] 1791, titre III, ch. v, art. 2 ; — an III, 212, 216, 259 ; — 1793, 95, 97, 100.

des juges viagers ; elle mit toutefois pour condition à la durée
de leur aptitude leur maintien constant sur les listes destinées
à servir de base à la représentation (68) : cette condition
correspondait non-seulement à l'élection, mais aussi aux formalités d'enquête et d'examen préalables, invariablement
admises, sinon rigoureusement pratiquées, dans les tribunaux
d'autrefois; la prompte désuétude des listes supprima de fait
toute restriction ; de graves abus, nés de l'incertitude et de la
précipitation des premiers choix, ne tardèrent pas à se manifester, et c'est alors que le sénatus-consulte du 12 octobre 1807 fit précéder d'un stage de cinq années l'installation
définitive, établissant en outre, par une disposition transitoire, une Commission sénatoriale chargée de pourvoir en
une seule fois aux éliminations successives que la Constitution
avait dû prévoir. Heureux si les partis politiques n'entendaient jamais d'autre sorte le besoin de l'*épuration*[1] ! Du reste,
le système de nos lois conserve au pouvoir directeur un très-
grand moyen d'influence dans la *promovibilité*, qui pourrait
peut-être elle-même être bornée par certaines règles : ainsi
les anciennes ordonnances d'Orléans, de Moulins, de Blois

[1] « Si les juges institués par elle trompaient sa confiance; si des at-
« tentats contre l'ordre public demeuraient impunis ou n'étaient punis
« qu'avec mollesse ou pusillanimité, c'en serait fait de la France, et des ju-
« gements tels que des exemples trop récents nous autorisent à les supposer,
« auraient des suites plus graves qu'une sédition » (M. de Bonald, 15 novembre 1815).

Alors, les ultra-royalistes cherchaient à corriger la Charte (art. 58 et 59) en
modifiant légalement l'inamovibilité judiciaire, promise mais aussi suspendue
depuis la première Restauration (Discours de M. de Bouville, 30 novembre).
M. Hyde de Neuville avait demandé, dans ce but, que le nombre des tribunaux
fût réduit, et que l'institution royale ne fût donnée qu'à partir de 1816.
La Commission d'examen, représentée par M. de Bonald, proposait de
généraliser la seconde partie de la mesure et de déclarer que les juges ne
seraient jamais inamovibles qu'après un an de nomination : nous venons de
voir les motifs.

reconnaissaient aux Cours le droit de présenter au monarque différents candidats pour les places vacantes dans leur sein. L'information qui servait ou devait servir de correctif à la vénalité des charges, avait pour rare conséquence, mais pour évidente sanction le refus d'enregistrement des provisions obtenues.

Pour éviter une confusion qui jadis était manifeste et légalement consacrée dans les *arrêts de règlement*, on a, de nos jours, interdit à l'autorité judiciaire de statuer, en aucun cas, par voie de disposition générale (Code civil, 5), et réciproquement on défend à la législation synthétique (nous rappelons le rapprochement de Sieyès), de s'immiscer d'aucune manière, fût-ce par de simples vœux (an VIII, 29), dans l'application de la loi aux circonstances particulières [1]. L'infraction à cette règle, de la part des agents judiciaires, constitue une forfaiture, punissable de la dégradation civique (Code pénal, 127). Les mêmes barrières sont placées autour de l'administration. L'administration toutefois possède, comme nous l'avons vu, des droits de législation et de juridiction spéciales, qui ne sont pas toujours faciles à fixer d'une manière précise : témoin les *conflits* qui s'élèvent dans de si fréquentes occasions et que la logique doit faire porter à un tribunal mi-parti de juges et d'administrateurs. Ce tribunal se trouvait de fait dans le Conseil d'Etat impérial [2], où siégeaient, avec les Bergon, les Dauchi et les Corvetto, Merlin et Henrion de Pansey. On a depuis [3], non sans raisons, créé un tribunal distinct.

Ainsi que nous l'avons démontré, le principe fondamental de la *responsabilité* est spécialement applicable aux fonctions exécutives. « Le chef de la société seul excepté, disait Mira-

[1] 1791, titre III, ch. v, art. 1, 3 ; — an III, 45, 202, 203.
[2] Règlement du 5 nivôse, art. 11.
[3] 1848, art. 89.

« beau [1] (il parlait dans la prévision d'une monarchie con-
« stitutionnelle), toute la hiérarchie sociale doit être respon-
« sable. Il faut signer cette maxime, si l'on veut consolider
« la liberté particulière et publique. La responsabilité serait
« illusoire, si elle ne s'étendait depuis le premier ministre
« jusqu'au dernier sbire... Cela ne se suppose aucunement
« que le subalterne soit juge de l'ordre dont il est porteur : il
« peut également et il doit juger la forme de cet ordre... Il
« n'y a aucune espèce d'inconvénient à cela, sinon la nécessité
« d'avoir désormais des lois claires et précises, et c'est là un
« argument de plus en faveur du dogme de la responsa-
« bilité. »

Malheureusement, il est à croire que ces lois claires et
précises sont difficiles à obtenir. Tâchons d'abord de définir,
avec l'aide des grands publicistes, les cas de responsabilité. « Le citoyen est libre dans tout ce qu'il lui plaît de
« faire *au delà* ou *au dehors* de la loi ; il n'est comptable que
« dans tout ce qu'il fait *contre* elle : l'officier public se rend
« coupable non-seulement en agissant directement contre la
« loi, mais encore en se permettant le moindre acte officiel
« au delà ou au dehors de la loi [2]. » Ainsi, à l'égard des
fonctionnaires, la responsabilité doit s'étendre à peu près à
tous et à tout. Comment devra-t-elle s'appliquer ? *Hoc opus,
hic labor est;* mais citons encore Sieyès, qui, sous le régime
conventionnel, disait, non sans quelque courage et avec un
grand à-propos : « Je m'occupe bien plus à organiser le ser-
« vice de manière qu'il aille facilement et constamment bien,

---

[1] 21 août 1789.

[2] « Parce que l'existence et les droits du citoyen lui appartiennent en
« propre, lui étant donnés par la nature, et la loi n'étant là que pour les lui
« garantir, au lieu que le fonctionnaire public, comme tel, n'a ni existence ni
« faculté d'agir que par une création de la loi. De sa part, tout acte extra-
« légal est usurpation de pouvoir ou d'existence politique : c'est un vrai
« délit » (Sieyès, an III, *Moniteur*, n° 327).

« qu'à me consoler de ce qu'il ira mal, par le doux espoir
« d'exercer ensuite une vengeance rigoureuse, de voir rouler
« des têtes responsables. Certes, ce sera toujours un grand
« malheur que de voir tomber sous le glaive de la loi la
« tête d'un grand fonctionnaire. Le crime ou l'erreur
« qui le conduirait à cette terrible catastrophe aurait fait
« couler auparavant le sang de bien des citoyens innocents,
« que votre tardive responsabilité ne rappellerait point à la
« vie [1]. »

Les gouvernements de suffrage présentent de grandes ressources pour la pratique douce et facile de la responsabilité. Ils en préviennent même les cas; bien que nous maintenions toujours que l'élection à court terme des fonctionnaires exécutifs, outre l'inconvénient qu'elle a d'enlever tout esprit de suite et toute expérience au pouvoir, l'assujettit trop étroitement à des intérêts partiels ou à des préjugés régnants. La Suisse applique à ses Conseils un usage spécial, le *grabeau*, ou la révocation individuelle par jugement des électeurs ; mais, pour n'en pas faire une cause de désorganisation, elle a eu soin d'en excepter, tant qu'ils exercent à ce titre, les conseillers exécutifs [2].

---

[1] *Id. Rapport sur l'organisation du ministère de la guerre*, 25 janvier 1793.

[2] Voici de quelle manière l'acte de médiation de 1803 réglait, à Bâle, l'exercice du grabeau : tous les deux ans, à Pâques, une Commission de quinze membres, formée par le sort dans chaque tribu et composée de cinq des dix plus âgés, de cinq des dix propriétaires dont le capital est le plus considérable, et de cinq désignés entre tous les membres de la tribu indistinctement, décide s'il y a lieu à ouvrir le grabeau sur un ou deux membres du grand Conseil *autres que ceux qui font partie du petit*. Si la majorité de la Commission décide qu'il y a lieu au grabeau, elle désigne le membre ou les membres sur lesquels la tribu sera appelée à voter. La tribu vote au scrutin pour ou contre la révocation de chaque membre soumis au grabeau. Les membres du grand Conseil qui ont été placés par plus d'une tribu sur la liste des candidats, ne peuvent être révoqués que par le vœu, dans un pareil nombre de tribus, des citoyens ayant droit de voter. Les membres élus immédiatement par une tribu ne pourront être révoqués que par elle.

A Genève, d'après la Constitution de 1815, le Conseil d'État proposait au

S'il faut en arriver au jugement, qui jugera les fonctionnaires? Devant quel tribunal auguste amènera-t-on un ministre félon ou prévaricateur et qui l'y fera comparaître? Dans les monarchies à deux Chambres, on donne l'accusation aux communes, le jugement aux lords ou aux pairs, et pourquoi cette distinction? Parce que, dit Blackstone[1], le peuple étant partie lésée, ses représentants ne peuvent être juges : il faut recourir à la noblesse, qui n'a ni les mêmes intérêts ni les mêmes passions. Chez nous, adopter ce système, qui partout viole le principe de la division des pouvoirs, c'était méconnaître, on le voit, l'unité de la société. Répétons avec l'Empereur : « *Les corps politiques ne peuvent juger* », et non-seulement dans le partage en question, mais encore dans la compétence exceptionnellement attribuée aux pairs d'Angleterre ou de France sur toutes matières les concernant, ne voyons en définitive, comme dans leur hérédité, que de graves abus inhérents à une institution gothique. Sans doute, il est certaines personnes, il est certains genres de délits dont la répression, laissée à la juridiction ordinaire, manquerait d'efficacité ou compromettrait l'équilibre entre les pouvoirs établis. Le premier Consul appelait, dit-on[2], le procès du général Moreau devant le tribunal criminel de la Seine, *la dictature de M. Thuriot* (juge instructeur) : dans le Conseil où fut résolue l'arrestation du vainqueur de Hohenlinden impliqué

Conseil représentatif d'exercer le grabeau sur ses membres. Il grabelait directement, aidé du Conseil militaire, les officiers de la garnison, qu'il avait élus; chaque année, il pouvait porter au Conseil représentatif le vœu de grabeler les tribunaux ; la Compagnie des pasteurs se grabelait elle-même, ainsi qu'elle se constituait. La ville de Calvin, Venise bourgeoise, devait, plus qu'un autre canton, user d'une mesure de défiance et d'un moyen de censure permanent.

[1] B. IV, ch. XIX. Le savant écrivain rappporte encore aux usages germaniques cette forme de jugement : « *Licet apud concilium accusare quoque et discrimen capitis intendere* » (Tacite, 12).

[2] *Témoignages historiques*, par Desmarest.

dans les complots de Cadoudal, « le consul Cambacérès, qui
« avait une grande connaissance des lois, montra le danger
« de la juridiction ordinaire et proposa, puisque Moreau était
« militaire, de l'envoyer devant un Conseil de guerre com-
« posé de ce qu'il y aurait de plus élevé dans l'armée. Les lois
« existantes en fournissaient le moyen. Le premier Consul s'y
« opposa : — on dirait, ajouta-t-il, que j'ai voulu me débar-
« rasser de Moreau et le faire assassiner juridiquement par
« mes propres créatures. — Il chercha donc un moyen terme.
« En conséquence, on imagina d'envoyer Moreau devant le
« tribunal criminel de la Seine, mais la Constitution per-
« mettant de suspendre le jury dans certains cas et dans l'é-
« tendue de certains départements, on décida que cette
« suspension serait prononcée immédiatement pour le dépar-
« tement de la Seine. C'était une faute dont le principe était
« honorable. Le public envisagea la suspension du jury comme
« un acte aussi rigoureux qu'aurait pu l'être l'envoi devant
« une commission militaire, et, sans se donner le mérite d'avoir
« respecté les formes de la justice, on s'en donna tous les in-
« convénients [1]... » Ni les inconvénients d'une Commission
militaire, ni ceux, tout aussi évidents, d'un jury novice et
vulgaire soumis au prestige d'un grand nom, aux suggestions
de la malveillance, à l'invraisemblance de la vérité, n'eussent
existé en présence d'une institution qui, peu après, s'organisa
avec l'Empire.

Les Etats-Unis d'Amérique ont un genre particulier de
pénalité politique qui borne l'intervention des représentants
et du Sénat à une décision préalable et laisse entière l'action
des tribunaux [2]. Notre Assemblée constituante établit les

---

[1] M. Thiers, *Histoire du Consulat et de l'Empire*, t. IV, p. 558.

[2] Le Sénat, saisi par les représentants, peut enlever à un fonctionnaire coupable le caractère public et le déclarer indigne pour l'avenir d'occuper au-

premières bases d'une *juridiction politique* en dehors des corps politiques[1] : elle en confia l'exercice à une *Haute-Cour nationale*, formée de quatre *grands-juges*, tirés au sort dans le tribunal de cassation, et de vingt-quatre *hauts-jurés*, désignés de la même manière parmi 166 citoyens élus, comme la législature, par les 83 départements : ce tribunal spécial et temporaire, compétent *ratione rei* à l'égard des atteintes portées à la sûreté générale, et *ratione personœ* quant aux délits des fonctionnaires puissants, se rassemblait sur la proclamation et procédait sur l'accusation du Corps législatif, représenté, dans le cours des débats, par quatre de ses membres, *grands-procurateurs de la nation*. C'était déjà un très-fort poids dans la balance de la justice qu'un tel jury d'accusation : pour n'y point ajouter l'effort des agitations populaires, la loi, au grand regret de Robespierre[2], fixait constitutionnellement une distance d'au moins quinze lieues entre le siége de l'Assemblée et celui de la Haute-Cour; précaution qui ne sauva point, aux affreuses journées de septembre, les prisonniers d'Orléans. Vient 1793 ; les législateurs montagnards proposent un *grand-juré (jury)* créé à la même heure, dans les mêmes formes que la représentation, toujours présent dans l'enceinte législative sous le symbole d'une urne béante, et destiné à venger le peuple des fautes de ses repré-

cune fonction. Là finit le pouvoir politique et commence la tâche judiciaire. L'État de Virginie est le seul qui n'ait point adopté cette classification pénale.

[1] Constitution, titre III, ch. v, art. 23. Décrets additionnels votés les 8 février et 31 mai 1791.

[2] *Moniteur*, 1791; n° 40. *M. Robespierre.* « Je crois... que la Haute-Cour nationale devrait siéger dans le même lieu que le Corps législatif. Elle aura à prononcer sur le sort de personnes puissantes, *car le faible ne conspire pas;* il faut donc qu'elle soit environnée d'une grande masse d'opinion publique, contre-poids indispensable au danger éminent de la corruption. »

M. Dandré. « Les raisonnements du préopinant me paraissent appuyer l'avis contraire. »

sentants. La confusion des idées correspondait à celle des faits. Bientôt, sans que l'urne, transformée en loi constitutionnelle (31 de la déclaration), servît à venger tant d'excès, tous les crimes de la tyrannie se trouvèrent accumulés dans les sanglantes parodies appelées *jury*, *tribunal* et *jugements* révolutionnaires, de même que tous les pouvoirs, responsables ou non, étaient confondus dans les mains de la Convention. En 1795, on en revint à peu près aux premières formes [1]. La Constitution de l'an VIII énonçait les principes suivants :

Article 72. Les ministres sont responsables : 1° de tout acte du gouvernement signé par eux et déclaré inconstitutionnel par le Sénat; 2° de l'inexécution des lois et des règlements d'administration publique ; 3° des ordres particuliers qu'ils ont donnés, si ces ordres sont contraires à la Constitution, aux lois et aux règlements.

73. Dans le cas de l'article précédent, le Tribunat dénonce le ministre par un acte sur lequel le Corps législatif délibère dans les formes ordinaires, après avoir entendu ou appelé le dénoncé. Le ministre, mis en jugement par un décret du Corps législatif, est jugé par une Haute-Cour, sans appel et sans recours en cassation.

La Haute-Cour est composée de juges et de jurés. Les

---

[1] Article 265, 273. Le Corps législatif étant double, la poursuite se divisait : le Conseil des Cinq-Cents proposait la mise en jugement; le Conseil des Anciens en délibérait et la décrétait, s'il y avait lieu, après avoir appelé l'inculpé. Le Conseil des Cinq-Cents rédigeait la proclamation pour la réunion de la Haute-Cour et dressait l'acte d'accusation. La Haute-Cour avait à juger soit les membres du Directoire, constitutionnellement responsables (265); soit ceux du Corps législatif poursuivis pour crimes privés (112, 113), pour trahison, dilapidation, complots contre la Constitution ou contre la sûreté de l'Etat (115), c'est-à-dire pour faits étrangers aux fonctions législatives (110). Un décret de l'an IV lui attribua également le jugement de toutes personnes prévenues de complicité avec un directeur ou un député accusé. C'est en conséquence de ce décret que la conspiration de Babœuf fut portée devant la Haute-Cour tenant ses séances à Vendôme.

juges sont choisis par le tribunal de cassation et dans son sein; les jurés sont pris dans la liste nationale; le tout suivant les formes que la loi déterminera.

En effet, le sénatus-consulte du 28 floréal an XII réglait, dans un titre étendu (XIII), la composition et la compétence de la Haute-Cour, le mode de dénonciation, la procédure, etc. La Haute-Cour impériale avait son siége dans le Sénat; elle était présidée par l'archichancelier de l'Empire, composée des princes, grands dignitaires et grands officiers de la couronne, du grand-juge ministre de la justice, de soixante sénateurs, des six présidents de section du Conseil d'Etat, de quatorze conseillers d'Etat et de vingt membres de la Cour de cassation appelés, comme les sénateurs et les conseillers d'Etat, par ordre d'ancienneté. Le ministère public était exercé par un procureur général à vie, assisté de trois tribuns et de trois magistrats de Cours d'appel ou de justice criminelle (alors distinctes), nommés les uns par le Corps législatif sur la présentation du Tribunat, les autres par l'Empereur (102, 103, 104, 105).

La Haute-Cour devait connaître :

(*Ratione personæ*) 1° Des délits personnels commis par des membres de la famille impériale, par des titulaires des grandes dignités de l'Empire, par des ministres, par le secrétaire d'Etat, par des grands-officiers, des sénateurs, des conseillers d'Etat;

(*Ratione materiæ*) 2° Des crimes, attentats et complots contre la sûreté intérieure et extérieure de l'Etat, la personne de l'Empereur et celle de l'héritier présomptif;

3° Des délits de *responsabilité d'office* commis par les ministres et les conseillers d'Etat chargés spécialement d'une partie d'administration publique;

4° Des prévarications et abus de pouvoir commis soit par des capitaines généraux des colonies, des préfets coloniaux et des commandants des établissements français hors du continent, soit par des généraux de terre ou de mer, sans préjudice, à l'égard de ceux-ci, des poursuites de la juridiction militaire, dans les cas déterminés par des lois ;

5° Du fait de désobéissance des généraux de terre et de mer qui auraient contrevenu à leurs instructions ;

6° Des concussions et dilapidations dont les préfets de l'intérieur se seraient rendus coupables dans l'exercice de leurs fonctions ;

7° Des forfaitures qui pouvaient être encourues par une Cour d'appel, ou par une Cour de justice criminelle, ou par des membres de la Cour de cassation ;

8° Des faits de détention arbitraire et de violation de la liberté de la presse.

La dénonciation pouvait être faite :

1° Par le Corps législatif, sur la réclamation de cinquante membres ou la demande du Tribunat, à l'égard :

Des ministres ou conseillers d'Etat administrateurs ayant donné des ordres contraires aux lois de l'Empire ;

Des ministres ou agents de l'autorité, lorsqu'il y aurait eu de la part du Sénat et sur l'initiative de ses Commissions protectrices, déclaration *de fortes présomptions de détention arbitraire ou de violation de la liberté de la presse;*

Des fonctionnaires et des délits déterminés par les §§ 4, 5 et 6 de l'article 101 ;

2° Par les ministres, à l'égard de ces mêmes fonctionnaires et de ces mêmes délits (110–117, 118).

Les magistrats ordinaires étaient tenus, sauf en ce qui concernait les actes d'information, de s'arrêter et de transmettre les pièces au procureur général près la Haute-Cour, quand soit de la qualité des personnes, soit du titre de l'accusation, soit des circonstances, il résultait qu'un délit poursuivi ressortissait à cette juridiction (109).

La Haute-Cour ne pouvait agir que sur les poursuites du ministère public. Dans les cas de plainte individuelle, de forfaiture, ou de prise à partie, le ministère public, en conséquence, devenait partie jointe et poursuivante. S'il estimait, dans tous les cas, qu'il n'y eût pas lieu à admettre une dénonciation ou une plainte, il motivait des conclusions sur lesquelles la Haute-Cour avait d'abord à se prononcer comme sur les questions de compétence. Une Commission de douze membres examinait, dans le cas contraire, s'il y avait à donner suite à l'acte d'accusation : sur l'hypothèse négative, la Haute-Cour encore prononçait (108, 119-126).

Dix membres pouvaient être récusés, sans déduction de motifs, par l'accusé et dix par la partie publique. La Haute-Cour ne jugeait jamais qu'au nombre de soixante et à la majorité absolue. Les débats et le jugement étaient publics; la défense, de droit; les condamnations toujours conformes aux prescriptions du Code pénal [1]. La Cour y ajoutait, s'il y avait lieu, des réparations civiles et pouvait, en raison du but de son institution spéciale, placer, pour plus ou moins de temps, ceux mêmes qu'elle aurait absous, à la disposition ou sous la surveillance de la haute police de l'Etat. Ses arrêts étaient sans recours; mais, par une disposition à la prudence de laquelle avait contribué peut-être une catastrophe récente, la

---

[1] Les articles du Code pénal particulièrement applicables à la responsabilité des fonctionnaires, occupent la plus grande partie des trois premiers chapitres du livre III : *Crimes et délits contre la sûreté extérieure de l'Etat, contre la paix publique, contre la liberté, contre l'organisation des pouvoirs.* Hors les cas où la loi règle spécialement les peines encourues par les fonctionnaires, ceux d'entre eux qui auront participé à des crimes ou délits qu'ils étaient chargés de surveiller ou de réprimer, seront punis d'une peine supérieure (198). Dans le projet de Code pénal lu en extrait par Lepelletier Saint-Fargeau en 1791, les principaux cas de responsabilité ministérielle étaient ainsi définis et sanctionnés: 1º pour n'avoir pas revêtu un acte émané du Corps législatif, des formes constitutionnelles; 2º pour s'être opposé à la poursuite ou à l'exécution de la responsabilité: les galères à perpétuité.

fatale mort du duc d'Enghien, aucune condamnation à une peine afflictive ou infamante ne pouvait être exécutée sans la signature de l'Empereur (127-132).

Si dans le texte de l'an XII et dans le mode de procéder de la Haute-Cour impériale on ne voit point précisément la distinction indiquée par la Constitution de l'an VIII, il est cependant vrai que les *juges pris dans le sein de la Cour de cassation*, et les *jurés appartenant à la liste nationale* s'y trouvaient de fait appelés dans une proportion importante; les derniers même, avec des titres qui garantissaient amplement les lumières et la dignité. Pairs ou arbitres, les princes, les dignitaires, les sénateurs, les conseillers d'Etat qui, au nombre de plus de cent [1], devaient composer la Haute-Cour, eussent difficilement cédé à de coupables obsessions ou obéi à des passions dont ils étaient déjà préservés par l'absence d'esprit de corps. D'autres temps pouvaient demander une autre organisation : l'institution s'y fût prêtée; un autre mécanisme politique s'est approprié de nos jours ce grand rouage complémentaire, que du reste jamais l'Empire ne fut obligé d'employer.

Nous n'avons point encore achevé la revue des garanties positives : « La garantie de l'ordre social, disait Sieyès [2], est « dans l'établissement public; la garantie de la liberté civile « est dans la véritable division des pouvoirs; la garantie de « ces pouvoirs les uns à l'égard des autres, est dans — Avant de finir cette phrase, qu'on nous permette une digression.

Le Parlement d'Angleterre, le roi compris, ne reconnaît aucun pouvoir régulateur : biens, personnes, lois, Constitution, il est maître absolu de tout, de telle manière, Black-

---

[1] Cent était le nombre invariable du contingent des trois grands Corps. Les membres à titre d'office n'eussent jamais été moins de quarante.

[2] *Théorie constitutionnelle de l'an VIII*, Extrait des Mémoires de Boulay de la Meurthe.

stone l'avoue, que si, par malheur, l'esprit de vertige venait à s'emparer de lui, les gouvernés seraient laissés sans aucune espèce de ressource [1]. Il faudrait *en appeler au Ciel*, dit Locke [2], et Blackstone chasse avec effroi une idée qui ne lui représente que la réalisation de la prophétie de Montesquieu.

Montesquieu, ce grand juge des nations, admire surtout, chez les Romains, deux institutions, par l'une desquelles la puissance législative du peuple était *réglée*, tandis qu'elle était *bornée* par l'autre : les *censeurs*, qui « formaient et créaient, pour ainsi dire, tous les cinq ans, le corps du peuple, exerçant la législation sur le corps même qui avait la puissance législative »; les *dictateurs*, par la création desquels « le Sénat avait le pouvoir d'ôter, pour ainsi dire, la République des mains du peuple; devant lesquels le souverain baissait la tête et les lois les plus populaires restaient dans le silence [3]. »

Il compare, quant à l'objet, à la dictature romaine, l'*Inquisition d'Etat* de Venise [4], autre magistrature terrible et même plus terrible encore, parce que, destinée à défendre l'aristocratie contre elle-même, elle ne pouvait se borner à une intimidation passagère : il lui fallait une action permanente, mystérieuse, et des châtiments inflexibles pour des crimes à peine soupçonnés. Qui se rappellerait sans frémir

---

[1] « *True it is that, what the Parliament doth, no authority upon earth can undo... so that... it was a known apophthegm of the great lord treasurer Burleigh : that England could never be ruined but by a Parliament; and, as sir Matthew Hale observes, this being the highest and greatest court, over which none other can have jurisdiction in the kingdom, if by any means a misgovernment should any way fall upon it, the subjects of this kingdom are left without all manner of remedy. To the same purpose, the president Montesquieu, though, I trust, too hastily, presages that, as Rome, Sparta and Carthage, etc.*» B. I, ch. 11).

[2] *Du gouvernement civil.*

[3] *Esprit des Lois*, l. XI, ch. XVI.

[4] *Ibid*, l. II, ch. III.

cette hiérarchie d'espionnage? Le Conseil du doge, investi du droit d'ouvrir toutes ses dépêches; le Conseil des Dix, déposant, emprisonnant, jugeant sans défenseur, faisant noyer dans un canal, étrangler dans une prison, pendre avec un voile sur la tête, décapiter par un bourreau masqué, tous les magistrats et le doge lui-même; cette inquisition enfin, inconnue, invisible, pouvant non-seulement exercer, mais déléguer au premier venu une autorité affranchie de toute forme et de toute règle ; jugeant et condamnant les Dix, par lesquels elle était choisie, comme les Dix jugeaient tout le monde, et assistée d'un suppléant pour le cas exprès où deux membres, sur les trois qui la composaient, voudraient se défaire du troisième? Par quelles terreurs, quel esclavage l'oligarque vénitien n'achetait-il pas sa souveraineté !

On pourrait aussi et surtout rapprocher de la dictature romaine la *Balia* de Florence, pouvoir extraordinaire et provisoire, remis occasionnellement aux magistrats ou à certains d'entre eux, et qui, n'ayant jamais possédé la force de la dictature, parce que le gouvernement florentin n'avait pas celle du Sénat de Rome, favorisa successivement les agitations populaires, puis le pouvoir des Médicis : dictature anarchique et qui aboutit, ainsi que l'autre[1], à la domination permanente d'un seul.

Une institution différente, mais dirigée vers le même but, était, dans le royaume d'Aragon, le *grand-justicier* (*justiza*), protecteur des droits des sujets vis-à-vis de la royauté et

---

[1] Ce ne fut pas, dit Machiavel (*Discorsi sopra Tito Livio*, l. I, ch. XXXIV), la dictature perpétuelle qui fit la force de César : ce fut la corruption des mœurs; ce fut le pouvoir pris par les hommes aux dépens de l'autorité des lois. Mais, sans nier les bons effets de la dictature primitive, ni même la nécessité du gouvernement de César, est-il à croire que les idées attachées à la dictature ne favorisassent pas à Rome l'établissement de la monarchie? — A défaut du nom de dictateur, dit l'illustre commentateur, César en aurait pris un autre? —Put-il prendre celui de roi?

défenseur de la nation à l'égard de la haute noblesse; investi,
en dernier ressort, de l'interprétation des lois; arrêtant le
cours des procès, tandis que nul ordre du roi ne pouvait
suspendre ses poursuites; délivrant obligatoirement, sous le
nom de *firma del derecho* et de *manifestacion*, des garanties
de possession et des espèces d'*Habeas* contre les détentions
secrètes; soumis lui-même, dans son office, à la surveillance
des cortès et pris parmi les chevaliers, afin, dit-on, qu'il fût
soumis à la peine capitale, dont étaient exempts les *ricos
hombres*. On peut remarquer dans les attributions de ce magistrat espagnol, les principales garanties dont s'enorgueillit
l'Angleterre. Mais c'était un homme, non un corps; cet homme
devait soutenir seul tout le choc de la tyrannie. Ayant en
vain revendiqué la libre nomination du *justiza*, les rois dis-
putaient aux cortès le droit de lui retirer sa charge; puis ils
exigeaient à l'avance des promesses de démission; puis enfin,
un d'eux, Alphonse V, trouvant sur le chemin de ses passions
un *justiza* inébranlablement attaché à la possession de son office, le retenait en prison jusqu'à la mort.

Les Etats-Unis d'Amérique reconnaissent aux juges ordinaires un pouvoir bien considérable : celui de ne pas appliquer les lois inconstitutionnelles, ou une véritable censure
sur les actes législatifs. Quel est le contre-poids de ce pouvoir? Sa disproportion avec l'importance des corps chargés de
l'exercer [1]. Chez une nation moins morcelée, ou dont la situation obligerait à donner plus de force à l'établissement
central, cette dérogation (c'en est une) à la division des pou-

---

[1] C'est généralement le pouvoir exécutif qui nomme les officiers judiciaires
avec l'assentiment du Sénat (Const. fédérale; Const. de New-York, § 7,
art. 4). Ils doivent conserver leurs places tant que leur conduite reste bonne
(Const. fédérale, sect. I, art. 3); mais, chaque année, les représentants fixent
le salaire des juges. La première et la dernière de ces dispositions peuvent
être considérées comme des contre-poids légaux.

voirs aurait des effets analogues à ceux du droit de remon-
trance exercé par nos Parlements.

Condorcet, dans son exposé de 1793 [1], ne demandait pour
toutes les lois qu'une obéissance provisoire : outre le droit de
se prononcer, par un suffrage immédiat, sur la première de
ces lois, l'acte constitutionnel, chaque citoyen avait la faculté
de réclamer qu'une loi quelconque fût soumise à un nouvel
examen ; qu'il fût pourvu par une loi nouvelle à un désordre
social. Si cinquante autres citoyens se réunissaient pour signer cette réclamation ou ce vœu ; si une assemblée primaire
l'adoptait ; cette assemblée pouvait convoquer, pour l'examiner à leur tour, toutes les assemblées d'une des divisions du
territoire ; si le vœu de la majorité s'unissait, dans celles-ci,
à la décision précédente, alors, toutes les assemblées d'une
division plus étendue étaient appelées, et si le vœu de la
majorité s'y manifestait toujours semblable, l'Assemblée des
représentants du peuple se trouvait obligée d'examiner non
la proposition en elle-même, mais seulement si elle croyait
devoir s'en occuper. En cas de refus, l'universalité des assemblées primaires avait à statuer, toujours sur la question
préjudicielle, et alors, ou le vœu de la majorité dans les assemblées primaires se déclarait en faveur de l'opinion des
représentants et la proposition était rejetée, ou cette majorité
exprimait un vœu contraire et l'Assemblée, qui paraissait dès
lors avoir perdu la confiance nationale, devait être renouvelée.
Quant à la loi fruit de la demande primitive, elle était à son
tour assujettie à la même censure et pouvait reproduire le
même ordre de résultats.

En exposant, dans ce projet, ce qu'il croyait devoir assurer
l'empire de la volonté générale, le savant interprète de l'in-
expérience révolutionnaire s'appuyait à la fois et avec une

---

[1] *Moniteur*, n° 48.

égale confiance, sur une vérité nouvelle et sur une bien vieille erreur. La division des pouvoirs constituant et constitués, cette dernière et grande conquête de l'analyse politique proclamée par l'Assemblée nationale[1], était reconnue, il est vrai, comme un élément de garantie ; mais au lieu d'en faire habilement le complément et la sanction de la division établie, par de précédentes découvertes, entre les pouvoirs constitués, la Commission conventionnelle la substituait, en quelque sorte, au principe de la représentation ; elle en tirait les conséquences que nous venons d'énumérer et les présentait hardiment comme « des préservatifs suffisants contre les projets d'usur-
« pation de pouvoirs, contre les systèmes destructeurs de la
« liberté que l'on pourrait craindre d'une seule assemblée,
« source unique de tous les pouvoirs sociaux. » Les théories de Condorcet ont-elles un autre son dans sa bouche que le :
Frères, il faut mourir ?

La garantie des pouvoirs les uns à l'égard des autres, achevait Sieyès, est dans *le Collége des conservateurs.*

Collège des conservateurs, Jury constitutionnaire ou *Sénat,* c'était, sous divers noms, l'organisation permanente du pouvoir constituant, d'après le principe général de la représentation : c'était l'extension nécessaire de la responsabilité aux actes des personnnes irresponsables[2]; c'était le tribunal de cassation

---

[1] 1791, Déclaration 3, 6 ; Constitution, tit. III, art. 1, 2 ; tit. VII, art, 1, 8, § 3.

[2] Sieyès (an III, *Moniteur*, 327) : « Il importe de distinguer deux sortes « d'actes par lesquels une Constitution peut être violée : les actes responsables « et ceux qui ne le sont pas.

« Les actes responsables, ainsi que leurs auteurs, ont leurs juges naturels ; « ils restent étrangers à l'attribution du jury constitutionnaire.

« Il est bien des classes de fonctionnaires irresponsables dans l'exercice de « leur mission ;

« S'ils sortent des bornes du pouvoir qui leur a été confié ; s'ils manquent « aux formes imposées, la Constitution sera violée. L'atteinte peut être grave; « l'ordre politique peut être en péril ; qui signalera cette excédence, cette « extravasion de pouvoirs? Qui réprimera, qui neutralisera du moins les

de l'ordre constitutionnel. A ce titre de tribunal, le jury constitutionnaire n'était point appelé à rendre des décisions spontanées. C'eût été d'ailleurs lui donner une action trop dominante sur tout l'établissement public. En supposant l'idée de Sieyès adaptée, comme il en avait été question, à la Constitution de l'an III, le droit de réclamation eût appartenu aux deux Conseils; ils l'auraient eu en général contre toute action irrégulière, ou en particulier l'un contre l'autre, ou chacun pour son compte dans les contestations trop sérieuses qui pouvaient s'élever entre la majorité et la minorité [1]. Les citoyens l'eussent eu aussi, « parce que si les fonctionnaires ne doivent posséder en fait de droits que ce qui est de nécessité, la liberté individuelle demande à être respectée, partout où elle n'est pas nuisible »; mais il ne fallait pas alors que l'empressement immodéré de quelques réclamants de profession pût nuire à l'usage raisonnable de la faculté laissée aux autres : Sieyès proposait en conséquence d'infliger une amende de police à l'auteur de toute réclamation non accueillie. Les Commissions sénatoriales de la liberté individuelle et de la liberté de la presse prévenaient naturellement l'abus, en consacrant le principe du droit.

« effets, peut être coalisés, de l'ambition, de l'intrigue et de l'aveuglement?
« Quoi! au milieu de vos institutions irresponsables, ne sentez-vous pas
« d'avance le besoin de pouvoir ramener à sa place celle qui tenterait d'en
« sortir?...

« On se repaît d'illusions quand on compte sur la fidèle observation d'une
« loi qui n'aurait d'autre garantie que la bonne volonté. Une loi dont l'exé-
« cution n'est fondée que sur la bonne volonté est comme une maison dont
« les planchers reposeraient sur les épaules de ceux qui l'habitent. Il est inu-
« tile de dire ce qui arriverait tôt ou tard. »

[1] Nous l'avons dit, mais il n'est pas inutile de le répéter : ceux qui ne sen-
« tent pas le besoin d'introduire dans tous les rapports politiques et constitution-
« nels, un moyen de conciliation depuis si longtemps en usage dans les rela-
« tions civiles, ne s'aperçoivent pas qu'ils arrêtent les progrès naturels de
« l'ordre social » (*ibid.*).

Bien heureuses les nations qui peuvent, comme l'Amérique du Nord, se lancer, toutes voiles déployées, sur l'océan démocratique! qui, dans leurs Constitutions [1], peuvent inscrire, comme droits absolus, des libertés dignes de compter parmi les meilleures garanties, lorsqu'elles ont elles-mêmes pour garants la paix, les lumières et les mœurs : non-seulement la *publicité* de certaines fonctions sociales, mais la *presse*, qui rend public le gouvernement tout entier ; le droit de *pétition*, vraie boussole d'un pouvoir qui sent sa mission ; le droit d'*association*, dont la puissance prodigieuse, pour le bien comme pour le mal, se montre partout dans l'histoire, soit qu'on se reporte en souvenir aux *fraternités milanaises* [2], soit qu'on se rappelle la *sainte Ligue*, cette fédération catholique, cette charbonnerie absolutiste du seizième siècle, qui servait à la fois l'ambition des grands, le fanatisme du peuple et l'instinct d'émancipation des bourgeois !

Pendant la Révolution, les armes de la liberté s'étaient, par l'ardeur du combat, tournées contre la liberté elle-même. La presse, l'association, ces deux grands leviers de l'opinion, servaient à écraser la France sous les coups redoublés de la terreur. Tandis que la plume de Marat remuait la lie de la

---

[1] Le Congrès ne pourra faire aucune loi pour établir ou prohiber une religion, pour restreindre la parole, la presse, les droits d'association et de pétition (Amendement à la constitution fédérale).

[2] Au moyen âge, les plébéiens de Milan, pour résister aux familles patriciennes, avaient formé des familles artificielles, toutes réunies en deux grandes sociétés (*Motta* et *Credenza*). Ces sociétés, par la suite, se donnant un chef perpétuel, élevèrent une monarchie dans l'État et renversèrent la république (V. Sismondi).

Un fait qui sert bien à faire voir ce que peut l'association comme moyen de résistance, c'est le suivant, qui est rapporté dans l'ouvrage de MM. de Beaumont et de Tocqueville sur le système pénitentiaire américain : Au pénitencier de Sing-Sing, trente gardiens suffisent à contenir dans la plus stricte discipline neuf cents criminels, travaillant en plein air, sans boulet, sans chaînes, — mais dans un silence absolu.

nation, les *Cordeliers*, les *Jacobins*, à côté du pouvoir légal, créaient un pouvoir oppresseur, indéfini, irresponsable, effrayant comme le vague, forcené comme l'ambition. Ramifiées sur tout le territoire, ces terribles sociétés grossissaient de leurs mille échos toute accusation et toute calomnie; dispensées de l'application, elles formulaient librement les théories et les critiques; elles attiraient les espérances, ralliaient les mécontentements et, au jour marqué, se trouvaient prêtes à venir, dans l'Assemblée même, chercher les têtes de leurs ennemis.

C'est sous l'impression des souvenirs du 31 mai, du 1er prairial, que la Constitution de l'an III, ayant cherché à assurer par la proportion numérique des membres et des assistants (art. 64), par la faculté de translation donnée au Conseil des Anciens (102 et suivants), l'indépendance et la sûreté des Assemblées nationales, interdisait concurremment (362) aux sociétés politiques les affiliations, les correspondances, la faculté de se donner une organisation rivale de celle des pouvoirs publics. Des dispositions postérieures attribuèrent au Directoire, à l'égard de ces sociétés, un droit de dissolution suffisamment justifié par le passé et le présent[1]. Si, dans des circonstances paisibles et dans un Etat bien assis, la communication fréquente et immédiate des pensées mûrit, sans danger, l'opinion, éclaire quelquefois le pouvoir et, sous son inspection nécessaire, substitue la publicité aux trames secrètes des partis; si, aux Etats-Unis, que nous citions, la multiplicité des clubs, de même que celle des journaux, forme le correctif naturel des abus de ces deux puissances; si, grâce aux instincts religieux, à l'unité de foi politique, à la sécurité extérieure, à l'organisation générale de la société et de l'Etat, l'entière liberté de discussion est devenue, dans ce pays, élément consti-

---

[1] V. le message du Directoire du 13 floréal an **VI**, sur les manœuvres anarchistes et la suppression motivée des *Cercles constitutionnels*.

tutionnel : chez nous, pouvait-on sérieusement demander au premier Consul, lorsqu'il remplaçait le Directoire, d'assurer une libre existence aux sociétés du *Manége* et de *Clichy ?*

La publicité judiciaire, garantie en matière criminelle par la Constitution de 91 (tit. III, chap. v, art. 9) ; en toute matière et pour tout acte, même pour la délibération, par la Constitution de 93 (art. 94, 96) ; pour l'instruction et le jugement des causes civiles et criminelles, par la Constitution de l'an III (art. 208) ; de même, sauf les exceptions que réclameraient l'ordre ou les mœurs, par la Charte de 1814 (64) et celle de 1830 (55) : ce principe, si longtemps demandé par l'équité et la raison, fut, durant l'Empire, consacré par l'article 87 du Code de procédure civile, avec les exceptions ci-dessus ; par les articles 153, 190, 309 du Code d'instruction criminelle et, enfin, généralement, par la loi de 1810 (20 avril), qui déclarait nul tout débat n'ayant pas eu lieu en public. Quant aux séances législatives, nous venons de citer l'article de la Constitution de l'an III, qui restreignait le nombre des assistants à la moitié de celui de l'Assemblée ; la Constitution de l'an VIII le limitait au maximum de 200 ; sous les régimes postérieurs, sans limitation légale, mais par l'effet de circonstances matérielles, les étrangers ne furent jamais dans l'enceinte des Assemblées plus de 60 ou 80. Du reste, ce n'est point en cela que consiste réellement la publicité de la tribune : les séances de l'Angleterre sont publiques, en droit et en fait, depuis la permission donnée, en 1771, d'imprimer les discussions. Les délibérations publiques, sous le régime consulaire et impérial, étaient celles du Tribunat et celles du Corps législatif ; le scrutin y était secret (23, 34, 35) : deux garanties d'indépendance relativement au pouvoir exécutif. Toutefois, sur l'avis de son président, en cas d'affaires intérieures, ou sur la demande de 50 membres, pour quelque

cause que ce fût, le Corps législatif pouvait, selon l'expression
anglaise, introduite en 91 dans notre vocabulaire politique,
se former en *Comité général* ; là, le Corps législatif était seul
et il discutait sans résoudre, de même qu'en *séance ordinaire*
il résolvait sans discuter ; là ses discussions devenaient secrètes,
bien que le seul mot de *Comité* n'exclût point, comme en Angleterre, toute idée de publicité : le Comité était public s'il
avait été demandé par les orateurs du Conseil d'Etat spécialement autorisés à cet effet (28 flor. an XII, tit. X) [1].

En Angleterre, ainsi qu'en Amérique, le droit de pétition
a été constitutionnellement reconnu : c'est un article spécial
du bill des droits. Chez nous, « depuis l'humble doléance
« agenouillée aux pieds du trône, jusqu'aux incursions de ces
« pétitionnaires sanglants qui venaient demander la Cons-
« titution de 1793 et du pain, tous les degrés de l'échelle ont
« été parcourus, toutes les manières d'aborder le pouvoir et
« de provoquer ses décisions ont été essayées, tous les sujets
« possibles de pétition ont été épuisés [2]. » Ainsi la Constitution de 1791 plaçait « la liberté d'adresser aux autorités
constituées des pétitions signées individuellement », parmi
les droits fondamentaux auxquels le législateur ne pouvait
jamais porter atteinte et qu'il devait seulement maintenir
dans les limites déterminées par la sûreté publique ou les
droits d'autrui. Selon la déclaration de 1793, « le droit
de présenter des pétitions aux dépositaires de l'autorité publique ne pouvait, en aucun cas, être interdit, suspendu

---

[1] Déjà le sénatus-consulte du 24 frimaire (art. 30) portait : « Le Corps législatif, toutes les fois que le gouvernement lui aura fait une communication
qui aura un autre objet que le vote de la loi, se formera en *Comité général*
pour délibérer sur sa réponse. » Il ajoutait, par dérogation à la pratique anglaise et aux prescriptions de 91 : « Le Comité sera toujours présidé par le
président du Corps législatif ou par un des vice-présidents désignés par le
président en cas d'empêchement. »

[2] Général Foy, 1820.

ou limité» (32). On sait l'usage qui en fut fait et les motifs qui firent écrire dans la Constitution de l'an III (364): « Les pétitionnaires ne doivent jamais oublier le respect dû aux autorités constituées. » Afin de rendre plus efficace cette recommandation, on ajoutait que les pétitions devaient être individuelles ; que nulle association, sauf les autorités constituées et seulement pour des objets propres à leur attribution, ne pourrait en présenter de collectives. La même crainte se traçait encore dans les articles 53 et 45 des deux Chartes royales, qui interdisaient formellement toute pétition faite à la barre et autrement que par écrit.

La Constitution de l'an VIII portait : « Toute personne a le droit d'adresser des pétitions individuelles à toute autorité constituée et spécialement au Tribunat» (83). C'est là, en effet, nous le savons, que devait se centraliser, s'organiser en vue de la loi, le mouvement pétitionnaire. Depuis, dans le Conseil d'Etat, une Commission spéciale eut mission de recevoir toutes les pétitions de l'Empire. « Il est vrai que les cir-
« constances d'abord et l'habitude ensuite n'avaient jamais
« permis à cet établissement, de jouir de la plus précieuse pré-
« rogative dont l'Empereur avait doté sa création, celle qui
« aurait produit sans doute le plus d'effet sur l'opinion, sa-
« voir, de lui présenter officiellement, à sa grande audience
« du dimanche, le résultat du travail de toute la semaine [1]. »
M. de Las-Cases, qui exprime ce regret, constate en même temps, par un détail, l'utilité de ce service, auquel il avait présidé après le retour de l'île d'Elbe : en un mois, on avait fait droit à plus de quatre mille pétitions.

L'Acte additionnel contenait, dans son article 65, une réglementation nouvelle, et qui n'était pas sans mérite, soit au point de vue des convenances constitutionnelles et parlementaires,

---

[1] *Mémorial*, 5 mars 1816.

soit en ce qui pouvait garantir la justice et l'efficacité des décisions. « Le droit de pétition est assuré à tous les citoyens.
« Toute pétition est individuelle ; ces pétitions peuvent être
« adressées, soit au gouvernement, soit aux deux Chambres ;
« néanmoins, ces dernières mêmes doivent porter l'intitulé :
« *à S. M. l'Empereur.* Elles sont présentées aux Chambres
« sous la garantie d'un membre qui recommande la pétition.
« Elles sont lues publiquement, et, si la Chambre les prend
« en considération, elles sont portées à l'Empereur par le
« président. »

Maintenant, ayant examiné et les garanties de la loi et celles
de la pensée publique, supposons que les unes et les autres
se rencontrent insuffisantes : « Les Crétois, nous dit Montes-
« quieu [1], pour tenir les premiers magistrats dans la dépen-
« dance des lois, employaient un moyen bien singulier :
« c'était celui de l'*insurrection.* Une partie des citoyens se
« soulevait, mettait en fuite les magistrats et les obligeait de
« rentrer dans la condition privée. Cela était censé fait en
« conséquence de la loi. » La Pologne, de même qu'elle tenait
pour garanties électorales le *liberum veto* et les coups de sabre,
corrigeait l'erreur de ses choix par ses *confédérations*, et la
France révolutionnaire édictait l'insurrection comme le plus
saint des devoirs [2]. Si un genre d'institution, « qui semblait
devoir renverser quelque république que ce fût », ne détruisit
pas celle de Crète, cela s'explique seulement, ajoute notre
grand publiciste, par l'amour proverbial, unique, des Crétois
envers leur patrie : « *L'amour de la patrie corrige tout.* » La

---

[1] *Esprit des Lois*, l. VIII, ch. II.

[2] *Déclaration de* 1793, art. 35. « Quand le gouvernement viole les droits du
peuple, l'insurrection est pour le peuple et pour chaque portion du peuple,
le plus sacré des droits et le plus indispensable des devoirs.

27. « Que tout individu qui usurperait la souveraineté soit à l'instant mis
à mort par les hommes libres. » Les hommes libres courent grand risque, avec
de pareilles garanties, d'être assassins ou asservis.

sédition, la guerre civile sont un retour, quelquefois forcé, mais certain, vers la barbarie ; une garantie destructive. Toute révolution, on le sait trop, forme une pierre d'attente pour une autre [1], et une des chances les plus heureuses de la dynastie impériale était, si l'on peut parler ainsi, la virginité de son principe ; c'était le rôle de son fondatenr, qui n'avait déplacé personne ; qui avait réparé toutes choses, sans avoir rien eu à détruire. Les partis se font habituellement de bien étranges illusions, lorsqu'ils proscrivent, une fois vainqueurs, les moyens qu'ils ont trouvés bons pour établir leur influence. Par crainte de ces moyens extrêmes, le Parlement anglais se jeta, sous le règne réactionnaire de Charles II, dans une extrémité contraire : il renonça formellement au droit des armes *défensives* contre l'autorité royale. Mais l'esprit anglais s'en tira : on n'avait renoncé à se défendre, qu'en supposant qu'on ne serait pas attaqué [2].

L'*esprit de résistance* prévient la résistance matérielle, et il ne faut pas le confondre avec l'*esprit d'opposition*. Diriger les passions des hommes, les épurer, les agrandir, créer, si l'on

---

[1] *Perchè sempre una mutazione lascia lo addentellato per la edificazione dell' altra* » (Machiavel, *del Principe*).

[2] « Les communes avaient vu que, sous prétexte de défense, le long Par-« lement avait commencé une violente attaque contre le pouvoir royal, et « qu'après avoir plongé le royaume dans le sang, il avait enfin perdu cette li-« berté pour laquelle il avait imprudemment combattu. Elles se persua-« dèrent, faussement peut-être, qu'après des prétentions si révoltantes, il « n'était pas permis aux représentants de la nation de garder plus longtemps « ce prudent silence où les lois étaient demeurées jusqu'alors, et qu'il était « nécessaire de fermer, par une déclaration positive, toute voie de retour aux « mêmes inconvénients : *Ainsi, lorsqu'elles avaient exclu le droit de défense, elles* « *avaient supposé que, la Constitution demeurant ferme sur ses fondements, il ne* « *pourrait jamais arriver qu'elle fût attaquée par le souverain ;* ou du moins, « cette attaque entraînant des maux extrêmes, elles avaient conçu qu'une « extrême et violente nécessité ne pouvait être comprise dans aucune loi, « parce qu'il n'y avait aucune loi capable d'y remédier d'avance » (Hume, *Histoire d'Angleterre*, VI, 138).

en a le génie, une nation robuste et fière, dont chaque membre, pénétré de sa dignité et de ses devoirs, donne à craindre à toute tyrannie l'âme d'un Caton ou d'un Hampden : c'est faire mieux pour la liberté que de laisser s'aigrir et s'user, dans des discussions anarchiques, l'énergie d'un peuple agité ; et que faire d'institutions fortes, là où il n'y a point d'hommes forts ?

Florence, cette cité inventive, en politique comme dans les arts, s'était donné, dès le treizième siècle, une organisation à la fois industrielle, gouvernementale et militaire [1], qui fit beaucoup, dans l'origine, pour sa puissance extérieure et qui ne contribua pas moins à ses désordres intérieurs, quand l'état moral eut changé. Nos anciennes communes possédaient, comme conséquence de leurs franchises, le droit et, ce qui valait mieux, les moyens aussi de les défendre contre la féodalité ; elles s'en servirent quelquefois contre l'autorité royale: on voit la milice bourgeoise et la tactique des *barricades* jouer un grand rôle à Paris, aux temps du roi Jean [2] et d'Henri III : « Nous sommes maintenant devenus tous guerriers déses « pérés, écrivait, à cette dernière date, le spirituel bour « geois Pasquier ; le jour, nous gardons les portes ; la nuit, « faisons le guet, patrouilles et sentinelles. Bon Dieu ! que « c'est un mestier plaisant à ceux qui en sont apprentifs ! [3] »

Le 8 juillet 1789, l'homme des grandes initiatives, Mirabeau, demande à la fois l'éloignement des troupes royales

---

[1] La division des quartiers en compagnies armées (1250), avec, plus tard, la création du gonfalonier de justice, qui n'avait, pour tout mettre en armes, qu'à suspendre le *gonfalon* à la fenêtre du palais. Une autre division, celle des *arts*, combinée avec la première, faisait dominer à Florence une aristocratie de richesse qui bientôt se trouva en lutte avec le prolétariat, et l'on peut voir, dans Machiavel, où, porté par les *Ciompi*, alla le gonfalon de justice (Note finale D).

[2] Marcel met la milice sur pied et place des chaînes aux coins des rues en 1357 (V. Dulaure, *Histoire de Paris*).

[3] *Lettres*, liv. II, 3. V. Note finale E.

et la levée des gardes bourgeoises. La seconde partie de sa motion ne reçoit pas de suite immédiate, mais elle retentit dans le pays; elle est reproduite, peu de jours après, *comme demande du rétablissement d'un privilége communal*, par l'Assemblée des électeurs, et le Comité permanent installé à l'Hôtel-de-Ville la convertit, le 13 juillet, en mesures d'organisation. Il ordonne que seize légions, correspondant aux seize quartiers (les seize fameux quartiers de la Ligue), rassembleront sous les couleurs de la ville (rouge et bleu, le chaperon de Marcel), quarante-huit mille citoyens, fonds de la milice parisienne. On devait en enregistrer, jusqu'à complément de ce nombre, deux cents par jour dans chacun des soixante districts. Le soir même, il y en avait cent mille et, le lendemain, cent cinquante. Ils se forment en compagnies : *Volontaires du Palais-Royal, de la Bazoche, de l'Arquebuse*; ils se nomment des officiers; ils s'arment de piques, de faux, de haches, de fusils qu'ils courent enlever dans tous les postes militaires : le pont-levis de la Bastille tombait avant la fin du jour.

Bientôt la France fut couverte de près de deux millions d'hommes armés [1]. La fête de la Fédération, anniversaire de la prise de la Bastille, vit distribuer des drapeaux à toutes ces *gardes nationales,* réunies par députations, autour de l'autel du Champ-de-Mars. C'était ce qu'on pouvait appeler l'armée de la Révolution [2]; c'est de là que devaient sortir, à la voix de la Convention, ces bataillons de volontaires qui s'élancèrent à la fois sur toutes nos frontières menacées. Mais on conçoit qu'un tel mouvement ne fût pas lui-même sans dangers. Dès le 5 août 1789, Mirabeau avait proposé d'organiser, parallèlement à la nouvelle milice bourgeoise, le système

---

[1] 1789, *Moniteur*, n° 60, Rapport de l'évêque d'Autun.

[2] Elle devait se considérer comme étant, dans tout le royaume, en réquisition permanente; ainsi était conçue la loi.

municipal : il avait ainsi indiqué la distinction nécessaire de
la France armée, qui devait obéir, et de la France délibérante,
à qui devait être remise l'initiative du mouvement, si l'on voulait (ici nous reproduisons le rapport de Rabaud Saint-
Etienne) « préserver la nation du danger de ces résolutions
« soudaines que peuvent prendre des hommes armés, qui, lé-
« gislateurs, juges et exécuteurs, réuniraient tous les pouvoirs
« et toutes les passions. » Les hommes qui voulaient établir
la liberté, l'ordre et l'union dans la société nouvelle ne tardèrent pas à s'alarmer « des idées guerrières qui tout à coup
« semblaient s'être emparées de la nation; du goût pour les
« décorations militaires, de la jalousie des grades et des
« distinctions; de cette rivalité qui s'établissait entre ce
« qu'on appelait l'armée nationale et l'armée de ligne[1]. »
Conformément à ces remarques et aux relations naturelles qui se trouvent, comme nous le verrons, entre la
garde nationale et d'autres parties importantes de l'établissement public, la Constituante établit des principes d'organisation que reproduisit à peu près la Constitution de
l'an III [2] :

Sous le nom de *force publique* se confondent, aux yeux de
la loi, les gardes nationales et l'armée, qui n'est qu'un moyen
habituel extrait des ressources possibles, ou, comme on l'exprimait en l'an III, qui n'est que la garde nationale passant du
service sédentaire à un service d'activité. Les gardes nationales ne forment ni un corps militaire ni une institution dans
l'Etat : ce sont les citoyens eux-mêmes appelés à défendre les
lois qu'ils ont été appelés à faire : mais les deux titres différents auxquels ils concourent ainsi au service de la société ne
se réuniront jamais : la force publique est essentiellement

---

[1] Même rapport.
[2] Constitution de 1791, titre IV ; an III, titre IX.

obéissante; nul corps armé ne peut délibérer[1] ; les armes et même l'uniforme seront rigoureusement bannis des endroits où l'on délibère, et la garde nationale n'agira jamais que requise par les fonctionnaires civils.

Le Comité de la Constituante liait par une mutuelle dépendance les droits des citoyens actifs et l'enrôlement dans la garde nationale. Seuls, ces citoyens et leurs fils, avec lesquels on tolérait les volontaires de l'origine, pouvaient se proposer au service, et seuls ceux qui se seraient proposés pouvaient réclamer l'exercice des droits de citoyens actifs. Robespierre et Pétion, soutenus par MM. de Lameth et de Noailles, proposaient un amendement : c'était d'ouvrir généralement les rangs de la garde nationale aux citoyens domiciliés : autrement, disait Robespierre, on diviserait la nation en deux classes, dont l'une serait à la merci de l'autre. Si les citoyens non actifs (on lui avait fait remarquer que cette classe, en définitive, n'était à peu près composée que de personnes sans domicile), si les citoyens non actifs n'avaient pas de quoi supporter les pertes de temps et les dépenses occasionnées par le service, l'Etat devait y subvenir : il devait armer, même solder ceux qui n'étaient pas assez riches, et, trahissant ses intentions par un langage assez étrange, l'astucieux démagogue couronnait ainsi son discours : « Le mot *liberté* n'a pas « été prononcé une seule fois dans tout le projet. Repousser « *les brigands*, livrer à la justice *les séditieux*, voilà les seu- « les idées que présente la partie du projet qui fixe les fonc- « tions de la garde nationale. Il semble qu'elle ne sera « instituée, dans les campagnes, que pour soutenir la gen- « darmerie nationale et les troupes de ligne. Faire ainsi une

---

[1] 1791, 12 ; an III, 275 ; an VIII, 84. Mais quand les sections, en vendémiaire, préparaient leur insurrection, elles prétendaient délibérer comme composées d'électeurs, et ces électeurs, enrégimentés en tant que gardes nationaux, se trouvaient tout prêts à agir après la délibération.

« armée subsidiaire pour combattre les *citoyens*, n'est-ce pas
« là l'oubli de tous les principes[1] ? »

Ni la police intérieure, ni la défense du territoire ne mo-
tivant suffisamment, aux yeux de Robespierre et des siens,
l'institution de la garde nationale, qu'était-ce donc? Une
précaution, ou plutôt un préparatif contre le pouvoir monarchique; leur plan provisoire eût été « de mettre en équi-
« libre armée contre armée, et de donner l'armée nationale à
« mouvoir au Corps législatif. » Mais déjà cette théorie, dont,
pour un cas exceptionnel[2] et avec d'autres intentions, Mirabeau s'était fait l'organe, avait, malgré un tel appui, succombé aux objections de Barnave : « Ne se trouverait-il jamais
« un législateur ambitieux qui voulût devenir usurpateur?
« un homme qui, par ses talents et son éloquence, aurait as-
« sez de crédit sur le législateur pour l'égarer, sur le peuple
« pour l'entraîner? Si le roi est éloigné, ne pourra-t-il pas lui
« reprocher ses succès et ses triomphes? Ne peut-il pas lui
« venir dans la tête d'empêcher le monarque des Français de
« rentrer en France? Il y a plus : la législature ne comman-
« derait pas par elle-même : il lui faudrait un chef... Je de-
« mande quel serait le vrai roi, et si vous n'auriez pas alors
« un changement de race ou une guerre civile ? » Aussi l'Assemblée pourvut-elle à ce que nul ne pût commander la garde
nationale de plus d'un district[3]; aussi quand, à une autre

---

[1] 27 avril 1791.

[2] Quand le roi serait en personne à la tête des troupes réglées.

[3] Il est juste de rappeler que lorsque, dans les entraînements d'un enthousiasme éphémère, on avait parlé de réunir toutes les gardes nationales sous
le commandement d'un seul chef, ce chef, M. de La Fayette, devançant la
prohibition de l'Assemblée, avait fait acte de civisme en même temps que de
sagacité. En vue d'un autre inconvénient, les tendances fédératives, la Constitution statuait (art. 5) que les gardes nationales ne pourraient avoir qu'une
même discipline et un même uniforme dans tout le royaume. Il était dit ex-

époque, Sieyès parlait de placer cette force sous la direction immédiate du collège des Conservateurs [1], Napoléon se hâtait-il de reléguer cette pensée de son collègue dans les mêmes limbes politiques que le projet du Grand-Electeur. Peut-on croire qu'il ait eu tort, si l'on se rappelle les faits de la campagne de Wagram et de la seconde abdication : Fouché ayant peut-être rêvé, dès la première de ces époques, de réaliser, avec Bernadotte, les prévisions de Barnave ; puis le général La Fayette appelant, du haut de la tribune, la garde nationale de Paris à défendre une Chambre insurgée, contre le droit de dissolution, attribut constitutionnel du souverain ; et plusieurs chefs de cette milice concourant alors activement, même par des démonstrations de corps [2], à la nouvelle conspiration qui devait consommer notre ruine?

Comme réserve organisée pour la défense du territoire, comme *landwehr*, la garde civique mérite les éloges qu'elle a reçus [3]. Constitutionnellement parlant, c'est l'insurrection permanente, « l'insurrection régulière »; Mirabeau l'a nommée ainsi. Bonne à ce titre et même très-bonne en 1789, parce qu'il n'y avait pas alors de force armée nationale ; parce qu'elle offrait à la fois un moyen d'ordre et de changement ; elle a, aux 5 et 6 octobre ainsi qu'au

pressément (*ibid.*), pour garantir l'égalité civile, que « la distinction de grades et la subordination ne subsistaient que relativement au service et pendant sa durée » ; que « les officiers, élus à temps, ne pourraient être réélus qu'après un intervalle de service comme soldats » (6).

[1] Extrait des *Mémoires de Boulay de la Meurthe.*

[2] *Mémoires de Rovigo.*

[3] « Vous n'auriez jamais eu la liberté sans les gardes nationales. C'est dans « leur sein que se formèrent ces bataillons nombreux qui parurent tout à « coup aux yeux de l'Europe étonnée et qui se trouvèrent armés et presque « instruits à la voix de la patrie en danger; c'est dans leur sein que nos armées, affaiblies par de fréquents combats, ont puisé de nouvelles forces. « C'était là l'école des défenseurs de la patrie » (Pichegru, rapport du 15 thermidor an V ; *it.* Carnot, 13 juin 1815).

14 juillet, dominé en partie le désordre en dirigeant elle-même l'attaque : mais a-t-elle prévenu le 20 juin? a-t-elle empêché le 2 septembre? n'a-t-elle pas, le 31 mai, contribué, comme le 10 août, à violer la Constitution qu'elle avait pour mission de défendre? n'a-t-elle pas, en vendémiaire, fait payer à la Convention l'appui qu'elle lui avait prêté en thermidor, en germinal, en prairial? Non qu'il fût juste de confondre, dans ces différentes circonstances, la garde nationale entière avec les canonniers de Hanriot, ou avec les meneurs royalistes de la section Lepelletier : mais, dans une milice de ce genre, trop souvent la masse paisible obéit aux gens turbulents [1], ou les sert par son inaction. Dans toute la révolution, nous voyons les divers partis se créer des centres d'action dans la foule armée des grandes villes ; ce qu'on nomme *compagnies d'élite* est un cadre à conspirations ; chaque faction a eu les siennes : la Commune, au 31 mai, décrétait quarante sous par jour, selon le vœu de Robespierre, *aux citoyens peu fortunés*, tant qu'ils resteraient sous les armes, et créait, par engagements, cette *armée révolutionnaire* qui devait promener partout les affreux drapeaux de la Terreur. Après les journées de prairial, on se hâta de dispenser ceux à qui le service gratuit pouvait sembler trop onéreux, et d'exiger le domicile comme condition d'enrôlement [2]. Mais on vit bientôt se former, dans les compagnies séparées de grenadiers et de chasseurs, les éléments de vendémiaire : ces distinctions organisent les antagonismes sociaux qu'un rapprochement forcé

---

[1] « Au 31 mai, la garde nationale, rassemblée, au son de la générale, par « ce mouvement de terreur qui, dans une grande cité, est le signal d'un « grand danger et porte dans toutes les âmes l'agitation de toutes les passions, cette garde nationale alors consomma, peut-être sans le savoir, mais « sans hésiter, la perte des vrais amis de la liberté : elle les livra elle-même « aux chefs d'une faction justement exécrée et dont elle ne redoutait déjà « que trop les fureurs » (Conseil des Cinq-Cents, opinion de Lecouteulx).

[2] Décret du 28 prairial ; *item*, 16 vendémiaire an III.

excite. Les premières dispositions taxaient le citoyen inscrit qui se dispensait du service ; l'enthousiasme un peu refroidi, beaucoup de citoyens avaient préféré convertir en prestation les dégoûts de la police urbaine : de là les réclamations portées devant l'Assemblée souveraine contre les *muscadins* et les *gros messieurs* ; de là les décrets coercitifs qui, avec ceux plus importants que nous avons analysés, complétaient l'organisation de cette institution également puissante pour empêcher la guerre civile ou pour la produire, pour la réprimer ou pour l'entretenir.

On voulut la faire servir, à une époque rapprochée de nous, à affermir une dynastie révolutionnaire dans son principe, mais qui espérait pour l'avenir, comme toutes les dynasties, fermer la porte aux révolutions. On fit des honneurs légionnaires un appât pour la vanité d'une aristocratie d'un certain genre ; on lui procura les jouissances d'une domination tracassière ; on lui prodigua sans mesure le prix des vertus militaires et les illusions martiales : mais on ne put pas éviter qu'une révolution nouvelle ne se fît, par le moyen même qui était censé devoir la prévenir.

Napoléon, qui, si longtemps, éloigna l'ennemi des frontières et qui maintenait l'ordre intérieur par le seul prestige de son nom ; Napoléon n'eût exigé qu'un inutile surcroît de sacrifices, en imposant l'obligation d'un service actuel et suivi aux citoyens restés dans leurs foyers [1]. Il n'en élaborait pas

---

[1] « Le décret du 8 vendémiaire an XIV avait fait de la garde nationale une
« institution purement militaire, dont on ne se servait que dans de grandes
« circonstances et comme d'un auxiliaire des armées ; quant à son service
« dans l'intérieur, il était presque nul. On lui avait substitué des corps soldés,
« tels que les compagnies de réserve dans tous les départements et des gardes
« municipales dans les grandes villes » (Thibaudeau).

Ce décret du 8 vendémiaire, rendu en exécution du sénatus-consulte du 2,
réorganisait partiellement, par cohortes et par légions, la garde nationale sédentaire des départements, des arrondissements, des cantons ou même des

moins un grand classement militaire qui, au besoin, eût
rassemblé toutes les forces de la nation : « Il fut lu au Conseil
« d'État, dit le narrateur du *Mémorial*, jusqu'à quinze ou
« vingt rédactions de l'organisation des trois bans de la garde
« nationale en France. Le premier, celui des jeunes gens,
« était assujetti à aller jusqu'à la frontière ; le second, celui
« de l'âge mitoyen et des hommes mariés, ne sortait pas du
« département ; enfin, le dernier, celui des hommes âgés,
« demeurait uniquement consacré à la défense de la ville.
« L'Empereur, qui y tenait beaucoup, y revint souvent et dit
« de très-belles choses, extrêmement patriotiques. Mais il y
« eut constamment, dans tout le Conseil, une défaveur mar-
« quée, une opposition sourde et inerte. Les affaires mar-
« chaient et l'Empereur, attiré par d'autres objets, vit échap-
« per ce plan, que sa prévoyance calculait sans doute pour
« notre salut et qui l'eût été en effet. Par ce plan, plus de
« deux millions d'individus se seraient trouvés classés, ar-
« més, lors des désastres : qui alors eût osé nous aborder ?
« Dans une de ces séances, l'Empereur eut un mouvement
« fort chaud, fort remarquable. Un membre (M. Malouet) em-
« ployait beaucoup de circonlocutions peu favorables à cette
« organisation. L'Empereur lui adressa sa phrase habituelle :
« —Parlez hardiment, monsieur, ne mutilez pas votre pensée,
« dites-la tout entière ; nous sommes ici entre nous.—L'ora-
« teur alors déclara que cette mesure alarmait tout le monde ;
« que chacun frémissait de se voir classé, dans la persua-
« sion que, sous le prétexte de la défense intérieure, on ne

villes où le besoin s'en faisait sentir. Tous les Français valides, de 20 à 60 ans,
pouvaient être appelés suivant le mode établi en chaque lieu par des règlements spéciaux. Les officiers étaient nommés préalablement par l'Empereur
et formaient, avec les autorités administratives, le Conseil d'organisation. Les
gardes nationales sédentaires, requises pour un service militaire, devaient
être payées et traitées à l'égal des troupes de ligne. Ces mesures ne furent
appliquées que dans les départements frontières.

« s'occupait que du moyen de les transporter au dehors. —
« Eh bien! à la bonne heure, dit l'Empereur, je vous com-
« prends à présent. Mais, messieurs, dit-il en s'adressant à
« tout le Conseil, vous êtes tous pères de famille, jouissant
« d'une grande fortune, exerçant des emplois importants;
« vous devez avoir une immense clientèle ; vous devez être bien
« gauches ou bien peu soigneux, si, avec tous ces avantages,
« vous n'exercez pas une grande influence d'opinion : or,
« comment se fait-il que vous, qui me connaissez si bien, me
« laissiez si peu connu? Et depuis quand m'avez-vous vu
« employer la ruse et la fraude dans mon système de gou-
« vernement? Je ne suis point timide et n'ai pas l'usage des
« voies obliques; si j'ai un défaut, c'est de m'expliquer trop
« vertement, trop laconiquement peut-être; je me contente
« de prononcer ; j'ordonne, parce que je m'en repose ensuite,
« pour les formes et les détails, sur les intermédiaires qui
« exécutent, et Dieu sait si, sur ce point, j'ai beaucoup à me
« louer ! Si donc j'avais besoin de monde, je le demanderais
« hardiment au Sénat, qui me l'accorderait, et si je ne l'ob-
« tenais de lui, je m'adresserais au peuple même, que vous
« verriez marcher avec moi. Je vous étonne peut-être, car
« vous semblez parfois ne pas vous douter du véritable état
« des choses... Croyez donc que le peuple fera toujours ce que
« nous réglerons pour son bien. Ne vous en laissez pas sur-
« tout imposer par l'opinion que vous mentionnez. Elle
« n'existe que dans les salons de Paris, nullement dans la
« nation, et, dans le projet qui nous occupe en cet instant, je
« n'ai nulle vue ultérieure au dehors, je le déclare ; je ne
« pense qu'à la sûreté, au repos, à la stabilité de la France
« au dedans. Poursuivez donc les bans de la garde natio-
« nale; que chaque citoyen connaisse son poste au besoin ;
« que M. Cambacérès, que voilà, soit dans le cas de prendre
« son fusil, si le danger le requiert, et alors vous aurez vrai-

« ment une nation maçonnée à chaux et à sable, capable de
« défier les siècles et les hommes. Je relèverai, du reste, cette
« garde à l'égal de la ligne ; les vieux officiers retirés en se-
« ront les chefs et les pères ; j'en ferai solliciter les grades à
« l'égal des faveurs de la cour, etc. [1] »

Conformément à ces idées, la loi du 29 floréal an X, énu-
mérant les titres d'admission dans la Légion-d'Honneur qu'elle
créait, voulait qu'aux services rendus dans les fonctions législatives, la diplomatie, l'administration, la magistrature ou les
sciences, s'ajoutât la condition, pour quiconque les aurait rendus, d'avoir fait partie de la garde nationale du lieu de son
domicile (7). C'était un moyen de recrutement qui valait
mieux, sans aucun doute, que la délation et l'emprisonnement. C'était pour la réserve civique une glorieuse association.

Lorsque la fortune eut changé , que les frontières furent
menacées, qu'il fallut user de toutes les ressources, l'Empereur mit à exécution une partie de son grand projet. Il fit proclamer par le Sénat (13 mars 1812) le principe de la division
de la garde nationale en trois bans, et déclarer qu'aucune de
ces réserves ne sortirait du territoire ; il en tira immédiatement quatre-vingt-huit cohortes, destinées à relever dans les
garnisons et aux frontières les troupes de ligne que la guerre
réclamait. Le 3 avril 1813, un nouveau sénatus-consulte ,
répondant à de nouveaux malheurs, mit sur pied 80,000
hommes des conscriptions de 1807 à 1812, non mariés et non
remplacés, et prescrivit en même temps, pour la défense des
côtes de l'Ouest et du Midi, l'organisation de cohortes, dont
le dixième environ était appelé, dans les limites d'arrondissements déterminés, à un service d'activité temporaire, sous
les ordres de sénateurs. Enfin, un corps de cavalerie d'un effec-

____

[1] *Mémorial*, 17 juin 1816.

tif de 10,000 hommes, formé, en quatre régiments, à Versailles, Tours, Metz et Lyon, devait, sous le nom de *gardes d'honneur*, réunir les jeunes gens aisés, les fils de fonctionnaires publics, les militaires retirés encore dans la force de l'âge, que la promesse du brevet d'officier, acquis de droit après un an de campagne, l'assimilation actuelle aux chasseurs à cheval de la garde et l'espoir de faire partie de compagnies de gardes du corps à créer ultérieurement, décideraient à débuter ou à rentrer dans la carrière des armes. Désignés à défaut seulement d'un nombre assez grand de volontaires, ils devaient s'équiper eux-mêmes. La Légion-d'Honneur cependant, pour ses membres et pour leurs fils, suppléait, sur sa dotation, à l'insuffisance de fortune.

L'ennemi a violé le sol français. L'Empereur ordonne la levée en masse dans tous les départements de l'Est. Le 8 janvier 1814, il organise, sous son commandement suprême, la garde nationale de Paris [1], dont il confie les 12 légions à de hauts fonctionnaires, à des descendants d'anciennes familles ou à de notables industriels. Le 23, il en réunit les chefs ; il leur remet, au milieu des transports d'un enthousiasme indescriptible, la garde de la capitale. Prévoyant les événements, « il pourrait arriver, leur dit-il, que par les manœuvres que « que je vais être obligé de faire, les ennemis trouvassent le « moment de s'approcher de vos murailles : si la chose avait « lieu, souvenez-vous que ce ne pourra être que l'affaire de « quelques jours et que j'arriverai bientôt à votre secours [2]. » Il part. Mais tard et mal armée par le ministre de la guerre, la garde nationale ne fournit, aux barrières assiégées de Paris,

---

[1] Un décret précédent (du 17 décembre) avait prescrit la formation de cohortes de grenadiers, de fusiliers et d'artilleurs pour la garde des places de guerre, et presque toutes les villes principales se trouvaient comprises au tableau.

[2] *Mémoires de Rovigo.*

que huit à dix mille défenseurs, dignes, il est vrai, de la cause
qu'ils servent. Les ordres donnés par l'Empereur pour une
défense désespérée demeurent méconnus et sans effet.

On a fait à Napoléon des reproches bien contradictoires
quant à l'emploi des forces nationales. Le Sénat a osé comprendre dans son acte d'accusation les levées autorisées par
lui-même et le patriotique appel adressé, le 5 mars, de Fismes,
à nos paysans outragés. Des historiens [1], au contraire, ont
blâmé l'extrême réserve avec laquelle, selon eux, l'Empereur
avait fait usage de l'enthousiasme populaire; comme s'il eût
été responsable de l'inexécution de ses ordres ; comme s'il
n'avait point, au contraire, lutté contre des alentours qui, de
l'aveu de M. Thibaudeau, lors de ses visites aux faubourgs, le
détournaient de se livrer à ce qu'ils appelaient avec effroi les
jacobins et la canaille ! — « Dans ma position, aurait répliqué
« l'Empereur, il n'y a pour moi de noblesse que dans les fau-
« bourgs et de canaille que dans la noblesse. » Si le mot est
bien avéré, le choix des chefs de légions prouverait seul et suffisamment qu'il ne faut pas le prendre à la lettre. Mais il est
juste aussi de dire que ce ne furent point les faubourgs qui,
au nom de la garde nationale, offrirent, quelques mois après,
une épée d'or au Russe Sacken !

« Une chose remarquable, rapporte le duc de Rovigo dans
« ses *Mémoires*, c'est que tous les membres du Conseil qui
« avaient acquis de la célébrité dans la Révolution, furent
« d'abord d'avis de ne point lever la garde nationale de Paris,
« et qu'ensuite, obligés de se rendre sur ce point, ils conseil-
« lèrent de ne point mettre de choix dans la composition des
« cadres. » Un autre avis, moins bon peut-être, prévalut à ce
dernier égard, mais moyennant la création de douze nouveaux
régiments de voltigeurs et tirailleurs incorporés à la jeune

______
[1] Entre autres M. Thibaudeau.

garde, l'Empereur disposa utilement des hommes valides et sans travail qui voulaient prendre une part active à la libération du territoire. Ces gardes d'honneur populaires devaient s'engager à servir jusqu'à l'expulsion des ennemis, et leurs familles, pendant ce temps, avaient droit aux secours de l'Etat[1]. Après le retour de l'île d'Elbe, le décret de réorganisation du 10 avril 1815, généralisant et complétant les dispositions antérieures, prépara le classement en 3,131 bataillons de 2,254,320 gardes nationaux, sur lesquels une élite de 751,440 hommes de 20 à 40 ans, formée d'avance en compagnies de grenadiers et de chasseurs, pouvait être rendue mobile[2]. Des compagnies de canonniers devaient faire le

[1] Décret du 21 janvier 1814. Le *Mémorial de Sainte-Hélène* cite, à la date du retour de Leipsick, une anecdote qui, vraisemblablement, fut l'origine de cette création : « Un jour, au faubourg Saint-Antoine, entouré d'une immense « multitude, parmi laquelle il se montrait très-bon homme, un des assistants « osa l'interpeller : «Est-il vrai, comme on dit, que les affaires vont si mal?» « — « Mais, répondit l'Empereur, je ne peux pas dire qu'elles aillent trop « bien.» — «Comment cela finira-t-il donc?» — «Ma foi, Dieu le sait. » « — «Mais comment? est-ce que les ennemis pourraient entrer en France?» « — «Cela pourrait bien être, et venir même jusqu'ici, si l'on ne m'aide pas. « Je n'ai pas un million de bras; je ne puis pas faire tout à moi seul.» — « Mais nous vous soutiendrons », dirent un grand nombre de voix. — «Alors, « je saurai bien battre encore l'ennemi et conserver toute notre gloire. » — « Que faut-il donc que nous fassions?» — «Vous enrôler et vous battre.» — « Nous le ferions bien, dit un autre, mais nous voudrions y mettre quelques « conditions. » — «Eh bien, lesquelles? dites. » — «Nous voudrions ne pas « passer la frontière.» — «Vous ne la passerez pas. » — «Nous voudrions, « dit un troisième, être de la garde.» — « Eh bien, va pour la garde. » Et « les acclamations de retentir. Des registres furent ouverts sur-le-champ, et « plus de deux mille individus s'enrôlèrent dans la journée. En les quittant, « Napoléon regagnait lentement les Tuileries, pressé par une multitude en « désordre, qui faisait retentir l'air de ses cris. Lorsqu'il vint à déboucher « sur le Carrousel, le tout fut pris pour une insurrection et l'on s'empressa « de fermer les grilles » (16 octobre 1816).

[2] C'était alors le cas d'appliquer ce que disait, dans les débats de l'an V, le général Matthieu Dumas, de l'avantage d'organiser sur le modèle de l'armée de ligne, des troupes auxiliaires destinées à agir avec elle.

service des places. « Il restait encore, disait l'exposé de si-
« tuation du 13 juin, une partie considérable qui, ne se trou-
« vant point, aux termes des lois, comprise dans la garde na-
« tionale [1], n'en montrait pas moins la plus ferme volonté de
« concourir à la défense de la patrie et, de toute part, deman-
« dait des armes et une organisation régulière. On a formé
« de ces volontaires fédérés de fort beaux bataillons, et S. M. a
« organisé les cadres avec d'anciens officiers. »

C'était Carnot, le géomètre des victoires républicaines, qui
était alors l'interprète du génie de Napoléon; c'était le Champ-
de-Mars, théâtre de la fédération de 90, qui, le 1er juin 1815,
entendait retentir ces belles paroles : « Soldats de la garde
« nationale de Paris, je vous confie l'aigle impériale aux cou-
« leurs nationales. Vous jurez de périr, s'il le faut, pour la
« défendre contre les ennemis de la patrie et du trône? (Toutes
« les voix : « Nous le jurons! ») Vous jurez de ne jamais re-
« connaître d'autre signe de ralliement? (« Nous le jurons! »)
« Soldats de la garde nationale de Paris, vous jurez de ne ja-
« mais souffrir que l'étranger souille de nouveau la capitale
« de la grande nation? C'est à votre bravoure que je la con-
« fierai. » (« Nous le jurons! ») A quoi tiennent, hélas! trop
souvent les résolutions des hommes et les destinées des empires! Moins de six semaines après, la garde nationale de
Paris servait de cortége à Louis XVIII.

L'Amérique laisse reposer les milices de l'indépendance : elle
laisse ses citoyens, libres et pour l'avenir garantis par les barrières de l'Océan, consacrer toutes leurs journées aux occupations utiles qui font la splendeur du pays [2]. En Suisse, pas plus

---

[1] Selon la Constitution de l'an III, la garde nationale sédentaire se composait de tous les *citoyens* et fils de citoyens en état de porter les armes (277).
La qualité de citoyen supposait alors le payement d'une contribution directe,
et cette organisation avait persisté dans les organisations subséquentes.
C'étaient donc toujours à peu près les bases de la Constituante.

[2] V. dans les lettres, je crois, de M. Michel Chevalier, les plaisantes difficultés

qu'en Angleterre, comme le rappelait, en l'an V, un membre de nos assemblées [1], la police de sûreté n'est à la charge des milices; si l'on songe à les rassembler, c'est dans la rare prévision d'éventualités extérieures, où seulement pour l'effet moral; car, ajoutait cet opinant, « la seule part avantageuse que peut avoir « le peuple armé dans l'exercice du droit de résistance, ce n'est « pas d'intervenir, mais d'influer; ce n'est pas d'agir, mais de « le pouvoir. » Les canons portaient autrefois cette légende gravée sur leur bronze : *Ultima ratio regum* : on devrait, en la variant, l'inscrire sur les drapeaux bourgeois, et, tout compte fait des dangers qu'offre une armée sans discipline aussi bien que des maux qu'entraîne le choc des forces régulières dans les démêlés des nations, viser surtout à maintenir dans une inaction salutaire ces emblèmes et ces instruments de la résistance matérielle, garde nationale et canons.

SECTION II.

Des garanties de l'autorité.

De l'opinion. — Du serment. — Du gouvernement dans la nation. — De la position des fonctionnaires. — L'article 75. — Garanties *ordinaires* de l'autorité : Lois pénales. — Amnistie. — Du jugement par les assemblées. — De l'emploi de la force. — Des moyens *extraordinaires*.

Résumons-nous dans une idée : qu'est-ce que la garde nationale ? — En principe, l'opinion armée. — La presse ? —

que rencontrent les exercices parfois prescrits. La seule bonne loi, en cette matière, c'est le besoin national.

[1] M. Lecouteulx, déjà cité.

L'opinion écrite. — Le suffrage ? — L'opinion politiquement organisée. — Qu'est-ce que la confiance ? — L'opinion favorable au gouvernement. — Qu'est-ce enfin que le gouvernement ? — « Rien s'il n'a pas l'opinion », déclarait le premier Consul [1].

L'opinion ! puissance mystérieuse qui grandit les hommes et les choses ou les amoindrit à son gré ; qui fait les révolutions mieux que la force matérielle, ou sans cette force, ou malgré elle [2] ; » puissance capricieuse et mobile, et pourtant raisonnable et juste beaucoup plus souvent qu'on ne pense [3] ! » Lui résister ouvertement est une entreprise insensée ; ne se fait-elle pas jour en Turquie sur le passage du sultan [4] ? On peut essayer de la soumettre : longtemps le patriciat romain usa, dans cette intention, avec une merveilleuse adresse, de son autorité sacerdotale ; le droit divin, la sainte ampoule étaient le même procédé au service de la monarchie. Mais gardons-nous bien

[1] Thibaudeau, *Mémoires sur le Consulat.* C'est en cela que réside le danger des institutions incomplètes : elles semblent être l'opinion et n'en sont que des travestissements.

[2] « Ou vous ne ferez jamais la Constitution française, disait Mirabeau, ou « vous aurez trouvé le moyen de rendre quelque force au pouvoir exécutif et « à l'opinion. » L'opinion d'alors n'avait que trop de force contre le pouvoir exécutif. Ce que Mirabeau invoquait, c'était sans doute la formation d'une opinion constitutionnelle qui vînt en aide à ce pouvoir. Veut-on un remarquable exemple des changements que peuvent opérer les dispositions morales ? Ce ne furent point des hommes modérés qui firent le 9 thermidor ; et cependant « la tyrannie révolutionnaire finit par la mort de Robespierre, « parce qu'en lui la nation crut voir finir la cause de tous les excès » (Dictées de Sainte-Hélène). Telle dynastie n'est tombée que parce que, dans l'opinion de ceux mêmes qui la soutenaient, elle n'avait pas dans le pays des racines assez profondes.

[3] Paroles de Napoléon, *Mémorial.*

[4] En Turquie, dit L. John Russel, quand le peuple est exaspéré, il met le feu à quelques maisons. C'est ou c'était la coutume du sultan de se rendre au lieu de l'incendie. On avait ainsi l'occasion de lui faire entendre, de temps en temps, quelques vérités politiques.

de confondre l'effet plus ou moins prolongé de superstitions mensongères avec l'influence éternelle de la religion et de l'honneur. Aux puériles préoccupations de la crédulité romaine se joignait un fort sentiment patriotique et religieux, et, comme ont eu soin de le montrer Machiavel et Montesquieu[1], ce sentiment fut le pivot de toutes les destinées de Rome. Chez nous, le culte de l'honneur, entretenu, symbolisé par l'institution admirable qui en rappelait sans cesse le nom ; l'amour, la religion du drapeau[2], n'étaient-ce pas des ressorts politiques dignes en tout de Napoléon, de son siècle et de son pays ? Laissons des hommes inattentifs, qui se croient peut-être philosophes, blâmer, à titre de faiblesses, ces inspirations du cœur ; laissons-les, du haut de leur raison, foudroyer toutes les vanités de la représentation extérieure, les règlements de préséance et les conventions d'étiquette, où l'on ne peut voir, suivant eux, qu'un vain et théâtral caprice, tandis que d'autres y respectent l'image sensible et présente de l'ordre et de l'autorité ; gardons-nous de mettre en oubli les instincts de l'homme et ses sens, ses passions, sa nature enfin, quand il s'agit de le conduire. Tout n'est pas dans le texte des lois, et ce texte lui-même n'est rien, s'il fait abstraction des mobiles qu'il doit reconnaître et employer.

A ces considérations peut se rattacher une théorie, souvent reprise et débattue et très-diversement appréciée depuis une soixantaine d'années, la théorie du serment politique. C'est par un serment spontané que la Révolution commence : par ce serment du Jeu de Paume, que de gigantesques effets ren-

---

[1] *Discours sur Tite-Live.* — *Esprit des lois :* « Rome était un vaisseau tenu par deux ancres dans la tempête : la religion et les mœurs. »

[2] « Le soldat français a pour ses drapeaux un sentiment qui tient de la « tendresse. Ils sont l'objet de son culte, comme un présent reçu des mains « d'une maîtresse » (25ᵉ bulletin, 25 brumaire an XIV).

dent présent à toutes les mémoires, comme l'art l'a retracé à tous les yeux. La Constituante a juré, le 20 juin 1789, qu'elle ne se séparerait point avant l'accomplissement de sa tâche, et, le 24 février 1790 , ses membres promettent solennellement de maintenir de tout leur pouvoir la Constitution qu'ils ont fondée. A l'exemple de l'Assemblée , les milices nationales, les troupes réglées, les assemblées primaires, en un mot, la nation entière devait prêter le serment civique, auquel était subordonné l'exercice des droits de citoyen [1], et que toute la force publique avait à renouveler annuellement, à la fête du 14 juillet. La formule de fidélité *à la nation, à la loi et au roi*, jointe, dans ce serment général, à l'engagement de maintenir la Constitution nouvelle, subit, comme cette Constitution, la prompte influence d'événements bien opposés à l'harmonie qu'on s'était flatté d'établir et de sanctionner de la sorte. La fuite du roi, le 10 août amènent les engagements nouveaux de fidélité à l'Assemblée à la barre de la Constituante, et de haine à tous les monarques, au sein de la Législative. On jure aussi de « *sauver l'empire* » ; de « *vivre libres ou de mourir* », et puis on finit par penser « qu'une loi pénale, pour rassurer le peuple, est meilleure que tous les serments » ; c'est dans ce sens qu'est rédigé l'acte constitutionnel du 24 juin 1793. Cependant, le 31 mai, un serment *révolutionnaire* avait encore rallié les adhérents de la commune. Il était conçu en ces termes : « Je « jure d'être fidèle à la République une et indivisible ; de « maintenir de tout mon pouvoir et de toutes mes forces la « sainte liberté, la sainte égalité, la sûreté des personnes et « le respect des propriétés, et de mourir à mon poste en dé— « fendant les droits de l'homme ; je jure de plus de vivre avec « mes frères dans l'union républicaine ; enfin je jure de remplir

---

[1] Proclamation du 10 août ; décrets des 29 décembre 1789 et 27 avril 1790. Constitution de 1791.

« avec fidélité et courage les missions particulières dont je
« pourrais être chargé »; et sur ce, l'on partait pour aller
investir la Convention et demander la tête des Girondins.

L'an IV, le Corps législatif décrète une fête annuelle correspondant au 21 janvier, fête dans laquelle les deux Conseils
prêteront, par appel nominal, le serment de *haine à la
royauté*. La même profession de foi est demandée à tous les
corps constitués ; des juges s'y étant refusés, l'autorité législative menace de la déportation tout fonctionnaire qui, dorénavant, entrera dans l'exercice de son emploi sans avoir
accompli cette formalité. Treilhard, rapporteur, convient toutefois que « celui qui, trahissant sa conscience, jure une haine
« apparente à la royauté qu'il sert et qu'il chérit, est bien
« plus vil et plus dangereux encore que celui dont la bouche,
« d'accord avec les secrets sentiments, refuse d'abjurer hau-
« tement la royauté, parce qu'il ne trouve au fond de sa
« conscience qu'un lâche partisan des rois. »

Un an s'est passé. Philippe Delleville fait observer au Conseil des Cinq-Cents [1], qu'en jurant simplement haine à la
royauté, on ne jure rien que Marat, Robespierre et leurs successeurs n'aient juré et ne jurent encore volontiers. Il propose
à cette formule d'ajouter *haine à l'anarchie;* nouveau décret ;
nouveaux refus ; nouvelles et interminables discussions, tant
sur le serment en lui-même que sur ceux dont on l'exigera :
l'imposera-t-on aux électeurs? aux assemblées primaires?
aux gardes nationales ? Y conservera-t-on ces deux mots
que s'opposent réciproquement deux partis irréconcilia-
bles? « Qu'on fasse jurer obéissance au gouvernement
« établi, je peux le concevoir, dit Pastoret : l'obéissance
« est une action, et les actions sont du domaine de la
« loi. Mais exiger un serment d'affection ou de haine! »

---

[1] 22 nivôse an V.

En cela, il avait raison. Toutefois, les républicains prononcés ne se montraient nullement enclins à abandonner la formule, du moins dans sa première partie. Pour la seconde, c'était différent : la Société du manége y dénonçait ouvertement une invention de Clichy, le mot de ralliement des royalistes : «A prendre le mot d'anarchie dans sa signification propre, comment ne pas supposer innée, indépendante de toute promesse, la haine d'un pareil état de choses? » — Il est certain que, sous ce nom, beaucoup de gens ne demandaient pas mieux que de faire alors le procès à la Révolution entière. Elle eut des apologistes bien inspirés. D'abord le général Jourdan : « Certes, disait ce brave officier, il n'entre point « dans mon projet de me constituer le défenseur des fautes « et des crimes qui ont été commis sous le gouvernement ré- « volutionnaire. Mais sous ce gouvernement, il s'est fait de « grandes choses. Les échafauds ont été élevés par les mains « de quelques hommes : la République a été proclamée par la « volonté nationale. Laissez-moi admirer le patriotisme et le « courage de la jeunesse française s'enrôlant volontairement, « se formant en bataillons, se précipitant sur les frontières et « se couvrant de gloire dans les plaines de la Belgique et dans « les champs de l'Italie. Laissez-moi admirer le génie qui a « couvert la France d'ateliers d'armes et de munitions, et qui « a préparé, avec la rapidité de la pensée, les moyens de por- « ter la mort dans les rangs de nos ennemis et de fixer la vic- « toire sous les drapeaux tricolores, et ne troublez pas, par le « souvenir de quelques crimes, les sensations qu'éprouve mon « âme à contempler tous ces prodiges enfantés par l'amour de « la liberté. » Des crimes, il y en eut beaucoup et il était bon de se les rappeler ; mais non dans une pensée favorable à la contre-révolution : « L'ignorance des vrais principes, les « passions portées au dernier degré d'exaltation, les haines, « les vengeances, la soif ardente du pouvoir, l'ambition dé-

« mesurée, et surtout la résistance opiniâtre des classes privi-
« légiées, appuyées des forces de la coalition, voilà, disait à
« son tour Boulay de la Meurthe, voilà les causes du régime
« de 1793. » Jourdan consentait à restreindre, en vue des
égards que demandaient nos relations diplomatiques, le serment antiroyaliste ; suivant Boulay, il ne suffisait pas de
prendre des précautions contre la tyrannie royale et la tyrannie sanguinaire de 1793 : on devait prévoir tous les dangers
de l'exagération politique, dans une formule très-étendue,
qu'il proposait et qui finit par réunir le plus grand nombre
des suffrages : « Je jure fidélité et attachement à la Républi-
« que et à la Constitution de l'an III ; je jure de m'opposer de
« tout mon pouvoir au rétablissement de la royauté en France
« et de toute espèce de tyrannie. »

L'obligation du serment fut universelle sous l'Empire [1]. Le
souverain ou le régent en prêtait un à la nation ; les représentants, les fonctionnaires, les électeurs de tout degré ju-
raient, de leur part, obéissance aux Constitutions de l'Empire
et fidélité à l'Empereur ; tout membre de la Légion-d'Honneur prenait l'engagement « de se dévouer au service de la
« République, à la conservation de son territoire dans son
« intégrité, à la défense de son gouvernement, de ses lois et
« des propriétés qu'elles avaient consacrées ; de combattre
« par tous les moyens que la justice, la raison et les lois auto-
« risent, toute entreprise tendant à rétablir le régime féodal,
« à reproduire les titres et qualités qui en étaient l'attribut ;
« enfin, de concourir de tout son pouvoir au maintien de la
« liberté et de l'égalité [2]. »

---

[1] An XII, titre VII, *Des serments.*

[2] Loi du 29 floréal an X. — L'institution subséquente de la noblesse impériale peut, quant aux qualifications, faire l'effet d'une antinomie : mais le
principe était si contraire ! Et ne retrouve-t-on pas toujours l'esprit du serment de l'an X dans l'article 67 de l'acte de 1815 : « Le peuple français dé-

Au Champ-de-Mai, en 1815, l'Empereur renouvela le serment d'observer et faire observer les Constitutions de l'Empire ; les corps promirent de nouveau obéissance aux Constitutions, fidélité à l'Empereur. Quelques jours après, le 6 juin,
à la Chambre des représentants, une discussion inattendue, du
moins de la part du public, fut soulevée par MM. Dupin et Roy ;
ces deux députés demandaient : 1° qu'il fût reconnu qu'aucun
serment ne pourrait être exigé de l'Assemblée qu'en vertu d'une
loi ; 2° qu'il fût entendu que le serment ne préjudicierait en rien
au droit d'améliorer la Constitution. La loi réclamée existait : c'était l'article 56 du sénatus-consulte du 28 floréal
an XII. Quant à la seconde difficulté, renouvelée du vicomte
de Mirabeau par les libéreaux des Cent-Jours, Boulay de la
Meurthe, toujours très-compétent, comme légiste et comme
honnête homme, y répondit à peu près de même que l'avait
fait jadis Desmeuniers : laissant à chaque opinion l'appréciation des progrès dont les lois étaient susceptibles : « Est-ce
« une raison, demandait-il, de refuser le serment d'obéis-
« sance aux Constitutions existantes? A mon avis, c'est préci-
« sément le contraire. Loin qu'en faisant ce serment je croie
« m'interdire le droit de concourir à l'amélioration désirée,
« il me semble que c'est de ce même serment que je tiens ce
« droit. »

— « Pardonnez, mes collègues, s'écriait un autre homme sin-
« cère, un autre homme témoin du passé [1], à l'effusion qui anime
« mes paroles ! Je vois le danger de près ; je le vois tel qu'il
« est; aucun de vous ne saurait s'y tromper. Il faut que l'on

---

« clare que, dans la délégation qu'il a faite et qu'il fait de ses pouvoirs, il
« n'a pas entendu et n'entend pas donner... le droit de rétablir soit l'*ancienne*
« *noblesse féodale,* soit les droits féodaux et seigneuriaux, soit les dîmes, soit
« aucun culte privilégié et dominant, ni la faculté de porter aucune atteinte
« à l'irrévocabilité de la vente des domaines nationaux »?

[1] M. Dumolard.

« sache que nous sommes dévoués à notre souverain ; que nous
« le sommes d'une manière honorable ; enfin, que cette As-
« semblée réunit toute la confiance du chef de l'État, comme
« elle fait elle-même la force et la confiance du gouverne-
« ment... »

Certes, si jamais un serment fut nécessaire, c'était alors.
Mais alors il fallait jurer comme sur le Grütli, au Jeu de
Paume ; il fallait un serment de l'âme ! Les autres ne sont
bien souvent que des prétextes de discorde ou des stratagèmes
politiques. Pourquoi, demanda plus d'une voix [1] dans le cours
de ces discussions que nous avons voulu rappeler comme tenant à la pensée même, à l'*opinion* des divers temps, pourquoi
placer ainsi les hommes entre les lois de leur raison, les inspirations de leur conscience et des signes extérieurs ? Quelle
confiance accorder et quelle importance reconnaître à des engagements de circonstance ou de pur cérémonial ? Que de fois,
dans la Révolution, n'a-t-on pas juré de mourir pour des
régimes sous lesquels on ne se souciait nullement de vivre !

Il y a, à proscrire le serment, un triste aveu pour une nation [2] ; il y a, à en faire trop d'usage, l'inconvénient d'en
affaiblir les effets et la sanction. Demander à un fonctionnaire
le serment de fidélité envers le pouvoir qui l'emploie et dont
il a, le plus souvent, sollicité la confiance, ce n'est qu'affermir
dans le devoir une conscience peut-être incertaine et punir
d'avance, du mépris qui doit s'attacher au parjure, l'inexécution d'un contrat. Imposer à des électeurs, comme condition
nécessaire de l'exercice de leurs droits, soit délégués, soit immédiats, une profession de foi politique, n'est-ce pas oublier,
ainsi que jadis Pastoret l'objectait victorieusement au Directoire, que le droit de cité est le premier le plus inaliénable,

---

[1] Thibaudeau, Defermon, 22 nivôse an IV.

[2] V. Montesquieu, *Esprit des lois*, l. VIII, ch. XIII : *Effet du serment chez un peuple vertueux.*

le plus imprescriptible de tous les droits? Sans doute nul ne
pourrait refuser, en vertu du pacte social, la promesse d'o-
béir aux lois œuvre de la majorité, par suite, celle d'être
fidèle au système de gouvernement que le plus grand nombre
aurait choisi, et on ne verrait point là le souverain se prêtant
le serment superflu de fidélité à lui-même, puisque ce serait
chaque personne qui renouvellerait ainsi son engagement
sous-entendu envers toute la société : mais il n'appartient de
réclamer, s'il est regardé comme utile, un acte de cette nature, qu'à un gouvernement vraiment et évidemment national:
encore devrait-il éviter de faire dégénérer cet acte, par un
renouvellement trop fréquent, en une formalité insignifiante.

Revenons aux principes généraux. Il faut, pour être régulier, que le gouvernement soit fort : « Si un gouvernement
« fort a des inconvénients, un gouvernement faible en a bien
« davantage. Où le gouvernement est faible, l'armée gou-
« verne [1]. » De l'instabilité politique sont nées, dans la France
d'aujourd'hui, deux dispositions malheureuses, le mépris de
l'autorité et l'adoration du pouvoir. Il s'agit de rendre à l'absolu ce qu'a usurpé le contingent; de faire réserver au principe
ce qui ne s'accorde plus qu'aux hommes, non certainement
sans préjudice de la dignité de nos mœurs. Mais aussi, à
quelles conditions le gouvernement est-il fort, l'autorité est-
elle respectée? « Que l'espèce d'hommes qui circule dans les
« antichambres de ce pays, et surtout que les maîtres en tac-
« tique parlementaire se persuadent que rien ne se fait au
« monde que par l'intrigue, que par des manœuvres... cela
« est assez naturel. Est-ce à ces gens-là à connaître le pouvoir
« de la raison, de cette cause qui agit séparément, il est vrai,
« mais qui, agissant en même temps dans tous les esprits,
« se trouve, sans concours, sans concert prémédité, avoir

---

[1] Paroles du premier Consul; Thibaudeau, *Mémoires sur le Consulat.*

« pourtant travaillé dans le même sens, et rallie, au moment
« propice, plus de volontés, plus de forces individuelles, que
« ne pourra jamais faire le machaviélisme le mieux entendu?[1] »
Honneur à l'esprit clairvoyant qui, en face des idées antiques
exhumées par les Jacobins, a posé le noble principe du gouvernement permanent, direct, réel des gouvernés, et qui a si
bien fait ressortir les droits de la liberté morale dans le système
représentatif! « *En ayant soin de se conformer aux lois, les
citoyens se gouvernent par eux-mêmes* », a dit Sieyès : il y a
deux sortes de lois : lois immédiates ou *protectrices;* lois mé-
diates ou *directices* [2]; les citoyens quant aux premières, celles
qui garantissent leurs droits, sont le pouvoir exécutif; de plus,
ils peuvent, ils doivent souvent participer à ce pouvoir, quant
aux secondes, c'est-à-dire celles qui assurent le service officiel de la loi [3]. En Angleterre, au moindre trouble, le gouvernement trouve sous sa main, parmi les notabilités les plus
hautes, une foule de *constables* volontaires; en Suisse, dans
les cantons primitifs, s'il s'élevait une querelle, tout citoyen,
pour l'apaiser, devenait de plein droit magistrat. On retire
d'excellents effets de cette diffusion de l'autorité et d'un plan
de conduite qui consiste, non à subjuguer l'opinion par la
violence ou par la ruse, mais à l'associer au pouvoir.

Un gouvernement démocratique peut, plus facilement qu'un

[1] Sieyès (*Projet d'un décret provisoire sur le clergé*, présenté en Comité, 1790).

[2] OElsner, *Vie et opinions de Sieyès.*

[3] Outre les services réguliers du jury et de la garde nationale, chez nous,
le Code pénal, comme on sait, punit d'une amende de police « ceux qui, le
pouvant, auront refusé ou négligé de faire les travaux, le service, ou de prêter
le secours dont ils auront été requis dans les circonstances d'accidents, tumulte, naufrage, inondation, incendie ou autres calamités, ainsi que dans les
cas de brigandages, pillages, flagrant délit, clameur publique ou d'exécution
judiciaire (475-12°). Les capitulaires de Charlemagne condamnaient à l'amende
quiconque ne se rendrait pas en armes au lieu où une querelle se serait élevée
(Baluze, I).

autre, recevoir, par l'organisation des lois directrices, une grande puissance positive : chacun, en le considérant soit dans son origine, soit dans son but, n'y verra que sa propre puissance et sa propre sécurité. Un gouvernement électif contient une restriction de durée qui rassure les gouvernés sur sa latitude d'action. La première condition de force pour un gouvernement quel qu'il soit, c'est la dépendance des agents dans l'ordre de la hiérarchie : l'amovibilité et la promovibilité sont des principes essentiels à la puissance exécutive. Subordonner, comme l'ont fait certains Etats de Suisse ou d'Amérique, les cas de destitution à des décisions judiciaires, c'est, on l'a fort bien remarqué [1], pourvoir à la sûreté des fonctionnaires aux dépens de celle du pays. La gradualité des fonctions, recommandée par Rousseau aux Polonais; par Mirabeau à la Constituante; par la Commission des Onze aux législateurs de l'an III, et repoussée, à cette époque, comme restriction du droit de suffrage; cette application à l'ordre civil du principe de l'avancement militaire, trouve une grande difficulté dans la variété d'aptitudes requises pour les services administratifs; l'équité d'ailleurs n'exige pas que, dans des carrières différentes, les avantages soient les mêmes, les sacrifices n'y étant point égaux. Mais sans affaiblir le pouvoir, sans paralyser l'action rapide de la pensée gouvernementale sur les membres exécutifs, ne peut-on donner à ceux-ci quelques garanties d'avenir contre les brusques caprices de l'arbitraire? Dans la conception de Sieyès, telle qu'il l'expliquait en l'an VIII [2], chacun des deux Consuls avait et nommait, outre son Conseil d'Etat et ses ministres, une *haute Chambre* de justice politique, tirée également de la liste nationale; chacun des *quatorze* ministres choisissait à son tour ses agents sur les listes départementales et établissait près de lui une

---

[1] M. Cherbuliez, déjà cité.

[2] Boulay de la Meurthe, *Théorie constitutionnelle de Sieyès.*

Chambre inférieure, qui, ainsi que les hautes Chambres, examinait spécialement et uniquement les questions relatives aux fonctionnaires. Le décret impérial du 11 juin 1806, ayant pour objet de compléter l'organisation du Conseil d'Etat, contenait, sous cette rubrique : *De la haute police administrative*, un titre, en substance, ainsi conçu :

« Lorsque nous aurons jugé couvenable de faire examiner par notre Conseil d'Etat la conduite de quelque fonctionnaire inculpé, il sera procédé de la manière suivante (15) :

« Le rapport ou les dénonciations et les pièces contenant les faits qui donneront lieu à l'examen seront renvoyés, par nos ordres, soit directement, soit par l'intervention du grand-juge, ministre de la justice, à une Commission composée du président de l'une des sections du Conseil et de deux conseillers d'Etat (16).

« Si la Commission estime que l'inculpation n'est point fondée, elle chargera son président d'en informer le grand-juge, qui nous en rendra compte. Si elle estime que celui dont elle a reçu ordre d'examiner la conduite doit être préalablement entendu, elle en informera notre grand-juge, lequel mandera le fonctionnaire inculpé et l'interrogera en présence de la Commission. Il sera loisible aux membres de la Commission de prendre part à l'interrogatoire. Un auditeur tiendra la plume. Si la Commission juge, avant l'interrogatoire, sur le vu des pièces, ou après l'interrogatoire, que les faits dont il s'agit doivent donner lieu à des poursuites juridiques, elle nous en rendra compte par écrit, afin que nous donnions au grand-juge l'ordre de faire exécuter les lois de l'Etat. Si la Commission est d'avis que les fautes imputées ne peuvent entraîner que la destitution ou des peines de discipline et de correction, elle prendra nos ordres pour faire son rapport au Conseil d'Etat (17, 18, 19, 20).

« Dans le cours de l'instruction, l'inculpé pourra être entendu, soit sur sa demande, soit par délibération du Conseil d'Etat. Il aura aussi la faculté de produire sa défense par écrit (21).

« Le Conseil d'Etat pourra prononcer qu'il y a lieu à réprimander, censurer, suspendre ou même destituer le fonctionnaire inculpé. La décision du Conseil d'Etat sera soumise à notre approbation dans la forme ordinaire. »

Si, changeant maintenant de point de vue, nous ne voulons plus considérer les agents du gouvernement comme une partie des gouvernés, ou même comme les seuls gouvernés, en appliquant rigoureusement la pensée neuve de Sieyès; si nous discutons leurs rapports avec les simples citoyens, alors vient se placer sous nos yeux cette *garantie des fonctionnaires*, cet article 75 de la Constitution de l'an VIII, qui, souvent attaqué [1], résiste néanmoins, depuis cinquante ans, aux révolutions et aux critiques : « Les agents du gouvernement, autres que les ministres [2], ne peuvent être poursuivis pour des faits relatifs à leurs fonctions, qu'en vertu d'une décision du Conseil d'Etat : en ce cas, la poursuite a lieu devant les tribunaux ordinaires. » Cette disposition se nommerait mieux *garantie du gouvernement* : elle a pour objet d'empêcher qu'on ne puisse agir sur ses agents ou contre eux sans sa volonté. Conséquence d'abord du principe de la division des pouvoirs,

[1] V. une foule d'écrivains sur ces matières, MM. Coffinières, de Tocqueville, etc.

[2] La responsabilité administrative différait de la responsabilité ministérielle par les formes toutes spéciales indiquées pour cette dernière dans les articles précédents. — Le germe de l'article 75 de la Constitution de l'an VIII se trouve déjà dans la loi municipale du 14 décembre 1789, art. 61 : « Tout citoyen actif pourra signer et présenter contre les officiers municipaux la dénonciation des délits d'administration ; mais avant de porter cette dénonciation devant les tribunaux, il sera tenu de la soumettre à l'administration ou au directoire du département, qui, après avoir pris l'avis de l'administration du district ou de son directoire, renverra la dénonciation, s'il y a lieu, devant les juges qui devront en connaître. »

elle se justifie aussi bien que l'autorisation des Chambres ou Assemblées législatives en ce qui concerne leurs membres, et si on ne l'a pas jugée de même, c'est encore là un résultat de ce préjugé politique inspiré à la France moderne par les souvenirs du passé. En second lieu, comme condition de force et de certitude d'action pour le pouvoir exécutif, cette restriction imposée au cours ordinaire de la justice n'offre rien de plus exorbitant que l'attribution, par exemple, à la juridiction des Conseils de guerre des délits ordinaires commis par les militaires sous le drapeau. Notez bien que la question se portait au Conseil d'Etat, constitué par Napoléon en tribunal inamovible, complétement indépendant des ministres et présentant les plus hautes conditions de responsabilité morale; le chef d'administration dans le département duquel se trouvait l'agent inculpé recevait seulement avis, par le ministère du grand-juge, de la demande de poursuites; cette demande ne faisait point obstacle à ce que les magistrats recueillissent tous les renseignements utiles; elle ne suspendait que les mandats et les interrogatoires juridiques (décret du 9 août 1806). La Restauration abolit les conseillers d'Etat à vie (ordonnance du 29 juin 1814); pour mieux assurer, disait-on, la responsabilité ministérielle, elle fit du Conseil d'Etat la doublure des ministères, et le régime qui suivit ne rendit point à ce grand corps le caractère d'indépendance et de suprématie qu'il avait sous la présidence de l'Empereur. C'est ce qui fait probablement qu'au sujet de l'article 75, M. de Tocqueville ne sut que répondre à son interlocuteur américain [1].

---

[1] *Démocratie en Amérique.*

Dans la Constitution posthume, où le Conseil d'Etat se trouvait placé sous la direction du premier ministre (art. 109), un autre système réglait les poursuites contre l'arbitraire :

Art. 29. Tout Français qui, dans sa personne ou dans sa fortune, se trouve

Maîtresse de ses agents, l'autorité publique possède, en vue de tous les citoyens, ou du moins de ceux dont les tendances menaceraient la société, des garanties qui sont de deux sortes, *ordinaires* ou *extraordinaires* : en premier lieu, les lois pénales [1], et le droit de poursuite juridique, qu'elle exerce exclusivement. Les droits de grâce et d'amnistie doivent aussi être comptés : *Parcere subjectis et debellare superbos* : ce sont bien là, comme a dit le poëte, les deux *arts* du commandement.

On a nié le droit d'amnistie. Il est convenable de ne l'admettre que pour les délits politiques. A la différence de la *grâce*, l'amnistie arrête non-seulement l'exécution, mais le cours des opérations judiciaires; elle commande l'oubli du passé : or, politiquement parlant, la définir, n'est-ce point en proclamer l'utilité? Lorsque l'Assemblée nationale avait aboli le droit de grâce [2], le droit d'amnistie subsistait, et dans toute sa plénitude, c'est-à-dire pouvant envelopper, aussi bien que le délit jugé, le délit seulement poursuivi et le délit encore inconnu.

Il est inutile de demander si l'Empereur le posséda. L'acte additionnel (57), à son retour, lui en garantit l'exercice. C'est en effet une question, dans le système des contre-poids, si cet acte peut s'exercer autrement que par une loi [3]. Mais

l'objet d'un arbitraire de l'autorité civile ou militaire, a droit de poursuivre devant les tribunaux, et sans autorisation préalable ni quelconque, l'agent du pouvoir qui aurait, à son égard, violé la loi commune.

30. Toute poursuite ainsi exercée contre un agent de l'autorité, qui n'est pas reconnue légalement fondée par les tribunaux, est une offense en calomnie au premier degré et punie comme telle.

C'est la garantie *à posteriori*.

[1] V. tout le titre I du livre III du Code pénal.

[2] Décret du 25 septembre 1791, art. 13.

[3] En Angleterre, le roi l'exerce, et l'ancien esprit monarchique assimile même l'usage qu'il en peut faire à la rémission d'une offense personnelle.

le soumettre nécessairement aux lenteurs d'une discussion, ne serait-ce pas, dans bien des cas, lui enlever l'opportunité qui en ferait le principal mérite? Et s'il faut, d'un autre côté, que le pouvoir exécutif ait le droit de se faire craindre, pourquoi le forcer à partager, c'est-à-dire souvent à perdre, le moyen de se faire aimer?

L'établissement spécial d'une haute juridiction politique n'a pas seulement pour motifs la nécessité de garantir l'indépendance des pouvoirs et celle d'assurer au pays, ainsi qu'aux accusés eux-mêmes, des décisions plus impartiales : il épargne au gouvernement la défaveur de ces systèmes qui le constituent juge et partie et dont la dernière expression se trouve dans le droit, réservé aux Assemblées législatives, de venger elles-mêmes leurs offenses. Indépendamment des dangers qui menacent les libertés publiques quand un Parlement en arrive, ainsi que celui d'Angleterre, à se regarder comme investi d'un pouvoir discrétionnaire en fait de délits politiques, et qu'il joint naturellement à des passions personnelles ce sentiment d'omnipotence qu'il tire de l'habitude de faire et non d'appliquer seulement la loi [1] ; indépendamment des abus qu'on ne peut ni modérer ni prévenir, dans des attributions de ce genre [2], il y a là une sorte de piége, où le pouvoir qui croit ainsi s'être rendu inattaquable, engage sa considération et laisse sa popularité [3].

[1] C'est ainsi que L. Shaftesbury resta emprisonné douze mois, sans pouvoir se faire appliquer la loi commune de l'*Habeas*. Dans l'affaire d'Ashby (élections), la Chambre des communes voulait sévir pour un writ d'*Habeas* délivré à des prisonniers envoyés par elle à Newgate. Dans l'affaire de Mist (1721), la Chambre parut se regarder comme investie d'un pouvoir général en fait de délits politiques (Hallam, *Histoire constitutionnelle*).

[2] « L'autre Chambre s'est arrogé aussi le droit d'infliger des peines à dis-
« crétion. Ce droit a souvent été mis en question devant les tribunaux ordi-
« naires, et *le résultat a été que si le pouvoir du Parlement n'est pas illimité de*
« *droit, il n'y a du moins aucun remède contre ses excès* (id. ibid.).

[3] On vient de voir le pouvoir monstrueux pris par le Parlement d'Angle-

Si l'obéissance manque aux lois ; si les poursuites juridiques demeurent sans force et sans effet ; si l'ordre public est menacé par des réunions tumultueuses : alors, sans sortir des moyens que nous appelons *ordinaires*, l'autorité doit recourir à la contrainte matérielle, à l'emploi de la force armée. Aux époques de leurs changements de religion ou de dynastie, les Anglais ont porté des lois régulatrices de cet emploi, en même temps que comminatoires : « Parmi les statuts mo-
« dernes qui ont donné plus de force au pouvoir exécutif, dit
« Hallam, nous devons citer l'acte pour les émeutes (*riot act*),
« 1 G. I, st. 2, c. 5, par lequel toutes les personnes assem-
« blées en tumulte [1] pour troubler la paix publique, et qui
« ne se dispersent pas dans l'heure qui suit la proclamation
« faite par un seul magistrat, sont déclarées coupables de
« crime capital. Je ne conteste en aucune manière la con-
« venance de cette loi ; mais si on la considère réunie à la
« prompte assistance de la force militaire, elle paraîtra sûre-
« ment une compensation à ce qui peut avoir été mis dans la
« balance en faveur du peuple. » En **1789**, après les jour-
nées de Versailles, Mirabeau fit la motion, à l'Assemblée constituante, d'imiter la loi d'Angleterre. Cette grande et honnête Assemblée, « considérant que la liberté affermit les
« empires, mais que la licence les détruit ; que, loin d'être le
« droit de tout faire, la liberté n'existe que par l'obéissance
« aux lois », rendit (le **20** octobre) un décret portant en substance que, dans le cas où la tranquillité publique serait

terre : en voici une conséquence. En 1751, un M. Murray, pour intrigues électorales, est condamné par les Communes à être envoyé à Newgate et à entendre sa sentence à genoux. Il refuse d'obéir. On le mit au secret, mais bientôt on fut forcé de le relâcher, et on fit ainsi, dit Hallam, d'un jacobite obscur et intrigant, un martyr de la liberté populaire (*ibid.*).

[1] Au-dessus du nombre de 12. Le *riot act* fut porté sous Edouard VI, avec le caractère transitoire, continué sous Marie et Elisabeth pour toute la durée du règne, et enfin rendu perpétuel sous Georges Ier.

en péril, les officiers municipaux, en vertu de leur mandat populaire, et sous leur responsabilité personnelle, feraient déployer le *drapeau rouge* aux fenêtres de la maison commune. A cet appel, toutes les troupes, milices nationales ou autres, devaient, précédées du même signe, marcher contre les rassemblements. Si leur vue ne suffisait point, deux officiers municipaux proclamaient la *loi martiale*, sommaient les personnes attroupées de déclarer leurs intentions, et d'en remettre l'expression écrite à six au plus d'entre elles; l'insulte aux organes de la loi était un crime capital. Trois fois ils devaient répéter l'avertissement : « *On va faire feu ! que* « *les bons citoyens se retirent* »; puis on en venait forcément à la triste nécessité qu'on avait voulu prévenir. Lorsque le calme était rétabli, les officiers municipaux faisaient cesser la loi martiale, et remplaçaient le drapeau rouge par un autre de couleur blanche, signe de pardon et de paix. Votée comme mesure passagère, la loi martiale de 1789 ne dura pas même jusqu'au retour de la tranquillité publique; et, malgré sa nécessité, malgré les mesures subséquentes [1] prises pour en assurer l'exécution; malgré le courageux exemple que Bailly paya de ses tortures, cette loi succomba le jour même où la Constitution fut remplacée, le 23 juin 1793 : Billaud-Varennes démontra victorieusement qu'une législation semblable ne pouvait servir qu'aux *tyrans*. (Les *hommes libres* de septembre gouvernaient par d'autres moyens.) Après la chute de Robespierre, et quand le sort de Billaud-Varennes, menacé de la vindicte des lois, était devenu un prétexte à l'agitation des faubourgs; quand, exploitant la faim, le froid, les calamités naturelles et les résultats de ses fureurs, le jacobinisme vaincu cherchait, dans une tactique toujours la même, le retour des affreux succès par lesquels il avait

---

[1] 22 février 1790.

souillé les débuts de la Révolution ; le 1er germinal an III, Sieyès, sorti de son long silence, proposa une *loi de grande police* menaçant de la déportation tous ceux qui auraient fait partie d'un rassemblement séditieux, c'est-à-dire d'un rassemblement dirigé contre les propriétés, contre la Constitution, contre le gouvernement de la République : si, après trois sommations, le rassemblement ne se dissipait pas, la force devait être employée. L'insulte à un représentant du peuple était, comme le fait d'attroupement, punie de la déportation ; l'outrage avec violence était puni de mort. Une seule cloche devait rester dans Paris, et être placée aux Tuileries dans le pavillon de l'Unité. Si un rassemblement marchait sur la Convention, cette cloche devait sonner le tocsin. A ce signal, toutes les sections étaient tenues de se réunir, et de se porter au secours de la représentation nationale. Si la Convention se trouvait dissoute ou gênée dans sa liberté, il était enjoint à tous les membres qui parviendraient à s'échapper, de se rendre à Châlons-sur-Marne. Tous les suppléants, tous les députés en congé ou en mission avaient ordre de se réunir à eux ; de la frontière, les généraux leur enverraient des troupes fidèles, et, marchant sur Paris, la nouvelle Convention y rétablirait le règne des lois. Cette précaution de changement de lieu prit place dans la Constitution de l'an III, qui, attribuant, pour le cas de translation, l'initiative aux Anciens, prescrivait aux deux autres corps composant le gouvernement une obéissance rapide : sinon, les administrateurs, sous peine de haute trahison, ou même les tribunaux civils, appelaient les Assemblées primaires, et une nouvelle législature s'installait soit dans le lieu fixé, soit dans toute place libre où ses membres se trouvaient en majorité (102-109).

Le plan d'attaque invariable, que la loi de grande police déconcerta le 12 germinal, était en effet celui-ci : profiter d'une souffrance publique, d'un acte irritant, du premier prétexte; mettre les femmes en avant, les faire suivre d'un rassemblement immense [1]; entourer, intimider, opprimer, dominer, en un mot, le pouvoir constitué, et en faire servir les formes au triomphe de l'anarchie. L'émeute ensanglantée de prairial faillit amener ce triomphe. Par une loi du 30 de ce mois, renouvelée l'année suivante (1er vendémiaire), et insérée dans le Code pénal d'alors (598), la juridiction des Conseils de guerre s'étendit sur toute personne arrêtée dans un rassemblement séditieux et armé. Cette loi ne fut abrogée qu'à la mise en activité du Code d'instruction criminelle (1808) [2].

Par *moyens extraordinaires* nous entendons la *dictature*, la *suspension légale des lois*, *l'état de siége* qui transporte à l'autorité militaire la police, la juridiction, en un mot la puissance publique dans la ville qui y est soumise. Paris, à différentes reprises, s'est trouvé placé sous ce régime : après le 12 germinal an III, sous le commandement de Pichegru; depuis, en 1832, et moins anciennement encore. On sent que des dangers de plus d'un genre peuvent exiger qu'on voile parfois, selon l'expression d'un grand penseur, la statue de la liberté ; quand le démocrate américain Jackson eut à défendre la Louisiane [3], il n'hésita pas à demander, et demanda avec toute raison, la puissance dictatoriale : mais on sent aussi que ces remèdes, comme ceux de la science médicale, sont des preuves d'infirmité : on ne peut que souhaiter aux nations d'en faire un rare et court usage.

« Dans le cas de révolte à main armée ou de troubles qui menacent la sûreté de l'Etat, disait la Constitution de l'an VIII, la loi peut suspendre, dans les lieux et pour le temps qu'elle

---

[1] Thiers, *Histoire de la Révolution*, VII, 400.
[2] V. Merlin, *Répertoire*, v° *Délits militaires*.
[3] Mignet, *Notice sur M. Livingston*.

détermine, l'empire de la Constitution. Cette suspension peut être provisoirement déclarée, dans les mêmes cas, par un arrêté du gouvernement, le Corps législatif étant en vacance, pourvu que ce corps soit convoqué au plus court terme par un article du même arrêté [1] » (92). Etrange bonne foi des partis ! on excusera tous les jours, sur les dangers de la patrie, une dictature dont la mémoire épouvante l'humanité, et l'on ne craindra pas d'ériger (nous l'avons maintes fois entendu) en *despotisme militaire* un gouvernement qui, chargé de faire respecter, au dedans, l'ordre ébranlé sur toutes ses bases, chargé de défendre, au dehors, le pays menacé sur toutes ses frontières, s'appliquait à ne pas user des ressources légalement offertes à de telles nécessités ! Dans les départements de l'Ouest, une seule exécution militaire, celle de M. de Frotté, punit la sédition royaliste ; et, sans un retard accidentel, un sursis, précurseur d'une grâce, épargnait l'opiniâtre chef. Une fois la Vendée pacifiée, les Jacobins intimidés ; une fois un terme imposé aux troubles qu'avait prolongés la tyrannique faiblesse du Directoire, les lois d'exception s'oublièrent au sein de l'ordre et de la paix. La force dédaigna des moyens qu'avait inventés la colère ; les dangers les plus immédiats ne purent vaincre l'horreur profonde qu'inspiraient à Napoléon les souvenirs d'une autre époque, et lui faire accepter jamais l'assistance du terrorisme comme voie de domination, même de salut : « Je n'ai qu'à faire un

---

[1] « Aucune place, aucune partie du territoire ne peut être déclarée en état de siége que dans le cas d'invasion de la part d'une force étrangère, ou de troubles civils.

« Dans le premier cas, la déclaration est faite par un acte du gouvernement.

« Dans le second cas, elle ne peut l'être que par la loi.

« Toutefois si, le cas arrivant, les Chambres ne sont pas assemblées, l'acte du gouvernement déclarant l'état de siége doit être converti en une proposition de loi dans les quinze premiers jours de la réunion des Chambres » (Acte additionnel, 66).

« signe, disait-il en 1815, ou plutôt à détourner les yeux,
« les nobles seront massacrés dans toutes les provinces. Ils ont
« si bien manœuvré depuis dix mois ! Mais, se hâtait-il
« d'ajouter avec une noble énergie, je ne veux pas être le roi
« d'une jacquerie [1] ! » Telles devaient être, en effet, les dernières pensées d'un règne dont l'amnistie des émigrés avait
inauguré les travaux.

Entre toutes les périodes de notre longue Révolution, l'Empire seul a su prévenir l'effusion du sang français sur les pavés
de la capitale, et ce n'est pas là sa moindre gloire ; de tous
ceux qui se sont succédé, ce règne, qualifié de *prétorien* par
les déclamations ennemies, est, sans aucune espèce de doute,
ni de comparaison possible, celui qui s'est le moins servi de
la force armée à l'intérieur. « En 1800, dit M. Thiers [2], le
« premier Consul avait poussé la hardiesse jusqu'à rester
« dans Paris, rempli alors de l'écume de tous les partis,
« avec 2,300 hommes de garnison, et cette hardiesse même,
« il l'avait poussée jusqu'à la publier. Pour répondre aux
« ministres anglais, qui prétendaient que le gouvernement
« consulaire n'était pas plus solide que les précédents, il fit
« publier un état comparatif des forces qui se trouvaient à
« Londres et à Paris. Il en résultait que Londres était gardé
« par 14,600 hommes, et Paris par 2,300. C'était à peine
« de quoi fournir aux postes de simple police qui veillent sur
« les grands établissements publics et sur la demeure des
« hauts fonctionnaires. Evidemment, le nom du général Bo-
« naparte gardait Paris. » La même remarque est inspirée
par le même chiffre de soldats (2,500) à un autre historien, témoin oculaire [3], qui compare avec étonnement ce
chiffre, devenu incroyable, avec les députations et les specta-

<hr>

[1] B. Constant, *Mémoires sur les Cent-Jours.*

[2] *Histoire du Consulat et de l'Empire,* I, 197.

[3] M. Thibaudeau.

teurs de toute sorte dont le nombre venait accroître, pour la fête des départements (1er vendémiaire an IX), la population ordinaire de l'immense et mobile cité. Enfin, quand, après Austerlitz, Napoléon campait à Vienne, une garnison de *douze cents* hommes maintenait l'ordre dans Paris.

« La force armée, disait Dubois au régent[1], est la seule ressource des rois » : il avait raison quant aux rois qui ont des Dubois pour ministres ; encore comprenait-il assez bien à quel point ce genre de ressource est précaire dans certains cas. Les descendants mêmes du prince auquel s'adressaient ses conseils en ont fait, plus d'un siècle après, une mémorable expérience. Ils pensaient, comme l'historien de la Constitution d'Angleterre, que « le pouvoir exécutif avec une « armée régulière pour soumettre l'insurrection, et une in- « fluence suffisante pour obtenir de nouveaux statuts restric- « tifs, n'est, dans le cours ordinaire des choses, exposé à « aucun danger sérieux[2]. » C'est pourtant un danger sérieux que la désobéissance du soldat, et le pouvoir y est exposé quand il vit en contradiction avec l'opinion publique, là sur- tout où l'armée se retrempe sans cesse dans le peuple, en sort, y rentre, et ne perd point, dans une routine merce- naire, l'intelligence et le sentiment des intérêts nationaux. Que dis-je? ce sentiment survit au système d'organisation qui fait de l'armée une sentine, et du recrutement un marché. On n'y échappe que par l'emploi de *condottieri* étrangers, car « où frapperaient donc le soldat, l'officier, le général, sans « frapper contre leurs compatriotes, leurs parents, leurs amis « ou leurs frères[3]? » L'Angleterre, que sa position dispense

---

[1] *Mémoire sur les Etats généraux* (Dans l'Introduction au *Moniteur*).

[2] Hallam, *Constitutional history*.

[3] *Mémoire de Dubois.* — « Aucune troupe étrangère, portait la Constitution de l'an III, ne peut être introduite sur le territoire français, sans le consente- ment préalable du Corps législatif » (295). — « Aucun étranger, qui n'a point

d'entretenir chez elle un grand nombre de troupes soldées,
déclarait naguère impossible le maintien de la liberté dans
tout pays où existerait une nombreuse armée permanente[1] :
Napoléon a bien montré comment on pouvait concilier les
lois d'une discipline sévère avec l'organisation libre et morale d'une armée, et comment le palladium de l'indépendance
nationale pouvait en même temps et devait être le ferme appui
de la liberté.

La force elle-même n'est donc plus, dans notre vie démocratique, un élément tout matériel. Que le czar ait pour garantie l'obéissance passive, aveugle, de ses immobiles régiments ; ainsi que les boyards l'écharpe, et les serfs eux-
mêmes l'incendie : tels sont, nous le disions plus haut, les
procédés de la barbarie. Mais l'opinion domine chez nous, là
même où, par la loi de sûreté, toute délibération est interdite : le merveilleux retour de l'île d'Elbe, avec ses drames
attendrissants et ses entraînements magiques, en fut la manifestation. Que des pouvoirs mal établis se retranchent derrière des forteresses, s'encourageant, par cela même, à des
fautes bien plus dangereuses que leurs précautions ne sont
sûres[2] : *La miglior fortezza che sia, è non esser odiato da'*

______

acquis les droits de citoyen français, ne peut être admis dans les armées françaises, à moins qu'il n'ait fait une ou plusieurs campagnes pour l'établissement
de la République (287). » — La Charte de 1830 disait (art. 13) : « Le roi est le
chef suprême de l'Etat, il commande les forces de terre et de mer, déclare la
guerre, fait les traités... Toutefois, aucune troupe étrangère ne pourra être
admise au service de l'Etat qu'en vertu d'une loi. »

[1] Opinion citée par Hallam. L'historien ajoute ce fait, que des militaires
ayant été appelés pour apaiser une émeute supposée, à une élection de Westminster, en 1741, les personnes qui avaient pris part à cette mesure furent
citées devant la Chambre et réprimandées à genoux par l'orateur.

[2] Machiavel, *Discours* II, 24 : « Perchè la ti fà più pronto e men rispet-
« tivo ad oppressargli, e quella oppressione... gli accende in modo che quella
« fortezza che ne è cagione non ti può poi difendere. » — Voyez, comme rapprochement curieux, la citation de Saint-Simon contenue dans la note finale F.

popoli[1]. Quelles bien autres garanties apporte avec elle l'opinion au pouvoir qui l'a su gagner! C'est la presse, l'association, ces remparts de la liberté, qui s'étendent, comme par enchantement, autour de la puissance publique , identifiée dans son action avec l'intérêt général ; alors, une mesquine habitude de tracasseries systématiques ne remplace point l'esprit de justice, et ne scinde point la nation ; alors s'unissent, dans le sens public, les deux principes dont la synthèse constitue l'ordre social : la *liberté* (l'individu), l'*autorité* (la société), principes logiquement indivisibles comme le but et le moyen, comme la partie et le tout.

Répétons, avec Condorcet, qui, en cela, ne s'égarait pas : « La confiance est le seul pouvoir réel dans les constitutions vraiment libres. »

[1] *Id. Del Principe.*

CHAPITRE VIII.

Résumé général. — Esprit de l'Empire.

Sieyès, dans un légitime orgueil, disait de ses belles théories : « Ce sera le système français; et puisqu'il est vrai que « c'est en même temps le système naturel ; que l'art social « y mène par tous les pas qu'il enseigne à faire sur la ligne « de la perfectibilité humaine, il est permis d'espérer qu'il « deviendra un jour le système de tous les peuples éclairés et « libres. »

La Constitution impériale, réalisation des plans de Sieyès, représente véritablement, en philosophie politique, le triomphe de la pensée sur le matérialisme empirique. Expression directe et spéciale de la société nouvelle, ce système laisse loin derrière lui les traditions arriérées qu'on a si longtemps exaltées et qu'on lui oppose même encore comme le *nec plus ultrà* de la science; le problème que l'école anglaise se pose éternellement, il le résout. Les deux idées qui le résument, savoir : *généralisation de la représentation nationale, centralisation du pouvoir*, s'y résument elles-mêmes en une seule : *unité, fusion des principes de liberté et d'autorité*. De là, accord et impulsion, définition nette et exacte de chaque fonction du corps social : ce qu'on demande à la législature, c'est de la législation ; « le reste, administration, police, négociations, ne la regarde pas [1] » ; l'administration, de son côté,

[1] Paroles du premier Consul (Thibaudeau, *Mémoires sur le Consulat*) ; on

ne s'absorbe point dans des luttes ou dans des intrigues politiques ; on ne voit point le ministère, subordonné aux variations d'une majorité extérieure, lié par une solidarité que
n'exigent en aucune façon les attributions de ses membres,
se disloquer et s'annuler dans des mutations perpétuelles ;
centre des diverses fonctions, le premier représentant du
peuple n'est point une vaine cariatide, mais un majestueux
Atlas. Voilà les bases essentielles et universelles du système [1].
Veut-on, dans la forme impériale, reprendre à part quelques
détails d'engrenage et de garantie? On trouve l'initiative
substituée, comme nous venons de le voir, aux difficultés du
veto, et conciliée, sans préjudice pour une législation d'ensemble, avec le droit d'amendement ; on trouve le vote de
l'impôt confié, comme une attribution spéciale et invariable,
à un des Corps législatifs ; on en trouve un autre chargé de veiller de haut et sans relâche sur les lois constitutionnelles et sur
leur objet principal , la liberté matérielle ou intellectuelle des
citoyens. Certaines institutions, certains usages, politiques et
administratifs à la fois, ont pour destination propre d'entretenir l'harmonie générale, de susciter non des conflits, mais
des communications : les sénatoreries, par exemple ; l'envoi

doit les entendre sous réserve des communications rappelées plus haut. Ces
idées ont repris quelque cours. Récemment, un homme distingué, M. F. Bas-
tiat, écrivait « qu'il donnerait bien neuf ans de sa vie sur dix, pour l'établis-
« sement d'un système... où la représentation nationale serait uniquement
« occupée de perfectionner le Code civil et le Code criminel » (*Journal des
Economistes*, t. XX).

[1] C'était le même qui devait dominer dans la politique extérieure : « L'Eu-
« rope, disait le ministre Cretet, jugerait que, pour sa sûreté, quelque chose
« devait remplacer ce vain et impuissant système d'équilibre auquel était
« confiée toute sa politique; système qui, au lieu de repos, ne produisait que
« des balancements, c'est-à-dire des orages et des guerres sans cesse renais-
« santes; système enfin remplacé par la simple loi de gravité, l'établisse-
« ment d'un centre inébranlable relativement à chacune des forces qui l'en-
« touraient. »

dans les départements de conseillers d'Etat commissaires[1]; les occasions fréquemment prises, et fournies soit par des voyages, soit par des fêtes, soit par des actes sérieux de l'existence nationale, de réunir les citoyens, de connaître et d'éclairer l'opinion, etc.

La durée du système n'eût pu, grâce aux profondes combinaisons sur lesquelles il était fondé, qu'en développer les avantages et résoudre de mieux en mieux la grande équation politique que Napoléon transmettait toute posée à ses successeurs. Pour lui, il était obligé, par sa position historique, d'en reconstituer l'un des termes, presque effacé depuis Louis XVI, le principe d'autorité, et, dans ce travail préparatoire, il servait mieux la liberté que par des concessions trop hâtives, « l'anarchie, comme il le disait[2], ramenant inévitablement au gouvernement absolu. »

Ce qui frappe, au premier coup d'œil, dans le mode de gouvernement adopté par Napoléon, c'est la franchise avec laquelle il proclame les nécessités d'une situation difficile, avec l'intention d'adoucir, sans ostentation et sans secousses, les effets de cette situation. Il trouve non-seulement le pouvoir dépouillé de ses attributs et de toute espèce de prestige, mais, en outre, la liberté profondément dénaturée dans ses manifestations; il sent l'impérieuse nécessité d'un pouvoir fort; il le demande et le maintient de tout son droit : « Pour avoir été empereur, répond-il, en 1813, à des re- « montrances intempestives, je n'ai pas cessé d'être citoyen. « Si l'anarchie devait être de nouveau consacrée, j'abdique- « rais pour aller, dans la foule, jouir de ma part de souve-

---

[1] « Il envoyait des conseillers d'Etat dans les départements. Leur mission « s'étendait à toutes les branches de l'administration, à toutes les parties du « service public, mais elle n'était que d'observation et de censure » (Thibaudeau).

[2] Discours d'ouverture de la session de 1813.

« rainelé, plutôt que de rester à la tête d'un ordre de choses
« où je ne pourrais que compromettre chacun sans pouvoir
« protéger personne... J'aimerais mieux faire partie du peu-
« ple souverain que d'être roi esclave [1]. » Du reste, il ne
prend pas son appui sur des précautions matérielles, sur
d'insatiables intérêts : à défaut de moyens infaillibles, il en
veut de toujours avouables : il s'adresse à la reconnaissance,
à l'enthousiasme et à l'honneur. Personne qui ait mieux
compris la puissance de l'opinion, la nécessité de la confiance,
en un mot la partie morale du gouvernement des Etats. A
la franchise de sa force, à la loyauté de sa grandeur il a joint,
dans sa politique, une attention scrupuleuse aux intérêts de
la justice, je ne dis pas de cette dette sociale qui s'acquitte par
les tribunaux et qu'ont réglée ses vastes plans d'organisation
judiciaire, mais de cet équilibre moral, de cette égalité
réelle qui proportionne les avantages aux mérites et aux sacrifices : « Il avait beaucoup fait pour les militaires et les
« vétérans, et il se proposait encore bien davantage ; c'étaient
« chaque jour quelques pensées nouvelles » [2], quelques projets
de compensation aux rigueurs de la conscription et aux rudes
souffrances de la guerre [3]. Qui eût pu s'en formaliser ? En

---

[1] Allocution au Corps législatif et paroles au Conseil d'Etat (Thibaudeau).

[2] *Mémorial*, 5 juin 1816.

[3] D'après un projet de décret présenté au Conseil d'Etat, les perceptions,
les places de douanes, celles des droits réunis, etc., devaient appartenir de
préférence à des militaires blessés ou à des vétérans, capables de les exercer,
à partir du simple soldat jusqu'aux grades supérieurs : « Dans la crise où
« nous nous trouvons, disait, à cette occasion, l'Empereur, la conscription at-
« teint tout le monde ; la carrière militaire n'est plus une affaire de goût,
« elle est une affaire de force. La plupart de ceux qui s'y trouvent ont perdu
« leur état contre leur gré : il est donc juste de leur en tenir compte... »
Puis, haussant la voix : « Messieurs, la guerre n'est point un métier de roses.
« Vous ne la connaissez ici, sur vos bancs, que d'après la lecture de nos
« bulletins ou le récit de nos triomphes. Vous ne connaissez pas nos bivouacs,
« nos marches forcées, nos privations de tout genre, nos souffrances de toute

même temps, nous avons vu quelles précautions il prenait pour fixer la carrière civile ; pour organiser *la cité ;* pour maintenir la prépondérance des lois et de l'opinion sur les armes ; pour à jamais prévenir toute tentative de gouvernement prétorien [1]. Nous devons enfin remarquer l'esprit de conciliation, d'oubli, de fusion générale, de tolérance universelle qui présidait à tous ses actes [2], et qui faisait de sa

« espèce. Moi , je les connais, parce que je les ai vues et que parfois je les « partage » (*ibid*).

A ces intentions rémunératoires, en même temps qu'aux intérêts de la défense nationale, se rattachait le projet de loi présenté, à l'époque du camp de Boulogne, pour l'établissement de camps de vétérans, avec affectation de dix millions de biens nationaux, à Mayence, Juliers, Alexandrie et Fenestrelles. Les militaires de terre et de mer grièvement blessés dans les guerres de la liberté et âgés de moins de 40 ans devaient y recevoir un nombre d'hectares d'un produit net égal à leur solde de retraite. Ces propriétés devenaient transmissibles après 25 ans de possession. Nous n'avons pas besoin de rappeler les maisons de la Légion-d'Honneur, l'adoption des orphelins d'Austerlitz, etc. Ce qui nous a souvent frappé, c'est de n'entendre aucun soldat, même parmi les plus mutilés et les plus pauvres, se plaindre, comme l'ont fait si souvent les hommes de plume et de cabinet, des sacrifices militaires de cette époque.

[1] Cette crainte l'occupait beaucoup, au sortir de l'anarchie révolutionnaire, et il l'exprimait en disant que si l'on ne fortifiait les institutions, rien ne garantirait la France de devenir la proie d'un colonel qui aurait quatre mille hommes à sa disposition.

[2] « Quand donc, écrivait-il à Fouché, à propos d'une réception académique (celle du cardinal Maury) où la mémoire de Mirabeau n'avait pas été ménagée, « quand donc serons-nous sages ? Quand serons-nous animés de la véritable charité chrétienne, et quand nos actions auront-elles pour but de « n'humilier personne ? Quand nous abstiendrons-nous de réveiller des souvenirs qui vont au cœur de tant de gens ? » (Finkenstein , 20 mai 1807, Thiers VII, 426).

Il dit de même, dans le *Mémorial* (16 octobre 1816) : « Mon grand principe « était de prévenir toute réaction et d'ensevelir entièrement le passé. Jamais « on ne m'a vu revenir sur aucune opinion ni proscrire aucun acte. Je m'étais « environné de *votants*; j'en avais aux ministères, au Conseil d'Etat, partout. « Je n'approuvais pas la doctrine, mais je n'avais rien à faire avec l'acte. « Etais-je leur juge ? Et qui m'en eût donné le droit ? Puis les uns avaient agi

présence « la garantie de toutes les opinions [1]. » C'est ainsi qu'il cicatrisait les profondes blessures de la France ; qu'il cherchait à y effacer ces nombreuses antipathies qui la rendent encore aujourd'hui si difficile à gouverner ; c'est ainsi que, toujours guidé par la rectitude admirable de son génie et de son cœur ; se reposant tranquillement sur la légitimité de son droit et la conscience de ses intentions ; s'inspirant seulement et toujours de la confiance qu'il méritait et de celle qu'il éprouvait lui-même ; modérant à l'occasion des serviteurs trop passionnés, ou rassurant des conseillers que le passé rendait trop timides, un jour, à quelques-uns de ceux-ci, il disait d'un ton convaincu : « Sachez que ma popularité « est immense, incalculable ; car quoi qu'on en veuille dire, « partout le peuple m'aime et m'estime ; son gros bon sens « l'emporte sur toute la malveillance des salons et la méta- « physique des niais. Il me suivrait en opposition de vous « tous. Cela vous étonne, et pourtant il en serait ainsi. C'est « qu'il ne connaît que moi ; c'est par moi qu'il jouit sans « crainte de tout ce qu'il a acquis ; c'est par moi qu'il voit ses « frères, ses fils indistinctement avancés, décorés, enrichis ; « c'est par moi qu'il voit ses bras facilement et toujours em- « ployés, ses sueurs accompagnées de quelques jouissances. « Il me trouve toujours sans injustice, sans préférences. Or, il « voit, il touche, il comprend tout cela et rien de plus, rien « surtout de la métaphysique. Non que je repousse les vrais, « les grands principes. Le Ciel m'en préserve ! On me les voit « pratiquer autant que nos circonstances extraordinaires me « le permettent ; mais je veux dire que le peuple ne les

« par conviction, d'autres par faiblesse et terreur ; tous par le délire, la fu- « reur, la tempête du moment. Le pauvre Louis XVI se trouva sous la fata- « lité des tragiques grecs, etc. »

[1] Lettre à Cambacérès (note finale A).

« comprend pas encore, au lieu qu'il me comprend tout à fait
« et s'en fie à moi[1]. »

Dans nos revers, à Fontainebleau, quand il disait : « La
France elle-même a voulu d'autres destinées »[2], l'Empereur
avait-il donc changé de sentiments et de croyances? Moins
que jamais il l'aurait pu. Ne venait-il pas d'éprouver, dans
un contact de chaque jour, le peuple dévoué des campagnes?
Ne parlait-il pas à l'armée, ce peuple discipliné et glorieux?
Mais la France n'était pour lui ni le laboureur ni le soldat,
ni le bourgeois ni le prolétaire, ni le noble ni l'artisan; la
France, c'était la collection de tous ces éléments sociaux,
qu'il avait voulu réunir en les personnifiant dans sa gloire, en
ôtant aux ambitieux cette vague et banale excuse du bien
public interprété par l'intérêt privé de chacun; en substituant la raison d'une autorité tutélaire à la tyrannie arbitraire des spoliations et des bourreaux; en élevant sur les
places publiques, au lieu d'échafauds, des trophées; en pu-
bliant, au lieu de sentences, les bulletins de la grande armée.
Avait-il jamais fait appel aux passions qui divisent les hommes,
à la convoitise, à l'envie, aux espérances illégitimes, aux
impitoyables frayeurs? Et quand, ne trouvant pas chez tous,
dans la même étendue de périls, la même énergie de désespoir, il vit se confirmer, et au delà, les appréhensions de son
génie; lorsqu'il eut la pleine conviction que, là où un instinct
de confiance ne suppléait pas aux lumières, une portée de
vue incomplète trompait même les hommes de bonne foi;
qu'il ne pouvait être jugé sainement et définitivement qu'après
beaucoup de temps et d'épreuves; ne se montrait-il pas conséquent dans sa noble résignation? De là d'autres contrastes
encore : de là, dans une carrière nouvelle, le projet d'abaisser
son vol; de là la différence totale des résolutions adoptées

---

[1] *Mémorial.*

[2] Adieux de Fontainebleau.

à l'époque de brumaire an VIII, ou au mois de juin 1815.
Trouvant la France descendue aux derniers degrés de l'anarchie, que pouvait redouter Bonaparte? La majorité qui l'appelait lui faisait tenter hardiment l'œuvre du salut général,
où lui seul était compromis. Après ses quinze années de règne,
qu'envisageait Napoléon dans la résistance à opposer à une
minorité factieuse? De meilleures chances pour lui, sans doute,
mais en même temps un coup fatal à son œuvre, moins avancée qu'il ne l'avait peut-être cru, lorsque, se reposant davantage sur la coopération de ses contemporains, il ne tenait
pas assez compte des bornes de leur prévoyance et des écarts
de leurs passions.

Mais n'avons-nous pas expié par une suffisante punition les
torts de notre aveuglement et l'ingratitude de certains hommes? Les deux invasions et leurs suites lugubres; quinze ans
de contre-révolution; les déceptions de 1830 et dix-huit nouvelles années de démoralisation et d'affaiblissement, n'était-ce
pas encore assez? Où s'arrêteront désormais *les réclamations
vagues, absolues, immodérées qu'on a fait renaître* [1]? Où s'ar-
rêtera le fractionnement des partis? Une lutte terrible, indéfinie, dernier terme des dissensions intestines, une lutte
qu'entrevoyait Napoléon et dont frissonnait sa grande âme, va-
t-elle, au profit de l'étranger, s'engager, au milieu de nous,
entre l'esprit de nivellement et la dernière distinction qu'aura
conservée dans son sein une société matérialiste? Ah! France!
il en est temps encore : revenons au beau et au bien! Etei-
gnons, comme ce peuple antique [2], les feux de la guerre sur
notre sol, et courons, en troupe fraternelle, rechercher, sur le
même autel, la flamme sacrée, la flamme pure du désintéressement et de l'honneur!

C'était le 3 mai, à Sainte-Hélène; Napoléon allait mourir.

[1] Paroles de Napoléon, *Mémorial.*
[2] Plutarque, *Vie d'Aristide.*

Il fit approcher de son lit les hommes qui, en ce moment suprême, représentaient à ses yeux, à son cœur, la patrie absente, et il leur dit :

« ... Vous serez fidèles à ma mémoire; vous ne ferez rien « qui puisse la blesser. J'ai sanctionné tous les principes, je « les ai infusés dans mes lois, dans mes actes; il n'y en a pas « un seul que je n'aie consacré. Malheureusement, les cir- « constances étaient graves; j'ai été obligé de sévir, d'ajour- « ner ; les revers sont venus ; je n'ai pu débander l'arc, et la « France a été privée des institutions libérales que je lui « destinais. Elle me juge avec indulgence; elle me tient « compte de mes intentions; elle chérit mon nom, mes vic- « toires. Imitez-la. Soyez fidèles aux opinions que nous avons « défendues, a la gloire que nous avons acquise : il n'y a, « hors de la, que honte et confusion. »

FIN.

NOTES FINALES.

CHAPITRE I.

A.

Sur l'usage du Mémorial.

Le *Mémorial de Sainte-Hélène* tient, parmi nos autorités, une place considérable. Quels matériaux précieux et sacrés, que des paroles recueillies de la bouche même du grand homme, transcrites immédiatement par un loyal et sincère interprète, recommandées à la postérité par celui même dont elles retracent l'image, de première main, sans système, sans apprêt ! « On ne pourra jamais, disait l'Empereur au compagnon de son exil, s'ar-« rêter sur nos grands événements, écrire sur ma personne, sans avoir re-« cours à vous... On dira : après tout, il faut bien le croire ; il ne ment « pas ; c'était un honnête homme. »

Nous sommes d'autant plus heureux de puiser largement à cette source, qu'il nous semble, à quelques égards, réaliser une pensée, un vœu du respectable annaliste : « J'ai essayé d'abord, écrivait le comte de Las Cases, « de réunir en une seule masse plusieurs détails épars de la même nature « et sur les mêmes objets ; ils eussent présenté plus d'ensemble, de force et « de couleur ; mais cette opération même, quelque facile, quelque « simple qu'elle fût, s'est encore trouvée au-dessus de ma santé et de mes « forces. »

Elle entrait partiellement dans le plan de notre travail.

CHAPITRE IV.

A.

Comparaison de la législation criminelle de 1808 avec la législation antérieure.

Voici quels furent les changements, et l'on peut dire, en général, les perfectionnements apportés par le Code de 1808 à la législation antérieure :

La poursuite et l'instruction étaient, par le Code de brumaire et la loi de 91, réunis dans la même main, celle du juge de paix ; les magistrats de sûreté furent institués par la loi du 7 pluviôse an IX.

En conservant cette nouvelle institution, utile à la répression des délits et à la régularité de la poursuite, le Code en restreignit les conséquences au profit de la liberté.

La loi de 1791 n'autorisait que deux actes de poursuite : les *mandats d'amener et d'arrêt*. La loi de pluviôse an IX attribuait aux nouveaux agents le droit de faire des actes intermédiaires, appelés *mandats de dépôt*.

Ce droit fut restreint par le Code aux juges d'instruction et, par exception, aux procureurs du roi.

L'ancien décret *d'assigné pour être ouï*, applicable aux domiciliés, d'après l'ordonnance de 1670, fut renouvelé par le Code, sous le nom de *mandat de comparution*.

Au lieu de se décider seul sur les résultats de l'information, comme faisait le directeur du jury, le juge d'instruction dut rendre compte aux magistrats de la Chambre du conseil.

La loi de 1791 admettait la liberté sous caution pour les délits correctionnels et pour les accusations aboutissant à une peine infamante. La loi de brumaire en fixait le taux à 3,000 francs. Cette dernière disposition, attaquée comme contraire à l'égalité civile dans certains cas [1], favorable au larcin dans d'autres, avait, au bout de peu de temps, disparu. Le Code

---

[1] L'usage de la caution, on ne peut se le dissimuler, favorise toujours beaucoup plus la liberté que l'égalité. Mais à qui profiterait, dans ce cas, une application rigoureuse et purement négative du second principe ?

d'instruction restreignit, comme nous l'avons vu, le principe. Si, depuis, on a pensé que les temps exigeaient moins de sévérité, peut-être aurait-on pu revenir à la première disposition.

B.

Comparaison de la législation française avec les législations anglaise et américaine.

Dans la législation anglaise, la liberté sous caution forme une règle et une obligation ; chez nous, une simple faculté [1] ; mais ce n'est pas à cet égard qu'on peut remarquer une bien grande différence.

Le juge anglais a coutume d'exiger des cautionnements d'un taux considérable, et l'exception embrasse, sous les noms de *treason* et de *felony*, à peu près tout ce que notre droit pénal punit de peines afflictives [2], meurtre, incendie, pillage, bris de prison, rapt, vol et attentats politiques.

Ce qui garantit mieux que chez nous la liberté individuelle, c'est la disposition portant que les personnes renfermées sous une accusation de crime doivent être délivrées, quand, sans motifs légaux, elles n'ont pas été jugées aux assises les plus prochaines.

Du reste, comme nous l'avons dit, l'*Habeas corpus* comporte d'étranges exceptions. Il peut momentanément être suspendu, comme l'ont été chez nous les lois protectrices de la liberté individuelle en 1815, 17, 32, 48. Mais un principe que nos Codes heureusement ont rejeté d'une manière absolue, c'est la *rétroactivité* : elle est admise par la loi anglaise (*ex post facto Law.*)

La législation américaine la repousse, ainsi que le *bill d'attainder*. L'article 4 des amendements à la Constitution fédérale porte généralement :

« Le droit qu'ont les citoyens de jouir de la sûreté de leur personne, de « leur domicile, de leurs papiers et effets, à l'abri des recherches et saisies « déraisonnables, ne pourra être violé. Aucun mandat ne sera émis, si e « n'est sur des présomptions fondées, corroborées par serment ou affirma-« tion, et ces mandats devront contenir la désignation spéciale du lieu où « les perquisitions devront être faites et des personnes ou objets à saisir. »

[1] La loi du 26 mai 1819 rend toutefois l'acceptation de la caution obligatoire en fait de délits de presse. Elle en fixe le maximum au double de celui de l'amende

[2] *Tomlin's Law Dictionary.*

Indépendamment de ces principes, tous les Etats ont adopté, explicitement ou de fait, la règle de l'*Habeas* anglais, *in the most free, easy, cheap, expeditious and ample manner*, dit le jurisconsulte Kent [1]. Les sanctions pénales sont accrues, généralisées dans leur application ; tous les magistrats s'y exposent, non-seulement comme agents, mais comme interprètes de la loi ; l'amende pour le refus du writ monte de 500 à 1,000 liv. st. Le détenteur récalcitrant doit même être contraint par corps (*close custody*) ; en cas de réincarcération illégale, outre l'amende et la prison, il y a lieu à une indemnité de 1,250 liv. st. au lieu de 500 (31,250 fr. New-York).

En Angleterre, du temps d'Elisabeth, nul ne pouvait sortir du royaume sans permission, et maintenant encore, un sujet peut être retenu par une disposition spéciale (*the prerogative writ ne exeat*). En Amérique, le droit d'émigration est admis avec une grande latitude, tandis que, dans plusieurs constitutions, le bannissement a été entièrement effacé des lois.

Les Américains, d'un autre côté, « par une assez singulière anomalie,
« tout en changeant les lois politiques des Anglais, ont conservé la plupart
« de leurs lois civiles. Ces lois ont, en général, tout prévu pour la com-
« modité du riche, et presque rien pour la garantie du pauvre... Lors-
« qu'un témoin ne peut fournir de cautionnement, on le met en prison et
« il y reste, confondu avec les condamnés et les prévenus, jusqu'à ce que
« la procédure soit complète et la Cour d'assises en état de l'entendre. On
« se plaint souvent, en Europe, des obligations onéreuses que les lois im-
« posent quelquefois à l'indigent. En Amérique, la condition du pauvre
« est plus dure encore. Si le hasard le rend témoin d'un crime, il doit se
« hâter de détourner les yeux, et, s'il en est lui-même la victime, il ne lui
« reste qu'à fuir, de peur que la justice n'entreprenne de le venger. Quel-
« que monstrueuse que paraisse une semblable législation, disent, en fi-
« nissant ce récit, MM. de Beaumont et de Tocqueville, l'habitude y a telle-
« ment familiarisé les esprits, que nos remarques à ce sujet n'ont été com-
« prises que par un petit nombre d'hommes éclairés.

— « En général, ajoutent les mêmes auteurs, on doit remarquer avec
« surprise que les Anglais ont été de tous les peuples modernes ceux qui
« ont mis le plus de liberté dans leurs lois politiques, et qui ont fait le plus
« grand usage de la prison dans leurs lois civiles. Les anciennes lois amé-
« ricaines sur l'emprisonnement pour dettes étaient extrêmement sévères.
« Comme toutes les institutions anglaises, elles étaient surtout dures pour

---

[1] *Kent's Commentaries*. part. IV, lect. 24.

« le pauvre. Ainsi, l'emprisonnement pour dettes avait lieu quel que
« fût le montant de la créance ; il précédait le jugement et frappait le dé-
« biteur avant que son obligation fût prouvée ; le titre suffisait au créan-
« cier pour l'opérer. Depuis dix ans à peu près, cette législation oppres-
« sive commence à être le but d'attaques violentes en Amérique. Mais,
« dans la majorité des Etats, l'ancienne loi est encore en vigueur. »
(*Système pénitentiaire aux Etats-Unis.*)

On remarquera probablement que, sous l'empire de ces principes, la
faculté de donner caution doit nuire plutôt que profiter à la liberté individuelle. Qu'un droit soit censé garanti, on ne s'inquiète pas de le garantir.

<h2 style="text-align:center">C.</h2>

Homélie du cardinal Chiaramonti.

Cette pièce, imprimée à Imola en 1798, développait, dit M. Daunou, les
propositions suivantes :

« Que l'Evangile ne tend point à détruire la liberté ; qu'au contraire, il
« en fait concevoir la plus juste et la plus honorable idée ; que le gouver-
« nement démocratique, loin de répugner au christianisme et d'être en
« opposition avec les maximes véritablement religieuses, appelle, entraîne
« les peuples à la pratique des vertus évangéliques ; qu'en un mot, la fói
« du chrétien se concilie parfaitement avec les droits et les devoirs de
« l'homme libre et même du républicain. »

On ne sait trop pourquoi M. Artaud (*Histoire de Pie VII*) fait tant d'efforts et de suppositions, en vue de soustraire le vénérable pontife à la responsabilité de cette déclaration.

<h2 style="text-align:center">D.</h2>

Religion en Amérique.

« En Amérique, dit un auteur qui est fréquemment à citer quand on
« parle de cette contrée, la liberté et la religion, à la différence de notre
« monde, ont toujours marché du même pas. » Dès le principe, le christianisme y a eu un caractère démocratique, et bien que le catholicisme y
reconnaisse, comme partout, une suprématie que n'admettent pas les au-

tres communions, plus nombreuses, les catholiques, peut-être à cause de
leur rôle de minorité, s'y montrent à la fois les fidèles les plus soumis et
les plus indépendants citoyens.

Une multitude de sectes vivent les unes à côté des autres, dans une tolérance mutuelle; toutes diffèrent dans le culte, mais toutes prêchent la
même morale. Parmi les Anglo-Américains, les uns professent les dogmes
chrétiens, parce qu'ils y croient; les autres, parce qu'ils redoutent de n'a-
voir pas l'air d'y croire.

Un homme appelé en témoignage devant un des tribunaux du pays
ayant eu la déplorable audace d'y faire profession d'athéisme, les juges
refusèrent son serment.

L'Eglise est complétement séparée de l'Etat. Les prêtres individuellement se tiennent en dehors de la politique. La loi, dans quelques Etats,
l'opinion dans d'autres, produisent également ce résultat.

(M. de Tocqueville, Démocratie en Amérique, passim.)

E.

Du secret des correspondances.

On sait qu'en France, depuis le règne de Louis XIV jusqu'à nos jours,
l'administration des postes a eu un bureau spécial consacré à l'abus de
confiance, et vulgairement désigné sous le nom de *Cabinet noir*. Un jurisconsulte éminent, Bentham, justifie en ces termes cette trahison officielle, qui offre un aspect si choquant : « Est-il de l'intérêt public que le
« gouvernement puisse ouvrir les lettres ? Voilà la question. Si la loi le lui
« défend, la poste devient un instrument terrible entre les mains des
« malfaiteurs et des conspirateurs [1]. » Conformément à ces principes, le
ministre de France, Otto, se convainquit, dans sa mission, que toutes les
dépêches diplomatiques confiées à la poste y étaient ouvertes. Seulement,
le secrétaire d'Etat possède, à cet égard, un droit exclusif. Il en fut de
même, sous l'Empire, pour le directeur général, et, comme le remarque
M. Thibaudeau, si l'honnêteté, la prudence et la sagacité de l'homme
(M. de Lavalette) pouvaient tempérer les inconvénients de l'opération, on
n'eût su la confier à de meilleures mains [2]. Il eût encore mieux valu la

---

[1] *Examen critique des déclarations de droits.*

[2] A l'égard de tout autre fonctionnaire, le principe du secret était garanti
par une circulaire de l'an VIII et par l'article 187 du Code pénal.

supprimer entièrement, prononçait l'Empereur à Sainte-Hélène : « Rare-
« ment les conspirations se traitent par cette voie, et quant aux opinions
« individuelles obtenues par les correspondances épistolaires, elles peu-
« vent devenir plus funestes qu'utiles au prince, surtout avec notre ca-
« ractère. De qui ne nous plaignons-nous pas, avec notre expansion et
« notre mobilité nationales ? Tel que j'aurai maltraité à mon lever écrira,
« dans le jour, que je suis un tyran ; il m'aura comblé de louanges la
« veille, et, le lendemain peut-être, il sera prêt à donner sa vie pour moi.
« La violation du secret des lettres peut donc faire perdre au prince ses
« meilleurs amis, en lui inspirant à tort de la méfiance et des préventions ;
« d'autant plus que les ennemis capables d'être dangereux sont toujours
« assez rusés pour ne pas s'exposer à ce danger. Il est tel de mes minis-
« tres dont je n'ai jamais pu surprendre une lettre [1]. »

[1] *Mémorial.*

CHAPITRE V.

A.

Lois de succession en France et en Amérique.

« Ce qui frappe singulièrement le lecteur français qui étudie la législa-
« tion américaine relative aux successions, c'est que nos lois sur la même
« matière sont infiniment plus démocratiques encore que les leurs.

« Les lois américaines partagent également les biens du père, mais dans
« le cas seulement où sa volonté n'est pas connue.—« Car chaque homme,
« dit la loi de l'Etat de New-York (*Revised Statutes V*, 3 app., p. 51), a
« pleine liberté, pouvoir et autorité de disposer de ses biens par testa-
« ment, léguer, diviser, en faveur de quelque personne que ce puisse être,
« pourvu qu'il ne teste pas en faveur d'un corps politique ou d'une so-
« ciété organisée.

« La loi française fait du partage égal ou presque égal la règle du tes-
« tateur.

« La plupart des républiques américaines admettent encore les substi-
« tutions, et se bornent à restreindre leurs effets.

« La loi française ne permet les substitutions dans aucun cas [1]. »

(Tocqueville, *Démocratie*, T. I, note G.)

[1] Ceci sans doute était écrit réserve faite de la loi du 17 mai 1826.

CHAPITRE VI.

A.

Hérédité carlovingienne.

I. An. DCCCVI, conventum habuit imperator cum primoribus et optimatibus Francorum de pace custodiendâ et conservandâ inter filios suos et divisione faciendâ in tres partes... De hâc partitione est testamentum factum et jurejurando ab optimatibus Francorum confirmatum.

(*Extr. des Annales Tilliennes*, D. Bouquet, t. V.)

Charta divisionis.

C. V. Quòd si... filius cuilibet istorum trium fratrum natus fuerit, *quem populus eligere velit, ut patri suo succedat in regni hœreditate*, volumus ut hoc consentiant patrui ipsius pueri, et regnare permittant filium fratris sui in portione regni quam pater ejus frater eorum habuit. (Baluze, I, 442.)

In ipso anno (DCCCXIII) mense septembri... Karolus fecit conventum magnum populi apud Aquis Palatium de omni regno vel imperio suo.

Post hæc habuit consilium cum præfatis episcopis et abbatibus et comitibus et majoribus natu Francorum, ut constituerent filium suum Ludovicum regem et imperatorem. Qui omnes pariter consenserunt, dicentes hoc dignum esse : omnique populo placuit. Et cum consensu et acclamatione omnium populorum Ludovicum filium suum constituit imperatorem secum, ac per coronam auream tradidit ei imperium. (*Chronique de Moissac*, D. Bouquet, t. V.)

II. *Charta divisionis Imperii inter Pippinum, Ludovicum et Karolum, filios Imperatoris (Ludovici Pii).*

Data A. C. DCCCXXXVII, Aquisgrani, in generali populi conventu.

C. I... Hæc autem tali ordinatione disposuimus ut, si, post nostrum ab hâc luce discessum, aliquis eorum, priusquam fratres sui, diem obierit et talem filium reliquerit *quem populus ipsius eligere voluerit ut patri suo succedat in regni hœreditate*, volumus ut hoc consentiant patrui ipsius pueri et regnare permittant filium fratris sui in eo regno quod pater ejus, frater eorum, habuit. Quòd si talem filium non habuerit, tunc volumus ut illa pars regni quam idem habebat, dividatur æqualiter inter illos fratres qui superstites remanserint. (Baluze, I, 686.)

CHAPITRE VII.

A.

Sur le gouvernement de l'Angleterre.

« S. M. me demanda quelles qualités étaient nécessaires à ceux qui devaient être créés nouveaux pairs ; si le caprice du prince, une somme d'argent donnée à propos, ou le désir de fortifier un parti opposé au bien public, n'étaient jamais les motifs de ces promotions.

« Elle voulut savoir comment on s'y prenait pour l'élection de ceux que j'avais appelés les Communes ; si un inconnu, avec une bourse bien remplie d'or, ne pouvait pas quelquefois gagner le suffrage des électeurs ; pourquoi on avait une si violente passion d'être élu pour l'assemblée du Parlement, puisque cette élection était l'occasion d'une très-grande dépense et ne rendait rien ; qu'il fallait donc que les élus fussent des hommes d'un désintéressement parfait et d'une vertu éminente et héroïque, ou bien qu'ils comptassent d'être indemnisés et remboursés avec usure par le prince et par ses ministres, en leur sacrifiant le bien public. S. M. me proposa sur cet article des difficultés insurmontables, que la prudence ne me permet pas de répéter.

(Swift, Voyages de Gulliver.)

B.

Opinion de Mirabeau sur le rôle du pouvoir royal
dans la monarchie constitutionnelle.

Mirabeau disait plus : « Dans la monarchie la mieux organisée, l'autorité « royale est toujours l'objet des craintes des meilleurs citoyens... Cependant si l'on considère de sang-froid les principes et la nature d'un gou-« vernement monarchique institué sur la base de la souveraineté du peu-« ple ; si l'on examine attentivement les circonstances qui donnent lieu à « sa formation, on verra que le monarque doit être considéré plutôt

« comme le protecteur des peuples que comme l'ennemi de leur bonheur.

« Il résultera toujours de la nécessité de la représentation législative une
« espèce d'autorité de fait, qui, tendant sans cesse à acquérir une consi-
« stance légale, deviendra également hostile pour le monarque, à qui elle
« voudra s'égaler, et pour le peuple, qu'elle cherchera toujours à tenir
« dans l'abaissement.

« De là cette alliance naturelle et nécessaire, entre le prince et le peu-
« ple, contre toute espèce d'aristocratie, alliance fondée sur ce qu'ayant
« les mêmes intérêts, les mêmes craintes, ils doivent avoir un même but,
« et, par conséquent, une même volonté.

« Si d'un côté la grandeur du prince dépend de la prospérité du peuple,
« le bonheur du peuple repose principalement sur la puissance tutélaire
« du prince.

« Ce n'est donc point pour son avantage particulier que le monarque
« intervient dans la législation... »

(1789, Moniteur, n° 49.)

C.

De ce qu'est un premier ministre dans la monarchie absolue.

« Le premier ministre a toujours un intérêt oblique qu'il cache sous
tous les voiles qu'il peut, et cela en toute espèce d'affaires... La place de
premier ministre, qui décide de toutes les affaires et de toutes les fortunes, est si enviée, si haïe, ne peut éviter de faire un si grand nombre de
mécontents de tout genre et de toute espèce, qu'il a continuellement à
redouter. Il doit donc multiplier et fortifier ses précautions. Rien de tout
ce qui peut le maintenir et le raffermir ne lui paraît injuste... En récompense de tant d'avisements, de soins, de précautions, de frayeurs, de
combinaisons, de mascarades de toutes les sortes, il accumule sur soi et
sur les siens les charges, les gouvernements, les bénéfices, les chapeaux,
les richesses, les alliances ; il s'accable de biens, de grandeurs, d'établissements, pour se rendre redoutable au prince même... Si Louis XI punit
la trahison du sien en l'enfermant dans une cage de fer durant tant d'années, à Loches, la reconnaissance du premier ministre pour un si énorme
bienfait n'a que la même récompense pour son maître... ses plus familiers
courtisans sont ses plus sûrs geôliers. Il a donné son nom, son pouvoir,
son goût, son jugement, ses yeux, ses oreilles à son premier ministre,

bien jaloux de garder de si précieux dépôts, et bien en garde qu'il n'en revienne au prince l'émanation la plus légère. Son salut en dépend et il ne l'ignore pas. Ainsi, tout est transmis du prince au premier ministre, qui règne en plein en son nom... Le prince ne voit rien d'aucune des parties du gouvernement. Les fautes, les choix indignes et ce qui en résulte, la misère et les cris des sujets, les injustices, les oppressions, les désespoirs de tous les ordres de l'Etat, les imprécations, les désolations, la ruine, le dépeuplement, les désordres, le profit et les partis immenses que les étrangers savent en tirer, leurs dérisions, le mépris du premier ministre, qu'ils payent quelquefois en plus d'une sorte de monnaie, qu'ils séduisent, qu'ils trompent, et qui retombe bien plus à-plomb sur le prince, qui y perd tout et qui n'y gagne rien, comme son premier ministre ; ce sont toutes choses si soigneusement éloignées de la cage, que le prisonnier ne s'en peut pas douter... »

(Mémoires du duc de Saint-Simon ; remontrance
au régent, au sujet du cardinal Dubois.)

D.

Révolution des Ciompi, *à Florence.*

Ils enlevèrent le gonfalon de justice, et avec ce signe de ralliement ils allèrent brûler beaucoup de maisons, s'adressant aux propriétaires contre lesquels il existait quelque cause de haine publique ou privée. Beaucoup de citoyens, en effet, pour satisfaire des vengeances particulières, les conduisirent aux demeures de leurs ennemis. Il suffisait qu'une seule voix, du milieu de la multitude, criât : *A la maison d'un tel!* ou que celui qui tenait le gonfalon tournât de tel ou tel côté... Les seigneurs de la République, abandonnés des gens d'armes, des chefs des arts et de leurs gonfaloniers, ne savaient où donner de la tête ; malgré les précautions prises, personne ne les avait secourus, et, des seize gonfalons, trois seulement, ceux du Lion d'or, du Bouvillon des étuvistes et de Saint Jean des Changeurs avaient paru. Ceux-là encore, après un peu de temps qu'ils étaient demeurés sur la place, ne se voyant pas suivis des autres, avaient pris le parti de la retraite, et le palais se trouvant sans défense, la populace livrée à ses fureurs, les citoyens, ou se renfermaient chez eux, ou bien suivaient la foule armée, dans l'espérance de défendre mieux ainsi leurs maisons et celles de leurs amis. La puissance de l'émeute s'augmentait donc, tandis que celle des seigneurs diminuait. Ce tumulte dura tout le jour; la nuit venue, les révoltés s'arrêtèrent au palais de messer Stefano, derrière l'église Saint-Barnabé. Leur nombre dépassait six mille, et, avant que parût le jour, ils se firent, par menaces, remettre les bannières des arts. Au matin, avec ces bannières et le gonfalon de justice, ils poussèrent au palais du podestat, et celui-ci refusant de le leur livrer , ils s'en emparèrent de vive force... »

(Machiavel, Histoire de Florence, livre III.)

E.

La garde parisienne et les barricades sous Henri III.

« J'ai veu naistre les troubles en France pour le faict de la religion, et,
« dès leur naissance, je vy aussi créer capitaines et lieutenants en cette ville.
« L'an 1561, l'autheur de ceste discipline fut ce grand guerrier, M. le maré-
« chal de Brissac, lors lieutenant général du roy Charles IX en ceste ville.
« Il voyoit que Paris estoit un grand vaisseau inaccoustumé de recevoir
« garnisons étrangères ; d'ailleurs, que le roy son maistre estoit grandement
« à l'estroit d'argent et qu'il eust été mal aisé, voire impossible, de sou-
« doyer garnisons en toutes les villes qui estoient demeurées sous son
« obéissance. C'est pourquoy il s'avisa d'introduire dedans Paris une
« nouvelle police militaire qui fut que tous les manants et habitants de
« chaque dixaine, sans aucun triage particulier d'uns et autres, s'assem-
« bleroient ès maisons de leurs dixainiers, et que là ils procéderoient à
« à l'eslection d'un capitaine et lieutenant : ce que nous fismes. Les trou-
« bles, qui s'estoient estanchez, se renouvelèrent vers la Saint-Michel, l'an
« 1567, et lors on ne changea rien de ceste première police, sinon d'es-
« lire en chaque quartier un colonnel, lequel, selon la diversité des occa-
« sions, recevroit les commandemens de vous autres, MM. les Prévost
« des marchands et Eschevins, dont il feroit part à ses capitaines et à ses
« lieutenants. A la vérité, ce premier ordre fut supprimé en l'an 1585,
« parce que le roy nomma, par toute la ville, nouveaux capitaines et lieu-
« tenants, tels qu'il luy pleust. »

Pasquier donnait ces explications dans une assemblée de bourgeois où Bussy et ses adhérents s'étaient entendus pour faire élire, à la place des gens de qualité choisis par le roi, de nouveaux chefs de la milice, « un « sire Guillaume, sire Michel, sire Bonadventure : que dy-je, sire (car ce

« mot n'est mis en usage que pour les notables marchands, mais :) bien la
« pluspart de simples taverniers, cabaretiers et autre telle engeance de gens...
« A chaque journée, on donnoit assignation à toutes les dixaines exposées
« sous un quartier. Les dixainiers choisissoient ceux qui leur plaisoient
« de leurs dixaines pour s'y trouver : le greffier appeloit à tour de rôle.
« Bussy et ses associés, qui se donnoient, entre les mandés, ores les
« premières, ores les secondes places, souffloient de bouche en bouche
« ceux qu'ils désiroient estre nommés, etc. » Pasquier obtint, par son discours, qu'on nommerait, dans chaque dixaine, selon les usages précédents ; « mais Bussy et ses suffragants reprirent, à l'Hostel-de-Ville, la
« même piste que l'on avoit fait du commencement. » (Livre XII, lettre 9.)

Le même témoin donne des détails curieux sur les émotions populaires
dont Paris était le théàtre, il y a environ 300 ans :

« La journée des barricades fut merveilleusement furieuse, mais fondée
« sur une garnison que le peuple s'imaginoit luy vouloir estre baillée.

« Le roy fit le jeudy asseoir ses gardes le long des rues, avec comman-
« dement exprès de ne férir : qui estoit en user comme d'espouventaux
« de chenevière : car, par ce conseil, il mit tous les citoyens en alarme...

« Et à dire le vray, cest advis pouvoit estre de quelque mérite si les Pa-
« risiens eussent été désarmez ; mais la discipline estant aujourdhuy mili-
« taire entre nous et toutes les dixaines armées, il eust été impossible aux
« gardes de venir à chef de leur entreprise : voire quand le Roy leur en eust
« lasché toute bride ; car nous estions à l'abri des coups par le moyen de
« nos maisons, flanquez d'un côté de rue à l'autre : partant, les soldats
« nous servoient de butes : il ne faut, en telles affaires, rien entreprendre,
« ou bien ne jouer à petit semblant. »

Suit le récit des événements. Le Roi fait mettre sous les armes, outre
ses troupes régulières, les compagnies de bourgeois opulents ; les barricades
se forment et s'avancent jusqu'au Louvre ; on en vient aux coups d'arquebuse. Les Suisses, investis de toutes parts, abandonnent leurs armes
et demandent quartier ; les gardes françaises désarmées sont enfermées
dans une maison, et, par ce moyen, préservées. Le duc de Guise triomphe
dans les rues. Henri III s'échappe. « Après le départ du Roy, les portes
« de la ville, fermées par deux jours, furent lors ouvertes, le commerce
« ordinaire remis avec toute la modestie que l'on pouvoit désirer au peu-
« ple. Voilà l'histoire de huict jours. » (Pasquier, *Lettres*, livre XII.)

F.

Le duc de Noailles. — Folles propositions qu'il me fait.

« L'ouverture qu'il prenait de plus en plus avec moi sur les choses futures le jeta dans des propos si forts à l'égard des bâtards, que je les laisserai dans le silence, et qui, de chose à autre, le conduisirent à me proposer, comme chose fort raisonnable et à faire, de fortifier Paris. Je ne pus lui cacher ma surprise : « Paris ! lui dis-je, et où les matériaux ? Où les millions ? Où les années d'en achever les travaux ? Et quand tout se ferait d'un coup de baguette, quelle garnison pour le défendre ? Quel approvisionnement de munitions de guerre et de bouche pour les habitants ? Quelle artillerie ? et, enfin, quel fruit s'en pourrait-on proposer, quand la possibilité en serait aussi claire, que l'était la démonstration de l'impossibilité ? Il battit la campagne pendant quelques jours là-dessus, et je le laissai dire, parce que je ne craignais pas l'exécution de ce rare projet. Voyant qu'il ne me persuadait pas, il m'en proposa un autre : ce fut de transporter à Versailles les Cours supérieures, les écoles publiques et tout ce qui est affaire et public. Je le regardai avec la même surprise. C'était, disait-il, pour diminuer Paris, dont la consommation ruine la province, et séparer les Cours supérieures de l'appui de ce peuple nombreux, dont, en plusieurs occasions, l'union est dangereuse. »

(*Mémoires de Saint-Simon*, ch. ccxlii.)

CHAPITRE VIII.

§ A.

Lettre de l'Empereur à l'Archichancelier.

Le duc de Rovigo, au début de ses fonctions ministérielles, ayant trouvé, parmi les fournisseurs des Tuileries, un homme signalé autrefois par des opinions révolutionnaires, demandait qu'on cessât de se servir chez lui, et avait même prononcé contre cet homme un ordre d'éloignement. On en référa à l'Empereur qui, croyant voir dans ce détail une tendance générale à des réactions, en prit occasion d'écrire à l'archichancelier la lettre suivante :

« Je vois avec peine que le duc de Rovigo réagit : il ne connaît ni Paris,
« ni la Révolution. Si on le laissait faire, il aurait bientôt mis le feu en
« France. En vous entretenant de ce fournisseur, ce n'est pas de lui que
« je vous parle, mais de toutes les mesures de cette nature. A-t-on quel-
« que chose à reprocher à cet homme depuis seize ans ? On l'éloigne de
« Paris comme ayant été violent révolutionnaire : si on pèse ainsi sur la
« classe des gens domiciliés et tranquilles, il est à craindre que cela ne
« produise le plus mauvais effet et n'excite une inquiétude générale. Si le
« duc de Rovigo voulait éloigner de la France tous ceux qui ont pris part
« à la Révolution, il n'y resterait plus personne. Et comment peut-on
« faire un crime à des hommes de cette classe de leur exaltation dans la
« Révolution, lorsque le Sénat, le Conseil d'Etat et l'armée sont pleins de
« gens qui y ont marqué par la violence de leurs opinions? Je dois suppo-
« ser qu'on n'avait rien à reprocher à cet homme depuis seize ans, puis-
« que les gens de ma maison, qui ne sont nullement partisans des opi-
« nions révolutionnaires, le gardaient comme fournisseur. Vous ferez con-
« naître au duc de Rovigo que mon intention est qu'il n'éloigne personne
« de Paris, sans m'en avoir parlé auparavant. Dites-lui aussi que, s'il se
« laisse entraîner par le préfet de police (1) ou des hommes de cette
« robe, qui ne connaissent ni la situation de la France, ni celle de Paris,

(1) Le baron Pasquier.

« il aura bientôt mis tout en feu et ébranlé mon gouvernement, qui est
« fondé sur la garantie de toutes les opinions. Vous demanderez au duc de
« Rovigo de vous remettre sur-le-champ l'état de toutes les personnes qu'il
« a exilées de Paris, en les divisant en deux classes : l'une contenant tous
« ceux qui se sont mal conduits et qui, ne possédant rien, désirent toujours
« des troubles; l'autre contenant les hommes tranquilles, auxquels on n'a
« rien à reprocher que leurs anciennes opinions. On doit laisser sans les
« inquiéter tous ceux qui appartiennent à cette dernière classe. Au train
« dont va le duc de Rovigo, je suppose qu'il réagirait bientôt sur tous les
« généraux qui ont été chauds révolutionnaires. Comme il m'est revenu
« de plusieurs côtés que beaucoup de gens de cette classe ont été exilés,
« demandez au duc de Rovigo de vous en remettre l'état exact.

    « Du 8 juillet 1813. »

(Thibaudeau, Histoire du Consulat et de l'Empire.)

FIN DES NOTES.

TABLE DES MATIÈRES.

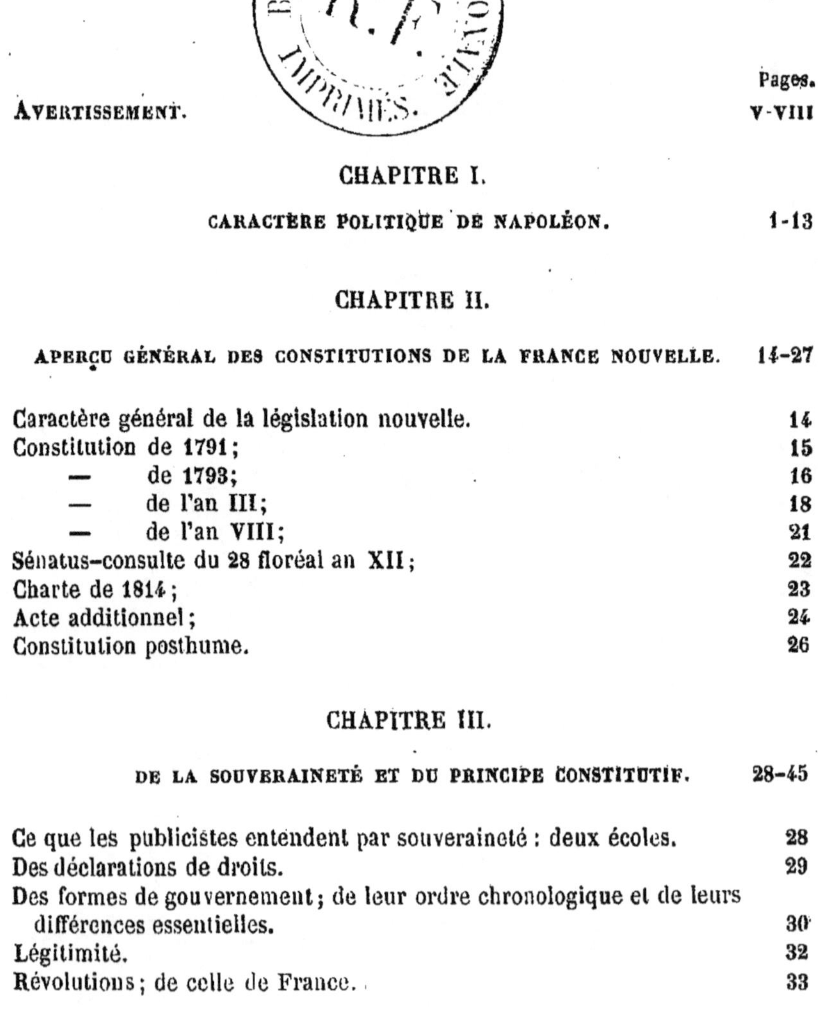

CHAPITRE VII.

DES GARANTIES PUBLIQUES. 251-343

Imprimerie de HENNUYER, rue Lemercier, 24. Batignolles.